星行客
PLANET SEEKER

中国旅行体验指南

河南

星行客编辑部 著

李昱臻 潘兴 孙澍
撰文

中国地图出版社 北京

河南

目录

河南·初印象

河南·灵感

河南·探索

河南·初印象

拥太行、伏牛、大别山为骨，黄河、淮河为脉，造物如躯，中州大地上响起华夏先民的嘤啼。第一条盘龙、第一支骨笛、第一座观星台，乃至最早的都城和中轴线城市结构，尽现于此。从玉石初蒙到青铜灼灼，从神都洛阳到梦华东京，5000年间20多个王朝在这里定都，铸就半部中国史。繁华褪尽，历史的车辙在田间地头、贞珉造像上依旧清晰，大平原托起餐桌上的多样碳水，从庙底沟彩陶上开出的第一朵花，让强大的审美认同在漠北江南蔓延。是时候见识很“中”的大河之南了。

上图：龙门石窟卢舍那大佛

河南亮点

巩义石窟寺（见201页）
趁尚未被游人“攻陷”，抓住近距离细看“最美飞天”和《帝后礼佛图》的绝佳机会。
龙门石窟（见264页）
全国乃至世界范围内造像最多、规模最大的石刻艺术宝库，彰显北魏到盛唐的皇家气象。
云台山（见313页）
红石壁立，飞瀑如练，碧潭流深，于竹林七贤的隐居之所，窥见南太行隽秀的那一面。
河南博物院（见198页）
数一数二的藏宝库，从史前到近代，镇馆之宝引你梳理泱泱华夏的历史脉络。
二里头夏都遗址博物馆（见274页）
于黄河之滨，邙山脚下，探访最早中国，找到打开华夏文明的钥匙。
中岳嵩山（见204页）
太室、少室雄踞“天地之中”，观星台数百年静观繁星纵变，你也可以在古迹之间参一回少林武学之玄妙。
老君山（见283页）
冬日里银装素裹，一派仙风道骨的悠然，足以让人忘却攀爬陡峭花岗岩山峰时的艰辛。
贾湖遗址博物馆（见339页）
在贾湖骨笛出土处落成的现代化展馆里，发现9000年前的更多秘密。
云台山
巩义石窟寺
河南博物院
二里头夏都遗址博物馆
龙门石窟
中岳嵩山
老君山
贾湖遗址博物馆
长治
临汾
晋城
焦作
济源（省直辖）
运城
三门峡
洛阳
郑州
渭南
商洛
平顶山
南阳
十堰
襄阳
随州
郑州上街机场
洛阳北郊机场
南阳姜营机场
人祖山 1742
赵掌尖老 1856
历山 2321
稷王山 1279
雪花山 1993
华山 2154.9
老鸦岔 2414
青岗 1903
冠云山 1866
全宝山 2094
嵩山 1491.7
蟒岭 1744
老君山 2192
大门扇垭 2212
石人山 2153.1
太白顶 1140
聚龙山 1851
大洪山 1051.4
小浪底水库
三门峡水库
陆浑水库
昭平台水库
丹江口水库
板桥水库
宋家场水库
重庆市

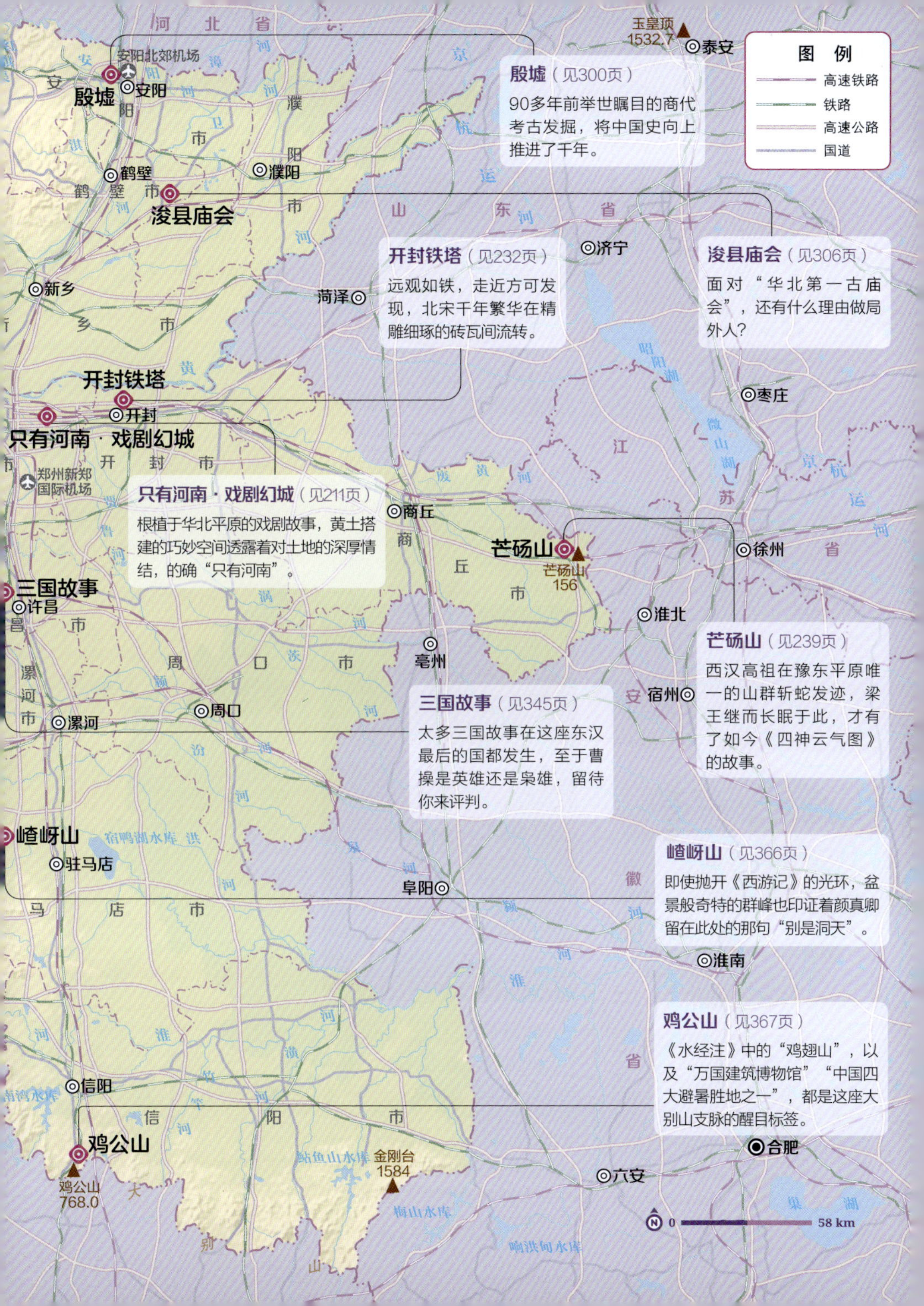
图例
高速铁路
铁路
高速公路
国道
殷墟（见300页）
90多年前举世瞩目的商代考古发掘，将中国史向上推进了千年。
浚县庙会（见306页）
面对“华北第一古庙会”，还有什么理由做局外人？
开封铁塔（见232页）
远观如铁，走近方可发现，北宋千年繁华在精雕细琢的砖瓦间流转。
只有河南·戏剧幻城（见211页）
根植于华北平原的戏剧故事，黄土搭建的巧妙空间透露着对土地的深厚情结，的确“只有河南”。
芒砀山（见239页）
西汉高祖在豫东平原唯一的山群斩蛇发迹，梁王继而长眠于此，才有了如今《四神云气图》的故事。
三国故事（见345页）
太多三国故事在这座东汉最后的国都发生，至于曹操是英雄还是枭雄，留待你来评判。
嵖岈山（见366页）
即使抛开《西游记》的光环，盆景般奇特的群峰也印证着颜真卿留在此处的那句“别是洞天”。
鸡公山（见367页）
《水经注》中的“鸡翅山”，以及“万国建筑博物馆”“中国四大避暑胜地之一”，都是这座大别山支脉的醒目标签。
殷墟
浚县庙会
开封铁塔
只有河南·戏剧幻城
芒砀山
三国故事
嵖岈山
鸡公山
河北省
山东省
江苏省
安徽省
安阳北郊机场
安阳
鹤壁
濮阳
新乡
开封
郑州新郑国际机场
许昌
漯河
周口
驻马店
信阳
商丘
亳州
菏泽
济宁
枣庄
徐州
淮北
宿州
阜阳
淮南
合肥
六安
泰安
玉皇顶 1532.7
芒砀山 156
鸡公山 768.0
金刚台 1584
安阳市
鹤壁市
濮阳市
新乡市
开封市
商丘市
周口市
许昌市
漯河市
驻马店市
信阳市
黄河
淮河
卫河
京杭运河
昭阳湖
微山湖
巢湖
宿鸭湖水库
鲇鱼山水库
梅山水库
响洪甸水库
大别山
58 km

旅行月历

1月

寒假开始，河南博物院、洛阳龙门石窟、安阳殷墟等著名文博景点通常会迎来一波研学游的小高潮。

2月

作为人口大省，春节假期的河南必会迎来春运高潮。回家过年的河南人忙着参加各种庙会，浚县正月古庙会、商丘火神台庙会、宝丰马街书会等一系列民俗活动精彩纷呈。各大景区也为春节策划了丰富的活动。（上图：热闹的鹤壁浚县庙会）

3月

农历二月初二至三月初三，周口太昊伏羲陵庙会蔚为壮观；农历三月初三的新郑黄帝故里祭祖大典吸引无数炎黄子孙。气温回暖，唤醒新密伏羲山的杏花和新乡辉县秋沟的桃花。（上图：杏花点缀伏羲山）

4月

清明节前后的开封清明文化节彰显宋朝风华。信阳毛尖进入春茶季，青山上农人采茶忙。牡丹盛放，中国洛阳牡丹文化节华丽启幕。桃李樱杏缤纷多姿，到了本月底，伏牛山、桐柏山、大别山的映山红杜鹃花续写光彩。（上图：王城公园的岛锦牡丹怒放）

5月

牡丹花季进入尾声，“五一”前后举办的郑州月季节继续诉说着花之物语。这时也是去太行山区徒步的好时节，气温不冷不热，大规模降雨尚未到来。

6月

春末夏初气温逐渐走高，但暑假的游客潮未至，无论是游览山河，还是去博物馆、演艺空间，都很合适。小浪底水库通常会在6月进行壮观的调水调沙（上图：小浪底水库调水调沙现场）。

中州时令古今观

作为中国农耕文化的发源地，中原大地的物候时令决定了古代历法的制定。在河南旅行，不妨跟着“春雨惊春清谷天，夏满芒夏暑相连。秋处露秋寒霜降，冬雪雪冬小大寒”的二十四节气歌，和“一九二九不出手，三九四九冰上走，五九六九沿河看柳，七九河开，八九雁来，九九加一九，耕牛遍地走”的九九歌，探寻其中的渊源。

7月

暑假开始，游客越来越多，参观各大博物馆和知名人文景点最好预约。骄阳似火，同样受旅行者青睐的还有南太行、伏牛山、大别山等地的山水景点，避暑玩水不亦乐乎，信阳鸡公山更是适合小住几天。山地徒步等户外活动同样进入了旺季，但一定要密切关注天气预报。（上图：信阳波尔登森林公园的水杉）

8月

暑假的旅游旺季仍在持续，耐不住酷热就去洛阳老君山、林州太行大峡谷、平顶山尧山、信阳金刚台等地玩一场漂流。这时焦作还会举办国际太极拳交流大赛。（上图：新乡太行山峡谷的竹筏漂流）

9月

旅行热度稍歇，气候适宜，是探访文博和自然景点的好时机。宣传豫北地区传统文化的安阳殷商文化节通常在此时启动，为期1个月，举办民俗、艺术、美食等各种活动。9月底洛阳举办的河洛文化节，有着关林朝圣大典的历史文化背景。

10月

秋高气爽，开封菊花文化节于每年10月18日开启，和春天盛放的唐都牡丹相比，素雅的秋花菊花也正契合宋都的气质。本月少林寺还会举办国际少林武术节，聚集了世界各地的少林功夫大师和功夫爱好者。避开“十一”假期，本月到下月中旬是很适合在河南旅游的时机。（上图：开封菊花文化节上的孔雀造型）

11月

南太行、伏牛山、嵩山的秋景进入最佳观赏季，在红枫、银杏等树种的点缀下，层林尽染，美不胜收。根据降温程度，河南各地开始进入集中供暖期。（上图：金黄银杏掩映下的少林寺）

12月

隆冬降雪通常在这时覆盖在南太行、伏牛山等高峰处，山舞银蛇，美如仙境，此时游客很少，体验感妙不可言。嵩山等处的滑雪场开始营业。12月31日晚洛阳白马寺会举办新年祈福活动，伴随着悠扬的午夜钟声，中原大地新的一年缓缓开启。（上图：银装素裹的伏牛山主峰马鬃岭）

实用信息

支付

支付宝和微信支付全省通用。

通信网络

除了深山老林信号较差，移动、电信、联通三大运营商在河南很好用。

官方网络资源

微信公众号“河南省文化和旅游厅”，以及各市区文旅账号和景区官方账号。

快速了解

简称: 豫

方言: 河南绝大部分区域属于中原官话区，对于旅行者而言，河南话和带河南口音的普通话并不难懂。

气候

夏季时间较长，郑州或会率先进入40℃高温，山区依然凉爽；此时进入雨季，极端降水天气偶发。

- 3月至5月气候温和
- 6月至8月炎热多雨
- 9月至11月凉爽干燥
- 12月至次年2月寒冷干燥，常有降雪

河南全省四季分明，夏季炎热，隆冬常有降雪。

全省大部分地区冬季有暖气，但由于位于淮河以南，信阳没有集中供暖。

旅行安全

旅游投诉 电话12345

保险 建议购买一份保险防患于未然。计划在太行山、伏牛山等地开展徒步、登山、攀岩等户外运动的旅行者，应购买有针对性的特殊户外险种。

危险和麻烦 警惕低价团以及报价格外便宜的拉客司机，这些可能都有强制消费。户外探险务必做足万全准备，进山前关注天气预报，建议聘请向导。

交通信息

利用公共交通可以玩遍河南各大景点。如果前往邻市或邻县的景点，通常需要返回县城或市区再转车。毫无疑问，自驾是更灵活的旅行方式。

抵离方式

- **航空** 郑州新郑国际机场是河南最繁忙的机场，通航城市很多，洛阳北郊机场也有不少直达航班，南阳姜营机场和信阳明港机场与深圳、西安、上海等城市通航，安阳红旗渠机场夏季新增往返哈尔滨和三亚的航线。
- **铁路** 京广线、陇海线、焦柳线、京九线、宁西线是进出河南的普速铁路干线，京广高铁、徐兰高铁、郑济高铁、郑太高铁、郑渝高铁、郑阜高铁、商合杭高铁也让河南成为高铁交通枢纽。
- **公路** 京港澳高速（G4）、连霍高速（G30）、沪陕高速（G40）、二广高速（G55）是进出河南的几条主要高速公路。

省钱这样玩

避开“人从众”

除了“十一”“五一”和春节、暑假等假期，其他时间都是河南旅游的淡季和平季，此时出行机票、住宿都会便宜不少，许多景点执行优惠票价，博物馆、古建筑等人文景点体验更好，降雪后，山间的自然风光也更有韵味。

填饱肚子的面食

暂时放下低碳饮食的执念吧，河南是中国面食大省之一，烩面、饸饹、烧饼等各种面食都是地方特色，街头巷尾的日常饮食最具性价比，10元左右的一碗面便能填饱肚子。

有用的年票和证件

洛阳、开封近年来都会推出城市旅游年票，有些外地游客也可以购买；嵩山、开封诸景点也有套票项目，比单独买票要便宜不少。河南大部分景区对年满60周岁的老年人和教师有免票或优惠政策，记得带好身份证和相关证件。

关注官方账号信息

国内景区线上运营屡出奇招，河南不少景区也会根据时下热点推出联动优惠活动，很有吸引力。出行前，可以多加留意官方账号发布的优惠活动。

多个平台比价

门票、住宿、演出娱乐等，网购可能比现场支付便宜。各平台优惠力度不同，可在携程、大众点评、飞猪、去哪儿、滴滴、高德等App上挨个儿比价。

景区直通车

打算去云台山、老君山等著名山岳景点，郑州、洛阳等主要城市有直通车可供选择。价格含门票和往返车费，通常无“领队”，不影响游玩自由度。

新线报

1 河南高铁网越发完善

2019年郑阜高铁、2022年郑渝高铁和郑太高铁、2023年郑济高铁相继全线开通，以郑州为中心的米字形高铁网络已经建成，可方便地在1.5小时内从郑州抵达省内各市。（见图1：春日里的郑州高铁）

2 新郑机场交通大升级

郑机城际铁路设有新郑机场站，可乘高铁直达郑州、洛阳、开封、周口、焦作、平顶山、南阳等地。新郑机场另有两条地铁连通，城郊线通往郑州，郑许线可到许昌。机场巴士线路有所减少，但有效率更高的商务车拼客路线替代。（见图2：新郑机场城际铁路站）

3 越来越多的地铁

2024年，郑州地铁新开通了6号线、7号线和8号线，目前市内运营地铁线路超过10条，另有与许昌相连的郑许线。河南第二大城市洛阳也已开通了1号线、2号线两条地铁线路，基本覆盖市区重要景点。（见图3：郑州地铁8号线站厅）

4 暑假出行新政策

为了满足暑假出行需求，许昌、南阳等地的部分景点推迟关门时间，安阳、洛阳等地景点推出夜游，让游客有更多时间参观游览。一些山岳自然景点为了抓住旺季，也推出了门票减免等优惠政策。（见图4：云台山夏日风光）

5 文博游火了

近年来文博游风头强盛，作为历史文化大省的河南自然颇受旅行者青睐。如今河南博物院、洛阳博物馆、开封博物馆等各大博物馆均需要预约，编号“001”的全国重点文物保护单位太室阙已在2024年重新对外开放，同年开放的殷墟博物馆新馆也立即成了旅行圈的热点；开封顺天门遗址博物馆和洛阳汉魏故城遗址博物馆有望在2025年开放。（见图5：太室阙局部细节）

6 河南文化新地标

2021年只有河南·戏剧幻城在郑州中牟落成开幕。作为国内现代戏剧演绎的顶级品牌，“只有”系列为河南人和旅行者奉献了一处关于“黄河、土地、粮食、传承”的文化新坐标。剧场在部分节假日会有特别策划的活动，剧目也会不定期更新。（见图6：只有河南·戏剧幻城高粱成熟时）

7 自媒体时代的“网红”景点

从开封万岁山武侠城火爆全国的“王婆说媒”，到宝丰马街书会通过网络直播名声大振，再到洛阳应天门、洛邑古城的汉服夜行，许多之前本不在旅行者计划里的打卡项目，都通过自媒体吸引了不少游客。（见图7：万岁山武侠城“王婆说媒”现场）

初印象

旅行者在河南

河南是首屈一指的历史人文大省，大部分景点都在适宜人类居住的平原和盆地内，设施完善。河南也不缺奇山秀水，嵩山、云台山、老君山享誉海外，食宿游等配套设施也应运而生。专注于寻古的同时，也不要忘了效仿古人从山川形胜中汲取精神上的滋养。

无障碍旅行

郑州、洛阳、开封是河南旅游的热门城市，市内的无障碍设施也是全省最好的，甚至能助你顺利完成City Walk，记得将手机设为“无障碍模式”。机场、高铁站、四星级以上酒店和4A级以上景区基本都有无障碍通道。最主要的麻烦来自当地交通，除了郑汴洛，河南大部分地区的普速火车站、长途汽车站没有无障碍通道，民宿、客栈也不见得有电梯。建议尽量挑选开发成熟的目的地，带上可折叠的电动轮椅，选择飞机（可提前联系航空公司预订轮椅服务）和高铁出行，入住带电梯的酒店，也可以请旅行社协助。

仰韶文化博物馆的无障碍通道

独自旅行者

火车覆盖河南所有地级市，公共班车也能抵达县市乡镇，在大部分地方独自旅行毫无问题。但一些偏僻的山区景点由于不在乡镇驻地，可能要包车、拼车，也可联系景区或酒店寻求交通帮助。青年旅舍和提供床位间的客栈不多，几乎只分布在郑州、洛阳、开封等热门城市，还不乏“挂羊头卖狗肉”的住宅楼单元房。好在酒店价格不贵，百元上下即能在多地入住卫生尚可、基本设施具备的旅馆。山区仍有电话信号盲区，记得在“失联”前向亲友报备。不要只身探索不成熟的路线，靠谱的向导或结伴出行是安全保障。

探索安阳太行山冰洞

带孩子旅行

地处中原的交通优势和深厚的历史人文底蕴，让河南成为暑假亲子游的重要目的地。不过此时的酷暑也是一项挑战，好在洛阳周边的老君山和白云山、豫北各市的南太行、南阳附近的老界岭和宝天曼、信阳周边的鸡公山和金刚台都能提供凉爽的山水体验。

寒假虽然天寒地冻，但人流量较少，正常开放的历史人文景点拥有更好的参观体验。农历正月还是河南民俗节庆活动的高峰期，带孩子来能有相当不错的传统文化体验。

河南本地菜的调味强调着中原之“中”，即不偏甜、不偏咸、不偏辣、不偏酸，对孩子来说易于接受。各大城市也有全国各地风味的餐厅，不必担心远离家乡的饮食不适。带孩子出行推荐自驾游，可避免因舟车劳顿而带来的各种麻烦。

在王城公园动物园与动物亲密接触

老年旅行者

老年旅行者时间更充裕和自由，出行大可避开炎热难耐的暑假。赶着牡丹花开的春末初夏，或者菊花盛放的秋天，游览洛阳、开封十分舒适。有拜祖情怀的，建议关注农历二月的周口伏羲庙会和农历三月的新郑黄帝祭祖。若对古代英雄人物感兴趣，正月的南阳张仲景祭典、农历二月的鹿邑老子祭典、农历四月的卫辉比干祭典、公历9月底的关公朝圣大典都值得参与。正月里庙会和书会很多，老年人能感受到久违的传统春节气息，并现场欣赏戏剧、曲艺等免费演出。

老年人出行务必带足药品，将止泻药、感冒药、肠胃药、晕车药、消炎药、过敏药、助眠药、电子体温计、便携式血氧仪等塞进行李中，长期服用的药品尤其要备足。如果带着家里老人出行，同样推荐随到随走的自驾游。

济渎庙内的老年人

负责任的旅行

河南背负了太多的误解，行走于此，做一个负责任的旅行者尤为重要。中原大地的人类开发史相当悠久，人地矛盾长期存在并在近现代达到了巅峰，故而产生了许多流传在外的关于河南人的误解。旅行者在踏入这片土地之际，请用理解和宽容的心态去面对。我们也期待着你在旅行结束时，最终因中原璀璨的历史文化和大部分河南人的淳朴、善良而收获感动。

不给环境添负担

垃圾不落地 无论在城市、乡村还是山野都不要乱扔垃圾。河南各乡村和自然景点由于地理、气候和管理等原因，垃圾的自然降解和清理都比较滞后。户外旅行者应践行“无痕山林”，不违规用火，将自己产生的垃圾带走。处于生理期的女性请注意将废弃的卫生用品带走或挖地深埋，牲畜和野生动物误食会致命。

节约能源 住酒店时，洗漱、洗澡不要用水无度，不要在离开房间时继续保持通电状态。步行、骑行、搭乘公共交通既省钱，又低碳。少用一次性产品，最好能自带洗漱用品和餐具。

爱护动植物 不要购买用国家保护动植物制成的纪念品。不做“采花大盗”，不带走大自然的一草一木。不要触摸、投喂野生动物，始终与它们保持“社交舒适距离”。拒绝观看违反动物天性的表演。

济源五龙口的太行小猕猴

开封博物馆内朱仙镇年画制作展示

爱惜文物

遵守博物馆摄像规则 拍摄馆藏文物展品时切忌使用闪光灯。十分喜欢某些文物的话，可在纪念品商店寻找相关文创产品。

保护户外文物 参观古建筑、古碑刻、古遗址等人文景点时，管好自己的双手，严禁涂鸦或“顺手牵羊”。

尊重当地人

多观察，多交流 摒除偏见，学会尊重，做一个安静的观察者或者热情的交流者。出发前多阅读相关读物会对旅行大有帮助。

真正帮到当地人 从当地村民手里购买农产品、手工艺品等，既能确保买得货真价实，也能让当地人真正受益，同时还可以鼓励传统手艺的传承。在原产地购物时，不要过分压价，尤其不应砍完价不买。和当地老百姓一起为戏剧、曲艺等民间演出捧场，也是对河南传统民俗的传承做出了贡献。

不偷拍 河南是汉族大本营，通常不会存在因拍摄当地人而引起的误会和麻烦。但仍旧建议旅行者在征得对方同意后再拍摄，而不是抱着要发自媒体平台的愿望，没礼貌地将镜头伸到拍摄对象的面前。

保护好自己

不冒险 太行山区等地“山路十八弯”，如遇恶劣天气要懂得进退，自驾者不要在危险路段随意停车拍照。徒步爱好者需实时关注天气预报，如果接下来有强降雨，应及时取消计划，对于没人走过的、没开发的徒步路线，更勿涉险前往。

不贪便宜 无论跟团还是包车，都要时刻提醒自己：便宜无好货。如需跟团，尽量选择口碑好的旅行社，并签订正规的旅行合同。

河南·灵感

中原古都寻访

在大河之滨追溯上古历史，居天下之中的豫州藏着历朝历代的建都往事。

河南是我国拥有古都最多的省份，以历史够久、地域够大、文化延续够长等标准评选出的大古都列表中，至少有四席花落河南——洛阳、开封、安阳、郑州。除此以外，不少规模略小但有相当多文化遗存的割据政权的都城也分布在这片土地上。

古人在何处建都？这需要综合考虑很多因素，在不同历史时期也有不同的侧重点。作为一个王朝的核心，上古时期往往优先考虑宜居因素：水源是否充足，温度和湿度是否宜人，土壤是否适合耕种，有没有可采集渔猎的自然条件……随着社会生产力的发展和王国地域的扩大，都城的功能更丰富，要养活的人口更多，择地建都要考虑的因素也就更复杂了：是否有天险可守，利于军事防御；是否水运便利，适合全国性物资运输；是否方便修建道路，能有效控制边塞地区……

河南地理条件相当优越，从北向南横跨海河、黄河、淮河、长江四大水系，以黄河为主的核心区域土地肥沃，历朝历代多开凿漕运渠道，陆运水运都很便利。解读著名青铜器何尊的铭文，就可得知西周时期已巩固了居中治天下的理念——西周初年，周公姬旦设计，要立足天下之中来治理全国，才能控制住四方疆土，有效抵御疆外势力，同时使得“四方入贡道里均”，而这个中央位置就在河南洛阳。随着“择中建都”理念的形成和发展，河南顺理成章地成为许多王朝或政权首选的核心区。

如今，你可以从最古老的夏都开始，一站一站寻访河南省内的都城，认识先民留下的种种痕迹，城垣、建筑、道路、运河、粮仓、墓葬、手工业作坊……这些都是描摹古代生活和文化的最佳切入点。从“为何在此建都”到“如何在此生活”，绵延千年的古都文化带着厚重丰富的内涵，又附着在遗址、博物馆、复原建筑上，再现昔日的繁华。

上图：洛阳周王城天子驾六博物馆内青铜器

河南四大古都知多少

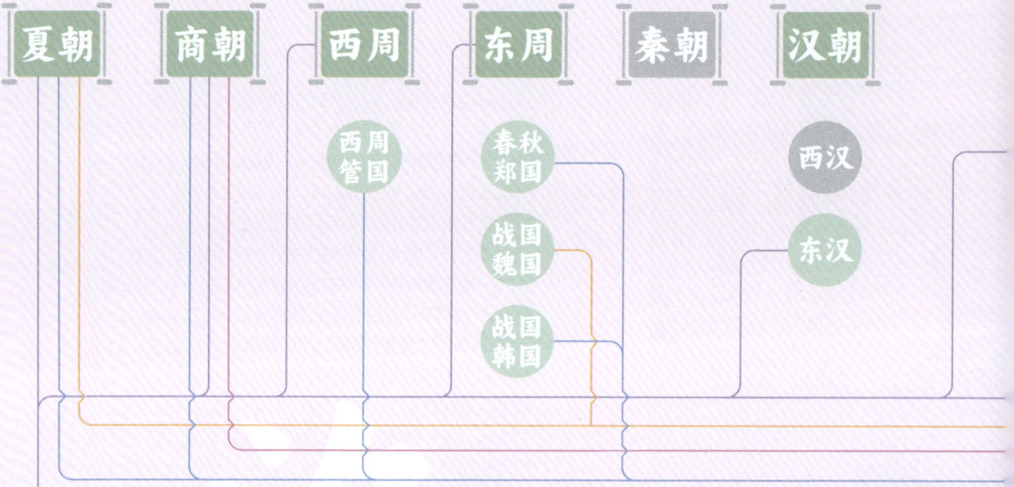

洛阳

前后 13 个王朝或政权在此建都

分别是：夏朝、商朝、西周、东周、东汉、三国魏、西晋、北魏、隋朝、唐朝、后梁、后唐、后晋。

1

2

洛阳目前可考有遗存的古都遗址有：夏朝都城二里头遗址、商朝都城偃师商城遗址、东周王城遗址、东汉—曹魏时期都城汉魏洛阳城遗址、隋唐洛阳城遗址。

卧龙岗诸葛草堂

商丘

地理定位：豫东
代表文化：三商文化、汉文化

商族的起源和聚集地，商代最早的都城所在，也是三商文化的发源地。**燧皇陵、炎帝陵、帝喾陵、商祖祠**都在商丘，保存了内城外池的**商丘古城**被誉为“中国古城池建城史天然博物馆”。商丘也是诸多先贤圣人的祖籍地，孔子的祖籍就位于此，庄子、墨子的故乡也在商丘。汉文化肇兴之地**芒砀山**留有许多历史遗迹和古墓葬群，龙飞凤舞的国宝级壁画《四神云气图》就出自这里。

南阳

地理定位：豫西南
代表文化：楚汉文化、“南阳四圣”

伏牛山以南、汉水以北，地处豫鄂陕交界处，中原和南方文化在此碰撞，成为楚汉文化的发源地之一。南阳还是东汉开国之君光武帝刘秀的发迹之地，故称“帝乡”，为东汉南都。南阳人才辈出，除了谋圣姜子牙，当地人常将商圣范蠡、科圣张衡、医圣张仲景、智圣诸葛亮并称“南阳四圣”，可探访**南阳卧龙岗武侯祠、医圣祠、西峡老界岭老君洞**等地，领略先贤的智慧。

洛阳
从上古到全盛

洛阳是中国建都最早、朝代最多（与13朝古都西安相同）以及作为都城时间最久的城市，曾在多个历史时期位居当时全球规模最大、人口最多、最繁华的城市，是名副其实的世界中心。

山河拱戴

溯源河洛

洛阳地处秦岭与华北平原之间的过渡带，四面环山，中原平坦，洛河、伊河、黄河三川汇流于此，是“山河拱戴”的绝佳地形。从考古发掘成果来看，洛阳有人类文明的历史可追溯到5000多年前，以河图洛书为代表的河洛文化是华夏文明的源头。洛阳作为都城的历史从夏朝晚期的二里头算起，距今有4000多年。从宗教起源而论，它是我国佛教的发源地，最早的佛教寺院白马寺就在这里，同时也是道教文化的发祥地之一。将目光放远，洛阳是支撑全国漕运的隋唐大运河的中心，从世界范围看，它还是丝绸之路的东方起点。

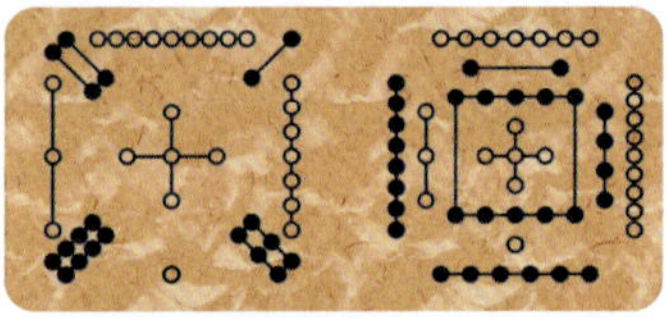

1

2

李若渔 摄

二里头遗址

这里曾经是住着2万多人的超级大都市，而当时世界范围内其他大型聚落的人口还不到5000人。二里头有全国最早的中轴线布局的宫殿建筑群、最早的宫城、最早的纵横城市主干道网，以及最早的手工业作坊、青铜器作坊、绿松石作坊……夏都，是“择天下之中而立国”的肇始和雏形。

4

3

1.河图洛书示意图
2.二里头发掘的绿松石兽面纹铜牌
3.龙门石窟奉先寺
4.九州池远眺天堂

上图：牡丹花季的明堂和天堂

13朝古都

龙门石窟

从北魏到清末，长达1400年的持续营造，给龙门石窟留下了2345个洞窟、10万余尊造像，其中北魏和隋唐时期的皇家造像是核心精华。北魏孝文帝为冯太后所造的古阳洞、北魏宣武帝为孝文帝所造的宾阳中洞、唐太宗第四子李泰为长孙皇后所造的宾阳南洞、唐太宗的贵妃韦珪开凿的敬善寺、唐高宗为唐太宗所造的奉先寺、武则天所造的卢舍那大佛、高力士为唐玄宗所造的无量寿佛……无一不是精品。而龙门石窟中发现的天竺、新罗、吐火罗、康国等外国人的开窟造像，兼有欧洲纹饰、古希腊石柱纹饰，堪称国际文化和技术交流的历史巅峰。

隋唐华章

隋唐洛阳城遗址公园用复原建筑和现代技术与古都遗址“握手”，在博物馆内展示发掘成果和文物，在复原古建的基础上用光影技术和实景表演重塑盛唐梦境。隋唐大运河文化博物馆将漕运故事讲得生动又透彻，细述古时一粒米从种植到餐桌所走过的迢迢路程。

3天 洛阳精华游

以寻访洛阳古都夏、汉魏、隋唐这三个核心时期的遗存为主，看古都遗址格局，享用各朝代文物精品带来的审美盛宴。

第1天

☀ 世界遗产❶**龙门石窟**（见264页）是洛阳的标志，进入龙门景区大门前，可以先参观门口的龙门博物馆，了解龙门石窟的基础知识。然后从西北服务区进入，按顺序游览西山—东山—香山寺—白园，再从东北服务区出口离开，全程大约5.5公里。在景区大门口可以租赁导览器（30元/次），也可请讲解陪同参观，龙门石窟集合了各时期造像精品，有导览或讲解体验更佳。从东北服务区出口出来向北几百米，是龙门古街文旅体验区，有完备的餐饮、文创、旅拍、住宿等服务，其中无上龙门沉浸式体验馆值得体验。

☾ 18:00—21:00，龙门石窟夜游模式开启，与白天的观感完全不同。在东山礼佛台观赏对岸的卢舍那大佛是相当美妙的体验，适合摄影和深度游爱好者。

贴士 龙门石窟最重要的石窟和造像70%集中在西山，整个景区走完需要大半天时间，景区大门外有餐饮，但游览时间较长，不便出景区吃午饭，建议自带干粮和水。

第2天

☀ 从洛阳市区前往❷**白马寺**（见265页），参观中国最早的寺庙和东南亚各国风格的佛教建筑。中午还可以在寺门口一条街体验洛阳小吃、素斋和咖啡。

☀ 从白马寺前往❸**二里头夏都遗址博物馆**（见274页），参观我国第一个王朝夏朝晚期的都城遗址及珍贵的出土文物，近距离观赏绿松石龙形器。遗址博物馆北部是二里头考古遗址公园，面积很大，博物馆内有电车和讲解游览服务。由遗址博物馆返回市区途中，深度爱好者可去参观白马寺以东的❹**汉魏洛阳故城考古遗址公园**（见275页）。

贴士 市区到白马寺、二里头夏都遗址博物馆都有班车，两处之间相距约10公里，自驾或打车较为省时。

第3天

☀ 前往❺**洛阳博物馆**（见274页）了解数千年历史，深入感受河洛文明的魅力，欣赏国宝重器。

☀ 穿过隋唐城遗址植物园，步行约2.5公里前往定鼎门及❻**定鼎门遗址博物馆**（见269页），唐代洛阳城的外城门复原建筑气势巍峨，博物馆内有非常翔实的遗址发掘成果和展示。体力尚佳者可继续向西参观❼**洛阳考古博物馆**（见281页）。

☾ 前往❽**应天门**（见269页），欣赏南北广场灯光秀，沉浸式体验盛唐时期洛阳城的辉煌，应天门复原建筑宏大气派，还原了唐代“天下第一门”的气势。

贴士 应天门登楼参观宜购买《唐宫乐宴》联票，包含参观门票、实景表演、汉服、茶艺等服务；晚间应天门城楼灯光秀效果很好，适合摄影。

左页图：龙门石窟游船
右页图：洛阳博物馆永宁寺塔残存造像

5天 洛阳全景游

在洛阳多盘桓几日，前3天行程同上，接下来深入探索北邙风水、运河文化，走进明清建筑遗存的老街享受洛阳美食。

左页图：远眺隋唐大运河文化博物馆
右页图：洛邑古城夜色正浓

第4天

从市区前往北邙山麓的❾**洛阳古墓博物馆**（见277页），即河南古代壁画馆，这里集中了数十座洛阳各时期墓葬，可感受民俗和葬仪的演变，参观河南壁画展馆。

参观❿**隋唐大运河文化博物馆**（见276页），了解黄河流域人与河水的紧密关系、开凿运河发展漕运的技术和历史，感受漕运是如何养活又盘活洛阳城的。

从隋唐大运河文化博物馆出口散步进入洛河岸边的⓫**朱樱塔**（见273页）街区，这里是沿洛河景观带最美的一段，区内还设有河洛书房和休闲空间。

你还可以体验……

看过龙门石窟后若还不尽兴，可以前往万佛山或水泉石窟继续游览（见92页）；或是向南，前往栾川（见62页）的山水之间。

贴士 如果赶上4月洛阳牡丹花节，可就近参观洛阳古墓博物馆旁的洛阳国际牡丹园。

第5天

☀ 参观⑫**关林庙**（见266页），体验关公文化。然后前往⑬**山陕会馆**（见270页），欣赏清代建筑艺术和精美绝伦的雕塑。就近在⑭**洛邑古城**（见272页）饱餐一顿。

☀ ☾ 从⑮**孔子入周问礼碑**出发，在洛阳老城区（见287页）边逛边吃，一路向西到西工小街。

贴士 如果下午时间充裕，可先参观王城公园附近的周王城天子驾六博物馆（见276页），皇家墓葬车马坑重现了东周王朝时期洛阳的兴盛繁华。晚上也可以再回洛邑古城看看古色古香的夜景。

开封
复刻“最好的时代”

开封的文明肇始于夏，夏朝中期曾在开封东北部建都，春秋初郑国辟地于开封南部朱仙镇，战国时期魏国迁都到此建大梁城，开封的城市格局从那时就固定下来，成为全世界罕见的中轴线从未变动的都城。

桥市通宵酒客行

辉煌北宋

开封“城摞城”的奇观在世界考古史和都城史上都难得一见，它以同样的格局迎来中国历史上最令人向往的时代。作为北宋都城，开封是中国历史上第一个人口超百万的大城市，不单是全国的政治经济文化中心，也是当时全世界范围内咸通万国的国际都市。

在北宋之前，我国都城多为典型的坊市格局，如唐代长安城，里坊为居，买卖交易只能在规定的东市、西市，在规定开放的时间内进行，夜晚宵禁，不得外出。北宋东京城打破了这一制度，以穿城而过的汴河一线为中心，沿岸的码头、桥头、水门等处都成为集市和商品交易点。从《清明上河图》中清晰可见，灵活自由的沿河交易，衍生出各式各样的生活服务设施，茶楼、馆驿、酒肆、瓦子鳞次栉比，“水门向晚茶商闹，桥市通宵酒客行”，商品经济的空前活跃，使东京城富甲天下。

1.开封铁塔琉璃砖细节
2.《清明上河图》局部

水门向晚茶商闹

重现精彩

如今，开封城以清明上河园为中心舞台，还原复刻东京梦华，日夜不间歇上演的实景表演，呈现出一个“弦管隔花人似玉，楼台近水柳如烟”的美妙不夜城。寻访铁塔、开封博物馆、州桥遗址、大相国寺等处，遍赏文物和古迹遗存，更能深入感受北宋文化的厚重和深远。

北宋建都开封共168年，辉煌的宋文化承前启后，名人能臣辈出于此，唐宋八大家有六人出自开封，包龙图铁面无私，杨家将满门忠烈——这些都是你能在开封城中寻到的历史回声。

上图：朝阳映照大梁门

2天
开封精华游

北宋时期的开封作为都城，汇集了全国精英及国外客商，汴河繁华，往来船舶如织。清明上河园按《清明上河图》和《东京梦华录》复刻了梦幻般的实景，开封博物馆和一系列北宋遗址更全面地展现出那个精彩时代的魅力。

第1天

早晨9:00在迎宾门广场跟着包大人开园，用一整天时间沉浸在❶**清明上河园**（见243页）打造的北宋东京梦境之中——很可能还会看不过来，太多建筑、古街、博物馆、展览景点要走，官方App上随时提醒附近有哪场实景表演即将开始。上午在南部市井民俗区，下午去北部皇家宫苑区域，晚间还有盛大的《大宋·东京梦华》演出，园内有各种小吃和饭店可以解决午餐和晚餐。

第2天

参观❷**开封博物馆**（见242页），全面感受开封城厚重的历史，在宋代科技展上触摸古人的智慧。

参观❸**大相国寺**（见233页），感受北宋皇家寺院的气派，之后去寻访❹**州桥及汴河遗址临展馆**（见235页）。州桥位于开封御街与大运河汴河段的交叉点，是整座开封城的核心地标，州桥遗址发掘出河道、水利设施、桥梁，出土的北宋石刻壁画，其上雕刻的海马、瑞兽、飞鹤、祥云，都是北宋东京城发达和繁华的写照。

去热闹的❺**鼓楼夜市**（见244页）大吃一顿吧。

贴士 如果想获得清场前后的空旷视角，可选择在园内的酒店住宿。可以考虑购买晚间《大宋·东京梦华》演出的联票，含晚间演出和门票，不受晚间表演前的清场限制。

贴士 开封市区交通便利，大相国寺和州桥遗址之间步行仅几百米，去市区西部的开封博物馆可以打车或使用共享电动车。

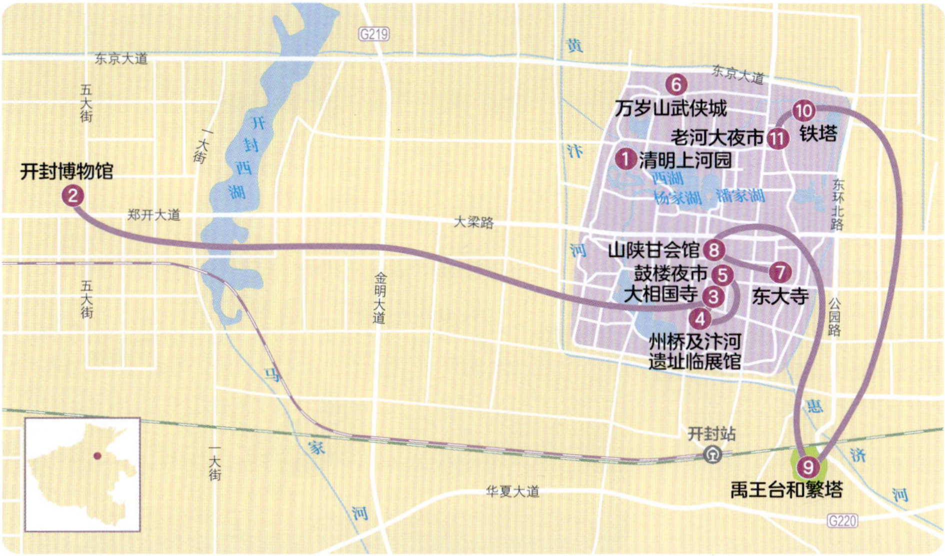

左页图：开封传统小吃蜜枣黏馍
右页图：热闹的鼓楼夜市

4天
开封全景游

前2天的行程同上。更多的时间，再去体会万岁山武侠城的江湖气息，多花一点时间走街串巷，开封的街市里糅合着古都气质和现代审美。

上图：万岁山武侠城的打铁花表演

第3天

在❻**万岁山武侠城**（见243页）近距离看一整天武侠剧，重温一遍儿时读过的《水浒传》《七侠五义》《岳飞传》《白眉大侠》等故事。

贴士 在官方微信公众号预订门票偶有优惠。这里的打铁花表演比开封其他几处打铁花表演更出彩。

第4天

今天的重头戏是几处难得没有被黄河泛滥掩埋的历史遗迹。从❼**东大寺**出发逛到书店街，漫步开封老城（见248页），感受各时期历史遗存和千年文脉传承，当然一路上也不缺美食。从书店街溜达去❽**山陕甘会馆**（见237页），看看保存完好的清代建筑。

在老城区找家馆子尝尝开封灌汤包，再出发去❾**禹王台和繁塔**（见236页和237页），而后前往老城东北角、与河南大学一墙之隔的❿**铁塔**（见232页）一窥宋代遗风。

夜幕降临时到铁塔附近的⓫**老河大夜市**，享用炒凉粉、炒红薯泥、羊肉炕馍等特色小吃。

贴士 开封夜市美食极多，碳水和肉食尤其丰富，很容易"一不小心就吃饱"，宜组团前往。

你还可以体验……

开封离郑州很近，高铁十几分钟就能前往，可以将郑州精华游（见48页）也纳入行程。

上图：夕阳下的开封铁塔
左下图：繁塔
右中图：开封小吃炒凉粉
右下图：开封小吃羊肉炕馍

灵感

安阳
殷都传承中文之美

安阳的高光时刻在商朝，从盘庚迁殷到商末，商朝共270余年都定都安阳，留下了最辉煌的殷商文化和神秘的甲骨文。

盘庚迁都

夏朝到商朝中期，王朝不得不频繁迁都，水患频发、内部势力斗争、土地肥力耗尽，都是迁都缘由。从成汤建商到盘庚执政，商朝在300余年间共经历4次迁都。盘庚即位时正值王室内讧，为扭转颓势，他决定再次迁都——商朝这最后一次迁都，成为政权稳定、文化兴盛的转折点。

盘庚亲自调研，看中安阳一带。此地西倚太行，东临漳河，可攻可守，动植物资源丰富，山前平原肥沃，水源丰沛，气候温润，适合农业种植。当时商朝疆域东至山东，南至长江，西至陕西，北至河北，安阳恰处于天下之中。这位商王综合考虑各种建都核心因素后迁都，果然稳定了政权，也成为后世择都的模板。

殷商文明印记

在世界文化遗产殷墟中，殷墟王陵、宫殿宗庙、洹北商城、后冈等遗址充分展现了殷商鼎盛时期的国力和文化，迄今世界上发现的最大、最重的青铜器后母戊鼎也出土于此（现藏于北京的中国国家博物馆），殷墟遗址中的妇好墓是目前发掘出的唯一一座保存完整的商王室成员墓葬。

100多年前在殷墟发现甲骨文时“一片甲骨惊天下”的震荡依然存在于中国文字博物馆，安阳也因此被称为“字都”。作为世界古文字历史中唯一传承且应用至今的文字，汉字既是中华民族辉煌文化的象征，也是书法艺术的载体。了解汉字的造字源头，更能体会中华文明的博大精深和源远流长。

1.清晨的太行山
2.亚长牛尊

右页图：殷墟甲骨窖穴

一片甲骨惊天下

3天 安阳精华游

最辉煌的历史在商都殷墟，商朝人生活、祭祀、战争、墓葬等各个细节都在殷墟景区内全面展现。之后还可以去中国文字博物馆了解汉字的发展历史，去老城探访明清街巷和宝藏小店，当然也要去问候一下沉睡于漳河侧畔的曹丞相。

第1天

参观❶**殷墟**（见300页）一般推荐以殷墟博物馆新馆、宫殿宗庙遗址区和妇好墓、王陵遗址区为顺序。殷墟博物馆新馆有许多之前未展出的文物珍品，梳理了商朝历史和迁都史，有助于更好地了解殷墟和商王朝。

晚上来一场洹河夜游，畅想3000多年前大邑商的辉煌。

贴士 博物馆新馆搬出了宫殿宗庙遗址区，位于洹河（安阳河）对岸，二者间有摆渡车；王陵遗址区较远，景区提供从宫殿宗庙遗址区出发的接驳车。殷墟附近用餐不太便利，可在博物馆内的子飨餐厅解决，或自带点心和水。

第2天

参观❷**中国文字博物馆**（见310页），除了文字演变和甲骨文文物外，以殷商青铜器纹饰风格作为设计要素的博物馆建筑，以汉字演变为主题的园林景观设计，都值得欣赏。

去❸**安阳老城**来一场City Walk（见322页），在明清老城街巷中寻找韩琦、崔铣、郭朴等名臣的身影，仰望独一无二的伞形文峰塔（见301页），去老街书店、文创咖啡馆闲坐一刻。

到❹**北大街小吃街**安抚辛苦了一天的大脑和胃。

贴士 从中国文字博物馆到安阳老城City Walk起点魁星阁的公共交通不太便利，宜打车前往。

第3天

参观❺**曹操高陵遗址博物馆**（见311页），博物馆建在考古遗址原址上，恢宏大气，也比较费脚力，从停车场经过"魏武挥鞭"雕塑走到主展区，有超过1公里的路程。"超世之杰"展厅的影音展示值得一看，详细地还原了曹操生平，馆内还复原了曹操墓室。

返回市区，可以去❻**安阳博物馆**（见312页）看看在展的麴庆墓精致石棺床。

贴士 从安阳市区到高陵有公交班车，单程需1.5小时，自驾或打车更方便。高陵附近用餐不便，建议自带干粮和水。

左页图：殷墟博物馆
右页左图：中国文字博物馆大厅
右页右图：安阳博物馆麴庆墓石棺床

5天
安阳全景游

前3天行程结束后，从安阳向西，太行山麓深处还藏着姿态绝美的飞天和伽蓝，更有人造奇迹红旗渠。

左页图：灵泉寺石窟的迦毗罗神王浮雕
右页上图：俯瞰红旗渠青年洞
右页左下图：修定寺塔
右页右下图：羑里城的迷宫

第4天

☀ 从安阳市区前往❼**修定寺塔**（见302页），欣赏北齐到唐代登峰造极的砖雕艺术，其菱格状的设计和外域风的图案风格，与西域地区的石窟风格遥相呼应。

☀ 到❽**灵泉寺石窟**（见301页），寻找隋唐浮雕之巅的迦毗罗神王和那罗延神王。灵泉寺东部有隐藏在一处不起眼的饭店后院的❾**小南海石窟**（见302页），保存着北齐时期的造像、佛经石刻和壁画。

☾ 回安阳夜市饱餐一顿。

贴士 今日行程离安阳城区较远，适合自驾或包车前往。

第5天

☀ ☀ ☾ 前往林州❿**红旗渠**（见320页），在太行山深处的人工天河欣赏自然美景和人定胜天的奇迹。

贴士 从安阳城区到红旗渠景区自驾单程约1.5小时；或从安阳东站乘坐高铁至林州北站，再打车到林州南站，然后乘坐旅游1号线（每小时1班，整点发车）到达红旗渠景区。

你还可以体验……

若留给安阳更多的时间，周边的羑里城（见303页）、马氏庄园（见303页）等地也值得一游。或是从安阳向北进入河北古都邯郸，去响堂山石窟、邺城考古博物馆、北朝考古博物馆等地再拾历史遗珍。

郑州
天地之中见未来

郑州地势西南高，东北低，处嵩山东麓、黄河之滨，在《尚书 · 禹贡》记载中属九州中的豫州，位于整个中国的腹地，故称“天地之中”。

古都寻史

传说中华民族的始祖，五帝之首的黄帝，生于轩辕之丘，故号轩辕氏。轩辕之丘就在今天的新郑，从汉初此地就建有轩辕祠，几千年来祭祀黄帝的香火不断。每年农历三月三拜轩辕，已经成为规模盛大的传统节庆。

大禹治水之后曾定都阳城，就在今郑州的登封告成镇。到成汤灭夏建商，商早期的第一个都城就在郑州，时称“亳都”，商代文明就从这里起步。

李若渔 摄

2

李若渔 摄

3

商都新风采

郑州坐拥一山（中岳嵩山）、一河（黄河）、一祖（黄帝）、一寺（少林寺）、一城（商代都城遗址），自古以来就是东西南北文化通道的交会点，今天也依然是我国最大的交通枢纽城市之一，承启东西，纵贯南北，作为中原心脏，逐步建成国际性综合交通枢纽。

这座省会城市在传统文化复兴和创新上也屡建新功。河南博物院（简称豫博）以海量精品文物闻名于世，尤以商周青铜重器精品为盛，多藏国之重器。近几年新开放的商代都城遗址博物院在古城垣遗址基础上展示考古成果，展现商朝早期的文化风采。叩访嵩山之巅的“天地之中”历史建筑群，漫步滨水的黄河文化公园，山水之间的中州之地正从过去走向未来。

1.豫博的“卖萌”青铜器
2.豫博的西周青铜器
3.丰收时隔黄河眺望炎黄二帝像

上图：秋日的嵩岳寺塔

灵感

豫博镇馆之宝

2007年，河南博物院在建院80周年之际，从海量老宝贝中评定出了九件代表性馆藏珍品，如今这九大镇馆之宝已为世人熟知。

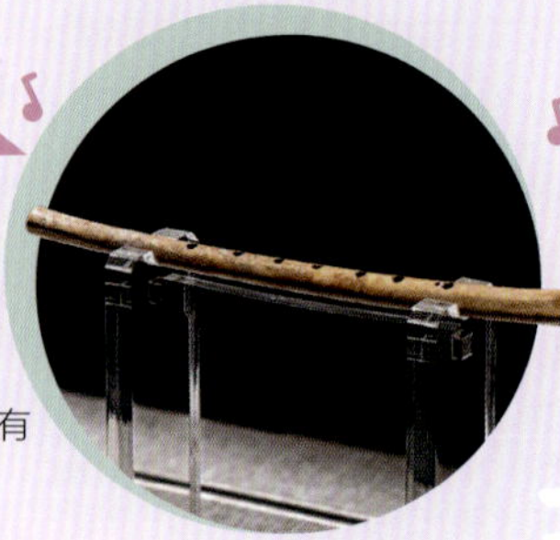

① 贾湖骨笛

一展厅，新石器时代

国内最早、保存最完整的吹管乐器，由丹顶鹤尺骨制成，出土于漯河贾湖，距今有8000多年历史。

④ 玉柄铁剑

三展厅，西周晚期

这把剑身与剑柄断为两节的展品看似不起眼，却是我国最早的人工冶铁制品，出土于三门峡虢国墓地。

② 杜岭方鼎

二展厅，商代早期

商代早期最大的青铜器之一，出土于郑州杜岭街，一并出土的另一尊更大，现藏于国家博物馆。它们是郑州作为商都的印证。

③ 妇好鸮尊

二展厅，商代晚期

出土于安阳殷墟妇好墓，另一只藏于国家博物馆。它原本是商王武丁之妻妇好能征善战的象征，如今凭借呆萌外表化身为豫博的吉祥物。

⑤ 莲鹤方壶

四展厅，春秋时期

这件精致繁复的盛酒器为多范合铸的代表，出土于新郑李家楼郑公大墓，器型之大令人惊叹，另一件藏于北京故宫博物院。

6 四神云气图

五展厅，西汉早期

这幅面积超过16平方米的墓室壁画揭自永城芒砀山刘买陵，青龙、白虎、朱雀齐备，独缺玄武，而以异兽填之。其年代比敦煌壁画还要早600年。

除了九大镇馆之宝，还有不少珍品都值得细细了解观赏，以下为近年来走红的几件：

白釉绿彩长颈瓶

六展厅，北齐

看似不起眼地与其他瓷器挤挤挨挨陈列在一处，但不要小瞧它，这可是禁止出国的195件文物之一。

7 武则天金简

七展厅，唐代早期

相传为武则天在嵩山祭祀时投下的金简，是目前出土的唯一与武则天相关的可移动文物。

8 汝窑天蓝釉刻花鹅颈瓶

十展厅，北宋晚期

汝窑位列北宋五大名窑之首，如今传世的官窑之作寥寥，天蓝釉更是稀世之珍，它也是目前唯一一件天蓝釉刻花瓶。

绿釉立姿陶狗

六展厅，汉代

连官方介绍都没有几个字的随葬品，恐怕自己也没料到2000年后会以超萌姿态俘获一众粉丝。

9 云纹铜禁

十三展厅，春秋时期

出土于淅川楚墓，这件由失蜡法铸造的承置酒器的案具规模之大、器型之整、纹路之繁复，无不彰显楚国雄风。

2天 郑州精华游

去河南博物院了解上下五千年的中原历史和黄河文化，震撼于一眼看不到头的青铜重器和国宝陈列。之后巡游郑州商城，在都市中心看千年之前的城垣遗迹。

第1天

❶**河南博物院**（见198页）的历史序列基本展厅就有10个，中原楚国青铜艺术的专题陈列更是不能错过。建议为这座博物馆多留些时间，从容穿行于中国古今。不过若想每件文物都细看，恐怕一天时间都不够。

前往郑州市的传统商业中心❷**二七广场**（见208页）觅食，一览20世纪90年代零售业“顶流”亚细亚的所在地。广场上的城市地标二七纪念塔每逢整点会响起《东方红》的旋律报时。

贴士 河南博物院暑期和节假日很难预约，建议至少提前一周尝试；使用官方微信小程序的智慧导览能尽快找到文物和展厅位置；跟随官方讲解只能快速浏览，精品文物展柜前经常挤满人，最好错峰参观。对文博感兴趣的旅行者，还可以考虑挤出一些时间给远在西郊的郑州博物馆（见200页）。

第2天

到商都国家考古遗址公园（见198页）转转，位于城墙内的❸**商代都城遗址博物院**（见198页）和附近的❹**东城垣遗址博物馆**（见199页），展示了商代早中期建设都城的格局、出土文物和各时期城墙。这两座相距1.5公里的博物馆都在商城国家考古遗址公园，有舒适的咖啡馆可以小憩。

去❺**郑州西郊**（见210页和216页）逛逛历史文化街区和文创园，老厂区家属院附近蕴藏着地道的郑州老味道。

乘地铁1号线前往会展中心，近距离和“网红”建筑“大玉米”——❻**千玺广场**（见210页）打个招呼。若天气不错，也可以选择登顶，遍览这座中部省会的全景。

贴士 可以顺路参观商城国家考古遗址公园以北的郑州文庙（见202页）和城隍庙。

左页图：河南博物院仿照观星台打造的主馆
右页左图：金灿灿的“大玉米”
右页右图：商代都城遗址博物院

4天
郑州全景游

前2天行程同上，之后迈步向郑州城外的山与水，嵩山之高，黄河之远，从郑州出发都近在咫尺。只有河南·戏剧幻城更是一举拉近了与历史的距离，千年也不远。

左页图：少林寺塔林
右页左上图：深秋的三皇寨
右页右上图：只有河南·戏剧幻城的椅阵
右页下图：只有河南·戏剧幻城打卡墙

第3天

❼**嵩山风景名胜区**面积很大，横跨几座山头，包括三大景区：少林寺（见205页）、嵩阳（见205页）和中岳（见207页）。几条爬山线路都比较耗费体力，普通人很难走遍整个嵩山风景区，一日游可以选择适合的兴趣点。看嵩山自然风光，最适合的是在秋天游览三皇寨，这里是嵩山景观的精华所在。

第4天

一天很难看完整个❽**只有河南·戏剧幻城**（见211页）内的设计和表演，可参考官方微信公众号的剧场时间安排，提前选择感兴趣的内容，预留出时间拍照。

你还可以体验……

若还有时间，可继续向西，前往位于郑州和洛阳之间的巩义，沉浸于石窟造像与北宋帝陵（见96页）石像生的精致与高大。

贴士 每天有多趟班车从郑州客运站到登封客运站，单程1.5小时。从登封客运站到嵩山三皇寨景区入口约15公里，打车比较方便。若想玩得更仔细，可参考56页线路。

贴士 从郑州市中心二七广场到只有河南·戏剧幻城自驾约40公里，班车巴士单程1.5小时。若想细细游玩，可参考132页线路。

我是河南人

壁立平原 山岳多姿

金黄的麦浪上方，奇山峻岭也掀起了波浪。

上图：从挂壁公路内眺望太行峭壁

在很多人的印象中，河南是一马平川、麦浪滚滚的开阔平原。其实，全省44.3%的面积为山地丘陵。大约沿京广铁路而分，以东是大平原，向西，山岭便从原野边缘拔起，越往西越峻峭。豫晋之交的太行山正是中国地理第二、第三阶梯的分界线，豫西群山作用相当，只不过山势呈东西走向，分界感略显模糊。花岗岩、高山石英岩、砂岩断崖，这些地质术语落到古往今来的游人眼中，正是直叫人惊叹的锦绣河山。

在中原大地漫长的人类历史中，山也在一定程度上影响着历史的进程。正是因为群山环抱，具有先天防御优势的洛阳才能在10世纪中叶前成为多个朝代的都城。和洛阳、开封以及河北邺城等历史名城相距不远，太行、伏牛、嵩山得以吸引儒释道名流开基创业，亦有失落于朝堂者隐居其中，寄情山水，便有了历朝历代的人文古迹，为中原山岳平添更多风采。

近年来，河南山岳景点的配套设施更加完善，除了索道，还出现了滑道、观光电梯等新潮项目。如今游览山峡美景，比以往任何时候都更加简单。

中岳嵩山
华夏圣地

中国之中，嵩山以“山高”的会意字命名，无愧于中岳在传统文化中的崇高地位。早在《史记·封禅书》中，便有“昔三代之居皆在河洛之间，故嵩高为中岳”的记载。武则天定都洛阳，更将封禅大礼从东岳泰山改到中岳嵩山。她曾多次御驾于此，77岁那年向天地诸神祷求平安，从山顶扔下的除罪金简，神奇地在1200多年后被采药人从悬崖石缝中寻得。如今，这块武则天金简正是河南博物院的镇馆之宝。

骏极于天

2010年，登封“天地之中”历史建筑群被联合国教科文组织列入《世界遗产名录》。这项世界遗产是由各类历史建筑组成的文化遗产，而它们之所以建在嵩山脚下的登封，和中岳的地位密不可分。不过也正是因为过于厚重的历史文化底蕴，人们在嵩山的旅游多局限于少林寺、中岳庙、嵩岳寺塔、太室阙、嵩阳书院等历史古迹，反而忽略了这座山岳本身的自然景观。

虽然主峰峻极峰海拔1492米、最高峰连天峰海拔1512米都不算高，嵩山又位于秦岭余脉的绵亘群峰深处，不像泰山、华山那样有着拔地而起于大平原的气势，但嵩山能够在古人眼中脱颖而出，并列五岳之一，自然景观必有独到之处。从地质学角度而言，嵩山完整出露着全球绝无仅有的太古宙、元古宙、古生代、中生代、新生代五个地质时期的变质岩和沉积岩地层序列，故称“五代同堂”。再看景观，峻极峰的高耸入云、少室山的书册岩理、卢崖瀑布的飞流直下、嵩门待月的壮观峡谷……处处体现着自然造化的无穷魅力。

“嵩山七十二峰”的说法由来已久，它们平分为两组，分别属于东侧的太室山和西侧的少室山。主峰峻极峰位于太室山，中岳文化和相关建筑集中于此。最高峰连天峰位于少室山，少林寺在其山脚下，山上的**三皇寨**鬼斧神工，蔚为壮观，走一遭就能明白古人为何对嵩山情有独钟。

1

2

1.中岳庙
2.太室阙
3.嵩门待月

河南的世界地质公园

名称	入选批次	主要山峰	地点
嵩山世界地质公园	第一批	太室山和少室山	郑州市登封市
云台山世界地质公园	第一批	云台山	焦作市修武县
王屋山－黛眉山世界地质公园	第三批	王屋山	济源市
		黛眉山	洛阳市新安县
伏牛山世界地质公园	第三批	老君山	洛阳市栾川县
		白云山	洛阳市嵩县
		老界岭	南阳市西峡县
		宝天曼	南阳市南召县

上图：嵩山红叶
左图：雪后三皇寨

2天
嵩山漫游

中岳以历史人文而出彩，"天地之中"是古代官方对它的定位。若想见识令古人震撼的嵩山自然景观，你得准备好足够的体力，跟随这条2日线路游览嵩山全景。

左页图：卢崖瀑布
右页左图：峻极峰
右页右上图：秋日塔林
右页右下图：少林寺樱花与赏花僧人

第1天

☀ 在太室山的❶**太室阙**（见207页）和❷**中岳庙**（见207页），了解历代皇家和民间敬拜嵩山的历史遗存。再经东线向主峰❹**峻极峰**（见206页）出发，沿途欣赏漂亮的❸**卢崖瀑布**（见207页）和奇石绝壁。在主峰峻极峰俯瞰群山仰首后，沿陡峭的西线下山到❺**法王寺**（见206页），回望嵩门，最后游览❻**嵩岳寺塔**（见207页）。

☾ 前往❼**登封**市区住下。

第2天

☀ 从❽**少林寺景区南门**（三皇寨入口）进山，先观赏❾**三皇寨**（见205页）的地质奇景，之后乘索道或步行下到❿**少林寺**（见205页），参拜禅宗祖庭并欣赏少林功夫。如果体力和时间充足，还可以将比少林寺更早的禅宗发源地初祖庵和达摩洞加入行程。

☾ 准备好厚衣服，晚上去7公里外的待仙沟看一场《禅宗少林·音乐大典》（见207页）。演出一般从晚上8点持续至9点，可选择返回登封或郑州。

你还可以体验……

郑少洛高速将少林寺与郑州、洛阳串联起来，你可以沿着这条高速公路向东，继续游览商都郑州（见48页）的风采，也可以向西，全方位感受神都洛阳（见28页）的气韵。

贴士 目前只有少室山提供索道服务，太室山只能靠双脚攀登。你最好准备干粮，山上只有简单的小吃和饮料供应。

贴士 若时间有限，你也可以将少林寺、嵩阳书院、太室阙和中岳庙安排在一日内游览，实现速通。

太室山
4 峻极峰
法王寺 5
嵩岳寺塔 6
少林寺 10
少林寺景区
嵩阳景区
少室山
3 卢崖瀑布
9 三皇寨
中岳景区
中岳庙
少林寺景区 8
南门
登封
7
2
1 太室阙

灵感

伏牛山脉
秦岭东支

世人皆知秦岭，却忽视了它向河南铺展着伏牛山、熊耳山、崤山、外方山、嵩山等东支余脉，这些山脉中最壮阔的便是伏牛山。民间俗语中的“八百里伏牛山”实则绵延200余公里，从豫陕交界处一直到黄淮海平原，覆盖了洛阳、南阳、三门峡、平顶山等市的部分区域。这里的山间遍布裸露在外的花岗岩地貌，经过亿万年的风雕雨琢，最终形成壮美又灵秀的山崖、巨石和峡谷，曼妙的山水之姿足以超出人们的期待。

北国石林

老君山 洛阳栾川

凭借仙台琼宫般的金顶道观群，绝美的老君山早已出圈。在这里，亭台楼阁巧借山水形胜，塑造出道家文化中的理想世界。据传，春秋时期，老子李耳来此归隐修炼，后世遂尊老君山为“道源”和“祖庭”。唐朝和明朝皇室崇道，这里更是备受重视。

金顶道观群以供奉老子的**老君庙**为中心，辅以南天门、道德府等一系列建筑，铺展开世人想象中的兜率宫。最亮眼的三座黄铜铸顶殿堂——**金殿**、**亮宝台**和**玉皇顶**，兀自立于巨石之上，其中海拔2217米的玉皇顶是老君山的最高峰。日出日落，霞光映照着三座金顶楼阁，是山间最美的一刻，若逢云海或落雪更似仙境。想一睹此景，可夜爬，或在金顶的客栈留宿一晚。**十里画屏**也是精华，3000余亩石林被地质学者誉为“北国石林”，各种象形石当然也被赋予了美妙的传说。

白云山 洛阳嵩县

白云山的入口和老君山相距不过30公里出头，地质地貌如出一辙。有趣的是，这里同样有一座**玉皇顶**（海拔2216米），而且顶上也建有一座金顶楼阁，日出云海的风景不相伯仲。只不过，这里山上没有住宿，需要住在景区内山下的酒店，旺季凌晨三四点，乘坐专门的观光车前往玉皇顶脚下，再徒步或乘坐索道登顶迎接日出。

白云山也有独到之处。这里的森林覆盖率更高，清潭飞瀑流淌于山涧深处，很适合悠闲散步。半山腰还有天然的高山牡丹群落，春夏之交，国色天香，不负神都之雍容华贵。

1.雪后老君山
2.秋日白云山

下图：重峦叠嶂的伏牛山

老界岭 南阳西峡

围绕着伏牛山脉的最高峰**犄角尖**（2212.5米），三座名山环绕在旁。前两座分别是洛阳的老君山和白云山，第三座便是南阳的老界岭。由于彼此相隔不远，天气晴好时，站在一座山上便可将其他高峰（包括犄角尖）尽收眼底。

老界岭同样由出露在外的花岗岩体构成，最高峰海拔1910米。除了壮观的悬崖和奇特的巨石，这里还拥有独特的锯齿状山峰。最神奇的莫过于**分水岭**，它不仅隔开了黄河和长江两大流域，还是气候分界线，在这里很有可能遇到一半刮风一半无风，或是一半雨一半雾的神奇气象。

尧山 平顶山鲁山

尧山可以看作伏牛山脉终结于黄淮海平原前的最后一座奇山秀峰。相传，尧帝裔孙刘累曾在此建立尧祠祭祖，故而得名。刘累又是刘姓始祖，因此尧山也成了天下刘姓的发源地。

尧山又称“石人山”，这里遍布惟妙惟肖的花岗岩巨石。花岗岩山体也许是最符合中国传统审美的山体，黄山、华山莫不如是。尧山虽然名气不大，但在**玉皇顶**、**青龙背**等地也拥有毫不逊色的奇绝之色，再加上**西观景台**能看到大片孤峰、石林等地貌，甚至还有几分张家界的风采。因此有人称这里是河南山岳中最能带来惊喜的一座。

1.老界岭犄角尖
2.尧山中原大佛
3.宝天曼的溪流

宝天曼 南阳内乡/南召

宝天曼不仅是伏牛山世界地质公园的一部分，还是世界生物圈保护区。由于远离任何一条交通主干道，这里的生态环境保持良好，森林覆盖率高达97%，还有一些从未被破坏过的原始油松林、华山松林、铁杉林。河南植物种类总数的73%都能在这里找到，运气好的话还能看到金雕、金钱豹、大鲵、红腹锦鸡、香獐等国家保护动物。

除了在森林和河谷漫步，宝天曼也有隽秀的山峰可看可爬。在伏牛山地质公园中，宝天曼的特色是花岗岩重力侵蚀地貌的峰墙，**骆驼峰**正是这一地貌的代表。

山水之外的附加项目

近年来，除了“脚踏实地”式的游山玩水，不少景区也增设了各种项目，方便出行的同时，也极大地丰富了可玩性。需要注意的是，部分项目，如登山索道、漂流、滑雪等，并非全年常设，具体开放情况以当日景区运营为准。

所在山名	登山索道	滑道	玻璃栈道或玻璃桥	悬崖观光电梯	游船或竹筏	漂流*	攀岩、蹦极、滑索等极限运动	过山车等大型游乐设施	滑雪*	挂壁公路
嵩山太室山									✓	
嵩山少室山	✓						✓		✓	
老君山	✓	✓	✓	✓		✓	✓		✓	
白云山	✓	✓	✓		✓	✓	✓		✓	
老界岭	✓	✓	✓			✓	✓		✓	
宝天曼		✓				✓			✓	
尧山	✓	✓				✓			✓	
云台山	✓	✓	✓		✓	✓	✓		✓	
青天河	✓		✓		✓	✓				
神农山	✓	✓	✓							
王屋山	✓	✓				✓			✓	
宝泉	✓	✓	✓	✓	✓	✓	✓	✓	✓	
万仙山		✓	✓**				✓		✓	✓
八里沟		✓		✓	✓	✓				
天界山	✓	✓	✓							✓
九莲山				✓		✓				
云梦山	✓	✓	✓	✓						
太行大峡谷			✓			✓	✓		✓	
红旗渠	✓	✓			✓					
桐柏山					✓	✓				
嵖岈山	✓	✓	✓		✓	✓	✓			
金刚台		✓	✓			✓				

*漂流和滑雪不一定在景区内，有可能位于景区附近，但距离不远、方便到达

**本书出版时在建

4天 纵贯伏牛山

从洛阳到南阳，连接两座历史名城的最近路线纵贯伏牛山脉腹地，可将道教名山老君山、以山势取胜的老界岭，以及生物保护圈宝天曼一并游览，让你爬山爬过瘾。不过，大多数旅行者会选择安排一日游或连续的两日游，你可以根据自己的计划灵活组合。公共交通有些不便，自驾更宜。

左页图：老君山的日出
右页上图：从老君山眺望老界岭
右页下图：内乡县衙

第1天

老君山是伏牛山的精华，从❶**洛阳**前往栾川县的❷**老君山**（见283页）约2小时车程。沿登山道步行上山，游览十里画廊，之后经南天门登顶伏牛山主峰，观赏金顶道观群。

夜宿金顶的客栈。

贴士 进入老君山景区后，搭乘两段索道直上山顶，下山可选择另外两条索道，看不一样的风景。洛阳汽车站和洛阳龙门客运中心都有往返栾川的大巴车，多数班次都直达老君山山门，可在“豫州行”小程序上查询具体信息。

第2天

凌晨起床，在老君山看完日出，回去补个回笼觉后再慢悠悠下山。从老君山出发不到1小时车程即可抵达南阳西峡的❸**太平镇**，这里距离老界岭就不远了。

先别急着进山，在老界岭脚下的客栈养精蓄锐。

贴士 若你只给老君山留了一天时间，可以在第一天下午返程或前往下一个目的地，放弃观看第二天的日出。老界岭山脚下住宿选择丰富，若想自驾进山可提前致电酒店询问。

你还可以体验……

若有更多时间留给南阳，市内的汉画专题博物馆（见360页）也值得一看。

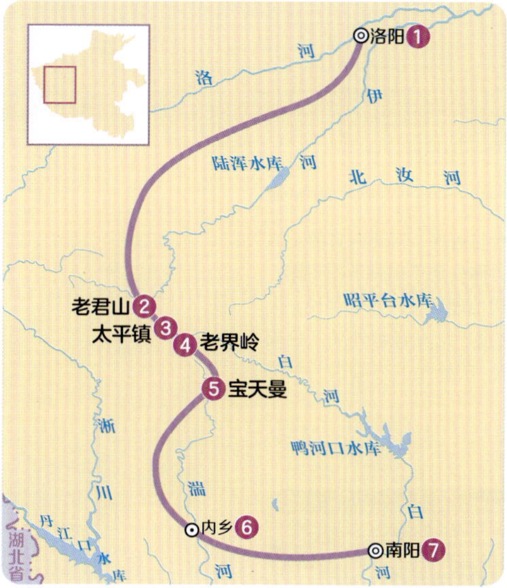

第3天

徒步④**老界岭**（见364页），前往分水岭感受一侧有风一侧无风的体验。天气晴好时，你可以远眺伏牛山最高峰犄角尖和老君山金顶。

下山后，前往80公里外的⑤**宝天曼**（见365页）。

第4天

在宝天曼的森林深处穿梭，让身心慢下来吸吸氧，游览骆驼峰等盛景。

下山后，乘车前往⑥**内乡**，参观内乡县衙（见363页），再前往⑦**南阳**结束行程。

贴士 也可以选择从洛阳或南阳出发，一日往返老界岭。宝天曼景区有两个，分别在内乡和南召，内乡宝天曼游客相对多一些，但冬天会封山，建议关注官方信息。

贴士 宝天曼景区附近，夏季有漂流活动。也可以考虑以南阳为大本营，一日往返宝天曼。

灵感

巍巍太行
阶梯之山

嶂石云台 水润隽秀

中国第二、第三阶梯的分界线太行山脉，横亘在山西与河南、河北两省的交界处，因直面平原更显巍峨，宛如一道难以征服的天险。当你驻足于山脚下的安阳、焦作、新乡等地，便能直观地感受到太行山的雄浑气势和地理意义。人们都说，太行山把最美的风景留给了和河南接壤的南太行一段，这里广泛发育着外呈红色或紫红色的嶂石岩和云台地貌，又因为水系充沛更显灵动，的确是北方难得一见的美景。

云台山　焦作修武

焦作的云台山和洛阳的嵩山、老君山，可以并称为河南旅游圈的三大名山。和嵩山、老君山的白色花岗岩山体不同，距今12亿年前后元古宙时期发育形成的石英砂岩赋予了云台山紫红色的基底，再配以清澈山泉汇聚而成的银瀑绿潭，碧水丹崖的风光让人叫绝。

红石峡正是云台山色彩最艳丽华美的地方。从深邃的谷底沿河畔漫步，即能捕捉到堪与福建武夷山和江西龙虎山媲美的风光，当然和温柔的南方水乡相比，云台山无论从线条还是气势上，都会多出几分北方大地的阳刚之气。相传魏晋时期，“竹林七贤”曾隐居在云台山一带，当你行进在红石峡的曲径通幽处，如果游客不是太多，真会生出“山中寻隐士”的诗意。

云台山另有两个游览区。**小寨沟**以水色著称，最深处便是落差高达314米的云台天瀑，在小寨沟还可体验90°绝壁上的攀岩。**茱萸峰**为云台山最高峰（海拔1297.6米），也是王维诗咏“遍插茱萸少一人”的地方，该峰附近还有一座险峻的**凤凰岭**，热爱徒步爬山就多挑战一座高峰吧。

太行大峡谷　安阳林州

太行巍然挺立、雄浑奇绝的风貌在这里尽显无遗。**桃花谷**的深潭飞瀑赏心悦目，**太行天路**的悬崖游走惊心动魄，**王相岩**的绝壁幽谷令人称奇。沿着摩天筒梯和悬空栈道行走在万丈悬崖边，更是“无限风光在险峰”。王相岩同时拥有浓郁的人文气息，其名来自商代一王一相隐居的传说，后世同样引来了不少名人来此避难、修道或养老。

红旗渠位于太行大峡谷附近的一道山崖上。这项水利工程之所以能成为建筑奇迹和时代象征，和它身处太行绝壁的地理位置息息相关。在**青年洞**便能饱览一侧万丈悬崖、一侧人工天河的震撼景象。

王相岩传说

商王武丁年少时，被父王送至林虑山历练，与平民奴隶一同生活，结识了才学兼备的奴隶傅说。武丁继位后，深知傅说之才，却因其奴隶身份难以说服群臣起用他。于是，武丁心生一计，佯装昏睡3年，醒来后称先王托梦举荐傅说。大臣们信以为真，将傅说寻回，武丁即刻拜其为相。傅说施展非凡才能，几年就将朝政打理得井井有条，迎来“武丁中兴”，他也受众人尊称为“梦父”，成就一段佳话。

林虑山就是林州附近的太行山，二人隐居历练之处被后世奉为王相岩（见下图）。传说虽然离奇，但不拘一格降人才的理念却从古至今一以贯之。今日，你也可以在层峦飞瀑间直抒胸臆，体味古人的抱负之心。

左页图：夏日里的云台山红石峡
右页图：太行天路

1

王屋山 济源

《愚公移山》的故事让太行山和王屋山广为人知。其实从地理学而言，王屋山属于太行山脉的西南段，整体呈东西走向。论起地貌风景，王屋山也和南太行的其他景区颇为相似，同为经地壳运动抬起而形成的断层山。

这里还是**道教第一洞天福地**。海拔1715米的主峰**天坛顶**上，耸立着天外楼阁般的**总仙宫**，爬山途中庙观、香火和信众不绝。最具古意的道观是位于山脚的**阳台宫**，最初的营建者为唐玄宗时期天下道宗领袖司马承祯，保存至今的主殿**大罗三境殿**，是现存明代单体木结构建筑中规模最大的一座。

2

万仙山 新乡辉县

提起万仙山，人们总习惯用郭亮村或挂壁公路来指代。也正是由于在郭达主演的电影《举起手来》有过精彩亮相，壁立万仞的南太行才在网络并不发达的21世纪初开始被国人知晓。

如今，作为电影取景地之一的**郭亮村**已成为游客拍照打卡地和民宿集中地，虽然有些过度商业化，但太行山石头村的原生面貌也被较好地维系下来。**挂壁公路**不对自驾旅行者开放，只有在非节假日预订了村里的民宿才能申请驶入。其实用双脚丈量这段1250米长的土隧道，正好可以透过洞口慢慢欣赏太行雄风，同时也是对村民拼搏精神的一种致敬。只可惜挂壁公路修通前，村民唯一的出入通道**天梯**已经封闭。不过以郭亮村为基地，踏上村民昔日放羊采药的小径，更多太行深处的美景仍在等你探访。

南坪村是万仙山景区的另一处游客集散地，位于挂壁公路的山下起点附近。说是“山下”，其实也算太行山的半山腰。你可以在这里沿着峡谷栈道徒步，当望见红色悬崖垂下的银白瀑布时，你会觉得之前的路途都很值得。

徒步南太行

兼具雄浑山势和秀丽水色的南太行，是中原地区和华北各省最热门的徒步目的地之一。这里的路线五花八门，难度各不相同，强度也从一日体验到多日挑战，应有尽有。

最经典的徒步路段当属串起**马武寨村**和**抱犊村**的**双村线**。两座村子都属于山西省晋城市陵川县，但紧邻两省交界处，从河南一侧前往也很方便。马武寨村已通公路，抱犊村仍旧保留着不通公路的原始交通状况——“抱犊”指的便是只有悬崖山路连通村庄，大型牲畜无法通行，村民们唯有抱着小牛犊上山，到村里再慢慢养大。马武寨村到抱犊村山脚下有两条道路可走，为**七星潭大峡谷**和**一线天大峡谷**，可以安排成一日徒步环线，在抱犊村解决午餐。

以双村线为基础，这条徒步路线可以延展。将起点安排在**双底村**，途经马武寨村再到抱犊村，第一晚在抱犊村的客栈住下，享受这座传奇小山村的宁静夜晚。第二天继续向前，在老龙口或走**九莲山**，或下**八里沟**，两地都是开发完善的景点（同属于八里沟大景区），不缺食宿和出山的交通方式。

注意，七星潭和一线天两座大峡谷都有流水，夏季要做好涉水的准备，雨天更应该基于安全考虑而取消行程。

1.万仙山的挂壁公路
2.阳台宫的木构古建

左图：王屋山脚下的王屋老街

八里沟

新乡辉县

名字有些俗气，但八里沟实在是又大又美。大，是因为它包括了八里沟、天界山和九莲山三个游览区；美，听听它的宣传语“河南小九寨”就知道了！**八里沟**的水色澄碧，在赤红的砂岩峡谷中更显诱人。峡谷深处是银练般的天河瀑布，之后可步入水帘洞，或沿着一线天或绝壁天梯继续攀高。

天界山是典型的嶂石岩断层山，三面是悬崖峭壁，因而筑有挂壁公路和悬空栈道。最高处的老爷顶占尽地利，坐落其上的宗教建筑成为当地道教和民间信仰的精神高地，有机会看到热忱的村民以淳朴的仪式敬奉各方神灵。

九莲山集红山、绿潭、银瀑于一体，堪称南太行自然风景的另一处精粹。不过和天界山类似，民间文化赋予了九莲山与众不同的意义。这里的西莲寺主供九莲老母等女性神祇，无生老母更是白莲教信众膜拜的一尊主神。

云梦山 鹤壁淇县

云梦之名充满仙气，相传这里正是中国历史上极具传奇色彩、近乎成神的鬼谷子的隐居地。生活在战国时期的鬼谷子集纵横家、思想家、兵家、阴阳家、法家、名家等名号于一身，还因叱咤天下的苏秦、张仪、孙膑、庞涓、毛遂皆拜他为师，又入列教育家。山上有历朝题刻，还有水帘洞、五里鬼谷、三十六计步道等和鬼谷子有关的景点。

位于山顶的**云梦大草原**也是一大亮点。悬崖峭壁上方的高山草甸无比苍茫，云海升起时仿佛世界的一处尽头。相传鬼谷子曾在此向弟子传道解惑，真可谓仙气飘然。

神农山 焦作沁阳

相传，炎帝神农氏曾在这里尝百草，神农山因此而得名，并拥有一系列和他有关的景点。主峰神农坛又名**紫金顶**，则是来自太上老君炼金丹、紫气萦绕的另一段传说。不过景区真正的亮点是**龙脊长城**。这是太行山脉的一条山脊线，狭长如巨龙游弋，又似长城般挺拔。龙脊长城又名白松岭，看到一棵棵沧桑遒劲的千年名松，便能明白这个名字的来历。

神农山还是佛道共尊的宗教圣地，行山途中能遇到多处佛寺和道观，让人感叹“天下名山僧（道）占多”。最独特的当属**清静宫**，是少见的清代无梁建筑。

太行八陉风景美

作为河南、河北和山西之间的天然界山，太行山间的河流和峡谷成为人们往来两侧的天生通道。“陉”指山脉中间断开的地方，**太行八陉**就是在漫长历史中形成的最重要的八条咽喉要道。豫晋两省间的南太行分布着八陉中的三陉，分别是济源市轵城镇的轵关陉（王屋山景区一带）、沁阳市西北的太行陉、辉县市宝泉的白陉。高山深谷风景不差，如今它们或许失去了交通重任，但作为景区又重获新生。

青天河坐落在**太行陉**的古道路线上。核心景区**大泉河**有“北方三峡”之称，一旁保留的北魏古官道遗迹**古丹道**，便是太行陉的一段。“深山藏古寺”的**月山寺**古朴幽静，虽然建筑形制远不如隔壁晋城的几座古寺那么隽永，但整体风情颇为相似。

宝泉是**白陉**所在，雄奇险峻一脉相承。这里的明星景点是登上过《中国国家地理》杂志封面的**游龙湾**（见下图），在悬崖边缘徘徊的**丹霞天路**也是体验南太行断层山的绝佳去处。宝泉的景区开发以大型山水游乐园为思路，因此有诸多刺激的游乐项目可玩。

左页上图：八里沟瀑布
左页下图：云梦山中的鬼谷
右页图：神农山间的小猴

灵感

跨省自驾南太行

“山重水复疑无路，柳暗花明又一村”，南太行的自驾行程会带来如此美妙的体验。而当你驰骋其中，会发现很多公路都可以用“太行天路”来形容。注意太行山的砂岩山体在强降雨天气下很容易引发地质灾害；悬崖路段错车时，也请尽量将车辆临停在靠近山的一侧。

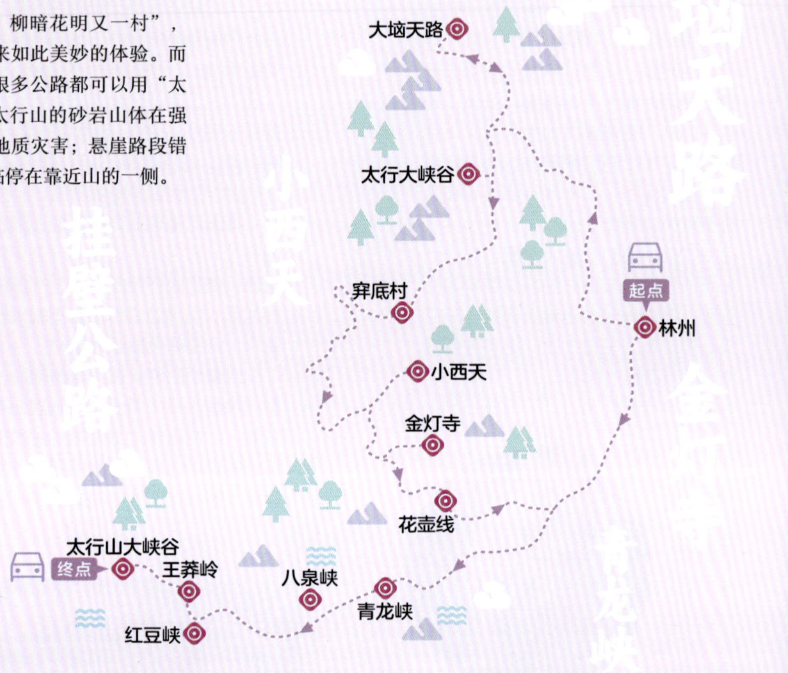

从安阳林州出发

穿底村方向：

属于山西的**穿底村**不收门票，坐落在太行大峡谷斜后方的另一道峡谷中，颇有世外桃源的感觉，且还有一段长度可观的挂壁公路。

除了沿县道（河南境内为石桃线，山西为古石线）自驾，你也可以购买**太行大峡谷**的景区门票，自驾经太行天路并游览其他景点后，再从另一侧出景区前往。

还可以将**大垴天路**安排进行程。从林州市区出发后先导航车佛沟村，快到时不拐入进村的最后一段路，继续沿主道前行即为大垴天路。

花壶线方向：

花壶线指从山西省平顺县花园村到壶关县的县道。自从林州将半山腰的花园村继续向下到平原的公路修通，它便成了一条颇受欢迎的自驾线路。出发时导航花园村民委员会即可驶入花壶线，经过壮观的盘山路段后，记得去**小西天**和**金灯寺**两条支线一游。前者像悬空寺又藏有石窟，后者有着俯瞰河南的绝佳视野。之后回到花壶线，继续前行不远后，几乎所有自驾者都不会选择壶关方向，而是在玉峡关村拐入石玉线，前往穿底村。

327省道方向：

如果对在穿底村、花壶线方向县道上的行驶安全有所顾虑，这条路线由山西327省道和一小段河南302省道组成，路况更有保障，而且没有让人头晕目眩的盘山路。更何况进入山西壶关县境内后，沿路有**青龙峡**、**八泉峡**、**红豆峡**、**王莽峡**和**太行山大峡谷**等诸多经过旅游开发的山水景点，很适合家庭出游选择。之后继续沿327省道可到达长治市，也可经平城镇抵达陵川县，那里有几条自驾线路返回河南。

从新乡辉县出发

342国道方向：

和从林州出发的327省道路线一样，这条自驾路线也是集优良路况和秀美风光于一体，极具性价比。道路从辉县最北部的**南寨镇**附近进山（离林州最南部的茶店镇只有15公里），之后沿着万仙山北麓的淇河铺展，途经**香木河**、**齐王寨**等景区，继续前行到**陈家院水库**，还有一段水景挂壁公路。

锡崖沟村方向：

位于山西境内太行山半山腰的锡崖沟村，背倚王莽岭，向东是河南的天界山。小村不收门票，还有一段通往王莽岭的挂壁公路可自驾。从**辉县**过来建议买门票走**天界山**，途中可经过**回龙挂壁公路**并游览其他景点。**王莽岭**不允许自驾游览，只能乘坐观光车或徒步，不过你可以从**锡崖沟村**进入范辉S26/陵侯S80高速，再前往晋城的陵川或返回辉县。

云台山207国道段

云台山景区内部的公路其实属于207国道。出于各种原因，自驾游客想从河南方向驶入这段公路通常会遇到阻碍，如果你从山西一侧的陵川县进入则不会有很多麻烦。因此这段公路可考虑在返回河南时走一走。

2天
畅游云台山

作为南太行的头牌，云台山可赏水、可爬山，自然风光和游玩体验处处体现出碧水丹壁的特色。从焦作、新乡、郑州或洛阳出发都很方便。意犹未尽的话还可多安排一天去宝泉游览，那里虽然属于新乡辉县，但离云台山很近，景区内的龙游湾和丹霞天路堪称双绝。

左页图：云台山小沟寨的竹筏
右页上图：冬日山中冰挂
右页下图：茱萸峰

第1天

太行山第一天主要看水，行程休闲。从❶**云台山景区山门**进入，搭乘景交大巴，前往❷**红石峡**（见313页）和❸**小寨沟**（见313页）这两处位于山下的游览区。

前往景区内的❹**岸上服务区**住宿。

第2天

从岸上服务区出发，搭乘景交车前往❺**茱萸峰**（见313页）脚下，一两个小时即可登临茱萸峰，接着经关帝庙、药王洞、闻涛亭等小景点前往❻**凤凰岭**（见313页），换一个角度从高山上遍览云台美景。若对自己的脚力没什么信心，可以选择乘索道上茱萸峰、下凤凰岭。

下山后可以前往焦作或郑州吃饭住宿。

你还可以体验……

焦作的古迹也不少，可以前往武陟县的嘉应观（见319页），看看清代治水遗迹，或是前往温县陈家沟（见313页），探索陈氏太极拳的奥秘。

贴士 景区内的主要食宿地集中在岸上、黑石岭、古洞窑、五家台四个服务区，其中岸上最大且距主要景点最近。服务区内的住宿以民宿为主。

贴士 索道在恶劣天气时或停运，建议随时关注景区信息。

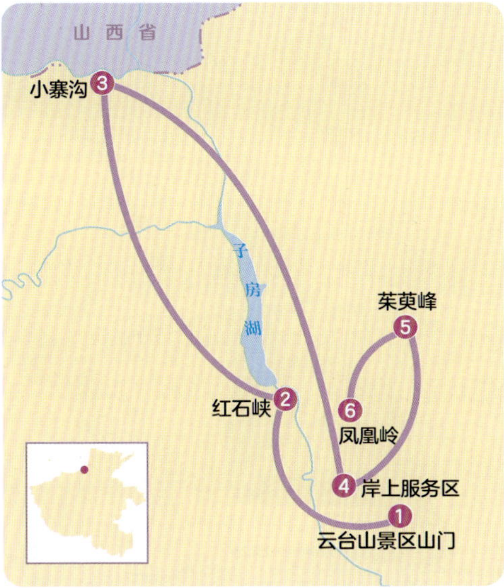
山西省
小寨沟
子房湖
茱萸峰
红石峡
凤凰岭
岸上服务区
云台山景区山门

2天
山水南太行

新乡辉县境内的高山深谷，集中展示着南太行风光的另一段精华。这里因郭亮村和挂壁公路而声名远播，其实附近另有几处漂亮的景点，尤其是八里沟，足以弥补万仙山所缺少的水景。

左页图：郭亮村村口
右页上图：八里沟
右页下图：天界山栈道

第1天

进入❶**万仙山**（见316页）景区，乘坐景交车前往❷**郭亮村**（见317页），挂壁公路就在这里。

不妨在郭亮村住下，体验一晚太行山夜色。

第2天

在❸**八里沟**（见317页）玩水观瀑，喜欢爬山的可再去❹**九莲山**（见318页）拜谒九莲圣母，或去❺**天界山**（见318页）登悬崖栈道。

你还可以体验……

若还有时间留给新乡，去市区的新乡市博物馆（平原博物院）（见313页）探访"省会"的短暂历史，接着前往卫辉，看看那座依然生机盎然的古城。

贴士 郭亮村开发得很早，餐饮住宿齐全。目前自驾进景区管控严格，在景区内，步行是游览挂壁公路的主要方式。

贴士 徒步爱好者还可以再增加一天行程，迈开双腿去探访至今仍不通公路的抱犊村（见67页）。

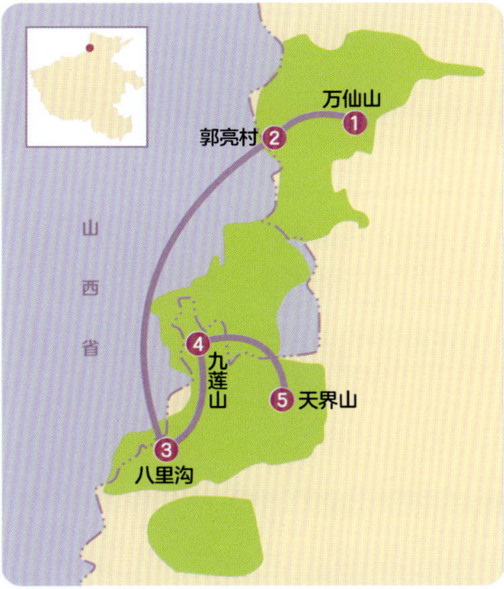
万仙山
郭亮村
八里沟
九莲山
天界山
山西省
1
2
3
4
5

桐柏大别
南北分界

秦岭—淮河是中国南北方的地理分界线，与淮河源头及上游相伴的桐柏山和大别山，便是游离于南北之间的连绵界山。它们位于河南之南，也许比不得嵩山、伏牛山、太行山的北方式硬朗，但为桐柏山和大别山披上了更加葱郁的绿装。两道山脉自东向西相继和湖北、安徽交界，多多少少也受到了两个邻省的影响。楚文化投射出浪漫的神话，武汉催生出西洋风情的避暑山城，鄂豫皖苏区的红色故事流传至今。

浪漫神话

西洋风情

桐柏山　南阳桐柏

广义上来说，桐柏山属于大别山余脉，因为古代“四渎”之一的淮河由此发源，这里被赋予了重要的人文地理意义。从淮河下游来此游玩的吴承恩，又受到这里的**水帘洞**、**花果山**等自然景观和民间传说的启发，最终创作出旷世巨著《西游记》。再加上当地盛传的盘古、大禹等古老传说，桐柏山最终成了华夏大地的一座神话圣山。

除了在山下玩水赏瀑、尽享清幽，在桐柏山主峰太白顶也能看到不错的风光。它海拔不过1140米，但横跨河南和湖北两省。举目寥廓、晨钟暮鼓之际，你会充分理解“山不在高，有仙则名”的含义。

嵖岈山　驻马店遂平

嵖岈山可以看作伏牛山的余脉，也可以认为是桐柏—大别山脉的北缘。花岗岩球形风化地貌在这里展现得淋漓尽致，巨大的象形石琳琅满目，因此有着“中原盆景山”的称呼。行走其间，遍地奇怪的巨石孤峰，一瞬间就能激发你的想象力和童心。

由于央视版《西游记》电视剧曾多次在嵖岈山取景，景区也在对旅游市场进行考量后，走向了和西游故事更加紧密结合的发展方向。不过，在五花八门的西游景点和活动背后，最让人赞叹的仍旧是天地造化而成的**石猴**——说不定，孙悟空真的会突然从中蹦出来。

1.桐柏山中的淮祠
2.嵖岈山奇石

左图：在桐柏山太白顶远眺

鸡公山 信阳

和河南的大多数名山不同，鸡公山的发迹史很晚，直到清末民初，才因为外国人的需求而兴起。当时，他们生活在160公里外的“火炉”城市武汉，欧美人哪里受得了长江中游的酷暑，鸡公山从此成为避暑胜地，并建起了堪称“**万国建筑群**”的西洋别墅、街区和教堂。

如今这里仍是人们休闲度假游的目的地。避暑之余，请记得从一座座历史建筑中了解中国近代史的步履维艰。这里也有徒步去处，你可以在**报晓峰**迎接日出，开启新的一天；或是沿着**登山古道**攀爬，挂上一身汗，再一头钻入鸡公山顶的清凉世界。

金刚台 信阳商城

舟车劳顿过后，豫皖交界处、大别山腹地的金刚台景区中，自由自在的山野体验足以让你感到不虚此行。海拔1584米的金刚台是大别山河南段的最高峰，因山路陡峭且尚未正式开发而难以登顶，但总有户外爱好者会挑战自我，一鼓作气地攀上巅峰。

金刚台景区主要有两个游览区。最受欢迎的**西河**主打峡谷漂流，峡谷深处的**华佗谷**，风景同样可圈可点。另一个游览区为**猫耳峰**，指的是金刚台山脊线上标志性的象形石峰。大别山还是鄂豫皖苏区的大本营，金刚台两个游览区内都有革命志士留下的**红军洞**。

上图：鸡公山报晓峰
下图：万国建筑群中的颐庐
右页图：金刚台西河

4天 山间亲子避暑游

桐柏山和嵖岈山与神话传说结缘，鸡公山拥有迷人的欧式避暑小镇，金刚台的漂流足以给酷暑降温。河南南部的群山，很适合在暑假安排成亲子游路线，在自然中回顾《西游记》中的精彩段落。你完全可以将这条4日的“刷山”线路，照自己的喜好拆分成独立的1日游，任意组合，享乐山水之间。

左页图：桐柏山太白顶的冬日
右页图：嵖岈山的秋色

第1天

从❶**驻马店**出发，1小时左右的车程即可到达❷**嵖岈山**（见366页）。在“中原盆景山”观石猴，玩转《西游记》。

下山后直奔桐柏山脚下的小县城❸**桐柏**住宿。

第2天

继续追寻西游故事，从❹**桐柏山淮源**（见366页）山脚下的山门可以驱车直达桃花洞、太白顶、水帘洞等主要景区入口，游览《西游记》原型地等景点。

可以考虑回到桐柏县再住一夜，或直接前往❺**信阳**。

你还可以体验……

信阳的波尔登森林公园（见369页）、南湾湖（见120页）、郝堂村（见371页），也都是带孩子夏日休闲的好去处。

贴士 嵖岈山有索道，可以节省部分体力，山中还有水上项目，适合孩子亲水游玩。

贴士 山门到各景区间最宜自驾，对孩子和老人相对友好。冬天山间雾凇极美，但太白顶可能会关闭，无法驱车进入，雪天路滑，山中无补给点，建议不要徒步硬闯。

嵖岈山 2
驻马店 1
宿鸭湖水库
洪
河
泉
颍
河
河
安
徽
省
3
桐柏
4
桐柏山淮源
淮
河
南湾水库
5
信阳
浉
河
竹
竿
河
潢
河
淮
白
露
河
灌
河
河
鸡公山
6
鲇鱼山水库
金刚台西河
7
梅山水库
响洪甸水库
湖
北
省

第3天

从信阳市出发，奔赴豫鄂交界处的❻**鸡公山**（见367页），登上报晓峰，一览鄂豫皖三省，徜徉颐庐、美龄舞厅等组成的“万国建筑博物馆”之间。

夜宿景区内。

第4天

起个大早，去看鸡公山日出，运气不错的话，还能遇见浮于三省之间的云海。随后下山前往❼**金刚台西河**（见369页）。

午后天气正好，适合来一场漂流。

贴士 鸡公山开发得较早，景区内酒店选择较多。若时间允许可以带孩子体验附近的平汉铁路老火车。请注意官方通知的开放时间。

贴士 夏季雨水丰沛，部分河段水流湍急，在漂流途中打水仗之余，还是要让孩子坐稳扶好，注意安全。漂流开放时间以景区运营为准。

左页图：万国建筑群曾为传教士子女学校的美国大楼
右页上图：金刚台漂流
右页左下图：板栗烧鸡
右页右下图：平汉铁路老火车李家寨站

灵感

山不在高

除了因自然风光而取胜的山峰，河南还有几座高度相当“尴尬”的名山，但正是由于中原大地厚重的文化底蕴，才让它们在历史长河中依然被铭记。

芒砀山

芒砀山最高海拔不过150余米，却因地处豫东大平原而被古人相中。相传，孔夫子避雨于此，刘邦更是在芒砀山斩白蛇起义，故而有“汉兴之地”之称。盛唐国力鼎盛却又危机重重，李白、杜甫都曾至此题诗、借古讽今。当然，芒砀山最出名的还是出土了大量文物的“天下石室第一陵”**西汉梁国王陵墓群**（见240页）。

海拔

156.8米

汉兴之地

西汉梁国王陵墓群

大伾山

大禹治水由此经过，浚县的大伾山（见304页）因而得名“禹贡名山”。在中国人特有的怀古情怀下，这座百米余高的小山丘竟保留着北魏时期的一尊大佛和数不胜数的摩崖石刻。城东还有一座**浮丘山**（见305页），在那里能看到唐朝石窟遗存，还可感受当地盛行的碧霞元君信仰。

海拔

135米

禹贡名山

摩崖石刻

碧霞元君

海拔 426.5米

平山之源

平顶山

平顶山是市名，也是这座城市因而得名的一座山。该山位于平顶山市区北部，古称平山，曾在明清时吸引了文人雅集论文、挥毫题字。如今，这里开辟为**山顶公园**，供市民日常休闲，也可让喜欢追根究底的旅行者找到平顶山之源。

苏门山

“竹林七贤”的阮籍擅长长啸，史称是受到同时期隐居者孙登的启发。相传，高不足200米的苏门山正是孙登的隐居长啸地，中国历史上最自由浪漫的魏晋风度因此和这座小山结缘。山下另有清代修建的**百泉湖**古典园林。

海拔 184米

魏晋风度

百泉湖古典园林

天中山

一座土丘安着“天下之中”的霸道名字。天中山（见371页）看似平常，却暗含着古人对于宇宙的世界观和方法论。登顶不过一两分钟，是“一步登天”的真实写照，观摩山下的颜真卿绝笔古碑也花不了多少时间，接下来就继续逛逛旧汝宁府、今汝南县的历史古迹吧！

一步登天

海拔 3.6米

李若渔 摄

姿态万千

文明互鉴

石窟造像巡礼

造像的万千表情和各异姿态，忠实地记录着历朝历代的审美情致。

1.圆润丰腴的唐代造像 龙门石窟卢舍那
2.犍陀罗风格造像示意
3.龙门石窟宾阳中洞的褒衣博带式造像

左图：巩义石窟寺《帝后礼佛图》局部

河南是佛教进入中国后兴盛发展的源头，从第一座官办佛寺白马寺，到北魏至唐不间断地弘法造像，河南的佛教仪轨、造像、建筑对当时整个社会的影响深刻，渗透到政治、文化、艺术等各个方面，并且辐射到日本、韩国等东亚国家。

佛教传入初期，石窟造像以模仿域外风格为主，从犍陀罗风格到胡人面孔，都是深目、高鼻、卷发。而自北魏"太和改制"推行汉化开始，造像风格也逐渐汉化，秀骨清相、清癯秀美的汉族文士，配合褒衣博带、文雅超然的姿态，已不再紧随外来风格，形成了一整套本土造像规范和审美情致。至于隋唐，在这个文化艺术极大鼎盛和广泛融汇的时代，多造圆身大像，丰腴健美的体态、丰满圆润的脸庞、华美的衣饰纹路，动态十足。

虽然在宋朝以后，随着全国政治经济中心的南移，中原大地上的石窟造像逐渐减少，原有的也历经岁月沧桑，但今日，你依然可以在崖壁间窥见古代造像艺术的精妙绝伦。

河南主要石窟遗存分布图

国内留存至今的佛教石窟，大致可以分为新疆、西藏、南方、中原北方四个大区，河南石窟遗存在中原北方大区中占据重要地位，既有洛阳龙门石窟这样位于通都大邑的皇家大型石窟群，也不乏藏在太行山南部、嵩山、秦岭东部等僻静山水之间的中小型造像，它们多在黄河、伊河、洛河、淇河和卫河流域或交通干道附近。

省内尚存规模稍大的石窟群多在洛阳、巩义、安阳、鹤壁等地。一部分以洛阳为核心，在北魏孝文帝迁都洛阳、开凿龙门石窟之后，许多中小型石窟以众星拱月的姿态开凿在龙门周围，如郑州巩义石窟寺、三门峡义马鸿庆寺石窟、洛阳寇店水泉石窟等。另一部分沿着洛阳—大同和洛阳—邺城的交通干道分布，这两条线是北魏和北齐政权核心控制区的重要通道，北魏到北齐时期又是笃信佛教和营造造像的高峰期，安阳的灵泉石窟和小南海石窟、鹤壁浚县的浮丘山千佛寺石窟都是这个时期的代表。

❶ 龙门石窟

北魏至唐

（洛阳）四大石窟之一，现存窟龛2300余个，造像10万余尊。

❷ 鸿庆寺石窟

北魏

（三门峡）原为6窟，现存4窟，第一窟“降魔变”浮雕值得一看。

❸ 西沃石窟

北魏

（洛阳）以4座浮雕石塔、2座洞窟、278尊佛造像著称。

❹ 水泉石窟

北魏至宋

（洛阳）现存大小佛龛400余个，造像上千尊。

❺ 万佛山石窟

北魏

（洛阳）现存上下两寺院及300余尊造像，礼佛图浮雕精美。

❻ 巩义石窟寺

北魏至宋

（郑州）现存5窟、7700余尊佛造像，有全国唯一保存完整的《帝后礼佛图》。

线刻塔

镇河将军

⑪ 香泉寺石窟

北齐至清

（新乡）千佛洞内存270尊佛像，另有吴道子线刻麻姑像和摩崖刻经。

⑫ 大伾山摩崖大佛及石刻

北朝至明

（鹤壁）除十六国时期的摩崖大佛外，另存北魏至明石刻460余处。

⑦ 窑涧谷太平寺石窟

北魏至清

（焦作）现存3窟6龛，特色为隋代千佛洞和唐代线刻塔。

⑬ 浮丘山千佛寺石窟

唐

（鹤壁）南北两窟中现存千余尊残损佛像，另有浮雕和题记留存。

⑧ 千佛洞石窟

北齐至明

（安阳）现存一佛二弟子二菩萨造像。

⑩ 小南海石窟

北齐

（安阳）现存中、西、东三窟，以中窟的刻经、僧稠供养像和浮雕著称。

⑨ 灵泉寺石窟

东魏至宋

（安阳）有国内规模最大、延续时间最长的隋唐高浮雕塔林及大住圣窟神王像。

国师造

灵感

洛阳之盛
一张盛唐的脸

不止龙门

洛阳南部，伊河之滨，当你来到卢舍那大佛脚下，沿着阶梯向上仰望，那是千年众生的视角；等你走到对岸东山礼佛台再隔江相望，就拥有了和武则天平齐的视角；若你夜游龙门，在漫山灯火、漫天神佛中寻到卢舍那，又别有一番滋味——龙门石窟的魅力就在这里，观景或拜佛，哪怕换一个角度，都会有全新感受。而洛阳的石窟，以龙门为盛，却又不止于此。

皇家气派

初凿于北魏孝文帝太和十八年（494年）的龙门石窟，经隋唐、北宋至清，陆续开凿1400余年，南北长1公里，今存窟龛2345个、造像10万余尊、碑刻题记2860余则。

与同列四大石窟的其他选手相比，龙门石窟的“皇家”含量太高，北魏至唐的造像作品绝大多数出于皇家之手。而作为“皇家石窟”，这里曾集中了最好的资源和最强的工匠，举一国之力造像，必然精品极多，以卢舍那大佛为例，佛头高达4米，鼻梁两侧的工匠无法互视，如何能造出如此完美对称的佛头，至今仍是未解之谜。

虽然经历了灭佛、战乱、盗凿，外加风化侵蚀，不少洞龛残破湮灭，但作为我国石刻艺术的集大成者，它依然对国内敦煌莫高窟等地的造像产生了深远影响，连朝鲜半岛、日本的石窟造型艺术也多受其熏陶。

余迹之姿

除了龙门，在洛阳周边地区，还有不少风格各异、大大小小的石窟。龙门向东南方20余公里，在洛阳南部的重要关隘大谷关以北的山头上，有一片开凿于北魏、延续至北宋的民间造像石窟群，名为**水泉石窟**。它坐东向西，背山面水，利用天然溶洞修凿，现存400多个造像龛和1000多尊

左图：龙门石窟奉先寺的天王和力士

造像，其中不乏北魏、隋唐时期的精品，雕工精巧之处可与龙门石窟相媲美，洞窟外摩崖石刻上发现的碑记，也是目前唯一的北魏洛阳造像情况记录，可惜字迹多已剥蚀不可辨。

位于洛阳北部孟津区的**万佛山石窟**现存造像300余尊、佛窟6座，多是北魏晚期的作品，反映了鲜卑族在汉化过程中的审美，胡汉糅合的风格恰好彰显云冈向龙门的过渡。其中三个窟保存着场面完整的礼佛图行列浮雕，是仅次于巩义石窟《帝后礼佛图》的精品。

上图：近看卢舍那大佛
下图：水泉石窟造像细节

2天 洛阳石窟串览

花两天时间，对比洛阳市万佛山、水泉、龙门三处典型石窟的雕塑风格，感受北魏早期、北魏中后期、隋唐时期造像艺术的变化。

左页图：水泉石窟主佛
右页上图：万佛山石窟的浮雕
右页下图：龙门石窟香山寺雪景

第1天

☀ 驱车前往❶**万佛山石窟**（见265页），先去下寺院的锣鼓洞和神游洞，不要错过精致完整的礼佛图浮雕，接着到半山腰的上寺院看大佛龛、莲花洞和双窟。

前往❷**水泉石窟**（见265页），约需1.5小时车程。先游览小而精美的水泉石窟，接着去南边“洛阳八关”之一的大谷关，看看这座汉魏洛阳故城南部的军事关口。

☾ 晚上，回到洛阳市区用餐入住。体力尚可的话，也可以去应天门等原址重建的著名地标处打卡夜景。

贴士 从洛阳市区到万佛山石窟约1小时车程，再前往水泉石窟约1.5小时车程，适合自驾或包车旅行者。两座石窟目前无需门票，且无明确的开放时间，建议出行前再行确认，同时做好备用计划。

第2天

☀ ☾ 将一整天的时间留给❸**龙门石窟**（见264页），具体可参考28页“洛阳精华游”第1天行程。

贴士 晚上可以返回洛阳市区，也可以考虑直接从7公里外的洛阳龙门站乘高铁前往郑州、开封等地，继续河南大地的其他行程。

你还可以体验……

扎根洛阳，沿着洛阳精华游（见28页）线路，以更充裕的时间体验这座古都的精彩。或是向山而行，前往老君山（见283页）感受山巅的仙风道骨。

万佛山石窟
1
黄
河
河
洛
河
伊
3 龙门石窟
2 水泉石窟

巩义之姿
谁在礼佛？

总被忽略的

皇家石窟

在龙门石窟的盛名之下，东侧另一方皇家石窟巩义石窟寺，总是容易被人忽略。其实，作为中国十大石窟之一，它在省内的规模仅次于龙门。石窟寺位于洛阳到长安的崤函古道上，背倚大力山，面朝洛水，为北魏晚期皇室主持开凿，其后东魏、西魏、北齐、隋、唐、宋各朝代相继凿窟造像，形成蔚为壮观的石窟群。崖壁上数百通造像题记，记录着巩义石窟寺的开凿和扩建的历史。传说唐玄奘曾在此出家，唐太宗李世民等多位帝王都曾来此礼佛。

李若渔 摄

国内孤品

第一、三、四窟大门内侧共存有18幅《帝后礼佛图》浮雕，3幅损毁，其中最精美、规模最大的当数第一窟入口的那幅，自龙门石窟的《帝后礼佛图》流失海外后，这幅已是国内保存最完好的孤品。东侧为皇帝礼佛，西侧为皇后礼佛。皇帝带领文武百官与贵族，出宫礼佛的仪仗队伍共三层，最上层有一位僧人在前引路，皇帝头戴通天冠冕旒，长袍广袖云头鞋，手持长柄莲花，完全一副汉族帝王的模样。在皇后率领的三层女眷列队中，还能看到1000多年前的配饰挎包。

飞天伎乐

第三窟中心柱帐形龛上，有两身极美的飞天，他们一位手持供品奉佛，一位手持莲花，长裙飘带和身边云彩都卷出美妙的曲线，下方做忍冬纹饰的绸带也一样飘逸飞扬，窟中虽无风，却满壁有风动。第五窟铺天盖地的千佛，千姿百态的伎乐人，数量之多，造型之美，全国罕见。

李若渔 摄

李若渔 摄

1.窟顶莲花纹路
2.“最美飞天”

左页图：巩义石窟寺内的千佛龛
上图：《帝后礼佛图》中的“千年时尚”挎包

2天

巩义石窟帝陵之行

领略巩义石窟寺精致绝伦的浮雕和造像，顺路造访巩义博物馆，欣赏数量和品质都属上乘的瓷器馆藏。深入巩义乡间寻找宋代皇帝留下的痕迹，遍览康百万庄园中富可敌国的遗宝。

左页图：宋陵公园的石像生
右页上图：康百万庄园
右页下图：麦田里的永熙陵石像生

第1天

前往❶**巩义市博物馆**(见200页）参观。接着前往紧邻的❷**宋陵公园**（见202页），它是宋仁宗的永昭陵。仁宗是帝王群体中特别的一位，以宽仁出盛世，时人曾在永昭陵外题诗以念："农桑不扰岁常登，边将无功吏不能。四十二年如梦过，东风吹泪洒昭陵。"

前往❸**巩义石窟寺**(见201页)，石窟群就在一面崖壁前，行走线路很省力，但每一窟都各有千秋，值得细看。

贴士 午餐和晚餐都可以在市内解决，可以试试巩义特色小吃肉合。下午若时间来得及，可向西前往需1小时车程的偃师二里头夏都遗址博物馆（见274页），探访早期中国。

第2天

参观❹**康百万庄园**(见201页)，这是华北平原上少见的堡垒式庄园，木雕和石雕精致至极。

由市区向郊区，由北向南，顺次寻访北宋帝陵（见218页），其地面残存的皇家仪仗石像生和平原上的麦田相映成趣，黄昏时分非常出片。目前仅适合驱车前往，除永昭陵已于前日游览外，其余帝陵的游览顺序建议为：❺**永厚陵**—❻**永定陵**—❼**永熙陵**—❽**永安陵**—❾**永昌陵**—❿**永裕陵**—⓫**永泰陵**。

贴士 巩义一带冬小麦收割时间一般为5月底6月初，要观赏麦田建议在收割季前前往；田间路窄，行车时还需注意避让行人和田地，文明观赏。

你还可以体验……

向东返回郑州，参考郑州精华游（见48页）和全景游（见50页）线路，串起这座商都精华。或者继续向西，前往洛阳，以精华游（见28页）线路深入隋唐风采。

巩义石窟寺 3
伊
康百万庄园 4
洛
永厚陵 5
2 宋陵公园
1
巩义市博物馆
河
永定陵 6
永熙陵 7
永昌陵 9
8 永安陵
永泰陵
11
永裕陵
10

李若渔 摄

浚县东西
残而不败的浮丘大伾

隶属于鹤壁市的浚县，辖区内有两座百来米高相对而立的小山，东山大伾、西山浮丘。大伾山的历史可以追溯到上古神话时期，大禹治水时途经这里，因此得以留名《禹贡》，成为我国最早有文字记载的名山之一。浮丘山则因唐代开凿的千佛洞而得以与大伾山齐名。

水穿石甲龙鳞动，
日绕峰头佛顶宽

十六国"镇河大将军"

大伾山是古黄河沿岸的重要地标。为镇黄河水患，十六国时期，后赵皇帝石勒听从高僧佛图澄的建议，在大伾山上依山崖雕凿了一座善跏趺坐式弥勒大像，高22.29米，保存至今，已有1600年历史，是全国最早、北方地区最大的摩崖造像。大伾山大佛建成后，黄河水患居然得以缓解，当地百姓信奉佛法，呼大佛为"镇河大将军"。

由于"成名太早"，后来的历代名人，包括帝王，都热衷于在大伾山留下足迹或手迹，登临高歌，抚今怀古，赋诗摩崖。山上现存石刻460余处，历史跨度从盛唐到民国。王维、范成大、王阳明都有诗句留存，其中王阳明《登大伾山诗》原迹最为珍贵。除了中文，还有古梵文、八思巴文书写的六字真言——大伾山上共有11处石刻，分别使用汉、梵、回鹘、八思巴等多种文字书写，为罕见的元代遗存。

1.山中石刻
2.《登大伾山诗》石刻
3.大伾山大佛

上图：浮丘山千佛寺造像

盛唐千佛寺

浮丘山上有一座明代所建的碧霞宫，登上宫楼凭栏东望，刚好能看见千佛洞所在的一片孤岩，如山上生山——这块巨石像是凭空飞来落在山巅，由此引发了各种浪漫的幻想。

这块峭立的平顶巨石高4米，南北长15米，东西宽5米，西壁有两座洞窟，南窟较大，凿有佛像996尊，主尊是三世佛，侧立二弟子和二菩萨，造像与人等高。唯一一座保存相对完好的菩萨像，薄衣透体，璎珞满身，姿态极美，代表着唐代造像的一流水平。西南崖壁上凿满佛龛佛像，但损毁风化较严重，从姿态服饰上还能看出一些盛唐风韵。崖壁共有摩崖题记20余处，多为历代名人吟咏千佛寺的诗词题记。

2天

浚县石窟撷珍

攀爬两座不高但内涵颇丰的小山，一步一停地细品各个朝代遗留的文人笔墨，欣赏造像遗存的古韵。下山来细看一番修复后的浚县古城，这座河南省唯一的县级国家历史文化名城中，列入世界遗产的大运河浚县段、有趣的民俗遗存泥玩，以及浚县庙会、社火等，都印证着曾经的繁荣。

左页图：浚县庙会
右页图：远观大伾山

第1天

前往❶**浮丘山**（见305页），看看山间的石窟造像遗存。

接下来前往❷**大伾山**(见304页），看罢山头林立的道观佛寺，去找找端坐在大佛楼里的大佛是否如本地民谚所说“八丈佛爷七丈楼”。

第2天

今日行程不紧，可以放松游览。睡到自然醒后，逛游大伾山脚下的❸**浚县古城**（见304页）。始建于明代的古城以卫河环绕城墙，古城墙现存西门以北沿卫河城垣一段，约700米，西门外云溪桥、城内古县衙、翰林府、文庙、城隍庙、文治阁等处，复现了古黎阳城的繁华。

你还可以体验……

有更多的时间，可以前往鹤壁，沿淇河（见316页）游览这座《诗经》之城；也可以北上安阳，继续探寻太行山麓的佛影（见102页）。

贴士 如果农历正月来，就恰好赶上华北地区最热闹的浚县庙会（见306页），届时从浮丘山到大伾山一路社火活动极盛。

贴士 古城附近吃饭住宿的选择较为集中；浚县古城、大伾山、浮丘山连成一片，若在古城附近住，可全程徒步前往。

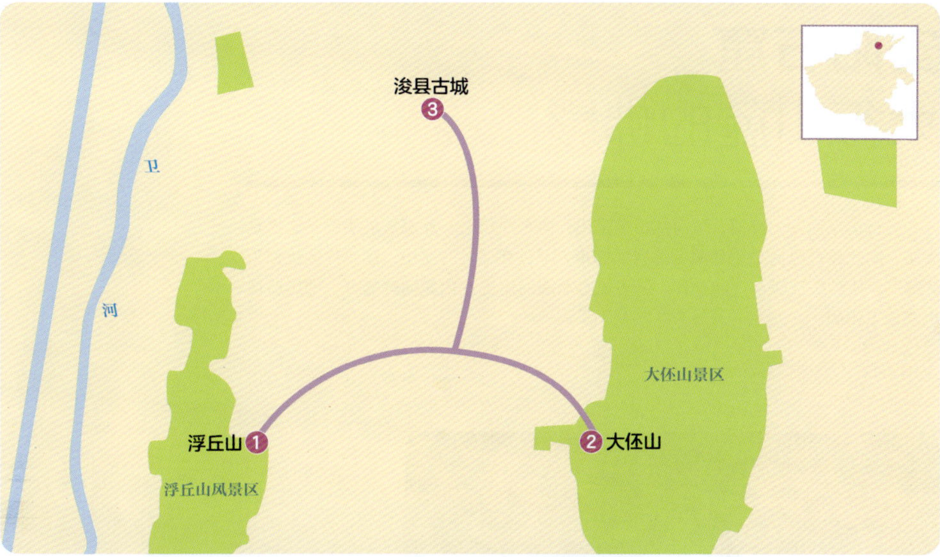
浚县古城
卫
河
大伾山景区
浮丘山
大伾山
浮丘山风景区

大伾山

安阳石窟
太行山麓的佛影

太行山东南部，漳河、洹河从山麓流出，向东冲积出一片肥沃的平原，这里是安阳，向北越过漳河是紧邻的河北省邯郸市，不过在遥远时空中，这一片区统称为“邺”。从盘庚迁殷至曹魏建邺，诸多惊心动魄的历史在山麓河畔展开，佛影造像也隐现于山间。

丰腴与秀美

邺城风格形成

534年，北魏分裂成东魏、西魏，东魏权臣高欢挟持北魏孝景帝，从洛阳迁往邺城，除了王臣士卒百姓，城内大量僧尼也随之东迁，邺城逐渐取代洛阳成为北方佛教文化中心。

东魏—北齐政权虽仅存40余年，却因掌权者的崇拜将佛学推至极盛。北齐文宣帝高洋拜僧稠为帝师，亲自搀扶僧稠入大内为皇家讲佛法禅理，文宣帝从此持戒吃素，又令举国斋戒修德。北齐皇家建寺43所，民间寺庙过万，出家僧尼200余万人，占全国人口的1/10，达到举国崇佛的地步。

北齐几任帝王频繁往返于晋阳（今太原）、邺城两都，取道滏口陉穿越太行山，滏口以东正对着邺城，形成以邺城为中心的太行山东麓石窟群。造像审美上也有发展和变化，继承发扬了早期凉州模式和北魏云冈模式，形成了“邺城风格”，兼具丰腴与秀美。

今日的邯郸—安阳太行山麓地带，在大量的东魏北齐时期佛教遗迹中，包括邯郸南北响堂山石窟、安阳小南海石窟、鹤壁五岩山石窟、新乡香泉寺石窟等，邺城风格可见一斑。

1.小南海东窟
2.小南海中窟外侧神王像

右页图：灵泉寺的那罗延神王浮雕

北齐遗风细数

在安阳市区西南30公里的宝山上，始建于东魏的灵泉寺，经北齐、隋唐多次扩建，在隋文帝时曾因国统（全国僧尼最高领袖）高僧灵裕驻锡而闻名天下，称河朔第一古刹。北齐国师僧稠在此修行，唐玄奘西去取经前曾在此学法，慧光、道凭、慧休、玄林等多位高僧在此修行、讲经或入灭。

山间石壁上石窟、塔龛、碑刻数以万计，当地人称“万佛沟”，是目前发现的全国规模最大的高浮雕塔林。这里保存着从东魏至隋唐各时期的摩崖石刻和造像，其中由灵裕在隋初主持开凿的大住圣窟，为隋代石刻珍品。全窟依整块巨石而凿，门外两尊近2米高的门神为迦毗罗神王和那罗延神王，头戴鸟翼冠，面蓄长须，披帛袒胸，一手持三叉戟，一手持剑，脚踏神兽，表情微带哀伤，十分奇特——即史籍所载灵裕开窟时的“面别镌法灭之相”。

而在灵泉寺以东，小南海石窟背倚鳖盖山，前临洹水，现存三窟均为北齐时期作品。窟内外保存了部分刻经石碑，包括《华严经》《大般涅槃经》，中窟上方有《方法师镂石板经记》，即僧稠纪念窟。传说僧稠在王屋山隐居禅修期间，曾遇两只恶斗的老虎，咆哮声震动山林，僧稠手持锡杖止住两虎，使其各散而去，从此佛教高僧有大神通者即称“降龙伏虎”（南朝梁高僧慧皎能降龙），僧稠因此在北方佛教信众中声望极高，至金元时期，邺城仍广传僧稠释虎斗的传说，并有图样出土。

小南海石窟风格古雅，虽损毁较多，仍能窥见北齐遗风，其石刻书法介于汉隶向唐楷的过渡，笔画极美，尽显魏碑韵味。

1天
安阳石窟探秘

走近太行山间，探寻东魏北齐时期的石刻艺术，欣赏中国第一华塔修定寺塔精美绝伦的砖雕。

左页图：灵泉寺大住圣窟
右页上图：安阳的春天
右页左下图：修定寺塔浮雕
右页右下图：灵泉寺塔林入口

驱车前往依灵泉寺而开发的景区❶**灵泉寺石窟**（见301页），石窟造像和摩崖石窟都在山间崖壁上，欣赏时多注意攀爬路线和脚下安全。大住圣窟的浮雕门神保存之完好、雕刻之精美，海内罕见。

前往❷**小南海石窟**（见302页），欣赏北齐石窟及碑刻。从小南海石窟前往❸**修定寺塔**（见302页），从东魏、北齐到隋唐，修定寺都是佛教圣地，现存塔身浮雕精美，风格融汇中西。

你还可以体验……

若能在安阳多待几天，可参考精华游（见40页）和全景游（见42页）线路，深入探访这座豫北古都。

贴士 从安阳市区驱车至灵泉寺约50公里，灵泉寺距小南海约8公里，小南海前往修定寺约29公里，这条线路部分县道狭窄，仅适合自驾或包车。小南海附近的昆玉山春日桃花漫山，若有时间也可以稍作停留，欣赏安阳的春天。

修定寺塔
3
安
阳
河
彰武水库
灵泉寺石窟
1
2
小南海石窟
小南海水库

林塔

水之大观

滔滔黄河，与淮河、长江、海河，一齐滋养着这片中原大地。

整个中国的故事都要从黄河讲起。她从高原流淌而来，穿行于山陕之间切割出大峡谷，下游冲出狭窄的孟津，冲向广袤的华北平原。在上古典籍中，各条江河溪流都被称作“某水”，唯黄河独享“河”字。黄河上、中、下游，都出土了仰韶文化时期的彩陶器，沿岸的居民相距千里，却不约而同用水流旋涡作纹饰，涌动的姿态凝固在黄土器具上，结集成一个傍河而生的民族的最初记忆。

上图：济源黄河沙画

黄河中下游区域土壤肥沃，气候温暖湿润，河畔山林之间动植物资源丰富之至。河水带来生存和文化发展所需的一切——首先崛起的是渭河、汾河、伊洛河平原上的族群，他们不用太刻意培育，简单播种就能获得充足的粮食。河岸的台地泥土松软，易向下挖出地穴，向侧挖出窑洞，栖身之所也有了，今天陕豫地区的地坑院就是这种上古民居的遗存。

但河水也有脾气，她浊流漫卷，裹挟泥沙，泛滥改道，悬河地上，给沿岸居民带来灭顶之灾。从不断探索、了解，到尝试治理、利用，早期人类就在与黄河的相爱相杀中发展出了最初的文明。历史上第一次有记载、大规模、全氏族动员的活动就是在晋陕豫之交发生的大禹治水。相传大禹挥动神斧将阻碍黄河流淌的高山劈成神门、鬼门、人门三路，河水有了流淌的余地，向东一泻千里。在治水的过程中，氏族部落形成向心力，建立起广域王权国家——夏。不夸张地说，除了养育繁衍滋生万物，黄河还身体力行地“教人做人”，从各种意义上她都是中华民族的母亲河。

而河南之丰饶，不只因为黄河。河南是唯一一个跨越四条大河流域的省份，海河、淮河、汉水都流经此处，穿过太行、嵩山、秦岭……自古山水相逢处，无不风光绝佳，上演最精彩的历史故事。中原大地上水汽盈盈，永远生机勃勃。

大河史话

“黄河斗水，泥居其七”，这是古人对黄河的认知。根据现代技术测量，每年进入黄河干流的输沙量约16亿吨，其中12亿吨流入大海，4亿吨泥沙淤积于河床和下游平原中。3000年来，黄河下游决口泛滥约1500次，“三年两决口”名副其实；较大规模的改道有20余次，其中6次重大改道的水患波及极广，从北部海河流域到南部淮河流域。“黄河宁，天下平”，治国多半在治河，一部黄河史也就是半部中华文明史。

黄河宁 天下平

300万年前

我国北方地区湖泊星罗棋布，青海湖、银川湖、呼和浩特湖、三门古湖、太原湖都已形成，但并未连通。

120万年前

青海至兰州、兰州至河套一带的黄河与湖泊连为一体，黄河摆荡向下切割黄土高原，晋陕蒙大峡谷已形成，晋陕黄河段是今天陕西和山西的天然界线。

15万年前

古黄河贯通三门古湖，切开三门峡，湖水流入黄河后古湖逐渐萎缩。黄河水向东高歌猛进一泻千里，沟通了汾渭盆地和华北平原，经黄淮海平原东流入海。

约4200年前

全球大降温引发了洪水泛滥，南方部族向相对干旱的中原地区迁徙，黄河中下游灾情较轻，台地较高，洪水来临时不至于完全被淹没，且能组织自救。在自救和治水的过程中，各部族冲突、融合、凝聚，形成了我国第一个统一王朝——夏。

约3500年前

《尚书·禹贡》《山海经》中记载了我国先民探索黄河、寻找黄河源头的努力，他们曾行经昆仑山、积石山、星宿川，一步步向黄河源头摸索。

约2600年前

春秋中期，黄河自浚县南改道向东，经山东入河北，沿今卫河河道向北入海。

约2300年前

水利工程：人工河堤

战国中期，第一次通过修建人工河堤结束了黄河下游的漫流状态，河水在河堤之间堆积泥沙，逐渐形成地上悬河。

约 2200 年前

水利工程：瓠子堵口与河渠工程

西汉中期，黄河瓠子（今濮阳西南）决口，河水向东南冲入巨野泽，归入泗水，与淮水合流入海。决口造成黄淮平原十六郡连年大灾，汉武帝动用数十万军队堵决口，修筑两条河渠引河水北行，回归大禹时期的黄河故道。

约 2000 年前

水利工程：王景治河与千里大堤

王莽篡汉至东汉时期，黄河东决从山东入海，王景主持修建由河南荥阳至山东利津的千里黄河大堤，使黄河和汴河分流，此后黄河保持了800年的安稳局面。

约 900 年前

南宋时为阻金兵南下，留守东京的杜充主持扒开滑县以上河堤，使黄河东流夺淮入海，这次人为决河使黄河河道离开了河北平原。

400多 年前

水利工程：潘季驯“束水攻沙”工程

明万历年间潘季驯以“束水攻沙”的方法治理黄河，收紧河道，利用水流冲力冲开河床底部的泥沙，达成清淤防洪。

100多 年前

水利工程：“上拦下排”治河思想

清咸丰年间，黄河在河南兰考决口，由山东利津入海，结束了700多年夺淮入海的历史，又重回渤海湾入海。

1938 年

失败案例

国民党扒开郑州花园口黄河大堤，致使黄河南泛8年，引发1942年大饥荒，造成上百万人死亡，千余万人受灾，直到1947年才堵口复归故道。

1949 年后 至今

水利工程：三门峡水利枢纽（黄河第一坝）、刘家峡水电站、小浪底水利枢纽、黄河下游堤防加固与滞洪区、中游水土保持工程

1949年后，对黄河中游加强了水土保持和生态修复，在黄河下游加固堤坝，分置滞洪区、泄洪区，修建了刘家峡、三门峡、小浪底等多个大型水利枢纽工程，泻沙防洪，自新中国成立至今保持70多年伏秋大汛不决口，24年不断流，抵御了12次大洪水。

海河拾遗

海河是我国华北平原的最大水系，单就流经河南北部的一小段，也留下了温柔、浪漫、充满灵性的诗意。

豫北安阳与冀南邯郸以漳河为界。安阳以南有一条发源于山西陵川，流经河南焦作、新乡、鹤壁、安阳、濮阳的卫河。卫河与漳河汇流成的南运河，是海河五大支流之一，也是京杭大运河北段的重要组成部分。

漳河与卫河滋养着的沃土，就是先秦的“淇水卫地”，是西周早期重要的诸侯国卫国所在地，子贡、商鞅、吴起、吕不韦、荆轲、聂政……无数风流人物诞生于此，《诗经》中的卫风也出于此，而流传千年。

灵感

三门峡
万里黄河第一坝

中流

三门峡是黄河进入平原之前最险的一段山峡，黄河从这里向东再跋涉1000公里才进入大海。三门峡大坝的北岸是山西省平陆县，南岸是河南省三门峡市，传说中大禹劈山成三门形成的石岛已淹没在大坝水位以下，唯有河中砥柱石依然挺立，河水冲到石柱激起巨浪，这就是“中流砥柱”的由来。

新中国刚成立时，黄河下游河南、山东一带水患特别严重，水利部召集邀请了全国各地及苏联的水利专家研究治理方法。1957年4月开始修建三门峡水利枢纽工程。1961年，这座黄河干流上的第一座大坝全面竣工，在下游防洪方面收效显著，河南、河北、山东一带不但解除了水患涝灾危机，还解决了许多地区供电难、灌溉难的情况。

但问题也随之而来，当时的设计没有考虑到泄沙功能，大坝蓄水后，大量泥沙堆积在自潼关（黄河由南北向转东西向的关口）至三门峡这一段河道之间，使河床抬高数米，使潼关以西的黄河主要支流——渭河，成为地上悬河。渭河多次决堤，淹没农田几十万亩。关中平原地下水无法排入黄河，导致土地盐碱化，农业减产严重，数十年间严重拖累了陕西渭河流域居民的生活和经济发展。

20世纪中后期，政府对三门峡大坝进行了数次改建和调整，通过在坝底开孔排沙泄泥，缓解了一部分淤积，潼关地区河床有所下降。1994年着手建设三门峡下游130公里处的小浪底水利枢纽，通过技术升级，两处水利枢纽联动，辅以沿岸堤坝林木的整治和水土保持，初步实现了冲淤控制。而这些凝结了智慧与汗水的现代黄河治理的早期尝试，浓缩于对公众开放的三门峡大坝景区，你可以在那里一探究竟。

砥柱

上图：黄河湿地
下图：三门峡大坝调水调沙
左页图：黄河穿三门峡而过

1天
漫游三门峡黄河

欣赏“万里黄河第一坝”的雄伟，了解新中国成立初期对治理黄河的尝试。走进三门峡市区的黄河公园，黄河两岸湿地如画，天鹅翩翩飞舞。

左页图：排沙后的三门峡大坝
右页图：黄河湿地上的天鹅

☀ 前往三门峡市区东北部的❶**三门峡大坝风景区**（见285页），长700余米、最高处106米的大坝气势惊人。坝体上书8个大字“黄河安澜”“国泰民安”。景区内设有❷**黄河三门峡展览馆**，可在此深入了解大坝历史、设计和工作原理等。在大坝上可以体验“一步跨两省”，去山西溜达一圈，并欣赏河中央矗立万年的砥柱石。

☽ 前往三门峡市区黄河之滨的❸**黄河公园**（见284页），沿岸欣赏黄河美景，茅津古渡、桃源幽谷、芦荡烟雨等处，每年冬天都有大群天鹅来此过冬。

你还可以体验……

三门峡的虢国博物馆（见278页）藏着西汉诸侯国的神秘往昔，你也可以登上灵宝的函谷关（见268页），共享老子撰写《道德经》的天地。

贴士 从三门峡市区到三门峡大坝有旅游班车，自驾前往约16公里。

山 西 省
三门峡大坝
风景区
黄河三门峡
展览馆
黄河公园
黄
河

小浪底
峰峦如聚波涛如怒

小浪底位于洛阳市孟津、济源交界处，黄河干流在孟津以西会经过一段特别狭窄湍急的峡谷，这也是黄河中游豫晋交界段的最后一个峡谷，出孟津后都是平原。

伟大的补丁

下图：黄河三峡
右图：孟津小浪底水库

小浪底水利枢纽工程是一个伟大的补丁，补齐了三门峡大坝在泄沙减淤上的不足，同时兼顾了供水、灌溉、发电等功能。小浪底上距三门峡水库130公里，下距郑州花园口115公里，坐拥承上启下控制下游水沙的关键位置。

治理淤积的核心是“筑坝拦沙、调洪冲沙”，在非汛期，通过调度上游多个水库的存水，人为制造洪峰，冲刷三门峡水库和小浪底水库前期淤积的泥沙，将泥沙尽可能地输送到渤海，从而降低上游潼关一带的河床水位。这个方法的底层逻辑还可以追溯到“千古治黄第一人”明代潘季驯的“束水攻沙”，当然在现代技术的加持下，获得了更显著的成果。

小浪底坝区水域达296平方公里，湖汊河港密布，岛屿众多，两岸峭山、太行山、王屋山风光秀丽，且流经小浪底的黄河水“不黄”，河水被大坝拦截，水中黄沙慢慢沉淀到河底，水面显得清澈干净。每年夏季六七月调水调沙泄洪期，人工制造的洪水震耳欲聋，巨浪连天，冲刷起淤泥淤沙向下游奔去，再现了古诗中“九曲黄河万里沙，浪淘风簸自天涯”的雄浑气势。

1天

漫游小浪底大坝

小浪底坝区风光旖旎，分为四个区域：小浪底大坝景区、张岭半岛生态旅游度假区、黄河三峡景区、西滩黄河风情景区。在这里，除了深入了解水利枢纽的技术和原理，你也可饱览奇伟绝妙的自然风光。

上图：调水调沙时的小浪底水库景区

从洛阳市区或济源市区前往黄河小浪底（见320页）一日游。从东南部❶**小浪底水利枢纽风景区游客中心**进入，因景区较大，建议乘坐景区内接驳车前往各景点。

沿湖畔步道可欣赏大坝和坝区景色，前往❷**小浪底陈列馆**了解历史文化，欣赏中原地区第一高峡平湖的壮美奇观。而后乘游船前往景区西部的❸**黄河三峡**（见320页），峰林成丛的孤山峡、九曲十八弯的龙凤峡、壁立万仞的八里峡，从水上进入峡谷仰望四围群山，体验极佳。

你还可以体验……

前往济渎庙（见303页）、轵国故城（见310页），开启济源的古建之旅。或是跟随耳熟能详的愚公移山故事，探访大名鼎鼎的王屋山（见319页）。

贴士 洛阳和济源有班车前往小浪底游客中心和黄河三峡（景区西北部入口）。景区较大，虽有餐饮服务，但还是建议自带点心和水。六七月泄洪时，壮阔豪迈，若计划前往可关注景区微信公众号发布的信息。

四渎之“济”安在？

济源因济水之源而得名。济水位列上古四渎，江、河、淮、济并称。如今长江、黄河和淮河依然，济水却不见了。

渎，有一说考证为“独”，有独立源头且成河入海的河流称为“渎”。与长江、黄河、淮河的长度和水量相比，在古籍记载中的济水显得微不足道，却能并列四渎，其中有人文力量的加持。唐代济水干涸断流，李世民曾与大臣讨论“济水何尊”的问题，臣子曰：“渎之为言独也，不因余水独能赴海也，济潜流屡绝，状虽微细，独而尊也。”

根据记载，济水发源于王屋山，但源头上游一段隐入地下成为地下河，至济源市才流出地表，至温县又潜入地下，直到河南荥阳一带才穿黄河而出。济水穿过黄河而不浊，是历代文人所推崇的意向。白居易就赞咏济水“唯独是清济，万古同悠悠”。

济水虽已不见，但留下的人文精神始终闪耀。它的名字也留在了中原和华北平原的沃土上，济源、济南、济阳、济宁……都因济水而得名，始建于隋朝的济渎庙依然香火不断。

上图：济源济渎庙庙会
下图：济渎庙内济水之源

豪迈与婉约共存

淮河
一水一山划南北

淮河发源于河南桐柏山，横穿河南南部。把眼光稍移向北，望向豫中，几条重要的支流由西向东汇入淮河，撑起了淮河流域的水网。沙河、颍河、贾鲁河，三川交汇形成淮河最大的支流——颍河水系，它们在不同历史时期担负重要的漕运职责，沿河孕育出多个要津、码头、古镇，各自繁荣一时，周口、西华、逍遥镇、朱仙镇等都是漕运史上显赫一时的地名。

淮河南部的江淮地区，每年夏初有持续一两个月降雨的梅雨季，加上黄河历史上多次夺淮入海，肆虐淮河中下游平原，使淮河流域“十年九涝”，而这里又是我国大江大河流域中人口密度最高的区域，一旦有灾患，损失极大，影响极广。为对抗水患，从新中国成立起，淮河沿线就设计修建了多项水利工程。

淮河在信阳地区有一条支流——浉河，浉河一带重峦叠嶂，丘陵林立，形成“五云两潭一寨”，是我国十大名茶之信阳毛尖的原产地。1952年为治理淮河、防洪泄洪、为下游农田提供灌溉资源，浉河河道上建起南湾大坝，蓄成水库，其面积相当于杭州西湖的十余倍，岛屿林立颇似千岛湖，这座水库也成了信阳市的饮用和灌溉水源。

如今的南湾水库摇身一变为南湾湖景区，借桐柏山、大别山的风光，75平方公里的广阔水域间有60余座岛，风景绝佳，兼有南北之美。南湾湖处于中国南北分水岭正中，故又称“中原第一湖”，这里以南湾鱼和信阳毛尖享誉中原，是名副其实的“茶鱼之乡”。

上图：秋日里的南湾湖
下图：南湾湖茶山
左页图：俯瞰淮河

秦岭—淮河
使南北不同，使中国大同

你是南方人还是北方人？

这个问题对中国人来说似乎特别重要，已经成为认识一个人最基础的标签，随标签定夺许许多多的特质：温柔还是豪放，吃米还是吃面，吃姜还是吃蒜……

秦岭—淮河是我国南北分界线，“分界”不单限于地理。山水地理形成气候，气候决定物产，物产影响农业、文化、民俗等方方面面。秦岭—淮河一线与800毫米年等降水量线大致重合，它决定了我国南方湿润、北方干旱的格局。高耸的秦岭山脉挡住北上的暖湿水汽，也决定了植被是否一年常绿，河流湖泊过冬是否结冰，大体塑造了南北方截然不同的自然风貌。

秦岭—淮河也是黄河流域和长江流域的分水岭，两条大河沿岸形成了差异万千的文化带。南方多种水稻，北方多种小麦，南北方口味上的甜咸之争弥散到年糕、豆花、粽子等方方面面，物产差异带来了文化的多样性和丰富性。时至今日，南北阵营不再是政权和文化上的对峙，而成为求同存异、妙趣横生的大国话题。

河南“骑”在秦岭—淮河线之上，是唯一既有秦岭又有淮河经过的省份。秦岭—淮河在这里也充分体现出“分界”的作用，一省之内南北截然不同。豫北属暖温带气候，豫南属亚热带气候，豫北多种植小麦等耐寒作物，豫南多种水稻和茶叶等喜湿作物。河南人给旁人的感觉，像是北方的南方，南方的北方，他们兼具北地豪迈与南方婉约，因包容而显得宽和。

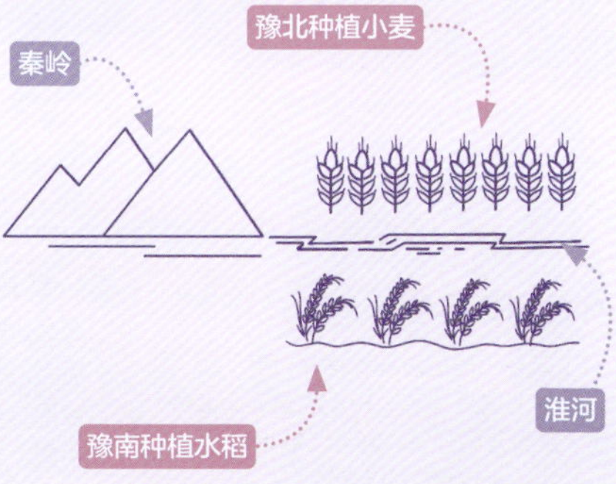

1天

漫游南湾湖

走进烟波浩渺的南湾湖区，环湖的四望山、鸡公山重峦叠嶂，属于典型的北国风光。溪流汇聚之间鱼虾成群，岭上茶田整齐，秀美得一如江南。

左页图：南湾湖茶岛
右页左图：南湾湖畔茶园
右页右图：朱鹮

从信阳市区前往南湾湖（南湾水库）。可先参观❶**南湾大坝**，后坐船登岛游。游船目前可停靠❷**猴岛**、❸**鸟岛**、❹**茶岛**三个岛屿。猴岛植被茂盛，猴群属于半野生散养，有与猴子互动的趣味活动。鸟岛是南湾一带候鸟的栖息地，百余种鸟类集中在鸟岛的芦苇荡内繁衍越冬。茶岛是南湾最大的岛，以信阳茶为核心，展示茶树培育、茶叶采摘制作，临水景品名茶，意境十足。

你还可以体验……

若在信阳的时间更宽裕，可以前往避暑胜地鸡公山（见367页）看看万国建筑，也可以融入郝堂村（见371页）的乡野之乐。

贴士 信阳市区距离南湾湖很近，湖区内有餐饮服务。夏天南湾湖有超过30℃的高温天，日晒厉害，需注意防暑防晒。若时间宽裕可选择前往豫鄂交界的董寨国家自然保护区，观赏珍稀的朱鹮。

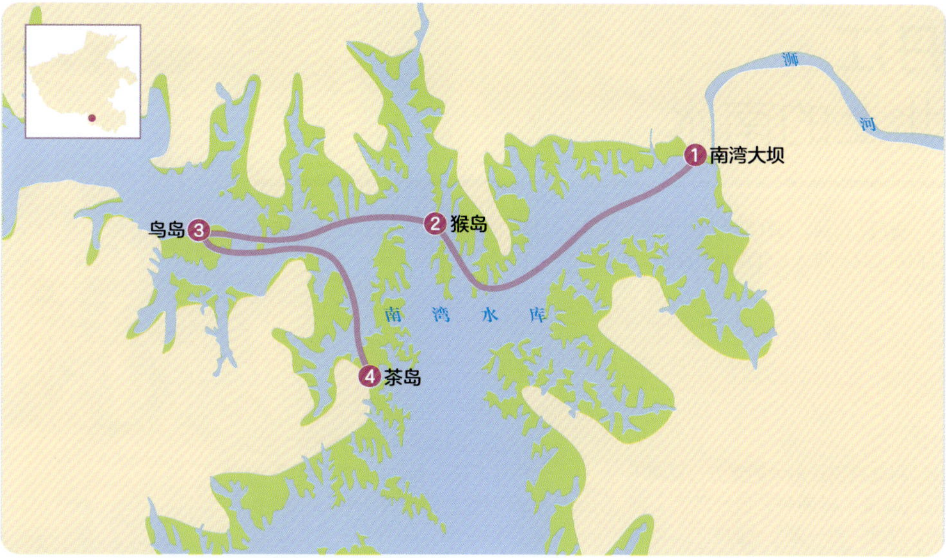
浉
河
1 南湾大坝
2 猴岛
3 鸟岛
4 茶岛
南 湾 水 库

灵感

丹江
北上的南水

唐河、白河、丹江汇入汉江水系，而汉江是长江的重要支流——与湖北接壤的豫西南地区已进入长江流域的范畴。

南水北调之源

丹江是汉江最大的支流，发源于陕西商洛秦岭南麓，流经陕西、河南、湖北，是一条地地道道的“南方河流”。1973年跨豫鄂两省的丹江口水库下闸蓄水，水域面积超过400平方公里，被誉为“中国水都”“亚洲天池”，是亚洲第一大人工淡水湖。

丹江丰富的水资源还担负起了一个充满想象力的宏伟工程——南水北调。1958年，毛泽东主席提出设想，“……丹江口引汉济黄，引黄济卫，同北京连起来了”。21世纪初，南水北调工程逐步落地，而丹江口水库就是南水北调中线工程的水源地。从丹江口水库的陶岔渠（位于河南省南阳市淅川县）首闸引水，沿南阳的唐河、白河进入河南中部，经伏牛山到达郑州，在郑州西孤柏嘴处穿过黄河，沿南太行山东麓北上，引水至京津冀地区——这条人工天河穿越中原，让甘甜清冽的丹江水流进首都人民的家。

上图：南水北调中段渠首
下图：丹江风景
右页图：位于十堰的丹江水库

1天
丹江自驾穿越

丹江口水库湖区碧波千里，一眼望不到边，水清且洌，可泛舟可徒步，还可以自驾环湖，一日从河南穿越到湖北。

左页图：丹江口水库自驾十堰段
右页上图：丹江大观苑
右页中图：十堰丹江口大坝夜景
右页下图：荆紫关古镇

早上先前往❶**丹江小三峡**简单游览，随后沿西侧的县道行至❷**张营码头**。在码头为爱车买张轮渡票，一起渡水至❸**石桥码头**。从这里前往附近的❹**丹江大观苑**（见365页），乘船赏千岛风光。随后驱车沿335省道向南行至❺**宋岗码头**。你可以在这里找家馆子吃顿特色鱼宴。

填饱肚子继续出发，沿丹江口水库东侧的公路行驶至❻**南水北调中线渠首**打个卡，接着走丹陶公路向西南一路前行。沿途风光绝佳，还设置了不少供歇脚赏景的观景台。这条线路的终点就是❼**丹江口大坝**。若时间尚早，可以进大坝景区逛一圈。若还没开过瘾，可以沿着湖北地界的丹江口水库再开上一段。

你还可以体验……

去荆紫关老街（见369页）看看明清时的民居建筑，或前往南阳市内的博物馆（见360页）探访这座豫南名城的历史。你也可以从这里前往湖北十堰名山武当山，一探道家风采。

贴士 自驾路途不长，单程约106公里，可以带上些补给品，沿途也可品尝好山好水好食材成就的美味淅川豆腐和丹江烤鸭。

起点
1 丹江小三峡
丹江大观苑 4
3 石桥码头
2 张营码头
宋岗码头 5
丹 江 口 水 库
南水北调中线渠首 6
湖
北
省
丹江口
大坝
终点 7
0 8.8 km

回到过去游乐园

走进幻乐空间，在浑然天成的欢乐中读懂河南的历史文化。

尽管河南近年来的GDP总量一直位居全国省级行政区前6，但论起辉煌岁月，还得回首过去。

依偎黄河而生的中原大地，长久以来都是华夏文明的重镇。从轩辕黄帝的故里，到夏商周三代的都城，再到延续陆上丝绸之路繁华的洛阳，直至开封定义了中国古典文化的高峰，河南始终处在中国古代政治经济文化的聚焦点，漫长岁月和厚重黄土里沉淀着太多兴衰。

左图：天朗气清的清明上河园
下图：只有河南 · 戏剧幻城
215立方米的“河南的土”

千百年来，河南人将历史编入戏剧、曲艺中，“爱演的”河南人背后，是对故土的文化自信，也掀起河南源源不断的文旅新浪潮。

近30年来，随着国内旅游市场的兴起和升级，人们逐渐认识到，要了解家乡中国，就要回到其根源所在的中原大地。历史文化主题游乐园在河南应运而生，最早拉开这一序幕的当数开封的清明上河园。在五花八门的民俗表演映衬下，《清明上河图》中所绘景象，在眼前的一草一木一桥一屋间徐徐铺开，宋词里描述的那个鲜活旖旎的东京汴梁，仿佛触手可及。人们对这片大地的认知还在继续提高。关于“黄河、土地、粮食、传承”的故事，拨动着每一位因农耕而兴起的炎黄子孙的心弦。只有河南 · 戏剧幻城拔地而起，“我是河南人”的呐喊久久回荡。

自媒体时代的到来，又催生着河南文旅和豫商的再度革新。万岁山武侠城“旧瓶装新酒”后走红网络，取之不尽的灵感，正是来自河南这片热土的丰富文化。河南也紧随时代发展的脚步，一座座现代化的大型游乐园总是充满欢声笑语——从历史到当下，河南的故事从来不会缺少欢乐。

只有河南·戏剧幻城
郑州 中牟

3个主剧场 18个小剧场

郑州城东，一枚方形印章盖在中原大地深处，烙印着关于“黄河、土地、粮食、传承”的故事。它就是只有河南·戏剧幻城。这是世界上规模最大、演出时间最长的戏剧聚落群之一，属于导演王潮歌的“只有”文旅戏剧演绎系列。她从《印象刘三姐》等“印象”系列开了实景演出的先河，后又推出以《又见平遥》为代表的“又见”系列，以行进式表演打破了舞台和观众席的界线，从场馆设置到布景都推动着审美的革新。2019年，王潮歌启动“只有”系列，并配以“戏剧幻城”的后缀。在她的设计下，这是从0到1创造出来的一座城，基于在地文化编排的不同戏剧，在城中的一个个独立空间上演。

2021年，只有河南·戏剧幻城（见211页）启幕，通过对中原文化的现代演绎，打造出沉浸感的视听盛宴。这里拥有包括3大主题剧场在内的21座剧场，900多位专业演员单日演出可达125场，共计4000多分钟。

幻城建筑

戏剧幻城的建筑，本身就是一件艺术作品。它是一座由56个方格院落组成的棋盘式堡垒，黄土塑造的高大墙体外观传递着中原大地的质朴。中轴线坐落着一方巨大的“河南的土”，夯土墙上印着“我是河南人”五个大字，小麦、玉米、高粱等庄稼按照农时节令栽种在开阔地带，关于黄土、粮食和人的关系环绕其间。同样不能少的还有地坑院，这种来自豫西三门峡一带、开凿在黄土层中的传统民居，也被艺术家呈现在幻城内部。看剧之余，幻城内随手一拍都是美景，各式“非遗”和文创产品也能让你收获满满。幻城内设置了集合西式快餐、烩面、特色饮品等各种风味的麦浪餐厅，地坑院还有一条特色小吃街，价格虽略高于景区外，但绝对称得上性价比在线，观剧之余不用担心饿肚子。

三大主剧场

作为只有河南·戏剧幻城的三大主题戏剧（简称主剧），它们最受游客关注，建议提前预订。每场主剧的时长都为1小时或更久。1日票只包含1场主剧，2日票则包含全部3场。若主剧在开场前还有空位，持1日票于场内也可再补70—100元多看一场。

小贴士 以下信息虽然可能涉及剧透，但沉浸于现场依然是因人而异、难以描述且无可替代的体验。

6+ 适合6岁以上观看

16+ 适合16岁以上观看

18+ 适合18岁以上观看

火车站剧场

⏱ **行进+坐定：80分钟**

☺ **6+**

可以看作《李家村》的前传。1942年在陇海铁路的一座火车站内，“一仓粮食、两个兄弟、百万饥民”的戏剧冲突，在官员的职责和乡亲的性命之间，再度迸发出“至暗时刻的人性光芒”。这部同样是需要更换三次场地的沉浸式戏剧。第一幕中，观众处于环形舞台的中央，似乎也暗示着“中原之地”。

幻城剧场

⏱ **坐定：60分钟**

三大主剧中舞台效果最华美的一部。与另外两部不同，《幻城》为坐定式观赏的剧目，河南悠远的历史文化、风流人物通过光影和舞台变换，在眼前或疾或徐生动流转，最精彩的莫过于武则天在神都洛阳下令营造龙门石窟，以及宋徽宗在东京开封主持绘制《清明上河图》。当看到宋徽宗跨越时空嘲笑乾隆乱盖印章时，几乎所有观众都会会心一笑。谢幕时演员手持“就此别过”“依依惜别”等字卷，历史也可以如此难舍难分。

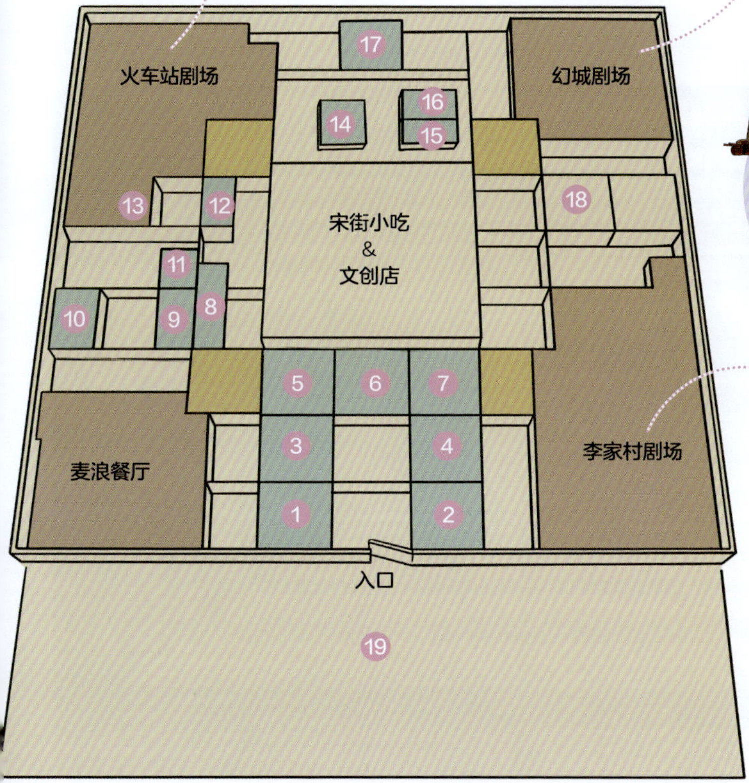

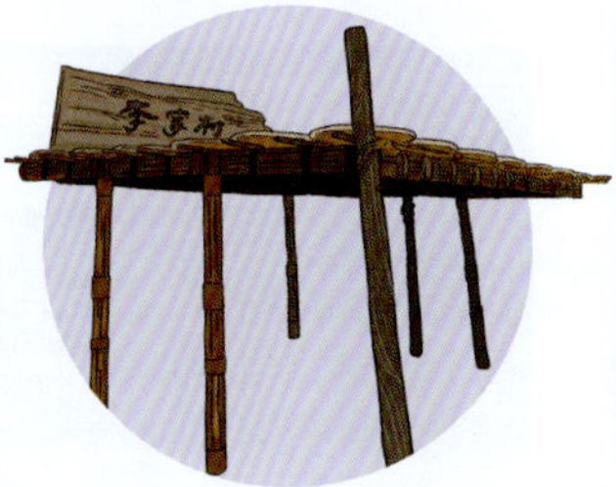

李家村剧场

⏱ **行进+坐定：75分钟**

☺ **6+**

复原了1942年河南农村的场景，面临大饥荒的李家村村民演绎了一出关于死亡和新生的故事。入场时，根据工作人员的指引，你会随机走进一家农户；当村里的广播响起，所有人会赶去广场领取小麦，而这些麦子只能作为种子而不能当作口粮。如何解决眼前的生存危机？朴实的农民给出了最诚挚的答案。

小剧场

小剧场的每出戏剧，时长都在半小时之内。只要能排上位次，持任何票种都可自由观看。小剧场分为室内和室外两种，小剧场的剧目会适时更新，2024年更新了《曹操的麦田》《苏轼的河南》，2025年推出了《薛怀义》《麦子啊麦子》和《唱吧跳吧》。

① 坤台

站立：13分钟

18+

唐朝“小姐姐”服饰秀，和乾台紧邻但人气更旺。女演员换上男装，当真是英姿飒爽。

② 乾台

站立：13分钟

乾为阳，男演员展示着太极文化。举手投足间，演绎着虚与实、阴与阳、进与退、明与灭。

③ 红庙学校

坐定：33分钟

较难排队

回到高中时代真正上一堂课，老师真的会提问，你也可能获得关于河南的知识。

④ 红脸蛋儿

坐定：27分钟

6+

较难排队

最小的剧场上演着喜剧，但也和老舍《茶馆》一样有着“以小见大”的立意。

⑤ 张家大院

坐定：30分钟

6+

近代豫商人家以点菜的名义为国捐款，报菜名中出现了著名豫菜：鲤鱼焙面。

⑥ 椅阵

站立：7分钟

进入景区后遇见的首个剧场，试图解释戏剧的观演方法，夜场观赏效果更好。

⑦ 我是河南人

一面题写着“我是河南人”五个大字的夯土墙，无声胜有声，不失为打卡拍照的好去处。

⑧ 下沉岁月

站立：17分钟

18+

演员和光影在下沉式的线性舞台，演绎出对时光、人类和宇宙之间关系的理解。

幻城内的建筑光影

⑨ 苏轼的河南

坐定：34分钟

6+

较难排队

印象中的苏轼“竹杖芒鞋轻胜马”，而这里却道出了这位北宋名臣与河南深厚的羁绊。

⑩ 第七机车车辆厂礼堂

坐定：32分钟

郑州因铁路而生，车辆厂礼堂也见证了中国铁路诸多历史性的时刻。

⑪ 薛怀义

坐定：32分钟

18+

代替了曾经的《前生来世》小剧场。出色的舞美和剧情，展现武则天与薛怀义之间的故事。

⑫ 曹操的麦田

坐定：35分钟

6+

较难排队

官渡之战，麦田之上，曹操到底是英雄还是枭雄，引人深思。

⑬ 麦子啊麦子

坐定：28分钟

6+

以农民与麦子为主线，与《火车站》一脉相承，舞台与灯光设计巧妙。

⑭ 候车大厅

坐定：25分钟

6+

民国时期火车站的候车大厅里，行李寄存处的每一件物品背后都有着感人的故事。

⑮ 天子驾六遗址坑

站立：22分钟

6+

一位考古学者的穿越故事，和周天子的对话讲述出中原大地的先秦文明和考古人坚守的意义。

⑯ 老院子

坐定：28分钟

6+

中老年胡辣汤乐队带来了豫剧等民间曲艺，多听听他们讲什么，你会发现对话很可爱。

⑰ 唱吧跳吧

坐定+站立：28分钟

16+

替代了曾经的《老库房》小剧场。形似在地下酒吧蹦迪，沉浸式体验一场盛大的唱跳音乐狂欢。

⑱ 李铭旦书场

坐定：25分钟

6+

讲述一位英俊小生为豫剧传承而坚持的故事，剧里和《张家大院》有个小小的联动。

⑲ 文明之光

坐定/站立

在长达328米的夯土墙上，通过灯光秀投影《清明上河图》《千里江山图》画卷。

农耕文明古与今

“尽管在1942饥荒年，为支援抗日战争，河南人贡献的粮食仍为全国第一，河南贡献的人力仍有400万人。河南人舍小义、取大义。新中国成立后，这片土地经历了地覆天翻的变化。如今的河南成为全国产粮大省，截至2020年，河南省耕地永久基本农田保护面积超1万亩，河南省的小麦总产量高达751亿斤，占全国小麦总产量的28%，位居全国第一……”

这是《李家村》剧目落幕时呈现在银幕上的文字，只有河南·戏剧幻城正是通过多方角度，向河南这个农业大省致敬。

因地处黄河中下游，距东边海洋距离适中，河南坐拥优良的地理、地质和气候条件，是中国最早发展农耕的地区之一。距今约8000年的新郑裴李岗遗址，出土了黍、粟、稻米等大量炭化粮种和加工这些粮食果实的石质工具，证明当时就已出现了原始农业。与农耕文化联系最密切的二十四节气，也是黄河中下游地区先民们的发明，其所描述的物候变化特征与河南的自然变化规律高度契合。从汉至唐，随着小麦的普及，河南的主粮经历了从以粟为主向以小麦为主转变的关键时期，同时，汉唐两朝华北气候湿热，水稻也是河南种植的主要农作物之一。

近200年来，随着中国人口飞速增长等原因，河南作为农业大省的战略地位越发得到重视。这个中原大省一直都是严守耕地红线和粮食安全底线的重地，如今更通过推广高产作物、先进农机和科学种植技术，稳步提高着农业生产效率。据统计，河南用全国6.2%的耕地生产了全国10%的粮食，在满足本省粮食需求的同时，河南每年都要外调粮食及其制成品600亿斤，全国7/10的水饺、1/2的火腿肠、1/3的方便面、1/4的馒头，也都产自河南。“这片土地是一片大有可为的土地，希望的田野。”《李家村》的闭幕之词，永远闪烁着光芒。

2天
沉浸式观剧游

用2天时间，全方位体验这座幻城带来的黄土情结和精彩故事。以下行程可作为参考，善用官方小程序，你能更好地规划属于自己的“只有河南”独家体验。

左页图：幻城内露天博物馆展品
右页左图：幻城内的文创店
右页右图：烟火璀璨的幻城

第1天

重头戏是三大剧之一的《李家村》，其他时间可观看《天子驾六遗址坑》《第七机车车辆厂礼堂》《苏轼的河南》等小剧场表演。

观赏《李家村》的前传、三大剧之一的《火车站》，再去小剧场看《老院子》《老库房》《候车大厅》《曹操的麦田》等表演。

夜幕降临后，观赏夜场的《张家大院》《椅阵》《乾台》等室外表演，最后伴着《文明之光》离开幻城。

贴士 若只有一天留给这里，大概率只来得及看一部主剧，推荐情节相对独立的《幻城》，小剧场可根据兴趣进行取舍。若是两日行程，当晚可考虑入住周边的民宿。

第2天

☀ 早早入场，参加《红庙学校》的早课，接着观看《下沉岁月》《前生来世》等小剧场表演，对第一天没看上的剧目查漏补缺，再抽空去幻城好看的地方拍照。

☀ 欣赏三大剧压轴的《幻城》，之后可根据喜好二刷心仪的剧目。

☾ 用夜场的《覆斗书场》《坤台》等演出作为收尾。

贴士 在部分节假日，晚上的《文明之光》会伴着盛大的烟花上演。景区门口等显眼位置和微信公众号都公布有最新的表演排期，可根据具体信息调整上述行程。

超级剧迷独家贴士

- 幻城提供了多种门票类型，都在“只有河南戏剧幻城”官方小程序上，票价和放票时间均可能因淡旺季而变化，建议持续关注小程序。
- 部分剧目中的剧情或者台词，有不适宜未成年人及学龄前儿童观看的内容，官方对此做出了明显提示，带孩子的旅行者建议根据实际情况合理安排行程。
- 紫荆山和市体育中心有两班乐游巴士可达，票价5元。乘出租车到郑州东站约23公里，到郑州站约40公里。
- 穿黑白色的纯色衣服更能出片。
- 游客大厅有免费存包柜，行李箱可免费人工寄存。
- 幻城内多处有饮水机，提供免费饮用水。可以自带食物。
- 两个场次之间20—30分钟为舒适时间。
- 排队难度和好看程度不一定成正比，有时候是由容纳人数决定的。
- 放下“一定要看多少场”的执念，不必给自己设限，哪怕只有一场戏戳中了你，也已经值回票价。
- 幻城内的小麦、玉米、高粱不仅是景观，同时也是粮食，除了拍摄，请爱惜它们。

清明上河园
开封 龙亭

“一千年前世界上的纽约”——北宋都城汴京早已毁于兵燹，城池遗址埋在了今天开封市区的地面之下。好在北宋画家张择端的传世名作《清明上河图》存留下昔日繁华的影像。如今便有一座以该画为蓝本而建造的清明上河园（见243页），配以精彩纷呈的民俗表演和特色美食，力图还原世人对于东京开封的诸多想象。

主要景观

临水大殿 由宣和殿和宣德殿组成，造型庄重华丽，内辟皮影戏博物馆。历史上宣和殿是北宋皇宫里的藏书处，宣德殿则为大朝正殿，和宫城正门宣德门共同构成东京城的南北中轴线。

入口 清明上河园日常开放迎宾门和金水门，按照方位可理解为东门和西门；西北角的端门仅在节假日开放。迎宾门人流量最大，进去后就能看到张择端塑像和《清明上河图》浮雕。金水门之名来自北宋开封“四水贯都”之一的金水河，曾经的汴京内城就有一座金水门，由此入园，可先登上善门俯瞰全景。

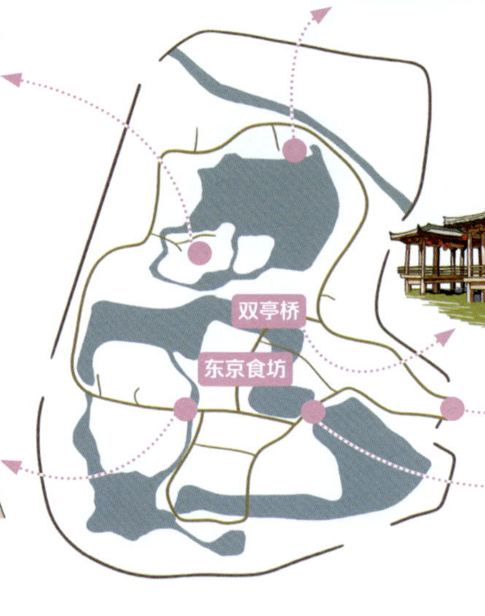

拂云阁 这座高30余米的十字歇山顶楼阁是园内的制高点，整体为明四暗三结构。除了登高远眺，楼外的大宋水运仪象台是复原的天文钟，体现了当时高超的科学技术水平。

上善门 位于《清明上河图》右侧的巍峨城门，据考证可能是东京开封城的上善门。这座参照古画而建的城门位于清明上河园的湖心小岛上，登上城楼可饱览美不胜收的园内全景。

虹桥 虹桥本为《清明上河图》中横跨汴河的一座木制拱桥，结构精巧，规模宏大，因形似飞虹而得名。园内复建的这座，虽然形态、材质都不相同，但也算是对历史的一种再现。

汴河 隋唐大运河的通济渠在北宋演变成汴河。作为“四水贯都”最重要的一条，它为开封的繁盛奠定了基础。古汴河消失已久，如今清明上河园从附近的水库引流，绿水成曲，并冠以汴河之名。园内有多座码头，可乘船游汴河。

做一回北宋人

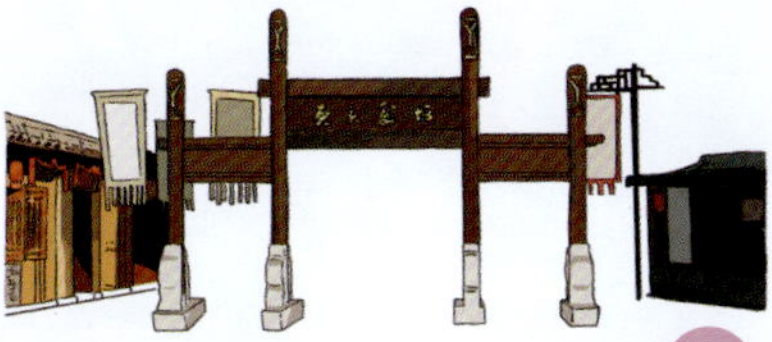

大宋市井

以**双亭桥**为界，清明上河园可分为南苑和北苑两部分。**南苑**重现了汴京的市井风情，热闹的街巷，正是唐朝里坊制在北宋崩溃后形成的临街商业的真实写照。

极具烟火气的食肆是市井生活中最重要的一环。园内复原了只卖酒不酿酒的脚店、大酒店档次的正店等北宋特有店家。在**东京食坊**，灌汤包、菊花包、宫廷杏仁茶、桶子鸡、四味菜、涮牛肚等开封小吃更是应有尽有。待夜色降临，东京食坊挂上华灯，摇身一变为**东京夜市**——正是从北宋开始，中国古代城市的宵禁制度终被取缔，夜市蓬勃发展。

除了品尝美食、采买汴绣等特色纪念品，清明上河园的市井生活也少不了琳琅满目的表演。9:00开园时迎宾门外有“包公迎宾”，之后还有“巡视汴河漕运”“枪挑小梁王”“东京保卫战”，以及气功喷火、斗鸡、“打铁花之盛世大宋”、“水傀儡”等不同演出，填满了清明上河园的不同时段和各个角落。

东京梦华

清明上河园的**北苑**主要展示皇家园林的风貌。除了白天游园，每晚上映的**《大宋·东京梦华》**是重头戏，其名源自北宋孟元老的《东京梦华录》。700多位演员在光电特效的辅助下，以宋词8个词牌为脉络，在70分钟内演绎了梦幻大宋风情。

以“问君能有几多愁，恰似一江春水向东流”的**《虞美人》**为序，北宋结束了五代十国的割据，开启华夏历史的新时代。从**《青玉案》**“东风夜放花千树，更吹落、星如雨，宝马雕车香满路”，到《蝶恋花》“花褪残红青杏小，燕子飞时，绿水人家绕”，宋朝正是以经济文化高度发达而载诸史册。赏罢**《雨霖铃》**的“多情自古伤离别，更那堪，冷落清秋节”，以及**《少年游》**的“锦幄初温，兽烟不断，相对坐调笙”，宋朝社会自由、开放的风气扑面而来。金戈铁马之声铮铮，**《破阵子》**“八百里分麾下炙，五十弦翻塞外声，沙场秋点兵”，**《满江红》**“三十功名尘与土，八千里路云和月”，宋朝在内忧外患中踏上穷途末路，最终留下了**《水调歌头》**的尾声——“但愿人长久，千里共婵娟”。

清明上河园内有客栈提供住宿，可在夜色中一枕梦回东京城。

1.东京食坊
2.《东京梦华》大莲花

1天

北宋汴梁城精华打卡

从早到晚，游览园中精华，做一天《清明上河图》中人。

左页图：“王员外招婿”现场
右页上图：拂云阁
右页左下图：秋天园中的菊花展
右页右下图：园内夜间的火壶表演

开园时观看“包公迎宾”，之后欣赏高跷、“包公巡视汴河漕运”、民俗绝活、气功喷火，以及“王员外招婿”“抢挑小梁王”“梁山好汉劫囚车”等表演。

在东京食坊用过午餐后，一边继续游园，一边见缝插针地观赏斗鸡、“宫廷梦乐”“皇家皮影戏”“大宋科举”“东京保卫战”等一系列精彩节目。

逛逛东京夜市，并欣赏“打铁花之盛世大宋”“水傀儡”，以及《大宋·东京梦华》的盛大演出。

贴士 景区门口等显要位置和微信公众号都公布有最新的表演排期，可据其调整上述行程。

万岁山武侠城
开封 龙亭

在河南乃至全国的诸多游乐园中，万岁山武侠城都具有极高的性价比，层出不穷的精彩节目让游人多得天天都像是旺季。景区之名也颇有说头：“万岁山”源自北宋末年的皇家园林万岁山（艮岳），《水浒传》等旧式侠义故事又赋予了“武侠城”的后缀。在全民娱乐的当下，万岁山武侠城（见243页）做到了推陈出新和市场下沉，如此火爆实乃众望所归。

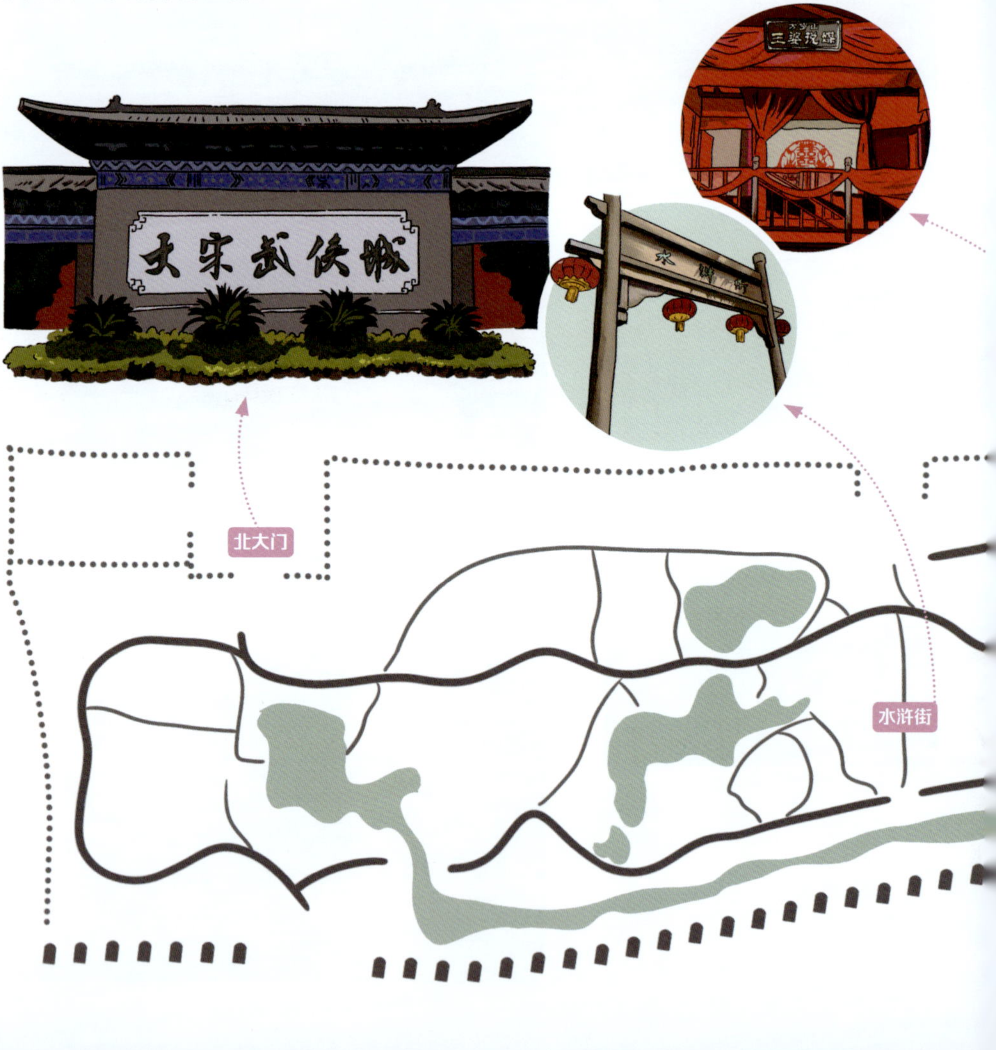

本土版迪士尼

精彩游园

万岁山武侠城拥有长长的节目单，每日举办的演出和活动竟有超百场之多。2024年初“王婆说媒”走红网络，这个以水浒人物为原型、借古说今的古代版“非诚勿扰”互动性活动，举办地点正是景区里的水浒街。“武松打虎”“林冲战杨志”等实景剧，驯猴、喷火、飞刀飞斧等民俗表演，以及水浒英雄扮相的工作人员，也集中在这条罗列着镖局、赌坊、当铺、酒铺、狮子楼等仿古建筑的风情街上。

更精彩的水浒故事实景演出是在城寨沙场举办的“三打祝家庄”。它融合了影视爆破、云梯炮战、大型马术、特技威亚等实景，观赏大戏的同时如同亲临烽火弥漫的大宋古战场。

夜间演出的头角是打铁花。这种始于北宋的民间艺术已被列入国家级非物质文化遗产，在黄河中下游的河南、山西各地颇为流行，表演时惊险刺激、颇为壮观。除此以外，万岁山武侠城还有万人大合唱、神舟传奇、音乐喷泉等节目，以及各种小型博物馆和动物园等景点，足够你度过忘记烦恼的欢乐一天。

历史遗址

开封城每一处地方都有故事可讲，万岁山武侠城也不例外。万岁山武侠城依托着紧邻明清开封府城墙的森林公园而建，因此也有一段古城墙可以登临游览。城墙内部还有防空洞对外开放，里面的陈列复原了几十年前的面貌。

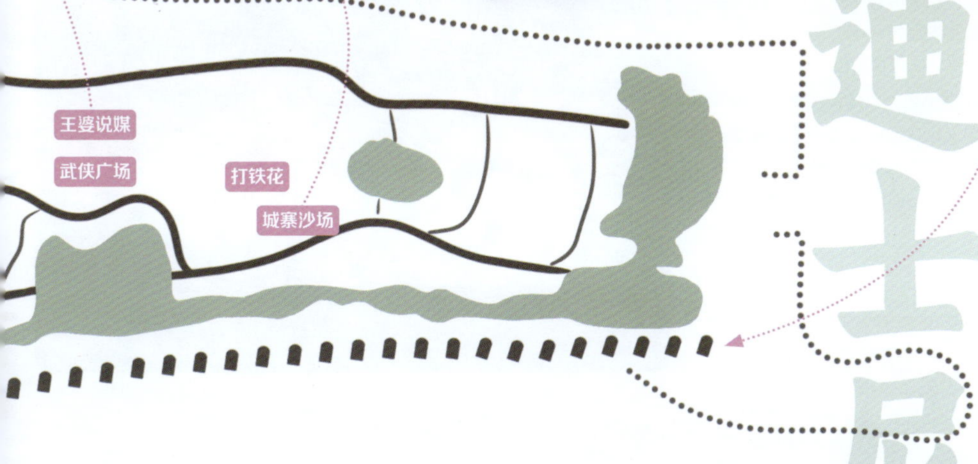

1天

初入江湖

用一天的时间，进入万岁山的武侠世界，在信念感十足的表演中，寻回自己的侠肝义胆。

☀🌤 根据景区入口或微信公众号公布的活动排期，加入“王婆说媒”、“武松打虎”、飞刀飞斧等节目的参观人群中，下午记得去看“三打祝家庄”。江湖逸事听够了，还能顺道参观古城墙、动物园等景点。吃饭除了在景区内品尝小吃，也可返回市中心解决后再重新进入景区。

🌙 现场欣赏打铁花的奇妙景象，音乐喷泉也是在夜间更加好看，还有万人大合唱、神舟传奇等节目，足以让你度过美妙的夜晚。

贴士 门票通常3日内有效，但部分节假日或只能进出一次，具体信息可以关注景区官方微信公众号。

左页上图：“王婆说媒”现场
左页下图：夜幕中的打铁花
右页图：水上漂表演

河南其他知名主题乐园

名称	地区	微信公众号	简介
郑州方特旅游度假区（见213页）	郑州市中牟县	郑州方特	包括欢乐世界、水上乐园和梦幻王国三部分
建业电影小镇（见213页）	郑州市中牟县	建业电影小镇	集影视艺术和本土文化于一体的沉浸式电影潮玩地
银基国际旅游度假区（见214页）	郑州市新密市	银基国际旅游度假区	包括动物王国、冰雪世界和乐海水世界三部分
郑州海昌海洋旅游度假区	郑州市中牟县	郑州海昌海洋公园	河南第一个海洋文旅度假区，拥有海洋馆、海洋公园和奥特曼主题小镇
SoReal洛阳·未来城科幻乐园	洛阳市涧西区	SoReal洛阳未来城科幻乐园	目前国内最大的单体元宇宙综合科幻乐园
洛邑古城（见272页）	洛阳市老城区	洛邑古城	位于洛阳老城一角，历史建筑和仿古街区并存，适合换装拍照
启封故园（见247页）	开封市祥符区	朱仙镇启封故园	朱仙镇附近复建的明清风格古镇，重现昔日水陆码头的盛景
神州鸟园	漯河市源汇区	神州鸟园	目前国内最大的鸟文化主题公园
西峡恐龙遗迹园（见364页）	南阳市西峡县	西峡恐龙遗迹园	“中国恐龙之乡”遗址发现地的配套游乐项目

中州民俗

逛庙会、学武术、听大戏……和河南发生更多关联。

河南的大地养育着河南的人。千百年来，这里的人们和泥土、小麦、山石发生了太多联系。载诸史册的周、汉、唐、宋等盛世华朝，书写的多是帝王将相、英雄豪杰的名字和故事，只有触碰到中原大地丰富多彩的民俗，才能更深入地发现历史和文明精雕细琢的印迹，才能感受到河南人世世代代的真实生活。

上图：洛阳鱼灯表演

凌厉若少林功夫，风轻云淡似太极拳，雍容华贵有唐三彩和汴绣，清风雅致莫过于汝瓷和澄泥砚，捧一手乡土就是泥咕咕和泥泥狗，济济一堂请看马街书会，每逢豫剧下乡演出更是人满为患。雅俗共赏，可以看作对中州民俗的概括，紧随文旅潮流的传播和创新，更能让人感到欣慰。如今，河南的各大庙会从不缺少外省人的捧场，几大祭祖典礼在华人文化圈影响力渐大，拳脚功夫的拜师者更是不乏外国友人。陶瓷、版画等手工艺品在复原古代技艺的基础上，还有着更符合现代社会审美和实用性的改进，古老的纹样和图案由此获得了新生，也将其中蕴含的文化意义永远传递下去。

不少民俗都有体验项目，亲自动手，才能品读到中原大地和中原人最紧密的关联。留意河南各地的非物质文化遗产保护中心，它们或辟有展示馆，或经常组织各种活动，将一些平常难得一见的民俗演出呈现在世人面前。

武术

南来北往，东奔西走，中原大地可以称得上“四战之地”。因而在习文的同时，河南民间也长期有修武的传统。大名鼎鼎的少林功夫和太极拳都从这里起源，另有月山八极拳、心意六合拳、苌家拳等各派武术。豫北、豫东、豫东南、豫西南等地的三省交界处更是武馆林立，彰显着当地的硬朗民风。

四战之地

少林功夫

“天下功夫出少林”也许稍显夸张，但少林功夫确实源远流长。北魏时，印度高僧、中国佛教禅宗祖师达摩“一苇渡江”，告别南梁来到少室山，面壁修禅，广收弟子。相传，少林功夫就是那时发明的，包括拳、铲、棍、剑、杖等各套武术，经后世充实，再加上隋末十三棍僧救唐王李世民、明代为朝廷建立功勋等传奇故事，闻名天下，奠定了武术界榜首的地位。近几十年，先有金庸等人的新派武侠小说多次写到少林高僧武功盖世，后有《少林寺》电影风靡银幕、少林武僧代表中国外出展演，少林功夫终于成了华夏传统文化的一个重要标签。

现在，少林寺每天都有武僧展示武术，游客可在**少林功夫体验中心**亲身体验。专门开办的武校则提供更加系统的课程。

太极拳

印象中，太极拳是湖北武当山代表的道家功夫，其实，在民间太极拳还有六大派别，它们和武当太极之间的渊源难以考证，而习太极拳者，学的大都是这六派。

陈氏太极拳历史最悠久，或多或少影响了其他五派。焦作温县的陈家沟村一族历代习武，生活在清乾隆至咸丰年间的陈长兴更堪称一代宗师。他对家传拳艺归纳创新，陈氏太极拳由此定型。陈长兴还勇于打破“不授外姓”的传统，弟子河北永年人杨露禅学成后，对陈氏太极拳加以改进，开创影响力可相提并论的杨氏太极拳。和陈家沟相距4公里的赵堡镇也受其影响，产生了六派中的**和氏太极拳**。如今**陈家沟**已辟为太极拳文化旅游区，可在此参观、学习、交流。在**赵堡镇**上可找到和氏宗师纪念堂和习武人家。

1.少林寺常住院
2.温县太极师父指点“洋徒弟”

上图：少林功夫

打铁花

“东风夜放花千树。更吹落、星如雨”，说的不仅是宋代元宵灯会的盛景，用来形容打铁花这种精彩的民俗表演活动也很贴切。观赏之余，人们也会因表演者的高超技艺和非凡胆量而生出几分钦佩。

打铁花又称“打铁梨花”，旧时是民间金、银、铜、铁、锡五门工匠和道士一起祭祀共同的祖师爷——太上老君而举行的仪式。它流传于豫晋两省的多个市县，其中，驻马店**确山**的打铁花被列入了国家级非物质文化遗产，平顶山**汝州**的则为省级“非遗”。除了春节和元宵节期间有相关演出，确山和汝州两地的开业庆典和重大活动，也常会邀请打铁花表演队前来助兴。另一个看打铁花的热门目的地是开封，市内的**清明上河园**和**万岁山武侠城**都有演出。打铁花盛行于明清，当时的开封府是河南省会，如今打铁花在开封绽放，仿佛是明清艺人赴省城献艺场景的重现。

右图：确山打铁花

4天 真假武侠游

除了少林功夫和陈氏太极拳，金庸小说里封禅台的五岳剑派合并大会映着嵩山的雄浑，足以让人浮想联翩，外加开封以武侠为主题的游乐园——豪迈与硬朗在这条线路上无处不在。

第1天

☀ 从❶**郑州**赶早出发前往登封，游览❷**少林寺**（见205页），观摩武僧的功夫演出，并向他们讨教几招。

🌤 沿着山路拜访少林寺的❸**初祖庵和达摩洞**，相传达摩祖师就是在这里创造了少林功夫。

第2天

☀ 🌤 继续锻炼昨天在少林寺舒展过的手脚，游览嵩山的❹**太室山峻极峰**（见206页），一路攀爬登顶，在封禅台构想《笑傲江湖》里的五岳剑派大会。

第3天

☀ 🌤 告别登封，经巩义前往黄河北岸的温县，在❺**陈家沟**向太极拳传人学习招式。

第4天

☀ 🌤 前往开封，去❻**万岁山武侠城**（见243页）观看“三打祝家庄”等表演，在夜色中用打铁花收尾。

你还可以体验……

在开封，你也可以选择前往清明上河园（见134页），在张择端的画作中欣赏打铁花的璀璨。

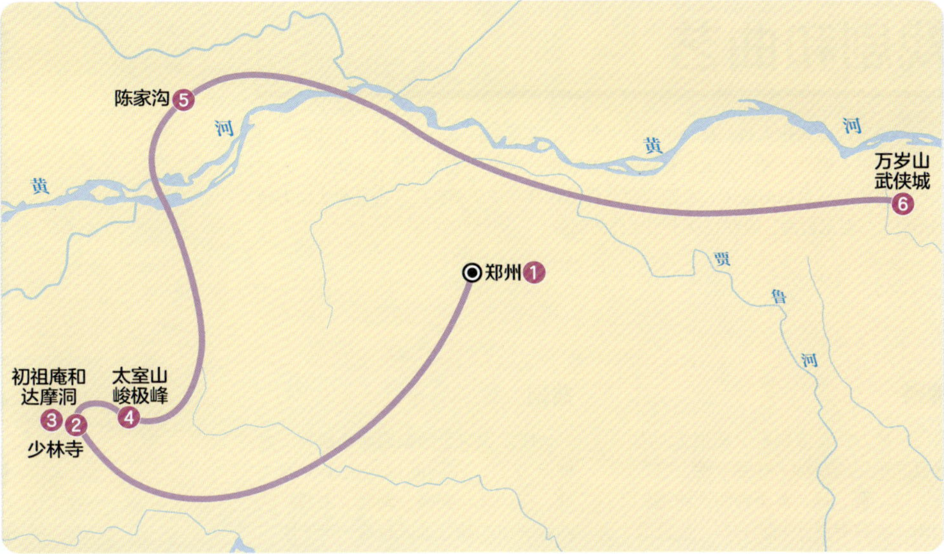

左页图：少林寺初祖庵
右页左图：少林寺达摩洞
右页右图：万岁山武侠城夜景

戏剧和曲艺

河南是传统文化大省，从戏剧和曲艺种类之多就能佐证。据统计，在豫剧、曲剧、越调三大剧外，河南至少还有30个地方戏种。这里又是人口兼农业大省，人们和村野之间的联系依旧紧密，戏剧和曲艺仍然在群众中影响甚广，古老的生命力顽强不已，“老家河南”的乡愁缺不了戏曲的回音。

豫剧

以豫为名，豫剧不仅是整个河南最喜闻乐见的戏种，在鄂、皖、苏、鲁、陕、晋、冀，甚至青海、新疆和台湾，都有专业豫剧团分布。因此除名列“中国五大戏曲剧种”外，豫剧还有着更光鲜的“中国第一大地方剧种”头衔。

虽然起源已不可考，但普遍认为它在形成过程中融合了河南各地民歌，因此有着亲民的乡土气息。20世纪20年代至今，陈素真、常香玉、崔兰田、马金凤、阎立品、桑振君等六大名旦让豫剧步入巅峰，形成了“美”之陈门、“劲”之常派、“韵”之崔派、“脆”之马派、“秀”之阎派和“巧”之桑派共六大派别，所有戏迷都能找到自己钟爱的唱腔。新中国成立后，豫剧还和时代发展碰撞出几次轰动全国的共鸣：1951年，常香玉义演170多场，为抗美援朝的志愿军捐赠了一架战斗机；1958年，现代豫剧《朝阳沟》首演成功，塑造了中国传统戏剧现代化的里程碑；1994年，河南卫视《梨园春》开播，鼎盛时期吸引了全国戏曲艺人和爱好者参加。如今，豫剧依然生机勃勃，号称是唯一不需要政府财政支持即能延续的中国传统戏剧。行走中原大地总能遇见民间豫剧团演出，记得与乡亲们一起捧场。

曲剧

作为仅次于豫剧的河南省第二大地方戏剧，曲剧同样走出了中原大地，在河北、安徽、湖北、山西、陕西等邻省的部分地区有着一定的影响力。曲剧听起来和豫剧颇有相似之处，同样乡土气息浓厚。戏剧研究者会从专业的音乐和唱腔、表演风格等角度对它们做出具体分析，但对普通听众而言，两者之间最明显的区别，大概就是曲剧听起来更有民间曲艺的感觉，更容易听得懂唱词讲的是什么。已故的张新芳和马琪是曲剧的代表人物，《陈三两爬堂》《寇准背靴》分别是他们的代表作品。

河南各大戏剧院经常有曲剧上演。在民间的大小戏台上，也总会看到曲剧经典剧目的演出。

左图：常香玉为志愿军演出
右页上图：豫剧大师马金凤
右页下图：传统曲剧《风雪配》

乡愁

越调

越调是河南另一个极具地方特色和影响力的传统戏剧，发源于豫西南的南阳，以之为中心扩散，并流行于许昌、漯河和周口，以及鄂西北的襄阳、十堰一带。南阳传为诸葛亮的躬耕之地，越调的一些著名唱段便是卧龙故事。已故的著名越调大师申凤梅凭借着开合有度的唱腔、羽扇纶巾的形象和运筹帷幄的气质，获誉“活诸葛”。对外行听众而言，越调和豫剧的区分也算明显，就像它所流行的区域位于中原南部一样，越调的整体风格也多了几分汉江、淮河流域的特色。

在南阳、周口等地，庙会和乡间的戏台很可能演出的就是越调剧目。在河南其他地方也有机会欣赏到越调演出。

马街书会

“书”不只是说书，也代指各种民间曲艺，可谓“中国传统说唱”。平顶山宝丰的马街书会，便是仅有的两个被列入“第一批国家级非物质文化遗产”的书会之一（另一个是山东惠民的胡集书会），历史之悠久和规模之宏大可见一斑。近年来，马街书会因网络走红，当地政府会在正月初七便开启书会，但传统上，正月十一至十三为会期，正月十三更是正会日。最后几天的场面最精彩，全国说书艺人齐聚，负鼓携琴，说书亮艺，还会遇见其他民俗演出，如贵州侗族大歌等。作为河南第一大曲种的**河南坠子**是马街书会的主角，据统计，80%的赴会艺人都会说唱河南坠子。而和豫剧等传统戏剧相比，它的唱词更易懂，只要了解河南方言，便能听个八九不离十。

上图：传统越调《收姜维》
下图：马街书会现场演出

说书亮艺 负鼓携琴

逐渐消失的黄河号子

“嗨呦嗨呦”，千百年来黄河沿线的船工、纤夫、硪工、河工，辛勤劳动时发出的号子声，随着时代的飞速发展已逐渐消失在天地间。

从黄河上游的甘肃开始，经宁夏、内蒙古和陕西、山西交界处的黄河大峡谷，到河南直至入海口的山东，黄河号子这种民歌形式广泛分布，并因各地不同的民族文化和地理水文，呈现出各自的特色。河南地处黄河中下游的交界处，河水从惊险的豫西黄土塬地流入平缓的黄淮海大平原上，故而也形成了抢险号子、土硪号子和船工号子等分类。

如今，郑州市的**黄河博物馆**专门辟有黄河号子展览，通过数字化手段再现了这种传奇的民歌。河南省“非遗”保护中心有时候也会组织黄河号子的演出。当然，你也可以通过《黄河大合唱》第一乐章的《黄河船夫曲》，聆听与波涛相搏的黄河号子——虽然取材很可能源自晋陕大峡谷的黄河段。

下图：黄河博物馆展品

上图：马街书会民俗园刘兰芳艺术馆

灵感

2天
正月书会游

只一个被称为“全国曲艺人朝圣地”的马街书会，便很值得你在中原大地寒冷的正月里，赶赴乡村盛大又热情的民间集会。

左页图：杜寨书会
右页图：热闹的马街书会

第1天 正月十二

从❶**郑州**前往许昌马桥镇的杜寨村，参加比马街书会历史更悠久的❷**杜寨书会**。做做预热的同时，也能在这里感受到更加原生态的书会情景。

当晚赶到平顶山或❸**宝丰**住下。

第2天 正月十三

和全国民间曲艺人一同沉浸于❹**马街书会**的盛况之中，欣赏河南坠子等琳琅满目的曲艺演出。春节期间，河南各地很有可能都会“唱大戏”，意犹未尽的话，就再去听一场豫剧。

你还可以体验……

试试在春节期间赶一场中原庙会（见164页），收获河南戏曲大集锦。

大相国寺梵乐团

“寺庙里的僧人乐团”听起来很新潮，其实则是传统文化的再现。作为北宋皇家寺院的开封大相国寺，梵乐演出曾盛极一时。那时，佛教传入中国已近千载，起源于印度佛教的梵乐完成了本土化，僧人们纷纷采用中国民间乐曲来改造印度音乐，已然形成了极具华夏特色的中国梵乐。宋亡后，大相国寺梵乐渐渐消匿，但近几十年来，几近失传的梵乐表演重现，2002年大相国寺便组建了这支梵乐团。

如今，大相国寺的梵乐演出再现了《锁南枝》《抱中台》等北宋秘谱中的曲子。在法器、琴、瑟、水晶磬、编钟、乐舞、吟唱等表演方式中，还有“筹”这种很少能听到的中国古典乐器。梵乐团经常应国内外各种活动之邀前往献艺，在重要节日和佛教庆典期间，大相国寺也可能有梵乐团的“主场”表演。目前，大相国寺还推出了梵乐研修的课程。

右图：大相国寺资圣阁重檐

陶瓷

古瓷新作

陶瓷无疑是华夏最有名的传统工艺品，甚至奠定了中国的英文名“China”。唐三彩和宋钧瓷、汝瓷这些彪炳史册的陶瓷制品，老家就分别在河南的洛阳、禹州，以及汝州和宝丰。惨烈的朝代更替曾让古老的陶瓷烧制技艺几乎断绝，但浴火重生后，这些精美的陶瓷又在中原大地迎来了新生。

唐三彩

提起唐朝艺术品，唐三彩仕女和马匹的形象总会跃入脑海。这种陶器因釉色以黄、绿、白三色为主而得名，绞胎工艺代表着唐朝陶瓷的最高水平。自清末从洛阳古墓出土，唐三彩便一次次震惊着世界，如今唐三彩精品在各地巡展时，依然广受欢迎。

今天的唐三彩不再是古时的陪葬品，经过几十年的技艺复原和产品开发，它已成为可爱的工艺文创产品。洛阳以唐三彩为傲，洛阳博物馆有专门的唐三彩展厅，老城另有一座专题唐三彩博物馆，孟津区的唐三彩文化园有“非遗”传承人坐镇，那里的南石山村便是唐三彩烧制的一大基地。

钧瓷

许昌禹州是宋代五大名窑钧窑的所在地。明清以来的瓷器收藏家用“夕阳紫翠”来形容钧窑的出品，这是因为含有氧化铜等成分的釉料在高温烧制时产生“窑变”等化学反应，最终形成变幻莫测的红紫系色彩和图案。

传世至今的宋代钧瓷极其稀少，“纵有家财万贯，不如钧瓷一片”正是对它极度珍贵价值的写照。不过，如今在禹州的神垕古镇等地，有很多工匠复原了钧窑的烧制工艺，可以在那里参观作坊、购买钧瓷甚至体验相关工艺，神垕古镇每周还有两场被称作“瓷器街”的古玩交易市场。豫博等博物馆也陈列着宋代钧瓷精品。

浴火重生

汝瓷

“天下宋瓷，汝窑为魁”，被誉为宋瓷魁首的汝窑，就坐落在与钧窑相距不远的平顶山宝丰和汝州境内。“雨过天青云破处”一句点明汝窑是如何直击文人士大夫审美取向的。保留至今的宋代汝瓷同样十分稀少，河南博物院的汝窑天蓝釉刻花鹅颈瓶、台北故宫博物院的汝窑青瓷无纹水仙盆都被评为“镇馆之宝”。

北宋灭亡后，汝瓷烧制技艺开始在民间传承延续，随着工艺的进步而得到了更多发展，如今宝丰和汝州都有不少高水平汝瓷作坊。历经千年，人们仍旧能寻得一件心仪的汝瓷，将“雨过天青云破处”这样深藏于中国人心底的清妙意境带回家中。

1.洛阳博物馆藏唐三彩
2.钧瓷工艺品
3.汝窑天蓝釉刻花鹅颈瓶

上图：神垕古镇钧瓷制作现场

5天
寻陶访瓷

唐宋两朝，河南都是经济发达、文化昌隆之地。寻访唐之三彩、宋之汝钧的过去和现在，探究历史的同时，也能亲手体验中华文明的薪火相传。

左页图：南石山村三彩小镇
右页图：宝丰清凉寺汝官窑遗址

第1天

前往洛阳郊区南石山村的❶**唐三彩文化园**，和“非遗”传承人面对面沟通，并体验唐三彩的烧制工艺。

趁着夜色，感受❷**洛阳老城**的热闹生活，在应天门、明堂天堂等处遥想大唐盛世。

第2天

走进❸**洛阳博物馆**（见274页），跟随展览梳理神都洛阳的历史文化，领略唐三彩文物精品的绝世风姿。

从洛阳前往❹**汝州**，参观汝瓷博物馆（见339页）和青瓷博物馆（见339页），前者的文庙建筑是亮点，后者陶瓷藏品很多。

你还可以体验……

若还有时间，前往郑州大河村遗址博物馆（见200页），遇见比瓷器更古老的陶器，走进华夏先民的生活场景。

小浪底水库
黄
河
唐三彩文化园 1
洛阳老城 2
洛阳博物馆 3
9 河南博物院
郑州
洛
河
伊
河
陆浑水库
4 汝州
北
汝
河
宝丰汝窑博物馆 5
三苏园 6
神垕古镇
7
8
禹州
白沙水库
颍
河
南
水
北
调
中
线
工
程
双
洎
河
昭平台水库
白龟山水库

第3天

前往宝丰县，参观汝窑考古至今最大的发现——⑤**宝丰汝窑博物馆**（见338页）的清凉寺汝官窑遗址。

接着前往郏县，吃一顿特色饸饹面，然后游览同样流转着大宋风华的郏县⑥**三苏园**（见342页），再去保留着钧瓷传承的⑦**神垕古镇**（见344页），并夜宿于此。

第4天

作为陶瓷交易中心的神垕，周一、周二上午有古玩街。小镇处处是景，镇外还有一座钧瓷公园。

小镇上每一家陶瓷作坊都欢迎参观，可放慢脚步，用心用手感受钧瓷烧制工艺的今日传承。

第5天

在⑧**禹州**参观钧官窑遗址博物馆（见336页）和中国陶瓷文化园。

返回郑州，去⑨**河南博物院**（见198页）品味宋代的汝瓷、钧瓷真品。

左页图：汝瓷博物馆
右页上图：郏县三苏园
右页左下图：中国钧瓷文化园
右页右下图：郏县饸饹面

民间工艺品

厚重的黄土和更加厚重的历史，为河南的民间传统工艺注入了无穷无尽的生命力。从麦秆到纸张，从泥土到石头，从灯笼到刺绣，中原大地从不缺少极具特色的手工艺品。曾经的它们或居庙堂之高，或“流落”民间，如今大都跟上了文旅创新的浪潮，让老一辈的妙手巧思得以延续。

老手艺的今生

朱仙镇木版年画

北宋市民文化和印刷业的繁荣，汴京宫廷对年画作坊的支持，都为开封一带木版年画的艺术创造力奠定了基础。明清时朱仙镇名列“中国四大名镇”，商道四通八达，这里的木版年画远销各地，名声和影响力也得到了扩散。近年来“国潮”兴起，朱仙镇木版年画适当地融入了新元素，和现代生活的紧密连接让它焕发新生。

在开封市区和朱仙镇的大街小巷，不缺贩卖或者现场制作木版年画的店家，有些还提供上手制作的体验项目。开封博物馆专门辟有木版年画展厅，展出更多的精品年画。

清丰麦秆画

小麦在农人汗水的滴灌下长大，收获麦粒后的麦秆却在河南人的巧手中变幻出更广阔的天地。濮阳市的清丰县便有以麦秆作画的传统。麦秆画看似简单，其实步骤相当复杂：要先充分利用麦秆的自然光泽和纹理，再通过控温使之形成深浅不同的色彩变化，接着还有剪、贴等十几道工序，最终形象地呈现出人物风景、花鸟虫鱼等图案。如今清丰麦秆画和洛阳唐三彩、开封汴绣、南阳玉雕齐名，被誉为“河南工艺四宝”。

在河南各知名博物馆的旅游文创商店，都有机会买到清丰麦秆画。

1

2

1.朱仙镇木版年画
2.黄河澄泥砚

上图："非遗"传承人制作龙形麦秆画

黄河澄泥砚

澄泥砚和端砚、歙砚、洮砚并称为"四大名砚"，它的产地之一便在黄河中下游交界处的古虢州，即今豫西一带。"澄泥"以黄河千年沉积细泥作为原料，烧制成后犹如婴儿肌肤一般细腻，滋润胜水，可与石质佳砚相媲美——澄泥砚正是"四大名砚"中唯一的泥砚。

如今在洛阳市新安县、三门峡市陕州区、焦作市孟州市、郑州市惠济区等地，都有民间艺人复原了澄泥砚的制作工艺。到访这些地方可以找到澄泥砚的作坊，并购买相关的工艺制品。虢州石砚也是这一带的特产，产地在灵宝市朱阳镇。

1

淮阳泥泥狗

坐落着太昊伏羲陵的周口市淮阳区，在为华夏先祖守陵的千载岁月中，诞生了一种可爱的民间工艺品。从陵狗到灵狗再到淮阳泥泥狗（见图1），尽管功能和外观发生了诸多演化，但黄土的肌理一直未曾改变——就像伏羲和女娲用黄土捏人的传说一样，中原的土地上永远迸发着一轮又一轮的勃勃生机。

在泥泥狗、十二生肖、人祖猴等传统造型的基础上，淮阳泥塑随着时代的发展和市场的需求，造型趋于多样化，如今已经出现了各式各样的卡通形象。在河南各大城市的文创纪念品商店，你都有机会把它们带回家。

方城石猴

2

方城是南阳市的一个县，这里流传着微型猴形石雕工艺品的制作技艺。旧时河南人赶集或者逛庙会时会买方城石猴（见图2），带回家互相赠送，取“送好时候（石猴）”的寓意。相传方城石猴起源于宋代，有据可查的历史至少也能追溯到清光绪年间。石猴的造型古朴粗犷，只寥寥几刀雕刻出猴子的大略形貌，但也处处体现着猴子的古灵精怪和活泼，称得上中原乡土工艺品的代表。

如今方城石猴主要有单猴、双猴、母子猴、猴背猴等造型，除了亲临原产地购买，你也可以和古人一样，在庙会或者大集市上寻找它们的身影。

浚县泥咕咕

鹤壁市的浚县地处黄河故道，当地的黄胶泥是做泥塑的上佳材料。这里流传着一种可追溯到隋唐时期的泥塑玩具，因通过尾部小孔吹气可发出“咕咕”的声音，得名泥咕咕（见图3）。浚县泥塑的造型千奇百怪，飞禽、走兽、人物、风物无所不有，20世纪50年代还出现了加上弹簧的活头狮子：比例夸张的头部配上绣球环绕，摇头之际实在可爱。

3

浚县的杨玘屯至今仍有超过半数的村民以制作泥咕咕为业，可以去那里和手工艺人现场交流。浚县正月庙会号称“华北最大庙会”，密密麻麻的摊位上也售卖着各种泥咕咕。

4

汴京灯笼张

“凤箫声动，玉壶光转，一夜鱼龙舞”，900多年前宋朝的灯会盛况令人神往。东京开封的汴京灯笼张（见图4），便延续了当地的彩灯制作传统。“张”指的是晚清艺人张金汉，他对宋朝灯笼进行了深入研究，将彩灯制作推上了新的高度。清光绪二十七年（1901年），慈禧太后“西狩”归京途中下榻开封行宫，张氏传人主持了行宫彩灯等装潢，获得慈禧赞誉，由此汴京灯笼张名声大振。

你可以在清明上河园等地走进灯彩流转的大宋夜景，也可以去汴京灯笼张民间艺术博物馆参观。当然，元宵灯会更是欣赏汴京灯笼的好时候。

洛阳宫灯

“唯有牡丹真国色，花开时节动京城”，点缀在神都洛阳的除了牡丹，还有深宫夜色下的一盏盏宫灯。洛阳几度兴衰，这种起源于宫廷的高雅花灯逐渐散布民间，最终在张合架纱绸宫灯、拼装架方形彩绘宫灯、拼装架多角彩绘宫灯等结构复杂的传统造型之外，又发展出玩灯、花灯、纸灯等平民灯彩。

在洛阳老城、洛邑古城等地，你会遇到洛阳宫灯的作坊。作为非物质文化遗产保护中心的洛阳市文化馆，也有洛阳宫灯的相关展示。洛阳元宵灯节的历史可以追溯到近2000年前的东汉，如今仍然规模宏大。

5

汴绣

作为北宋都城的开封昌隆一时，荟萃了全国行政、经济、文化资源。宋太祖平定后蜀，将蜀绣的工匠带到开封，设立绫锦院。之后又有其他丝织业发达地区的匠人来到开封，北宋崇宁四年（1105年），宋廷还专门开办了教授刺绣的学校——文绣院。故而汴绣又称宋绣，是传统刺绣艺术的精品，《东京梦华录》便留下了“金碧相射，锦绣交辉”的赞誉。

新中国成立后，汴绣艺术得到复兴，并借鉴苏绣、湘绣等其他绣种之长，日趋完善工艺。如今汴绣作品（见图5）的题材多为花鸟虫鱼、飞禽走兽等，开封市区就有多家专卖店。

庙会游

在河南各地的庙会，你有机会遇见保留至今的手工艺品现场交易传统。不妨按照下表所列的各种庙会庆典安排1—2日逛庙会的行程，欣赏精彩的民俗表演，采购心仪的民间工艺品。

祭祀祖先或圣人诞辰

正月十八

- **医圣拜谒大典**
  庆祝医圣张仲景诞辰
  南阳市宛城区
  医圣祠

正月二十四

- **仓颉庙会（正会）**
  庆祝字圣仓颉诞辰
  濮阳市南乐县
  梁村乡仓颉陵

二月十四至十六

- **太昊伏羲祭典**
  拜祭太昊伏羲
  周口市淮阳区
  太昊伏羲陵
- **老子祭典（二月十五）**
  庆祝老子诞辰
  周口市鹿邑县
  太清宫镇老子故里

三月初三

- **黄帝拜祖祭典**
  拜祭轩辕黄帝
  郑州市新郑市
  黄帝故里

四月初四

- **卫辉比干祭典**
  庆祝比干诞辰
  新乡市卫辉市
  顿坊店乡比干庙

四月初八

- **老君山庙会（正会）**
  拜祭老子
  洛阳市栾川县
  老君山

小满

- **嫘祖祭典**
  新茧上市，祭蚕神嫘祖
  驻马店市西平县
  吕店乡嫘祖故里

小贴士 汉字时间为农历，阿拉伯数字时间为阳历。具体举办信息以各地实际情况为准，建议出行前再次确认。

祭祀火神

正月初七

- **火神台庙会（正会）**
  商丘市睢阳区
  火神台
- **行水（也有村子安排在初八、初九等日）**
  焦作市武陟县
  詹店镇马营村、乔庙乡冯丈村、圪垱店镇安庄村、谢旗营镇程封村等村

正月二十七至二十九

- **道口古会**
  商丘市
  火神台
- **半朝銮驾（正月二十九为正会）**
  安阳市滑县
  道口镇

民间艺人集会

正月十三

- **马街书会（正会）**
  民间说唱艺人大集会
  平顶山市宝丰县
  杨庄镇马街村
- **杜寨书会（正会）**
  民间说唱艺人大集会
  许昌市建安区
  苏桥镇杜寨村

三月二十五

- **五楼面人会**
  面塑艺人大集会
  濮阳市南乐县
  韩张镇西五楼村

传统灯会

正月十五

- **九曲黄河灯节会（晚）**
  按九曲黄河阵排列的灯会
  安阳市安阳县
  伦掌镇北孟村
- **李官寨灯节会（晚）**
  祭祀天仙圣母等神祇
  安阳市内黄县
  梁庄镇李官寨村

龙年正月十九

- **王海玉皇庙鳌山灯会**
  大型灯火表演
  濮阳市濮阳县
  濮东王海村和西王海村

祭祀其他神灵

正月初五	正月十九	二月初二
• **母龙寨庙会（正会）** 祭祀龙王之母 平顶山市舞钢市 杨庄乡母龙寨	• **添仓会（正会）** 祭祀各方神灵 鹤壁市浚县 新镇和小河镇的9个村庄轮流举办	• **青龙宫庙会（正会）** 祈雨 焦作市武陟县 龙源镇青龙宫
二月初八	**二月十八**	**三月初三**
• **张曹庙会（正会）** 大型水陆法会 濮阳市清丰县 固城镇张曹村	• **放河灯（晚）** 庆祝观音菩萨诞辰 鹤壁市浚县 屯子镇码头村	• **二仙庙会（正会）** 祭祀紫虚元君（二仙奶奶） 焦作市沁阳市 神农山二仙庙 • **福昌庙会（正会）** 祭祀道教众神 洛阳市宜阳县 韩城镇福昌阁 • **中岳庙会（十月初十为正会）** 祭祀中岳嵩山 郑州市登封市 中岳庙
三月十八	**五月十四**	**9月下旬至10月初**
• **高王庙会（正会）** 祭祀颛顼、帝喾二帝 安阳市内黄县 梁庄镇颛顼帝喾陵	• **摸摸会（晚）** 向九龙圣母求子 郑州市登封市 嵩山九龙潭	• **关林朝圣大典** 拜祭关羽 洛阳市洛龙区 关林

特色花会、药会

4月至5月初

- **洛阳牡丹花会**
  大型牡丹花展
  洛阳市
  各景点和公园
- **百泉药会（4月上中旬）**
  全国四大药市之一
  新乡市辉县市
  百泉药都广场等地

9月下旬

- **禹州药会**
  全国四大药市之一，另有春会和冬会
  许昌市禹州市
  中药材专业市场等地

10月中旬至11月中旬

- **开封菊花文化节**
  大型菊花展
  开封市
  各景点和公园

华北第一古庙会

正月初一至二月初二

- **浚县庙会**
  （初二，初九和十六最热闹）
  鹤壁市浚县
  大伾山、浮丘山和两山之间

右图：浚县庙会

米字形的铁路心脏

火车游河南

汽笛声串起过去与未来，中原大地的脉动在铁轨之上激昂澎湃。

坐拥广袤的华北平原，地势平坦，易于交通建设，河南与中国铁路的发展密不可分。自19世纪末京汉铁路（卢汉铁路）和陇海铁路交会，郑州摇身一变，成为全国重要的交通枢纽，火车不但便利了人们的出行，也为古老的农业大省拉来了丰富的商贸与文化资源，新气象应运而生。

左图：背靠炎黄二帝像即将跨越黄河的高铁
上图：郑州已退役的内燃机车

徐兰高铁

徐州—兰州

途经西安等省会城市，将中原地区与华东和西北连接起来；设计时速350公里。

中国铁路心脏

近代京广、陇海铁路的修建，在郑州形成了一个十字形，使其成为中国最早的交通枢纽之一。新中国成立后，凭借优越的地理区位和便捷的铁路枢纽功能，郑州替代开封成为河南省会。进入21世纪，中国迎来高铁快速发展时期，在“米”字形高铁建设目标的指引下，占据“八纵八横”铁路布局中重要战略地位的河南也加快了建设步伐，打造轨道上的中原城市群。

2010年2月6日，郑西高铁正式开通运营，这是河南省也是中西部第一条高铁。随后，河南先后完成京广、郑徐、郑阜、郑太、郑渝高铁河南段的建设。随着2023年12月8日郑济高铁的全线贯通，河南历时13年，终于在省会郑州铺就了“米”字形高铁网。如今的郑州是名副其实的中国铁路心脏，从这里出发的列车，能直达全国除了海口、拉萨和乌鲁木齐以外的所有省会城市（自治区首府）。

拍火车小贴士

- **机位1：** 解放路立交桥
  取景： 郑州站火车进出站远景
- **机位2：** 郑州机务段（霁月南路）
  取景： 行进中的火车头
- **机位3：** 印刷厂街30号院
  取景： 火车通行平交道近景

上图：在解放路立交桥眺望郑州站出站列车

郑渝高铁

郑州—重庆

穿越秦巴、巫山，横跨汉江，途经神农架；河南段按标准时速350公里设计，常态化按310公里运营。

郑太高铁

郑州—太原

纵贯太行山，连接山西与河南；设计时速250公里。

济郑高铁

济南—郑州

从郑州出发，途经新乡、濮阳，继而进入山东地界；设计时速350公里。

日兰高铁

日照—开封（兰考）

又名“鲁南快速铁路客运通道”，连通中原城市群与山东半岛城市群。

商杭高铁

商丘—杭州

途经合肥，有“华东第二通道”之称。

郑合高铁

郑州—合肥

连接中原经济圈与华东沿海地区；设计时速350公里。

京广高铁

北京—广州

连接北京、武汉、长沙、广州等直辖市和省会；全线实现复兴号动车组列车按时速350公里高标运营。

慢车也精彩

尽管已经进入高铁时代，但是绿皮车仍然是许多火车爱好者心中的“白月光”，有着高铁无法替代的优势。首先，高铁车站大多远离市区，而普通列车停靠的老车站通常都在市中心区域，交通更便利。其次，同一区间的两种火车票价相差数倍，不是高铁坐不起，而是普快更有性价比。再者，在省内旅行不一定总要追求高速度，让步子慢下来，悠悠地看看窗外风景，也是旅途中的一大乐趣。另外，慢车车厢的喧闹和互换零食的人情味，也令许多人心向往之。

拿郑州到洛阳的距离来说，高铁历时20多分钟，其他列车需要1.5小时左右，不算太慢，但硬座票价只要19.5元，比高铁的46.5元的一半还便宜些。而且有几班普快列车在郑州和洛阳之间还停靠巩义、偃师两地，特别适合深度游览的旅行者一程一程地玩下去。因此，即便可以享受高铁带来的新速度，也不必放弃旅途中古早的快乐，适合自己的旅行方式才是最好的。

火车开进生活里

顶着“火车拉来的城市”盛名，郑州也将“火车”元素融入了市政建设和商业项目中。虽然全国第一家以火车为主题的游乐园世纪欢乐城在经历了21世纪初期的鼎盛后，终在2020年以变卖收场，成为时代的眼泪，但火车其实早已渗入这座中原之都的日常生活。

郑州站西广场前那条南北走向的主干道名“京广路”，郑州站南端与之相交的东西走向主干道叫“陇海路”，这纵横两条大路仿佛象征着在郑州相交的京广、陇海两条铁路大动脉。而在京广路与陇海路交叉口，中铁集团投资建设的民国风情综合商业体“泰和里”也以火车拉来商贸为主题，甚至独辟一方天地，安置了退役火车厢和车头，供游人拍照打卡。对公众开放的郑州铁路局体育活动中心，被老百姓亲切地称为“火车头体育场”，而在以运营高铁为主的郑州东站北部，有一块沿铁路建设的市政绿地以“高铁公园”命名，不少火车爱好者会来到这里记录“偶遇”高铁穿梭的瞬间。近年来“火出圈儿”的只有河南·戏剧幻城，也排演了《火车站》《候车大厅》《第七机车车辆厂礼堂》等与火车相关的大小剧目。总而言之，在郑州，你总能与火车不期而遇。

右图：二砂文创园中的火车花灯

火车拉来的郑州

郑州1、2、3小时“朋友圈”

2023年郑济高铁的通车不仅标志着中原地区“米”字形铁路网络的形成，也标志着河南省除济源未铺设高铁之外，其余所有城市都已进入郑州1小时高铁圈的范围。

同时，作为中原城市群的中心城市，从郑州出发乘坐高铁可快速抵达中原主要城市，并辐射到中国大部分地区。郑州的2—3小时“朋友圈”正在日益扩大。

从郑州出发到达省内城市

到达城市	最短时长	二等座票价*
许昌	15分	19元
新乡	18分	26元
开封	20分	24元
洛阳	25分	46.5元
焦作	28分	25元
鹤壁	29分	66元
平顶山	32分	63元
漯河	33分	71元
安阳	36分	81元
驻马店	43分	120元
周口	44分	68元
商丘	49分	87元
濮阳	52分	116元
三门峡	57分	102.5元
信阳	60分	154元
济源	-	无高铁经过，可至洛阳、焦作中转

*仅作参考，实际票价以购票时为准。

从郑州出发到达国内主要城市

到达城市	最短时长	二等座票价*
石家庄	1小时15分	227元
武汉	1小时33分	293元
西安	1小时46分	239元
济南	1小时40分	210元
北京	2小时11分	371元
太原	2小时15分	213.5元
合肥	2小时17分	293元
南京	2小时39分	330.5元
长沙	2小时47分	434元
上海	3小时44分	470.5元
重庆	4小时27分	546元
广州	4小时55分	783元

*仅作参考，实际票价以购票时为准。

左页上图：南阳穿过麦田的普速列车
右图：夕阳下的列车

4—7天
火车串游郑汴洛

郑州、开封、洛阳三座城市是中原文化的核心区域，也是河南省三点一线的旅游中心。建议旅行者为这条精华游线路留出4—7天的时间。

郑州 1—2天

先用一两天的时间游览郑州市区，打卡**河南博物院**和**商都遗址公园**，在**西郊**的旧厂区和家属院里追忆老郑州的工业气质，用河南美食代表胡辣汤和烩面为旅途热身。然后花一整天的时间拜访嵩山**少林寺**，并登上太室山主峰**峻极峰**。

洛阳 2—3天

接下来乘坐火车从郑州至洛阳，至少需要两天才能看遍洛阳的主要景点。**龙门石窟**和**白马寺**是必游之地，**明堂天堂**、**应天门**、**丽景门**带你穿越回盛唐神都，还有洛阳水席和各类汤汤水水的温柔抚慰。若有余力，就前往**老君山**拜谒道教圣地。

开封 1—2天

洛阳到开封的高铁只要1小时出头。开封城不大，景点集中，一两天可以粗略看完，早起吃过小笼包，可以游览**开封铁塔**、**龙亭**、**大相国寺**等景点，晚上在**清明上河园**游园看演出。如有兴致也可前往**万岁山武侠城**过把好汉瘾。

左页图：郑开城际列车穿越油菜花田
右页上图：俯视郑州国棉三厂苏式建筑群
右页下图：雪后的老君山金顶

贴士 郑州距离汴洛二城高铁车程最短不到半个小时，如行程只有三四天，大可宿在郑州，当日往返其他两座城市。

旅游计次票

国铁集团郑州局自2024年8月28日起推出客运新产品“郑州+洛阳+开封”旅游计次票，旅客可乘坐指定线路上开行的各等级动车组列车，该产品包含“郑州东（含郑州）—洛阳龙门”“洛阳龙门—郑州东（含郑州）”“郑州东（含郑州）—开封北（含宋城路）”“开封北（含宋城路）—郑州东（含郑州）”四段行程各一张二等座车票，启用后有效期9天，可通过12306和车站窗口购买。使用时需先在12306进行预约，然后刷身份证乘车。

灵感

4–7天
豫北京广线之旅

从郑州出发，沿京广线（及京广高铁）往北，依次经过新乡、鹤壁、安阳三座豫北城市，这里是华夏文明发源的根脉，是中原厚重历史的开端，也是太行山最美的一段。

新乡 1—2天

旅程从郑州开始，带着对商代遗址和黄河的文化记忆，北上新乡，参观**郭亮村**挂壁公路的人工奇迹，不过瘾的话还能到**宝泉**和**八里沟**的丹崖碧水间饱览太行壮丽风光。

鹤壁 1—2天

继续向北，到鹤壁的**鹿台**和**摘星台**想象几千年前的朝歌风云，爬一爬浚县的**大伾山**和**浮丘山**，若能赶上正月的浚县庙会，就能感受最具特色的豫北民俗。

安阳 2—3天

旅程的最后为安阳预留充足的时间，这里有河南最重要的历史遗迹**殷墟**和优秀的**殷墟博物馆**，还有深受亲子喜爱的**中国文字博物馆**为人们梳理华夏文字的演变历程。**安阳老城**值得你花上半天时间细细游览，郊外还有几处杰出的古建和历史遗迹，可根据情况安排。

左页图：京广铁路黄河大桥
右页上图：月色下的鹤壁鹿台阁
右页左下图：新乡宝泉见龙瀑
右页右下图：安阳殷墟甲骨文立柱

贴士 三段高铁最短行程都不超过20分钟，最终可从安阳北上河北、北京。

搭火车还能这么玩

除了在河南省内各个城市间游览，你还可以选择用火车串起更多跨省线路。无论是向东西，走陇海铁路、郑西和郑徐高铁，还是往南北，沿京广铁路、京广高铁一路玩过去，坐拥“天下之中”的米字形枢纽都将鼎力支持你的搭火车计划。

五岳之旅

作为中岳驻地，从郑州乘高铁或动车出发前往其余四岳也非常方便，以下信息可供富有挑战精神的旅行者参考：

古都双城记

洛阳和西安两座历史悠久的古都间，乘坐高铁最快只需1小时15分钟，一日之内便可往返唐代两京，品尝河洛甘旨和关中美味。中途可选择在三门峡和华山停留，拜访函谷关和仰韶文化遗址，登临西岳。

右页上图：洛阳洛邑古城
右页下图：西安大雁塔
上图：秋日里的高铁
下图：东岳泰山英姿

东岳泰山

- 郑州—泰安
- 最快3小时可达
- ¥ 二等座票价约269.5元

北岳恒山

- 郑州—大同（恒山）
- 最快5小时36分钟
- ¥ 二等座票价约263元

南岳衡山

- 郑州—衡山
- 最快3.5小时
- ¥ 二等座票价约497元

西岳华山

- 郑州—华山
- 最快1小时19分钟
- ¥ 二等座票价约165.5元。

洛阳

西安

灵感

体验级住宿

1

2

¥每晚300元以下
¥¥每晚300—700元
¥¥¥每晚700—1500元
注：各酒店划分的价格区间均为平季价格。

郑州绿地JW万豪酒店　¥¥¥

坐落在郑东新区“大玉米”千玺广场的38—57层，是JW万豪品牌在中国的第七家酒店，提供河南顶级的奢华住宿体验，入住可坐享郑州现代化的繁华夜景。（见图1：绿地JW万豪酒店内部）

郑州电影小镇客栈　¥¥

位于中牟旅游度假区的建业华谊兄弟电影小镇内，可让人一秒沉浸在电影片场的时空。提供文学风、戏曲风、江湖风、山居风四组主题客房，房费包括电影小镇门票。（见图2：建业华谊兄弟电影小镇）

洛阳东山宾馆　¥¥

号称“洛阳的国宾馆”，紧邻龙门石窟东山的白园和香山寺，沐浴在河对岸卢舍那大佛的微笑中。酒店为中式传统园林风格，春末夏初园内牡丹花盛放，美不胜收。

洛阳上阳宫唐文化主题酒店　¥¥

洛河之滨的仿唐风格园林式酒店，历史上这里是上阳宫客省院所在地，为各国使节觐见大唐天子前的居所。客房古色古香，园内绿柳成荫、荷塘飘香，意境十足。

3

5

4

洛阳老君山金顶云崖间木屋 ¥¥¥

老君山山顶为数不多的住宿之一，隐蔽地坐落在悬崖上方，相比而言条件较好。步行到金顶道观群只需5分钟，店内也设有观景平台，可轻松从容地欣赏日出云海（见图3：云崖间木屋全景）。

三门峡星河地坑院民宿 ¥

陕州张汴乡的地坑院村落颇具特色，被誉为“地下四合院”，冬暖夏凉堪称天然空调房。这家民宿的条件在当地同类住宿中称得上是最好的，很适合旅行者体验一晚（见图4：陕州地坑院）。

开封满庭芳精品酒店（清明上河园店） ¥¥

位于清明上河园景区内，入住免门票，还提供包括《大宋·东京梦华》夜间实景大型演出在内的优惠套餐。当游人散去，月光下的清明上河园可让住客梦回大宋。

安阳字都酒店 ¥¥

殷都安阳是“甲骨文的故乡”，这家酒店便坐落在中国文字博物馆的园区内。酒店大堂等公共区域展示着甲骨文和殷商文化的历史渊源，并有丰富的文创体验（见图5：中国文字博物馆）。

6

7

新乡郭亮村谢晋居民宿 ¥¥

以导演谢晋的名字命名，这处位于辉县万仙山景区内的民宿正是他拍摄《举起手来》时的下榻居所。民宿融合了太行山村的原始风貌和现代化设施，是探访挂壁公路后的好去处。（见图6：谢晋居民宿）

信阳南湾湖开元观堂 ¥¥

信阳毛尖茶山环绕着南湾湖沿岸，曼妙的青山秀水让这里成了新兴的旅游度假区。位于南湾湖北岸的这家酒店尽享漂亮的湖景和茶山风情，设施和服务非常专业。（见图7：信阳南湾湖茶山）

焦作云台山云上的院子客栈 ¥¥

云台山上的隐秘山居，由于不在景区，住客更能享受寄情山野的悠闲生活。客栈在原生山村的基础上进行了恰到好处的设施改造和艺术装潢，仿佛弥漫着一首关于乡愁的歌。（见图8：云台山青天河）

信阳鸡公山建业星舍酒店 ¥¥

除了颐庐等几座整栋出租的民国别墅，这里称得上是鸡公山上条件最好的一家住宿。酒店坐落在南岗别墅区，离蒋宋夫妻活动过的花旗楼和美龄舞厅都很近。（见图9：鸡公山星空）

8

9

体验级美食

吃在河南，追求的就是一个“得劲儿”。怎么才能“得劲儿”？一要丰盛，二要香。先说丰盛，河南人日常的餐桌就透着十省通衢的气势，南来北往的鱼肉青菜，一股脑儿地堆在碗里，像是五谷丰登的聚宝盆。再说香，海内海外的药材香料，不分你我地撒下去，像投入风调雨顺的许愿池。再一尝味道，真中！河南的餐桌礼仪讲究气派和效率，不必矜持，只管“扨扨扨”（dāo，就是用筷子夹菜的意思）。举箸频频，便是对豫味最高的敬意。

1

硬核早餐

早餐店是最具市井气的地方，看早餐桌上吃食，往往能窥见当地人的性格作风。豫式早餐讲究热腾腾、香喷喷，口味浓郁，干稀搭配。论精致，在中华大地上或许排不上名次，但要是论硬核，那势必要梗起脖颈争个高低。不吃早饭在河南绝对不是件时髦的事，需得肠肚里充盈实在了，舌头嘴巴都过瘾了，才有力气迎接一天的生活。河南各地都有自己的代表早餐，但不必纠结地域或陷入派别之争，做个心态开放的美食家吧。

胡辣汤

一碗胡辣汤是河南人辛辣的乡愁。胡辣汤之于河南老乡，相当于咖啡之于精致白领，它就是宿醉鬼的醒酒茶，中原人的续命汤，早起不喝一碗就过不好这一天。首先要给不吃辣的人做一下心理建设，胡辣汤不能免辣，毕竟名字里明明白白写着个“辣”字。不过胡辣汤的辣味是从胡椒以及传统香料中来的，和辣椒的辣味不同，胡椒辣口不辣心。一勺入口登时感觉一团热辣的焰火在唇齿间炸开，但仔细品来，浓稠的汤汁紧紧包裹着繁复的香气——那是一二十种香料共同催化出来的，牛羊肉、面筋、黄花菜、木耳等配料的口感交织在一起，待到咽下肚去，汗顺着额角流下，又迫不及待地想吃下一口了。有一种吃法叫“两掺”，就是兑上一半的白豆腐脑，能降低不少辣度。（见图1）

4

一千个河南人眼里有一千碗“最正宗”的胡辣汤，关于“最好吃的那一碗在哪里”说法不一。招牌上常见的关键词有“方中山”“（周口）逍遥镇”“（漯河）北舞渡”“X记”，实际上每家店的味道都可能有区别，“简单粗暴”地划分一下：方中山辣度最高，逍遥镇口感浓郁、配料多，北舞渡口感更柔和，加入更多香料和中药。

灌汤包

灌汤包是开封名吃，起源于北宋时期的东京，在20世纪30年代由大厨黄继善改良了工艺，改为小笼，换成死面，就有了今天我们吃到的开封灌汤包。灌汤包最特别的当然是薄皮与肉馅之间流转的汤汁，这得靠打馅儿时加入香油和大量的水，包子上笼一蒸，里面的肉馅缩成球，汁水就出来了。因此吃的时候要先咬破一点皮，把汤汁倒在汤匙里，先喝汤再吃包子。注意：汤汁烫口，可别冒失地大口咬下。（见图2）

豆沫

豆沫实际上是小米磨浆做的，再加上黄豆、青菜、花生、海带、粉丝等配料，通常是五香的口味，口感绵密，类似芝麻糊和油茶。豆沫整体中正平和，温和醇厚，不像胡辣汤那般刺激，因此接受度更广。豆沫的起源据说可以追溯至周朝，叫一声“餐饮活化石”也不为过。（见图3）

牛肉汤和羊肉汤

早起喝碗热汤，是对中国胃莫大的慰藉。将羊骨头和羊肉一起放到锅里熬，把骨头里的骨髓油都熬到汤里，才能熬出一碗乳白清亮的羊肉汤。郑州等地的羊肉汤馆子可自选羊肉、羊杂，按重计费，再加上干豆腐丝等配料，最后撒上香菜。牛肉汤在洛阳为盛，和羊肉汤做法类似，也会加些牛肚、牛血、牛舌之类，出锅还会撒葱花、香菜和蒜黄，可清汤可加辣，传统吃法推荐搭配饼丝，时尚吃法可以加方便面。通常汤都是免费续的，一碗不够就大胆地再满上一碗吧。（见图4）

扁粉菜

扁粉菜是豫北早餐界的优秀代表，精华在汤，要舍得下功夫去熬一锅浓厚的汤，其中的粉和菜自然也就香了。主料为扁粉，即红薯粉，辅以青菜、猪血、豆腐等，这样一大碗丰盛热闹的早餐，吃得人身心舒畅，十分得劲儿。（见图5）

5

豆腐菜

豆腐菜和扁粉菜很相似，省内最负盛名的豆腐菜来自平顶山郏县。这道美食的主料也是红薯粉，但是高汤一般为羊汤，用羊杂、羊肉熬成。预先将老豆腐切片，然后油炸，再切成细丝备好，加入粉汤中。

6

7

8

9

早餐伴侣

你可能听说过一个“惊悚”的传闻，河南人的早餐从在胡辣汤里“淹死”一只油饼开始。这说法不准确，因为被“淹”的不只有油饼，还有油馍头（见图6）。油馍头看着像是小号的油条，口感也比较接近。油饼和油馍头是最与胡辣汤相契合的灵魂伴侣，把它们浸泡在汤里，油性立马变得服帖，吸饱了汤汁再入口，残留的一点韧劲儿像把胡辣汤嚼起来吃一样。

早餐桌上最常见的还有水煎包（见图7）、牛（羊）肉盒（见图8）、菜角和糖糕，前两样东西最经典的口味就是牛肉粉条馅儿；菜角（见图9），也叫炸菜角，常用烫面做皮、韭菜做馅儿，有点像河南限定款韭菜盒子，但是个头偏小，而且通体炸至金黄，外表酥脆，内馅儿也更饱满；糖糕通常也用烫面，裹着白糖高温油炸，咬一口融化的糖汁就顺着面皮淌出来。这些煎炸加碳水组合的热量炸弹，可能会让健身者敬而远之，但是谁能不爱焦脆的表皮和暄软的内里呢？这样香喷喷、油乎乎地吃上一顿，谁还在乎它的升糖指数。

以上早餐伴侣除了搭配胡辣汤，和豆沫、牛肉汤、羊肉羊杂汤、豆腐脑也是好搭档，凡是稀的，都可以来“就和就和”——大胆发挥你的想象力吧。

豫宴精品

中州美味，讲究一个“中”字。酸甜苦辣咸，各种口味兼而有之，居中而不偏颇，谓之“五味调和，质味适中”。传统豫菜的代表是开封菜，继承唐宋遗风。现代豫菜以郑州为中心，省内东南西北各有特色：豫东口味居中，擅长扒菜，小吃众多；豫西口味偏酸，喜好汤水；豫南口味偏辣，喜好锅菜、炖菜；豫北口味偏重，喜好面食。虽然八大菜系没有豫菜，但是豫菜因其悠久的传统与和谐适中的口味，被誉为中国八大菜系的母本，有许多经典佳肴。

洛阳水席

洛阳水席是豫菜中最知名、最宏大的，以整套筵席制作工艺被评为国家级非物质文化遗产。全席共设二十四道菜，包括前八品（冷盘）、四镇桌、八大件、四扫尾，而且热菜“菜菜带汤，汤汤不同”，是名副其实的水席。水席显而易见是宫廷菜的代表，民间曾称其为“官场儿”，即便在今天，要想吃一套完整的水席也绝非易事，但馆子里面常见的几道水席名菜可以单独尝尝。

牡丹燕菜是洛阳水席的头道大菜，原料是最普通的白萝卜，但因菜品酷似燕窝，得到武则天赐名“假燕菜”。为了获得和燕窝类似的口感，萝卜丝需要切得极细，并经过两三个月的脱水、深冻。萝卜细丝以绿豆粉芡之，配上蟹柳、海参、火腿、笋丝等，顶上点缀一朵牡丹花，色相如珠如翠，晶莹鲜亮，口感带有一股醒目的酸辣，和白萝卜丝的质感相得益彰，清爽利口。

连汤肉片也有清爽的酸辣味，主料选用精瘦肉，辅料有莲藕、木耳、金针菇等，正宗的工艺讲究一斤肉四两水的配比，手打四五百下后再腌、煮，这样出锅的肉片才足够滑嫩。

鲤鱼焙面

做这道菜需要一位做鱼的厨师和一位拉面的白案师傅搭配。先用刀沿着鲤鱼纹路，将两侧剞成瓦楞花纹，然后下油锅炸透，这时鱼的身上就能出现镂刻的效果。再将炸鱼放进在油锅里烘过的芡汁中。最后在鱼表面轻铺拉得细如发丝的龙须面，面用油炸过，色泽金黄，蓬松酥脆，泡过鱼汁后，又呈现出另一种口感。

汴京烤鸭

汴京烤鸭据说最早在北魏时期就已经作为皇家御宴的菜肴出现了，北宋时开始流行并传入民间，随着南宋政府南迁，以及元灭宋后定都大都，逐渐传播至南北各地。清末民初，开封的饭庄都自设养鸭房，足见汴京烤鸭的流行程度。汴京烤鸭的炉膛多选用新郑枣木，这样烤制出的鸭子带有枣木清香。片好之后将酥脆的鸭皮、鲜嫩的鸭肉夹进刚烤好的高炉烧饼里，再配上几片河南当地特色的新鲜荆芥，是中原地区的独特吃法。

鲤鱼焙面

扒广肚

“扒”是豫菜独特的烹制手法，类似于烧，但比烧工艺精细，是将备菜铺叠在锅里，加调味汁后，先小火再旺火收汁，呈现“扒菜不勾芡，功到自然黏”的效果。扒广肚就是河南扒菜的高级呈现。广肚，即来自广东沿海的鱼肚（花胶），这道菜对涨发技艺要求极高，须发至广肚蓬松软脆方可入馔。然后用奶白光润的汤汁扒制入味，扒好的广肚白亮鲜香，入口柔中有脆，滑嫩软弹。

牡丹燕菜

市井名吃

虽然各地小吃都有自己的特色，不能一言概之，但总体而言，河南饮食以咸鲜为主，大众接受度较高。凭借花样百出的碳水组合，以及热忱丰盛的锅菜、汤菜，品尝豫菜的幸福指数直接拉满。

烩面

烩面绝对是河南餐桌上少不了的一道美味。中州人吃烩面的历史悠久，早在汉魏时期，就有食“汤饼”的记载，一直延续到唐宋，及至近现代。烩面面条宽且薄，面汤白而亮，传统汤底是用羊骨、羊肉熬成，也叫羊肉烩面，辅以海带丝、豆腐丝、鹌鹑蛋、粉条等配菜。现代烩面博采众长，发展出几大门派，以郑州为例，有以合记为代表的传统羊肉烩面，萧记为代表的三鲜烩面，四厂为代表的咖喱烩面，裕丰源为代表的滋补烩面，以及来自南阳方城的炝锅烩面。

烩面

浆面条

浆面条

浆面条以绿豆浆发酵制作的面浆打底，因此明显有股酸味，闻起来有种和北京豆汁儿“情投意合”的味道。卖相也不及格，面条好像煮了“天长地久”那样烂糊一团。可是这道“黑暗料理”在洛阳人口中就成了“浆饭热三遍，拿肉都不换”（浆面条又叫浆饭）。其实面条还保留了些筋道，要的就是这种恰到好处的“糊涂”。但这股独特的酸味，则是爱之者赞其香，厌之者怨其臭。提示：没有豆汁儿“劲儿大”，主打咸酸，可以试试。

炒凉粉

主材凉粉可用绿豆、红薯、土豆等加工制成，因原料不同，所以成品的颜色也会不同，但都拥有晶莹剔透的外观。炒成的凉粉热乎乎的口感令人感觉新鲜，集酸辣咸香于一体的味道十分爽口，是街头巷尾常见的小吃。

道口烧鸡

安阳道口的烧鸡制作工艺复杂，需经宰杀、初煮、涂蜜、油炸、入味等工序，这样做出来的烧鸡口感酥烂，鲜嫩不腻，鸡肉熟烂离骨，轻轻抖动便可脱落。造型亦追求完美，要将鸡腿和鸡翅交叉插入鸡腹中，形成两头尖的元宝形态。道口烧鸡在清代曾为贡品，被誉为“中华第一鸡”。

闹汤驴肉

吃驴肉的体验对许多人来说十分陌生，但你或许听过“天上龙肉，地下驴肉”这种说法。焦作的怀府闹汤驴肉是一道十分温和的驴肉入门料理。所谓闹汤，是指汤汁煮沸冒泡，形容热闹。经典的吃法是将色泽红褐的驴肉切片切块装盘后，将已熬成白酱一般浓稠的闹汤淋于其上，汤汁浓郁，肉质鲜嫩，口感细腻，香气扑鼻。

蒸菜

蒸菜清淡爽口，还最大限度地

凉菜文化

对河南人来说，不是只有水席那么大的席面才够得上“前八品”的规格，普通家庭吃顿团圆饭也可以摆出八道凉菜。不论四季流转，凉菜都是河南人饭桌上的常驻菜，在馆子里吃饭更是要先来几道凉菜，开胃下酒两相宜。最受欢迎的凉菜包括拍黄瓜、凉拌豆腐丝、凉拌变蛋（皮蛋）、麻酱拌面筋、蒜泥白肉、拌猪头肉、拌肚丝等，但这些也可以算是北方地区共享的凉菜库。但有一样凉菜，外地不容易吃到，夏季来到河南一定得尝尝，那就是荆芥拌黄瓜。

荆芥，是河南人的接头暗号。有河南人的地方，一定能找到荆芥。这种外地人不太熟悉的植物，有着清、凉、苦、辣的复杂口感，当黄瓜的清香和荆芥独有的香气碰撞在一起，两种翠绿竞相在眼前跃动，还未举箸，精气神就为之振奋起来了。荆芥是夏季时令菜，应时而至，还有荆芥茶、荆芥饼等。

右图：凉菜

食品界的“河南制造”

河南不仅是重要的农业大省，其食品加工业及饮食业也占据着举足轻重的地位。商超里随处可见的“河南制造”，有哪些是你没想到的？

- **双汇：**作为中国最大的肉类加工企业，成立于1958年，总部位于漯河。
- **三全：**中国速冻食品行业引领者，成立于1993年。
- **思念：**与三全并称为河南速冻食品行业的双雄。
- **白象：**河南杰出方便面代表。
- **南街村：**河南又一杰出方便面代表。
- **卫龙：**带领辣条走向世界的零食传奇。
- **王守义十三香：**源于驻马店，中国调味界的国民品牌。
- **好想你：**中国红枣业巨头，总部位于郑州新郑市。
- **蜜雪冰城：**从郑州街头走出的冰激凌和茶饮品牌，创立于1997年。

保留了食材的营养价值，特别符合时下健康饮食的风潮。烹饪方法也很简单，将清洗干净的菜撒上面粉拌匀，抓到根根分明，相互不粘，然后上锅蒸几分钟，拌上蒜汁和香油即可。南阳蒸菜包括野菜和常见蔬菜等，有30多个品种，难怪有人说，给河南人一把面,他们能把整个春天蒸给你吃。

烩菜

坊间又叫大锅菜。做烩菜是件很过瘾的事，把五花肉煎出一汪猪油，把大白菜、豆腐、粉条、洋葱、木耳等配菜一样一样地下锅，用猪油炒香，将大料、桂皮、盐、糖、十三香等调料一勺一勺地撒下去，然后加水来炖。吃烩菜更是过瘾，十几种食材和调料混合在一起，散发出诱人香气。据说河南人想家的时候就给自己做顿烩菜，再就上俩馒头，就是家乡的味道。

烩菜

砂锅

不论南北，砂锅（河南人亦叫它瓦罐）都是一道热闹的菜，尤其在冷天，端上桌时锅里还滚着气泡，油花飞溅，上层铺着翠亮的青菜和芫荽，有着一锅成席的丰盛。中原砂锅花样多变，常见的就有酥肉、排骨、牛羊肉、莲夹几样主料，尤其是酥肉那软糯的口感配上浓香的味道，即刻抚慰身心。焦作武陟的砂锅则与众不同，砂锅上桌后，服务员再将一勺刚烹好的辣椒油浇入咕嘟的砂锅内，随后将一盆新鲜菠菜迅速下到锅中，这一红一绿的视觉刺激，引得人食指大动。

道口烧鸡

蒸菜

砂锅

必入手信

文创产品

不同于过去千篇一律的旅游纪念品，近年来颇具创意的文创产品开始出现在国内旅游市场。河南是历史文化大省，取之不尽的人文资源催生出各大博物馆、历史遗址、文化名城的优质文创作品。以国宝文物、唐朝侍女、石窟造像等为原型的玩偶、摆件、挂饰、化妆镜、冰箱贴等各种小礼品精致可爱又极具河南特色，很适合带回家自用或送给朋友。

民俗手工艺品

除了陶瓷，河南人的妙思巧手还创造出更多传统工艺品。朱仙镇木版年画、浚县泥咕咕、淮阳泥泥狗、方城石猴……都有着淳朴、喜庆的艺术风格，它们正是中原黄土大地里“长出来”的民俗作品。直到今天，这些亲民的物件仍旧深受当地人喜爱，过节前后和大小庙会经常能见到它们的身影。当然，古代河南发达的经济和文化也孕育出洛阳宫灯、汴绣、黄河澄泥砚、南阳玉雕等工艺复杂、取材讲究、造型精美的手工艺品。

陶瓷

唐宋两朝在河南留下了浓墨重彩的印记，中国古代陶瓷工艺的巅峰期留下了“Made in Henan”的唐三彩、汝瓷、钧瓷。如今，古老的烧制工艺迎来了复兴和发展，在各大博物馆、郑洛汴三城和神垕古镇等地能遇见心仪的陶瓷制品。除此之外，鲁山窑、登封窑、当阳峪窑也是河南名窑，工匠们精心烧制的瓷器同样巧夺天工。

信阳毛尖

全国“十大名茶”的产区几乎都位于南方，唯有信阳毛尖产自河南这个北方大省。其实，它的产区正好位于“南北分界线”淮河以南的信阳市南湾湖沿岸，自然地理和四季气候同样是典型的南方风貌。信阳毛尖具有细、圆、光、直、多白毫、香高、味浓、汤色绿等特点，早在1915年巴拿马万国博览会上便获得过金质奖，如今的品牌价值也在国内茶叶中名列前茅。去南湾湖沿岸的各村直接向茶农购买信阳毛尖，可以为旅途带来更多意义和乐趣。

烧卤酱食品

和其他豫菜佳肴难以携带或还原度较低相比，烧卤酱类的食品很适合作为伴手礼，可将地道的中原美味带到远方。河南各地都有制作烧鸡的传统，但唯有道口烧鸡名气最大，并和辽宁沟帮子熏鸡、安徽符离集烧鸡、山东德州扒鸡合称为“中国四大名鸡”。巩义的西义兴卤肉、禹州和平顶山的酱牛肉、泌阳的五香驴肉……也都很适合返程携带。

胡辣汤和烩面

提起河南人的日常饮食，外省人总会最先想起胡辣汤和烩面。这两种小吃的取胜秘诀都是浓郁的汤，如今一些老字号店家提供有调汤粉料的预制装，带回家加水熬制，再配上肉、面片或蔬菜就能还原个七八成。郑州方中山、周口逍遥镇、漯河北舞渡是胡辣汤有名的品牌或流派。烩面各地均有不同口味，南阳市的方城县则被授予了“中国烩面之乡”的称号。

农副产品

新郑被誉为“中国红枣之乡”，当地出产的红枣因皮薄、肉厚、核小、味甜而成为佼佼者。除了购买果子，“好想你”品牌的各种枣类制品也很受人们喜爱。洛阳牡丹饼和牡丹茶、灵宝苹果、济源冬凌草、焦作四大怀药（见317页）……同样是河南特色的口碑农副产品。

河南·探索

Hilton
温纳斯酒店

郑 州

电话区号: 0371

无数人经过省会郑州，却只有少数人在此停留。铁路枢纽的印象深入人心，常使人忽略它悠久的历史：从黄帝故里到商代亳都，再到郑韩故城和北宋帝陵，这里是名副其实的“天地之中”所在。而由工业遗址改造的文创园区、高品质的剧场乐园，以及省内最优秀的博物馆，已成为郑州新的文化名片。留给它一点时间，郑州很可能成为你中原之行的惊喜。

数说郑州

8处
嵩山“天地之中”历史建筑群的建筑

≈7公里
商城内城垣长度

2幅
巩义石窟寺“中国最美飞天”

1512米
嵩山最高峰连天峰海拔

5朝
夏、商、管、郑、韩古都

94处
全国重点文物保护单位

No.1
大盘鸡门店数全国排名

14座
铁路客运站

在郑州，你可以这样玩

2天 郑州精华游 （见48页）

4天 郑州全景游 （见50页）

2天 嵩山漫游 （见56页）

2天 巩义石窟帝陵之行 （见96页）

4天 真假武侠游 （见146页）

4—7天 火车串游郑汴洛 （见174页）

何时去

12月至次年2月
冬季干冷，最低温在-15℃左右。春节前后，登封举办年画节，热闹的庙会在城隍庙上演。

3月至5月
进入干燥的春天。3月中旬，新密伏羲山的杏花开满山野；4月中旬，郑州月季进入花期（通常持续到10月），每年“五一”期间月季公园会举办月季节。农历三月初三，在新郑黄帝故里盛大的祭祖大典上，还有相关的文化论坛等活动。

6月至8月
迎来亲子游和研学团队高峰。最高气温在30℃以上，甚至会冲上40℃，同时也要注意暴雨突袭。此时嵩山依然凉爽，是到访的好时机。

9月至11月
秋高气爽，法国梧桐金黄的落叶铺满小巷。每年10月，少林寺会举办国际少林武术节。

二七广场和“大玉米”，新旧地标同框

郑州亮点

黄河景观

郑州是黄河下游和华北平原的起始点，来到黄河南岸感受天下“悬河”第一段的奇观，寻找华夏文明的源头。

巩义石窟寺

避开人群，到巩义北郊的石窟寺看魏晋隋唐造像，近距离欣赏《帝后礼佛图》的宏大叙事和“最美飞天”的婀娜轻盈。

中岳嵩山

在嵩阳书院瞻仰儒道释文化的源远流长，去千年古刹少林寺里想象武术的玄妙，当然还得征服中岳嵩山的最高峰峻极峰。

河南博物院
中原地区最优秀的博物馆，放眼全国也数一数二，拥有数目庞大的史前文物和青铜器展品。九大镇馆之宝将带你梳理泱泱华夏的历史脉络。
只有河南 · 戏剧幻城
国内杰出的沉浸式剧场之一，无论是优质的戏剧本身，还是设计巧妙的情景空间，以及融合食宿购物的旅游体验，的确“只有河南”。
方中山总店
这家店已经不光是一家餐馆，而更像一个景点，而且是需要起早排队的景点。“不来惦记，来了后悔”——是否也适用于这里？真的只有尝过才知道。
郑州西郊
感受郑州西郊的工业记忆，在旧厂区家属院里寻找往日的烟火气，于新兴的文创园中邂逅新奇潮玩。
安阳市
新 乡 市
黄河景观
郑州黄河风景名胜区
黄河景区站
黄河花园口旅游区
黄
河
惠济
花园口
万滩
开
开封
只有河南 · 戏剧幻城
金水
郑州东站
河南博物院
郑州西郊
郑州站
方中山总店
郑州
中牟
郑庵
韩寺
封
工
程
州
席庄
市
龙湖
郑州新郑国际机场
郑州航空港站
刘寨
市
贾
新郑
新郑站
观音寺
双
鲁
洎
河
昌
市
河
周 河 口 市
许昌
0 14 km
G107
G4
G327
S32
G230
G30
G220
S82
G310
S25
S88
S60
S83
G240
G311
G5512
S87

文化与展演

河南博物院

1927年开放的河南博物院是中原地区日参观人数最多的博物馆。这里的17万余件(套)展品从规模和价值上堪称河南之最，其中地下文物数量位居全国第一，主要来自省内出土的史前文物和商周青铜器。常设展览“泱泱华夏择中建都”占据了一到三层的10间展厅，各展厅按编年顺序依次展出新石器时代、夏商、西周、东周、秦汉魏晋南北朝、隋唐、宋金元各历史时期中原的都城文化及人文生活。另有“中原古代石刻艺术”“明清河南”等几个常设专题展。建院80周年时，豫博甄选出九大镇院之宝（见46页），分散在多个展厅的它们基本上能按照年代顺序带你梳理中华历史脉络。虽然以此为线索进行游览不失为一个好方法，但挤到这几个展柜前需要一点耐心和运气，不妨把视线转向别处去寻找其他精品，或跟随官方的人工讲解服务（1.5小时）。

每天11:00和16:00各有一场**华夏古乐**的演出，研究人员复制了中原上古时期最具代表性的近20件乐器，还原了古乐中“金、石、土、革、丝、木、匏、竹”的“八音”。听众能够现场听到8000年前的贾湖骨笛（复原）吹响，听听伯牙子期的高山流水是否符合想象。需在博物院公众号购票。

节假日的博物院异常火爆，建议关注微信公众号，提前5天预约。为避开人流，尽可能早一点进馆。

从皇民里远眺商城遗址

◆见224页地图◆地址：农业路8号◆门票：免费，华夏古乐演出45元，讲解200元起◆营业时间：9:00—17:00，16:00停止入馆，周一闭馆◆微信公众号：河南博物院

商都国家考古遗址公园

要在地图上找到这座开放性公园的准确定位并不容易，它大致分布在老城区的城东路和城南路内侧，将郑州商代都城东、南两段城垣遗址包容进来。政府在遗址周围营造了绿意盈盈的景观环境，并兴建了两座现代化博物馆。

素面朝天的城垣遗址是公园最醒目的标志，根据考古学界的主流学说，这两段屹立了3600年的城墙正是商汤所建亳都的内城遗迹。现存地面部分约3公里，墙身高度（复原后）约10米，截面呈梯形，土色墙体采用黄沙土和黏土夯制而成，这些泥土世代相叠，记录了郑州城的生长密码，见证了城市变化的亿万瞬间。城墙下开辟的绿地是人们晨练、休憩的场地，逛累了还可以去商代都城遗址博物院旁边的咖啡馆城墙里歇歇脚。从东城墙马路对面新开发的餐饮文创区**皇民里**，也能看出古都赶时髦的决心。可由地铁“郑州文庙”站B出口出站，向北或向西行前往。

◆见224页地图◆地址：东大街与城东路交叉口向西约100米路南◆门票：免费◆营业时间：全天◆微信公众号：郑州商都国家考古遗址公园

商代都城遗址博物院

欢迎来到这座开放于2022年的博物馆，走进郑州城3600年的历史。博物馆外观的设计灵感来源于仰韶文化彩陶纹样，以土黄色为基底，与遗址公园的城垣相得益彰。内部5500平方米的展厅宽阔明亮，主色调选用夯土黄、青铜绿、朱砂红来烘托巍巍商都的厚重感。如果你感受过热门博物馆的人流密度，在这里你会非常庆幸，因为人与人之间的距离回到了合理的尺度。

游览可从二层展厅巨大的沙盘开始，了解郑州城市的起源。从平面布局上看，郑州商城由宫城、内城、外郭城组成，形制完整，是中国乃至世界早期都城难得的范例。馆内亦有丰富的青铜藏品，食器、酒器的展览规模可观，博物馆还贴心地为复杂的青铜器名称加注了拼音。精华展品包括在商城遗址出土的原始瓷尊、现藏于国博的杜岭方鼎的复制品，以及仅次于妇好钺的兽面纹铜钺。

◆见224页地图◆地址：东大街与城东路交叉口向西约200米路南◆门票：免费◆营业时间：9:00—17:00，最晚入场时间16:00，周一闭馆◆微信公众号：郑州商代都城遗址博物院

东城垣遗址博物馆

这座小巧的博物馆巧妙地建筑在东城垣的断面处，可以清楚地看到从商至战国、汉、唐、明、清历代城摞城的痕迹。博物馆在数字化展示和交互体验方面十分领先，最大的亮点莫过于采用沉浸式光影手段，在城垣本体上呈现裸眼3D效果，犹如城墙在亲诉 3600年间的郑州历史。你还可以通过交互投影设备了解筑城原理，讲解生动清晰，仿佛亲临筑城培训现场。

备受争议的古都?

分享一个冷知识：郑州是中国第八大古都。相比洛阳、开封，人们在提到古都郑州时，总会升起一丝疑虑，这座火车拉来的、新中国成立后才代替开封成为河南省会的城市，难道不是座新城吗?

其实郑州不仅是座古城，而且是中国最古老、历史最厚重的城市之一。若以数字直观来看，世界最早的板筑夯城5300年前诞生于郑州，拥有94处“全国重点文物保护单位”……而奠定郑州古都地位的是商王朝，商朝在此建都，后历代沿袭。郑州建城3600年，其间城址不移，成为世界城池史的孤例。

1955年，安金槐先生带领考古队发掘了郑州的商代都城，并且推断这是商代第11任王“仲丁迁于隞”的隞都遗址。1978年北大教授邹衡提出“郑亳说”，认为郑州商城应是商汤立国所建的亳都。两派进行了长期的学术争论，后者的支持者日益增多，“郑亳说”渐成主流。而无论是隞或亳，双方对于“郑州商城为商代早期都城遗址”基本达成了一致，郑州的古都身份无疑。

这张古都名片也拥有官方背书：2004年11月5日，中国古都学会正式宣布郑州成为中国八大古都之一。而这份古都榜单也在陆续“扩编”，郑州之前，豫北古城安阳成为中国第七大古都（1988年），郑州之后，又有大同和成都加入，因此现在的说法是“十大古都”。

上图：商城遗址和城墙

大河村出土的彩陶双连壶

◆见224页地图◆地址：城东路123-2号◆门票：免费◆营业时间：9:00—17:00，最晚入场时间16:30，周一闭馆◆微信公众号：郑州商城东城垣遗址博物馆

郑州博物馆

郑州博物馆新馆位于城市西部新近建设的CCD（中央文化区），毗邻郑州美术馆、郑州大剧院和奥体中心，而位于嵩山路上的旧馆已被改造为河南南水北调博物馆，在市区北部还开设了一座古荥汉代冶铁遗址分馆。作为国家一级博物馆，郑州博物馆的6万件藏品侧重于展示位居中原腹地的郑州源起夏商周的千年历史、文化和环境，其中春秋时期的九鼎八簋气势恢宏，唐代菩萨石造像曼妙多姿，精致繁复的云肩引领着传统服饰美学，象牙化石印证了大象中原的远古生态。值得一提的是，博物馆的临时展览丰富且精彩，可关注微信公众号获取最新展览信息。

◆见225页地图◆地址：文翰街9号◆门票：免费◆营业时间：9:00—17:00，周二闭馆，15:50停止预约，16:00停止入馆；周末及法定节假日16:20停止预约，16:30停止入馆◆微信公众号：郑州博物馆

大河村遗址博物馆

大河村遗址承载着中华文明起源和黄河文化的历史，课本中的仰韶文化、龙山文化乃至夏、商文化，都在这座距今至少3000年的大型聚落留下痕迹。在这里能看到考古发掘的现场，豫博展出的彩陶双连壶正是出土于此，先民农耕渔猎、仰望星空的生活场景被还原出来，结合数字技术在遗址上的投影讲解比历史课堂生动得多，还提供钻木取火等有趣体验。近几年，政府对大河村遗址进行保护改造，修建了大河村遗址公园，增设仰韶文化博物馆，这部厚重的无字史书依然有不少未知留待后人解读。

◆见226页地图◆地址：中州大道和连霍高速交叉口东南角◆门票：免费◆营业时间：9:00—17:00，周一闭馆，16:30停止入馆◆微信公众号：郑州市大河村考古遗址公园

巩义市博物馆

郑州以西的县级市巩义，坐落着这座展品丰富的现代博物馆。馆内最大的看点，是黄冶唐三彩和巩县窑白瓷，前者有三彩鸭衔梅花杯、三彩狮头枕等精品，后者集中在第五展厅白瓷展厅，那里收藏着大量珍贵的白瓷器皿，胎薄色白，釉层细腻透明，十分雅致。

◆见227页地图◆地址：巩义市杜甫路82号◆门票：免费◆营业时间：8:30—12:00，14:30—18:00（夏季），14:00—17:30（冬季），周一闭馆◆微信公众号：巩义市博物馆

新郑博物馆

博物馆位于黄帝故里西侧300米处，馆藏文物6万余件，在河南省县级博物馆中居于前列。主楼一层为“郑韩文物”展，集中展示了郑韩故城出土的陶范、铁范和青铜器。二层为“华夏之根——走进有熊氏故墟”展。主要展品包括8000年前裴李岗文化时期的石磨盘等石器，5000年前的仰韶文化与黄

帝时代，以及3000多年前的龙山文化时期的陶器、石器等。

◆见227页地图◆地址：新郑市轩辕路228号◆门票：免费◆营业时间：8:30—12:00，14:30-18:00（夏季），14:00—17:30（冬季）

古迹与建筑

巩义石窟寺

相比于龙门，巩义石窟寺称得上小巧。这里最早创建于北魏孝文帝时期，名为希玄寺，沿袭龙门造像，后经东魏、西魏、北齐、隋、唐、宋相继开凿，既有皇家造像，也有民间遗迹。现存洞窟5个，此前只开放一、三窟，其余几窟只能隔着伸缩门观看，不过最近，四、五窟地面加装了玻璃防护，也对外开放了。

第一窟在雕刻技艺和艺术成就上最高，窟室中心方柱四面凿有佛龛，龛内各端坐一佛，身后并立二弟子、二菩萨，头顶有飞天，脚下有神兽。离开第一窟前务必留意入口两侧的精美石刻，这幅**《帝后礼佛图》**描绘了北魏皇室贵族前去礼佛的场景，其构图之优美、保存之完整，海内罕见，自龙门石窟的帝后礼佛图流失海外后，这幅已是国内孤品。入口东侧为男性，西侧为女性，画面分三层，连起来便成了一幅宏大长卷。人物的身形有明显大小分别，大者雍容昂首，小者执仗撑伞，代表了地位的高低尊卑。人物服饰细节颇多，仔细观看还能发现一只“时尚单品”手袋——1000多年前的包袋造型竟与现代设计发生了重叠。

巩义石窟寺

进入第三窟，留意一下中心柱上方的两幅飞天，体态轻盈，仙袂飘飘，保存完整，被誉为**“中国最美飞天”**。据说两尊飞天之所以黑得发亮，皆因被拓印过太多次。壁脚的15幅伎乐天雕刻，各持不同的世俗乐器，呈现了北魏时期乐队演奏的情景。

第四窟顶部藻井保存完好，飞天色彩依旧，顶部和地面均刻着莲花呼应。过去为保护地上石刻禁止游客步行入内，随着新的保护设施落成，游客或许能获得更深入的体验，还请以现场提示为准。

第五窟藻井雕着一朵特大莲花，蔓延开满整个顶部，周围6位飞天凌空环绕，是不可多得的佳作。

观赏石刻对光线要求较高，可提前准备冷光手电筒，价格划算的官方讲解也值得一听。另外，石窟寺地势较低，受雨水天气影响较大，出行前请关注官方微信公众号确认是否开放。石窟寺距离巩义市区10公里，离开时若打车不易，可乘坐门口的66路公交车前往市区。

◆见196页和227页地图◆地址：巩义市河洛镇寺湾村◆门票：30元，讲解费40元/次◆营业时间：夏季8:30—18:00（17:30停止入园），冬季8:30—17:30（17:00停止入园）◆微信公众号：巩义市石窟寺景区

康百万庄园

“康百万”并不指某个人，而是指以清中期康应魁为代表的康氏家族。康家自明至民国富裕了12代，鼎盛之时拥有18万亩土地，船行六河，横跨多省。这座庄园占地250亩，背靠邙山，面临洛水，又名河洛康家，最早兴建于明朝六世祖康绍敬时期。现

宋陵公园高大的石像生

存建筑面积64,300平方米，这一数字是山西乔家大院的15倍之多，足见河洛康家的殷盛豪富。

康百万庄园融合了多种建筑风格和元素。在形式上，它借鉴了黄土高原窑洞和华北四合院的形式，依山势开凿靠山式窑洞，于平坦处修建两进式院落，因地制宜，别具特色。院落之间常见移步换景的江南造园手法，而深灰色的砖墙又彰显中原堡垒的雄浑庄重。

庄园内有几处不容错过的艺术瑰宝。比如位于主宅区一院的金丝楠木雕刻的顶子床，由10个能工巧匠花费5年时间制成，雕刻着麒麟送子等36幅图案，床身由37个部分组成，没用一颗钉子，全是卯榫结构，代表着庄园内木雕作品的最高成就。石雕代表则是主宅区三院的一对门枕石，整块青石分三层雕刻，最上是一对卧狮，中层用剔地起突法（高浮雕）雕刻了几组有家训意义的故事，底层为传统的吉祥图案。

除了主宅院，还有相公窑（管家）、西席室窑（教书先生兼郎中）等颇具特色的建筑。想直观感受百万之家的泼天富贵，可以去金库看看黄澄澄的金砖墙（虽然只是模拟的道具）。

庄园内院落众多，道路错综复杂，即便跟随标识也有迷路的可能，记得只有一个出入口，位于东侧。

◆见227页地图◆地址：巩义市康店镇庄园路59号◆门票：50元◆营业时间：夏季8:30—18:00（17:30停止售票）；冬季8:30—17:30（17:00停止售票）◆微信公众号：康百万庄园景区

宋陵公园

北宋第四位皇帝宋仁宗赵祯的寝陵永昭陵正位于巩义市中心，如今被开辟为供市民活动的宋陵公园，是国内现存规模最大、保存最完整的宋代皇家陵园遗址之一。永昭陵是北宋皇陵群的核心组成部分，与周围的北宋王陵合称为“七帝八陵”，即北宋七位皇帝及赵匡胤之父赵弘殷的陵墓。宋仁宗在位42年，开创了“仁宗盛治”，其陵寝修建也耗资巨大，1995年永昭陵按原貌复建了地面建筑，成为北宋皇陵中唯一完整复原的陵寝，展现了宋代皇家陵墓的典型格局：坐北朝南，神道两侧对称分布石刻仪仗，包括华表、瑞禽、甪端、文武臣像等58件，其中瑞禽（马头凤）和甪端（独角兽）的雕刻技法被誉为宋代石刻艺术的巅峰之作。园内布局严谨，鹊台、乳台、神道、宫城遗址清晰可见。神道尽头为覆斗形陵台，地下20米深处为地宫。现存石刻造型圆润典雅，规模宏大，“万国来朝”的客使雕像、执笏文臣与按剑武将生动再现了北宋的世俗风貌与礼仪制度。

以永昭陵为代表的“七帝八陵”不仅是研究宋代丧葬文化与石刻艺术的重要载体，更以“麦田守望者”般的静谧姿态，承载着跨越千年的历史对话。

◆见227页地图◆地址：巩义市杜甫路84号◆门票：免费◆营业时间：全天

郑州文庙

与商都遗址博物院隔街南北迎望的文庙，即孔庙，主祀孔子。据记载，郑州文庙始建于东汉明帝永平年间，当时是全国仅次于曲阜孔庙的第二古老的文庙，后历代曾多次修葺，现存的建筑大部分是由郑州市政府在2004年斥资3000万元修缮的。

郑州文庙遵照规制，坐北朝南，中轴线上依次排列着棂星门、泮池、大成门、大成殿，其他建筑分列两侧。大成殿是整个文庙的中心建筑，里面祭祀孔子、四配和十二哲。建筑朱墙绿瓦，正面屋顶上有黄色菱形琉璃装饰，这本是皇家建筑才有的规格，康熙为表尊崇孔圣特许之。

◆见224页地图◆地址：紫荆山路与东大街交叉口向东500米路北◆门票：免费◆营业时间：8:00—17:00

黄帝故里

黄帝被认为是中华民族的始祖、远古时代的部落首领，号有熊氏、轩辕氏，后世尊为五帝之首。据说黄帝生于轩辕丘，即今新郑。汉时人们在轩辕丘上建造了轩辕故里祠，以纪念黄帝功德，清康熙年间在庙前立“轩辕故里”碑。

现在的黄帝故里景区由北至南，依次为拜祖广场、故里祠区、中华姓氏广场，其中拜祖广场为黄帝故里拜祖大典的举办场所。“三月三，拜轩辕”，祭祀黄帝是传统节庆，自古从庙堂到民间皆十分重视。自1992年起，新郑市政府开始主办炎黄文化节，2006年升级为黄帝故里拜祖大典，现已成为海内外规模最大的黄帝祭祀活动。

◆见227页地图◆地址：新郑市轩辕路1号◆门票：免费◆营业时间：8:00—17:30◆微信公众号：黄帝故里

郑韩故城

郑国的第一任国君是周厉王（引发国人暴动的那一位）的小儿子姬友，公元前806年，姬友受封郑地（今陕西华县东），史称郑桓公。公元前773年，因看出周幽王（烽火戏诸侯的那一位）的亡国之相，郑桓公决定迁都到洧水与溱水交汇处，称其为新郑。郑国至郑庄公时国力达到鼎盛，但后期因王位频繁更迭而国势渐微。公元前375年，灭于新兴的强国韩国。郑韩两国先后在此建都，长达539年。

郑国车马坑

郑韩故城依山傍水，适合农耕，城址依托两条河流，呈不规则牛角形。地面上留存着12公里的城墙，残高15—18米，甚至保留着春秋、战国时期的夯基。游人可沿步梯登上城墙感受其巍峨古老。除城墙外，古城遗迹散布城区之中，城中南北走向有一道城墙，其西侧为郑国、韩国的宫城宫殿、贵族居住区、缫丝作坊遗址，东侧分布有郑国贵族墓葬区、手工业作坊区、居住区、宗教礼仪性祭祀区等。郑韩故城是春秋战国时期的重要考古发现，较为全面地展示了当时的文明程度。从故城郑公大墓出土的莲鹤方壶惊艳了考古界，使人们对春秋时期的青铜铸造技术有了新的认识，现一只藏于故宫博物院，一只藏于河南博物院（见198页）。

2017年，三号车马坑的发掘为郑韩故城带来了新的旅游亮点。现在你可至**郑国车马坑遗址博物馆**参观一号和三号坑车马坑展示厅、郑公中字形大墓等。

◆见227页地图◆地址：博物馆位于新郑市文化路1号，故城遗址分布在新郑市区◆门票：博物馆30元，故城免费◆营业时间：博物馆夏季8:30—17:30，冬季8:30—17:00，故城全天开放

打虎亭汉墓

新密西边有一个地名叫打虎亭，传说是乾隆皇帝围猎射虎之

史上最早的质子

2023年大制作电影《封神：第一部》上映，影片中商王打造了一支“质子旅”，但是史料中其实并未找到殷商质子的信息。根据《左传》的记载，最早的质子在周而不在商。

西周亡，周平王迁都洛邑，东周始。周平王初继位时，仰仗晋、郑两国的支持，与其建立了良好的君臣关系。但随着周平王扶持虢国上位，引起郑伯（即郑庄公）不满，周郑双方产生了信任危机，为延续双方的政治联系，“周郑交质。王子狐为质于郑，郑公子忽为质于周”。王子狐和公子忽，互到对方的首都为人质，就是目前已知最早的质子行为。

周郑交质一向被认为是周“天子衰微”“礼乐崩坏”的标志，意味着周天子失去了西周以来的崇高地位。但此事对郑国大有助益，其地位得到提升，国力渐至顶峰。可惜“信不由衷，质无益也”，交质同年，平王崩后，周郑还是走向交恶，后两国开战，周桓王亲征却被箭射中肩膀，天子威严一落千丈，自此开始了春秋诸侯纷争的局面。

打虎亭汉墓壁画车马出行图复原图

处。不过，令此地闻名于世的却不是乾隆帝，而是被称为“中国东汉第一墓”的打虎亭汉墓。

这座墓分并列东西两座，东墓为壁画墓，西墓为画像墓。西墓墓室是“四室两厅”结构，由甬道、墓门、前室、中室、后室以及南耳室、东耳室和北耳室组成，各耳室有不同功能，其内以减底阴刻的技法雕有石画像，“厨房”内的《豆腐制作图》表明汉代已有非常成熟的豆腐制作工艺。

东墓规格略小，但壁画精美，出于保护原因现已关闭，你只能通过一比一复制的墓室领略其风采，中室四壁皆有彩色壁画，北壁中部的《宴饮百戏图》以长卷形式描绘了贵族宴饮的场景，叙事恢宏，细节生动。除中室外，其余各室均为黑白壁画，以《收租图》最为精彩。

由于两座墓均被盗不止一次，已无墓志可考，墓主人究竟是谁，目前也仅存猜测，尚无定论。

◆见227页地图◆地址：新郑市焦平高速以西、316省道南侧◆门票：免费◆营业时间：8:00—17:00

中岳嵩山

中岳嵩山不仅是五岳之中，亦是中原之中、天地之中。这个“中”字是3000多年前经过官方认证的，当时周公“以土圭之法”测出“天地之中”就位于登封市嵩山脚下，于是武王伐纣之后选择“祀于天室”（在太室山祭祀），这是嵩山最早的人文足迹。嵩山在历史上是佛、儒、道三教荟萃之地，历代帝王公侯、文人墨客和高僧大德在此留下了丰富的历史文化记忆。2010年，嵩山“天地之中”历史建筑群被列入《世界遗产名录》，包括周公测景台和观星台、嵩岳寺塔、太室阙和中岳庙、少室阙、启母阙、嵩阳书院、会善寺、少林寺建筑群（常住院、塔林和初祖庵）等8处11项建筑。

除了历史遗迹，形成于36亿年前的嵩山还拥有从太古宙到新生代"五代同堂"的地质奇观，山峦奇异，享有"泰山之雄、华山之险"之誉。嵩山由两组山脉组成，东边的太室山雄浑壮阔，西边的少室山峻峭挺拔，中间有一条国道隔开，相距10公里，两山各有36峰，合称嵩山72峰。嵩山主峰峻极峰海拔1491.73米，位于东侧的太室山巅，最高峰则是位于少室山的连天峰（1512米）。嵩山景区分少林寺景区、嵩阳景区和中岳景区，三大景区门票种类繁多，可在"嵩山旅游"微信公众号查看购买。

秋日少林寺慈云堂

少林寺景区

少林寺位于少室山北麓五乳峰下，始建于北魏，是孝文帝为安顿落迹传教的印度高僧跋陀而建的，因位于少室山密林之中而得名。后因菩提达摩在此面壁8年创立禅宗而闻名天下，少林寺遂成为"禅宗祖庭"。**少林寺常住院**中轴线上现有七进院落，山门上有康熙题额"少林寺"，过了山门，便是碑林，能看到武则天、米芾、赵孟頫、董其昌等人所立的碑，而后依次为大雄宝殿、法堂、方丈室、立雪亭和千佛殿。

少林寺往南便是**塔林**，这片少林历代高僧的安眠之地，是中国现存最大的古墓建筑群。注意看，塔的层数有一至七级，七级为最高等级墓塔，也就是我们常说的"七级浮屠"。高度一般在15米以下，平面造型包括四方形、六边形、八边形、圆柱形等，立体造型有密檐式、喇嘛塔、经幢式塔、碑式塔等，共计246座，跨越唐、宋、元、明、清，洋洋大观，堪称中国规模最大、数量最多的墓塔林。

三皇寨是嵩山景区内自然和地质景观精华所在，以峰奇、路险、石怪、景秀闻名，所谓"三皇"，即天皇、地皇、人皇，表示三皇寨敬天地自然，而非儒道释。

少林寺景区有一南一北两个出入口，可由北向南依次游览少林寺、塔林、三皇寨，抑或反之。塔林和三皇寨之间，可乘坐缆车（单程70元，往返100元），起止点为塔林和书册崖，大约能节省2小时的徒步时间。下了缆车再徒步到三皇寨，体验悬空栈道、吊桥、一线天的惊险，欣赏嵩山盛景"猴子观云海"。离开时，从好汉坡乘坐观光车到三皇寨游客中心。南北两个大门之间也有摆渡巴士。从少林寺出发，另有一条上山小路经初祖庵到达摩洞，往返至少3小时。

少林寺堪称禅、武结合的文化圣地，来少林一日虽说没办法学到七十二绝技，但是可以在演武厅看一场功夫表演过过瘾，上午、下午各演3场，时长半小时，费用30元。

少林寺门外有一家少林欢喜地，供应品种丰富的素斋。

◆见226页地图◆地址：登封市G207附近◆门票：80元◆营业时间：7:00—17:00◆微信公众号：嵩山旅游

嵩阳景区

嵩阳景区是太室山主峰所在，景区有中、西两条登顶路线，没有缆车，徒步登山往返需6—8小时，对体力要求较高。距

嵩岳寺塔的秋色

武侠小说中的少林

20世纪80年代，一部由李连杰主演的动作电影《少林寺》火遍大江南北，将当年几近没落的嵩山少林重新拉回大众视野，一并兴盛的还有带着神秘色彩的少林功夫。关于少林功夫的起源众说纷纭，比较普遍的看法认为，少林武术是在长期的僧众习武中逐渐形成的。结合历史来看，唐太宗因少林十三棍僧助唐有功而对其封赏；明代嘉靖年间，少林僧兵又协助抗击倭寇，得到政府嘉奖。久而久之，少林寺田产渐丰，武风日盛。也有一些小众的猜测，认为少林武术是某个人创立的，比如达摩、觉远上人等。

无论事实如何，对于读着金庸小说长大的一代人而言，“少林武学”总是伴随着充满热血的奇幻想象，以及一连串代表最高武力值的名字。

《天龙八部》中惊鸿出场的扫地僧，以宽大佛法和无边武力化解了萧远山和慕容博二人的执念，被认为是该书第一高手，从此以后便成为深藏不露的绝世高手的代名词。《倚天屠龙记》中张无忌为救谢逊三战金刚伏魔圈，勇斗少林三僧渡厄、渡劫、渡难，后谢逊经渡厄点化，立悟佛家精义，自此皈依佛门。少林寺还为武林培养输送了不少人才，乔峰的启蒙恩师就是少林玄苦大师，16岁之前跟随他学习了一些基本内功。他的结义兄弟虚竹——金庸笔下最想做个好和尚的角色，偏偏继承了逍遥派的绝学，接了别派衣钵。张三丰还是粗眉大眼的张君宝之时，也曾是少林俗家弟子，陪师父觉远在少林挑过几年水，后来创立武当派，成为武学泰斗。而少林寺有史以来六根最不净的弟子大概就是韦小宝了，他替康熙出家少林，为了追求阿珂曾尝试和他的师侄澄观学习一指禅，闹出不少笑料。

虽然文学影视中的少林寺与现实相去甚远，但在侠义仗剑的江湖上，关于它的传说从未停止。

少林寺风景区约10公里。

中线从嵩阳书院出发。**嵩阳书院**在历史曾是佛教、道教场所，曾名嵩阳寺、嵩阳观，直至宋仁宗将其正式更名为嵩阳书院，儒学才在此取得了正统地位，宋代洛学大儒“二程”（程颢、程颐）均在此讲学。嵩阳书院与庐山的白鹿洞书院、长沙的岳麓书院、商丘的应天书院并称为中国古代“四大书院”。

书院门口立着“大唐嵩阳观纪圣德感应颂碑”，为唐天宝元年李林甫所撰。碑高逾9米，气势恢宏，碑身有多处后人刻印，内容多为对李林甫的指摘谩骂。院内两株大有来头的古柏，名曰“将军柏”，为汉武帝亲封，据林业专家考证树龄已有4500多年。“大将军”树高12米，胸围5.4米，“二将军”高20米，树干粗12.54米。

从嵩阳书院步行40分钟或乘观光车抵达太室山广场后，开始徒步登山，经老母洞、峻极宫，登顶**峻极峰**。中段由天梯至三皇口一段较陡，全程需3小时左右。海拔1491.73米的峻极峰为嵩山72峰之冠，登顶后眺望四方，但见峰峦秀出，翠微满目。因乾隆帝题碑于此，又名御碑峰。

下山可由西线返回**法王寺**，这段人文景观较少，阶梯更为陡峭，游人也更少。法王寺建于公元71年，比洛阳白马寺晚3年，为中国第一座菩提道场。寺内除几座大殿外，还有从隋到清的古塔六座，千年银杏两株。法王寺东有两座山峰，壁立高耸，夹道如门，故称“嵩门”。每逢满月升至两峰当中，群峰披戴银辉，沐泽而灵，在法王寺殿外恰好能见到此番美景，这就是徐霞客笔下的“嵩门待月”。

出法王寺，可乘坐观光车回到大门，或步行下山，途中经过**嵩岳寺塔**，这是我国第一座砖塔，15层密叠重檐逐层收缩，形成优美流畅的抛物线条，塔顶加盖砖砌宝刹，塔身基层呈12边型，是我国古代建筑的孤本。

◆见226页地图◆地址：登封市太室路与少室路交叉口北50米◆门票：嵩阳景区联票80元，单独购买太室山50元、嵩阳书院30元、法王寺20元、嵩岳塔40元◆营业时间：8:00—17:00◆微信公众号：嵩山旅游

中岳景区

中岳庙始建于秦，曾称太室祠。历史上经过多次整修，今日面貌成形于清乾隆年间，以故宫布局为蓝图，其宏伟辉煌可见一斑。庙中现存明清建筑近400间，为中州庙宇之冠。中轴线长达650米，由南至北矗立着中华门、田中阁、崇圣门、峻极门、中岳大殿、御书楼等建筑。

汉代在中岳庙门外对称建立起两座阙，即**太室阙**，“阙”为古代宫殿门外的两侧对立的建筑。太室阙保留着完整的绘画50余幅，与少室阙和启母阙一同被称作“中岳汉三阙”。

中岳景区还藏着登顶太室山的第三条路线（东线），由**卢崖瀑布**景区售票处出发，经迎驾桥、卢崖瀑布、一线天、白鹤观至峻极峰。与中线、西线（见206页）相比，这条线路用时最久，对体力要求最高，不过既能观赏到奇石林立、山泉粼粼的卢崖瀑布，又可以体验穿越百米高悬崖缝隙的刺激，倒是给艰苦的登山增添了不少趣味。

卢崖瀑布景区内的锦碧潭

◆见226页地图◆地址：登封市少林大道东段818号◆门票：中岳庙30元、卢崖瀑布50元、太室阙40元◆营业时间：8:00—18:00◆微信公众号：嵩山旅游

禅宗少林·音乐大典

在距离少林寺7公里的待仙沟里，以中岳的自然景观为舞台，这一大型实景演出运用音乐、舞蹈、武术等元素，弘扬禅武文化。从蔓延至山顶的2800盏灯光到直径20米的人造月亮，从最高上千元的票价到最多可容纳3000名观众的座席设置，演出处处透露着宏大野心。演出多在入夜后开场，部分节假日白天会增设场次；山里夜凉风大，座位均在室外，需注意保暖。

◆见226页地图◆地址：登封市待仙沟景区◆门票：239元起◆表演时间：通常在20:00后开场，时长65分钟◆微信公众号：禅宗少林音乐大典

伏羲山景区

伏羲山是嵩山余脉，横跨新密、登封、巩义、荥阳四个县级市，属南太行典型的嶂石岩地貌，拥有丹崖碧水、峡谷深涧的特色景观。过去的伏羲山是一个传统风景区，经过近几年的开发，已变成集观景、登山、娱乐、亲子于一体的综合性景区。现有的5个景区包括拥有玻璃环廊的红石林，能骑马、体验滑道的凤泉湖和小马高原，提供滑索项目的伏羲大峡谷，可以和动物近距离接触的云上牧场，以及适合孩子的奇梦四季水城。景区均独立售票，还有连同各类游艺项目的套票。

◆见227页地图◆地址：新郑市轩辕路1号◆门票：红石林免费，凤泉湖80元，小马高原68元，伏羲大峡谷60元，云上牧场88元，奇梦四季水城49元◆营业时间：红石林8:10—17:30；凤泉湖和小马高原、伏羲大峡谷8:30—17:30；云上牧场9:00—17:30；奇梦四季水城10:00—21:30◆微信公众号：伏羲山旅游区

观星台的星轨

观星台

在登封东南部的告成镇**周公庙**内，坐落着现存中国最早的天文台——观星台。它是元代天文学家郭守敬进行“四海测验”时，在全国所建的27个观测站的中心天文台，也是现在仅存的一处。郭守敬在此借助“景符”投射到石圭上的影子，编制出了当时最先进的《授时历》，当年观星台上还有观测星象的设施。如今这座已跻身世界遗产的砖石结构观星台，由台身和量天尺构成，台身为覆斗状，连台顶在内高12余米。如果你觉得眼熟也不奇怪——河南博物院的主体建筑就是以它为原型修建的。景区内还有一座周公测影台，以纪念西周时期周公曾在此以土堆和木杆测量日影。

◆见226页地图◆地址：登封市告成镇石淙街周公庙内◆门票：免费◆营业时间：8:00—17:00

嵩顶滑雪度假区

这处滑雪地位于嵩山北坡的嵩阴风景区，距少林寺13公里，已离开登封跨入巩义地界。现有1条教学雪道、4条初级道、1条中级道，以及4条中高级、高级道，还有雪上娱乐区域，是中原地区雪道设施最丰富的滑雪度假区。雪场内设餐饮服务，基本能满足一日所需。

◆见226页地图◆地址：巩义市夹津口镇卧龙村◆微信公众号：嵩顶滑雪度假

街区

二七广场

二七广场是郑州的心脏地带、传统商圈，毗邻郑州火车站，往往是游人了解郑州的第一张名片。初到郑州时很难忽略“二七”这个数字，二七区、二七路、二七广场——这些都源于1923年2月7日的京汉铁路大罢工，这场工人阶级为争取政治权利和劳工权益而举行的罢工活动，遭到直系军阀的武装镇压，52名英烈牺牲。郑州作为“二七惨案”的亲历者，于1971年在二七广场中央建造了高63米的二七纪念塔，以铭记这段血泪斑斑的历史。塔身平面呈两个并联五边形，绿色琉璃瓦覆顶，双塔顶共有6面大钟，整点报时演奏《东方红》，夜晚塔周会亮灯，以此为中心的二七广场灯火通明。这座塔目前也是最年轻的全国重点文物保护单位。

从二七纪念塔往南走，是有着百年历史的**德化街**。20世纪初，随着郑州商埠的形成，德化街成为郑州商业的中心。经历了20世纪90年代的“二七商战”（见209页），21世纪的德化街也迎来了新的格局，今天的德化街由地上1公里的商业街和地下两层商场组成，仍是郑州规模较大的商业中心之一。

◆见224页地图◆地址：二七路、人民路、西大街、正兴街交会处

国棉厂区街区

“一条棉纺路，半部郑州史”。1953年，根据国家“一五”计划，郑州筹备兴建国棉一厂，随后以一年一座厂的速度，在3公里长的棉纺路上共建起5座棉纺厂，再加上位于布厂街的由原郑州豫丰纱厂改造的国棉二厂，6座纺织厂为郑州赢得了“纺织城”的美誉。10万名纺织工人聚居于此，织就了郑州工业半边天。

时过境迁，世纪之交的郑州国棉厂连年亏损，最终退出了历史舞台。厂区原址大多已卷入商业地产的洪流，如今棉纺路上只剩下原国棉三厂的一栋办公楼和厂房，这两栋建筑已被改造为**郑州纺织工业遗址博物馆**（免费，9:00—17:00，周一闭馆），于2023年9月对外开放。目前在原办公楼一层设置了临时展览和体验区，以图文、展品和场景复原的方式，介绍了郑州纺织城的历史和成就。

在棉纺路南侧，排布着原工厂各自的家属院，如今大部分仍在居住和使用中。在这里很容易感受到一种慢半拍的烟火气，你能见到农贸市场、街边摊、裁缝铺，甚至是散步的母鸡。大部分居民楼高三四层，外形方正，有典型的时代特色，尤其是三厂家属院，拥有成片围合式布局、灰砖红瓦的苏式住宅群。近年来，政府对家属院进行了维修、改造，并着手将三厂家属院打造成特色历史文化街区，而四厂家属院已经成为郑州赫赫有名的美食胜地。时间充足的话，你也可以用脚步丈量这片独特的街区（见216页）。

◆见225页地图◆地址：中原区棉纺西路、秦岭路、建设西路、嵩山北路合围区域◆门票：免费◆营业时间：全天

千玺广场

这座昵称“大玉米”的建筑，外形实则在致敬嵩岳寺塔（见207页），以其280米的高度傲视郑东新区CBD，是名副其实的中原第一高楼，登上58楼的观景台，郑州市区的风光一览无余。围绕郑东新区的争议似

二七商战

20世纪80年代，二七广场形成了几家国营商场并立的格局，虽为商业中心，但是暮气沉沉，缺乏生机。直至1989年5月亚细亚商场开业，给郑州乃至整个中国，带来了一场巨大的商业变革。亚细亚的经营举措在当时是颠覆性的，它提出“顾客至上”的理念，改善商场环境，组织了仪仗队，招聘了迎宾小姐，投入巨额广告费，一系列操作很快就让亚细亚火出了二七商圈，火到了全国。

亚细亚的成功引来了同行的效仿，随之而来的是激烈竞争。20世纪90年代的二七广场硝烟弥漫，一场场价格战、服务战、营销战接踵而至，几大国营商场放下架子，纷纷加入商战。1992年，中央电视台还以亚细亚为主线拍了一部6集电视纪录片《商战》。然而到了90年代中后期，几大商场经过多年“苦战”疲态渐露，相继陷入经营困境。亚细亚由于扩张过快、资金链断裂，于2001年宣告破产。

千禧年后，二七广场上迎来了一批批新贵，商业格局几经变化，然而再不复鼎盛时期的辉煌。二七商战成为绝唱，是因为以亚细亚为代表的商场巨头把握住了时代变革的商机，因时制宜，顺势而为地冲破计划经济体制藩篱；而他们的黯然离场，同样也是经济环境变化和企业改革滞后的共同结果。

2023年8月，亚细亚·卓越城在老亚细亚原址开业，商场一楼的展室陈列着部分老亚细亚和商战相关的展品。但除了名字和情怀，二者其实并无关联。时代的齿轮不停转动，在二七商区，亚细亚的传奇不知将由谁来超越。

上图：二七商圈

郑州西郊的工业记忆

在老郑州人的心里，西郊和工业二字是分不开的。郑州的中原区发展较晚，新中国成立初期比较荒凉，因位于市区西部被称为“西郊”，然而进入20世纪50年代，随着国棉厂的兴建，以及二砂、郑煤机、电缆厂等大型工厂企业落户，这里迅速聚集起数十万的常住人口，西郊成了郑州工业的中流砥柱。后来，随着经济环境的转变，这些工厂逐步退出历史舞台。许多厂区经历了搬迁和拆除，但也有不少沉寂的厂房和家属院作为重要工业文化遗产和城市景观被保留下来，并在近年来大力发展的文化产业热潮中，获得了二次机遇，使得这段工业记忆得以延续下去。

二砂文创园（见225页地图）

由第二砂轮厂改造而来。建厂时得到民主德国的援助，因此保留了亚洲最大的包豪斯风格建筑群，海浪般的屋顶暗示着曾经汹涌的工业浪潮。园区结合废弃的工厂设备，使用带有时代感的金属元素，设计了一系列景观小品和服务设施，比如滑梯、指示牌、休闲座椅等。园区有咖啡馆、文创店，还有美术馆、书店、展馆等文化场所。

芝麻街1958 · 双创园（见225页地图）

这个名字是由郑煤机（郑州煤矿机械厂）的拼音首字母ZMJ得来的，寓意“芝（Z）麻（M）开花节（J）节高”，1958则是建厂年份。园区内，红砖水泥的旧建筑、龙门吊等机械设备，在玻璃幕墙新建筑的催化下，释放着工业文艺气息。保留下来的1400棵法国梧桐，为园区营造了优越的环境，成为理想的科创、文创企业孵化地。

磨街文创园（见225页地图）

位于二砂文创园东侧，前身是创立于1958年的郑州磨料磨具磨削研究所南院，研究所搬迁后被改造为文创园。这里区别于二砂的文创办公功能，定位为面向青年的娱乐、消费、社交场所，24小时开放，市集、演出等各类活动不断。

瑞光创意工厂（见225页地图）

严格来说，这里不属于西郊，但与国棉厂区一步之遥。工厂墙壁上的奖状蔚为壮观，记录了瑞光印刷厂曾经的风光。园区外墙的涂鸦和黄色的建筑金属围栏给园区增添了先锋感，园区内有不少手作工坊，日咖夜酒的选择也很多。

郑州记忆 · 油化厂创意园（见225页地图）

郑州油脂化学厂同样于“一五计划”时期建厂，其出品的肥皂曾经享誉全国。油化厂以成排的红砖厂房为基底，保留了工业配件和细节，并在局部装饰创意元素，还有不少“网红”LOGO设计。园区内还有一座两层的袖珍陈列馆，展出与油化厂相关的产品、机器和历史沿革。园内餐饮商铺比例较高，经常举办集市等活动，晚上灯光璀璨，比白天热闹不少。

乎没停止过——比如在缺水的郑州开挖了一个蓄水量相当于两个半西湖水量的巨大人工水体，比如环形设计的道路上每天上演着迷路、堵车——然而在一片抱怨声中，郑东新区还是扛下了郑州最多的税收（2023年）和最高的房价。因此无论你想打破对郑州的刻板印象，还是单纯地想欣赏夜景以及灯光秀，都不妨来看看。

另一个观赏郑州全景的去处是位于南部的河南广播电视塔**中原福塔**（98元），登上后有云中漫步等高空项目可以体验，天气晴好时能从福塔直接望见“大玉米”。福塔附近的航海体育场是河南足球俱乐部（曾经的建业俱乐部）主场，举办球赛时周围交通会堵得水泄不通。

◆见226页地图◆地址：金水区商务内环路15号◆门票：千玺广场免费，58楼城市观光厅65元◆营业时间：千玺广场9:30—21:00，城市观光厅10:30—22:30

美食与购物

方中山总店

来郑州，你可以按照这家店的开门时间设置早起闹钟，毕竟“早上一碗胡辣汤，就是神仙也不当”。在这家位于顺河路的总店，点单、取餐都要等许久，服务也谈不上好，甚至口味也总被一些老饕吐槽喝不惯，但门口还是无时无刻不排着长队。在河南已经做大做强的方中山，连胡辣汤都要比别家的辣度高一格，并且表示口味是独创的，多年来始

中原福塔

终如一、坚持不改。食不得辣的人可以试试稍微温和一些的两掺儿——胡辣汤加豆腐脑，再来半个牛肉盒，从早饭开始，融入当地。

◆见197页和224页地图◆地址：紫荆山路与顺河路交叉口◆营业时间：5:00—13:30

野狗商店·再空间

野狗商店于2018年创立，主要贩售国内外独立杂志、艺术出版物、设计周边等，拥有一个独立的展览空间doog room，以及独立出版品牌“大晌午”。目前拥有两家店，北龙湖金融岛的这家“再空间”面积最大也最新，是郑州创意文化空间不容错过的代表之一。另外，金融岛作为郑东新区的文艺风向标，咖啡、就餐、探店选择众多，是邂逅潮人的好去处。

◆见226页地图◆地址：北龙湖金融岛银泰inPark临湖商业1区2楼◆营业时间：10:00—20:30◆微信公众号：DOOGHOOD

主题乐园

只有河南·戏剧幻城

河南近几年来在传统文化审美赛道上一骑绝尘，制作精良的文艺晚会和情景戏剧，满足了人们领略、穿越传统文化情境的愿望。只有河南·戏剧幻城以令人惊叹的想象力，杰出的戏剧表演，结合先进的灯光舞美，设计打造了一座占地622亩的全景式沉浸戏剧主题公园。核心区域“幻城”是由黄土筑成的56个迷宫般的格子空间，一格一景，包括3大主剧场、18个小剧场，以及餐饮区域。

天鹅飞来北龙湖

2019年冬，位于郑东新区的**北龙湖湿地公园**发现了几只天鹅的身影，经观察确定它们是国家二级保护动物疣鼻天鹅。这一群野生天鹅因为受伤无法迁徙，在志愿者的照顾保护下，放弃“南漂”，甘作留鸟，在水草丰美的北龙湖繁衍生息。几年间，疣鼻天鹅家族日益壮大，现在已经超过了百只，它们也成了北龙湖的明星，几乎每一只都拥有自己的名字。其中几位元老——“王子”“公主”“园长”“河马”——还收获了一批粉丝，深受喜爱。

随着逐年改善的生态环境，以及人们生态保护意识的提升，越来越多的疣鼻天鹅选择“落户”郑州，可以说这是一场城市与生灵之间的双向奔赴。遗憾的是，在2024年6月，一只两个月大的小天鹅被游客击伤致死，嫌疑人不但受到了市民的谴责，也因伤害国家二级保护动物被刑拘。这件事也提醒游人，敬畏生命，遵守法律，负责任地旅行不应只是一句空话。

上图：北龙湖的天鹅和宝宝

郑州的黄河景观

黄河之水天上来，浩浩荡荡，不舍昼夜，奔流到郑州，告别高原和丘陵，进入平缓的华北平原。自郑州桃花峪始，黄河裹着一路沉积的黄土和泥沙进入下游，由此变为“悬河”，故有“悬河头，华北轴，百川口，万古流”的说法。数千年前，优越的地理区位和自然条件，使得郑州孕育出中原文明最早的萌芽和厚重的历史。如今在郑州市区北面，沿黄河分布着几个景区，可以一睹黄河中下游壮丽的景观，了解郑州与黄河密不可分的历史故事。

郑州黄河风景名胜区（见197页地图）

即黄河文化公园，具有黄河悬、险、荡、阔、浊等地理特征。景区已开放了40多年，现拥有五龙峰、星海湖、岳山寺、骆驼岭、炎黄二帝五大景区。景区最醒目的标志就是高达106米的炎黄二帝雕像，背靠邙山，注视着黄河，雕像耗费了20年才完工。此处往西2公里，就是位于荥阳桃花峪的黄河中下游分界碑。

黄河花园口旅游区（见197页地图）

这个黄河南岸的旅游胜地全长10公里，你在此可尽览黄河壮观景色，游赏历史文化遗迹。主要景观有将军坝、镇河铁犀、扒口处遗址等。1938年，日军攻陷徐州，准备夺取郑州，国民党政府为将日军拦在黄河以北，炸开了花园口黄河大堤，造成黄河改道，淹没了河南、皖北、苏北大片土地，八十余万无辜者因此失去了生命。现景区内的“一九三八年扒口处”雕塑标记了当年扒开大坝的准确位置，讲述了从扒口到堵复的史实。

楚河汉界古战场景区（见197页地图）

刘邦与项羽在荥阳成皋一带互相攻伐长达4年，最终，双方约定以鸿沟为界，中分天下，以西为汉，以东为楚，才有了“楚河汉界”的典故。古战场遗迹位于荥阳广武山，距离黄河风景名胜区约4公里，景区经过初步开发，没有过多人工建筑，保留着鸿沟和东西两座城墙遗址。几座观景台视野十分开阔，可以饱览相对原始的黄河与岸边平原的风光。

上图：黄河文化公园炎黄二帝像与日晷

21个剧目以戏剧表演形式为载体，穿越了上千年的历史跨度，以人物群像的方式将河南的历史和文化呈现给观众。三大主剧场中“幻城剧场”拥有3000多个座位，通过数十个升降舞台和炫目的灯光配合，展开了一场中原千古风流人物的对话问答，不少大名鼎鼎的人物登场时甚至会让你意外；“李家村剧场”以1942年河南灾荒为背景，展现质朴纯良的河南人民面临绝望苦难的选择；在“火车站剧场”里，观众和演员似乎互换了位置，观众以亲历者的角度沉浸在故事之中。一日票只包含一场主剧场演出（任选），想看其他主剧场可入园后加购；要想尽可能多看几个小剧场，建议提前在微信公众号查阅剧目介绍，规划观演顺序和路线——这也是“只有河南”的独特体验之一。

方正的幻城由现代夯土墙围合而成，长328米、高15米。东侧入口面对百亩良田，春夏到来，麦子疯长，秋季则变成似火的高粱红。幻城中央的地坑院是美食汇聚地，包括“开封第一楼”“真不同洛阳水席”等。麦浪餐厅有更多连锁平价餐厅选择——“网红”咖啡馆黄河水就在这里。

只有河南位于郑州东部的中牟，暂未通地铁，你可以乘坐乐游巴士S606，从地铁1号线市体育中心站出发，前往只有河南·戏剧幻城。

◆见226页地图◆地址：平安大道与广信街交叉口◆门票：一日票290元，两日票430元，暑期旺季会涨价◆营业时间：10:00—20:00◆微信公众号：只有河南戏剧幻城

建业电影小镇的夜景

建业电影小镇

这座老少皆宜的沉浸式体验乐园，选用华谊兄弟电影IP主题，结合本土文化，营造电影布景，还原了民国时期的郑州历史风貌。想要沉浸式的体验，可以在门口等穿越换装馆租赁旗袍、汉服。园区内游玩体验丰富，全天各时段都有演出，最热门的包括《一路有戏》《战太极》《中原刀客》等。收费剧场《穿越德化街》剧情简单，胜在服装舞美赏心悦目。前往这里，可以乘坐郑开公交至石河站下车。

◆见226页地图◆地址：郑开大道文创路百花街◆门票：100元◆营业时间：平日10:00—20:30，节庆日营业时间会有所调整◆微信公众号：建业电影小镇

郑州方特旅游度假区

郑州方特由“欢乐世界”“梦幻王国”“水上乐园”三个园区组成，独立售票。开业最久也最受欢迎的“欢乐世界”拥有高空飞翔体验项目“飞越极限”、大型恐龙复活灾难体验项目“恐龙危机”、惊险刺激的无压肩式圆环过山车“暴风眼”，以及适合不追求刺激人群的“唐古拉雪山”过山车和浪漫的旋转木马等；小朋友们则在“海螺湾”“宇宙小勇士”“熊出没剧场”等项目里乐不思归。园区还有大型魔幻秀和烟花表演。“梦幻王国”是以中国神话为主题的文化科技乐园，“水上乐园”是以戏水为主的度假乐园。可以事先下载“方特旅游”App。

郑开一体化

2024年11月，年轻气盛的郑州大学生们成群结队、轰轰烈烈地夜骑共享单车几十公里前往开封，一度跃居互联网话题榜首位。把目光拉远，郑州与开封这两座河南省名城，在历史上便是唇齿相依的关系。进入21世纪，随着经济全球化和区域经济一体化的趋势加强，河南省于2005年推出了郑汴一体化发展战略，并将其写入省“十一五”规划。自2006年起，郑州和开封的一系列交通基础设施建设——长80公里的郑开大道通车（就是夜骑的那条路）、郑开城际公交运营、郑徐高铁开通等，进一步缩短了两座城市的时空距离。随后还有一个比较明显的信号，即2012年工信部批准撤销开封0378区号，改为与郑州统一使用0371区号，并于2013年正式实施。

过去10年，位于开封的河南大学将新校区设在了郑东新区，开封与郑州之间的中牟房地产商也将双城区位当作卖点，许多人在郑州和开封上演着“双城记”。从人居的角度来看，郑开同城已在逐渐走进生活，但目前的公共交通尚不能满足频繁地双城往来，被大学生连夜从郑州骑到开封的共享单车也落得强制锁车的尴尬境地，未来中原城市群的融合发展的新模式和新路径，依然有待探索。

银基动物王国的巨嘴鸟

◆见226页地图◆地址：中牟县郑开大道与人文路交会处◆门票：标准票欢乐世界280元，梦幻王国280元，水上乐园180元◆营业时间：10:00—21:30，根据季节调整，冬季有闭园期◆微信公众号：郑州方特旅游度假区

银基国际旅游度假区

度假区由动物王国、冰雪世界和乐海水世界三大乐园组成。**动物王国**可乘坐观光车游览“草原探险基地”“酋长之家”，参观后者的车辆为银基独有的水陆两栖观光车。园区内有很多大型游艺设施，适合各年龄段的小朋友和大朋友，夜晚自然也少不了烟花秀和灯光秀。**冰雪世界**是一个大型室内游乐场，奔着“冰雪”来的游人可能会略感失望，因为这里充斥着玩乐、购物、表演项目，留给冰雪项目的空间少得可怜。**乐海水世界**有多条水滑梯、滑道、激流勇进，以及漂流池、海啸池、挖沙池，绝对让爱玩水的人大呼过瘾。度假区内有餐饮和酒店，距郑州东站、新郑机场、新郑市区均为50分钟左右的车程，但公共交通不便。

◆见227页地图◆地址：新密市刘寨镇大鸿路1号◆门票：动物王国198元，冰雪世界108元，水世界108元◆营业时间：不同季节会有所调整，请参照园区的季节性通知。水世界冬季闭园◆微信公众号：银基国际旅游度假区

黄帝千古情

这座以黄帝为主题的乐园位于新郑北部。内部分区众多，像是整个河南历史文化和游玩娱乐的大杂烩。核心表演《黄帝千古情》背景宏大，融合了音乐、舞蹈、武术、杂技等表演形式，每日14:00和19:20各一场。

◆见227页地图◆地址：新郑市轩辕路1号◆门票：表演300元起◆营业时间：9:30—21:00，会根据实际情况调整演出场次和开闭园时间◆微信公众号：黄帝千古情

郑州西郊寻迹

用半天时间，走进这座农业大省省会的工业记忆中。生产场景已不复热火朝天，但烟火气十足的家属区依然藏着融合风格的老味道，或辉煌或黯然的历史都在厂房原址上打造的文创园区中沉淀，凝结出年轻人青睐的新花样。这里是老郑州的一角，也是新郑州的缩影。

- 起点：碧沙岗公园
- 终点：二砂文创园
- 距离：约5公里
- 需时：约4小时

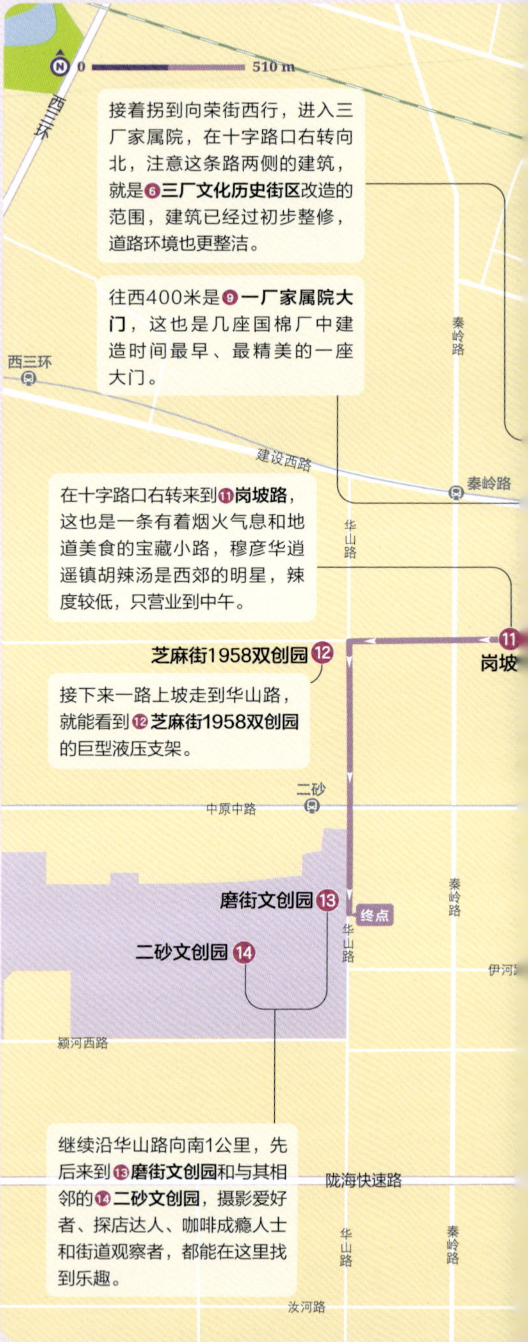

从西郊孩子童年绕不开的❶**碧沙岗公园**出发，它的前身是北伐阵亡将士陵园，由冯玉祥下令建造并亲笔题额。

出碧沙岗公园北门，沿建设路西行800米，右手边就能看到“郑州国棉四厂”的牌楼，这里是❷**四厂家属院大门**，背面写着极具年代色彩的标语：“多快好省地建设社会主义”。

沿着院内主干道工人路一直往北，沿途藏龙卧虎，不乏排大队的美食店——烤包子、周记米皮、高记肉夹馍。但论名气大还数道路尽头的❸**四厂烩面**，作为“咖喱烩面”流派的首创，这家烩面汤底金黄，口味偏咸，几十年来人气不减。

四厂烩面过街巷子里的❹**醉仙烩面馆**与之齐名，咖喱烩面的汤头甚至更浓郁，味道更厚重。

继续前行，来到❺**四厂农贸市场**，这是四厂的小吃集中地——开斋果、蜂蜜蛋糕、炸面筋、绿豆凉粉，个个都在考验你的肚子还有没有空间。

从北边的小门出去来到棉纺西路，隔着马路就能看见❼**郑州纺织工业遗址博物馆**的大门，旧办公楼的坡屋顶和厚砖墙透露出鲜明的苏联式建筑特色。

原路回到三厂家属院，一直向南穿过❽**三厂家属院大门**，正面牌楼的琉璃瓦下绘有棉桃图案，每个棉桃里的三个圆圈代表“三棉”。

向南转入❿**伏牛路**，路旁的法国梧桐高大舒展，枝叶如盖，在炎炎烈日下偷得一丝清凉。道路两侧依旧是三四层楼高的住宅楼，路西的外墙为白色，路东为红色，分别为郑煤机和河南五建的家属区。一街之隔的两伙“大院儿”子弟，年少时没少在伏牛路上挥洒过剩的荷尔蒙。

寻访麦田里的守望者：北宋七帝八陵

北宋九位皇帝中有七位将皇陵设在巩义（除被金人掳去的徽宗和钦宗），再加上太祖赵匡胤的父亲的陵墓，并称七帝八陵。从数量上看，这里的规模仅次于明十三陵，然而从名气和保护现状上看，都和后者相去甚远。宋陵大部分散落在田野中，徒留黄土荒冢和默然矗立的石像生，被戏称为“麦田守望者”。八座皇陵分布在巩义中南部，可大致划分为四个陵区。

市区陵区距离巩义站不到2公里，八陵和西村两个陵区距离巩义南站（高铁站）约5公里。八陵除永定陵外皆为全天开放，要想一一拜访，建议包车或自驾，你也可以从火车站打车，按上文列出的顺序（或反向）游览。若时间紧张，首选永昭陵、永厚陵和永定陵。

- **起点：永昭陵**
- **终点：永泰陵**
- **全程：约26.5公里**

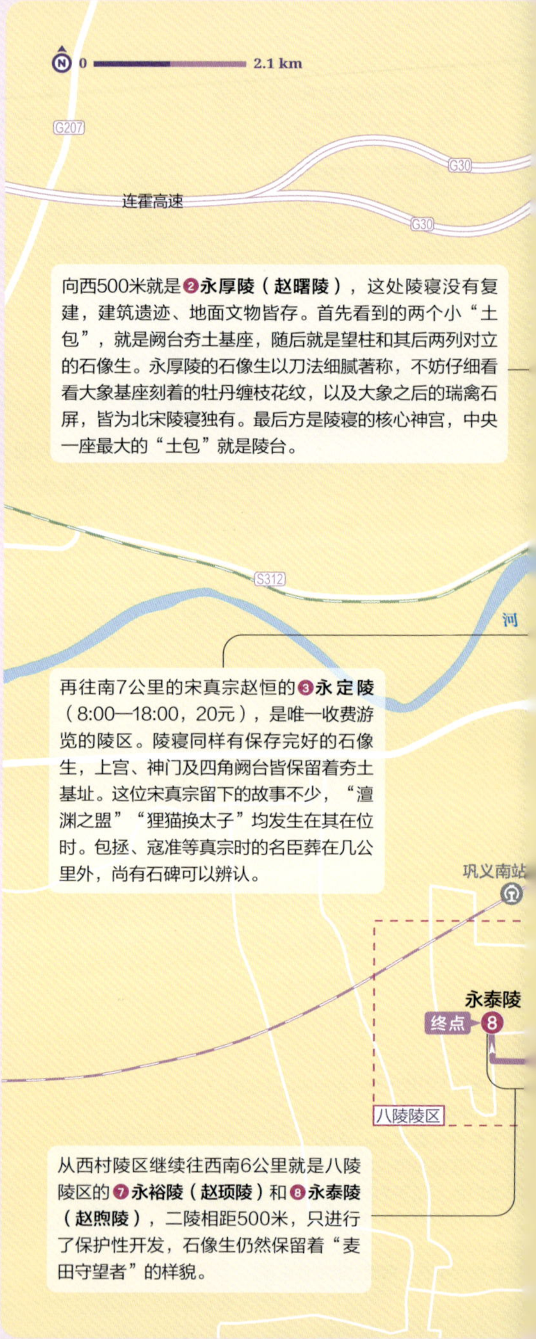

帝陵中最方便到达的是位于市区的永昭陵和永厚陵。❶**永昭陵**是宋仁宗赵祯的陵寝，也是目前唯一根据规制复建的陵寝，还原了鹊台、乳台、四神门、四角阙楼等原地面建筑，陵区已开辟为宋陵公园，是市民活动的场所。通过红墙灰瓦的神宫和神门、宽阔笔直的神道，你可以想象宋陵的宏大庄严。

这里分布着宋太宗赵光义的❹**永熙陵**、赵匡胤之父赵弘殷的❺**永安陵**，以及宋太祖赵匡胤自己的❻**永昌陵**，大体位于常封村西两三公里处，北距永定陵6公里。永昌陵可见赵匡胤的陵台和墓碑，但作为开国皇帝的陵墓，这里却是几座帝陵中最寒酸的一处。目前政府正加设围栏对其进行整修，永熙陵也已重新铺装了神道，但是永安陵只剩荒冢一座。

热门食宿区域

郑州的食宿性价比都很高，尤其是住宿。一两百元的经济型酒店选择众多，但是有特色的较少，这也许和中原人务实的性格有关。地铁站附近的酒店是选用公共交通出行的旅行者的首选，对于以郑州为大本营的旅行者，可考虑住在郑州站或郑州东站附近。住宿标准见180页。

这里是少有的能20元吃到饱、吃到好的省会城市。无论在夜市摊还是老字号，你都会感慨物价的友好。省内各地的代表菜肴和小吃，都能在此找到接近原版的替代品，你要纠结的只是精打细算地为每一餐留好五脏庙的空间。

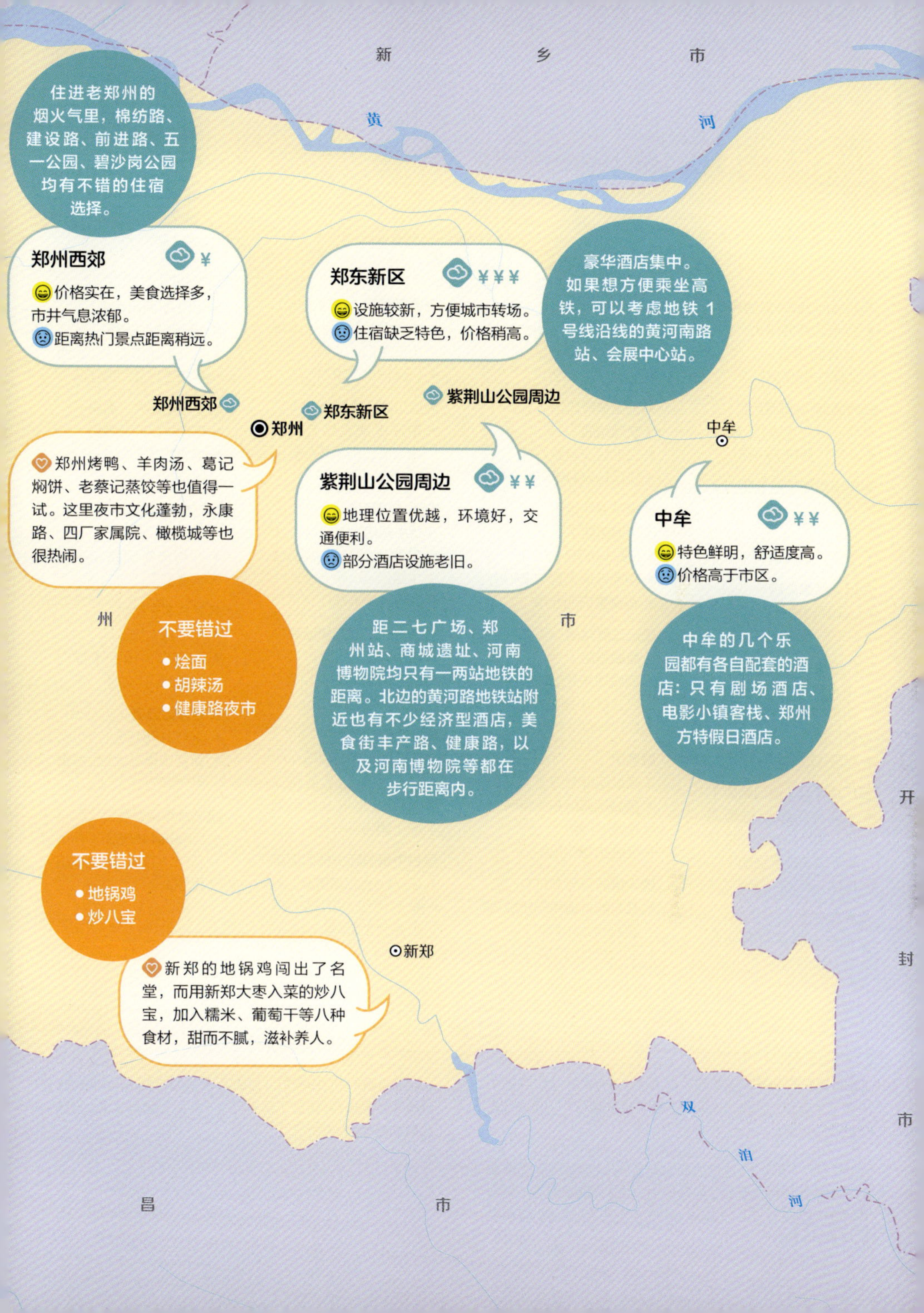
新 乡 市
黄 河
住进老郑州的烟火气里，棉纺路、建设路、前进路、五一公园、碧沙岗公园均有不错的住宿选择。
郑州西郊 ¥
价格实在，美食选择多，市井气息浓郁。
距离热门景点距离稍远。
郑东新区 ¥¥¥
设施较新，方便城市转场。
住宿缺乏特色，价格稍高。
豪华酒店集中。如果想方便乘坐高铁，可以考虑地铁 1 号线沿线的黄河南路站、会展中心站。
郑州西郊
郑东新区
紫荆山公园周边
郑州
中牟
郑州烤鸭、羊肉汤、葛记焖饼、老蔡记蒸饺等也值得一试。这里夜市文化蓬勃，永康路、四厂家属院、橄榄城等也很热闹。
紫荆山公园周边 ¥¥
地理位置优越，环境好，交通便利。
部分酒店设施老旧。
中牟 ¥¥
特色鲜明，舒适度高。
价格高于市区。
州
市
不要错过
• 烩面
• 胡辣汤
• 健康路夜市
距二七广场、郑州站、商城遗址、河南博物院均只有一两站地铁的距离。北边的黄河路地铁站附近也有不少经济型酒店，美食街丰产路、健康路，以及河南博物院等都在步行距离内。
中牟的几个乐园都有各自配套的酒店：只有剧场酒店、电影小镇客栈、郑州方特假日酒店。
开
封
市
不要错过
• 地锅鸡
• 炒八宝
新郑
新郑的地锅鸡闯出了名堂，而用新郑大枣入菜的炒八宝，加入糯米、葡萄干等八种食材，甜而不腻，滋补养人。
双
洎
河
昌
市

旅行者推荐 INSIDERS' LIST

场所

郑州绿地JW万豪酒店
- 金水区商务中央公园2号千玺广场
- 0371-88828888

郑州索菲特国际饭店
- 金水区金水路115号
- 0371-65950088

惠丰源烩面（经七路店）
- 金水区经七路18号附2号
- 0371-63836928

合记人民路总店
- 人民路3号
- 0371-66228026

四厂烩面
- 中原区棉纺西路国棉四厂家属院113号楼1楼门面
- 4000056790

三厂烩羊肉（沙口路店）
- 金水区南阳新村街道沙口路与农业路交叉口向北300米路东
- 0371-63506969

健康路夜市
- 金水区健康路黄河路交叉口向南

周记特色羊杂汤
- 二七区京广中路134-4号
- 13137701020

刘记全羊鲜汤馆（交通路店）
- 二七区交通路73号
- 0371-56018866

裕丰源滋补烩面（伊河路店）
- 0371-67636670
- 中原区伊河路与桐柏南路交叉口西北角

萧记三鲜烩面（商城路店）
- 商城路与北顺城街交叉口东50米路南
- 0371-66215554

城墙里（商城遗址公园店）
- 管城回族区东大街商城遗址公园内
- 18838139966

执人执味精品咖啡专门店
- 郑东新区通泰路永威暮色购物公园4楼
- 16638115105

溢香苑瓦罐（前进路店）
- 中原区前进路与市场街交叉口
- 0371-55919218

阿康小吃（百花路店）
- 中原区建设路与百花路交叉口向南100米
- 18539993980

方秀华胡辣汤（伏牛路店）
- 中原区绿东村街道伏牛路66号
- 16603826760

逍遥镇刘相五胡辣汤豆沫馆
- 二七区康复中街12号
- 13526792090

电影小镇客栈
- 0371-62168000
- 郑开大道与文创路交叉口建业华谊兄弟电影小镇内

登封中州国际少林大饭店
- 0371-65209999
- 登封市少林街道办事处禅武大街1号

邢记肉合(新市街店)
- 15286845988
- 巩义市新市街中段路西建筑工程公司南20米

老字号西义兴·卤肉
- 0371-66558866
- 巩义市310国道和杜甫路交叉口向南

孙师傅焦盖烧饼
- 15890176558
- 登封市嵩阳路和少林大道交叉口向北

几又方多元民宿
- 18203712507
- 新密市尖山乡下寺沟村杨家门135号

银基冰雪酒店
- 4000178178
- 新密市银基大道9号银基国际旅游度假区

路书奇炝锅绿豆面
- 13598445583
- 新密市万客隆美食城3排2号

影视

《相亲相爱》2017 张艾嘉执导并主演的亲情电影，讲述了一家老中青三代女性，在重新审视爱情的过程中，逐渐理解了彼此的故事。

《少林寺》1982 20世纪的票房神话，自此少林寺和李连杰的名声家喻户晓。可是在拍摄之时，少林寺荒草没路，只有10个老和尚。为了进行拍摄，摄制组还把“少林寺”匾额重新粉刷了一遍。

《河洛康家》2019剧集以康百万家族为原型，对真实历史进行了必要虚构，讲述了康家自清末至民初振兴家业、报效民族的故事。

实用信息

抵离郑州

机场

郑州新郑国际机场（见227页地图）位于新郑和中牟交界处，距市区35公里。乘坐地铁“城郊线”到“新郑机场”下车。也可关注“郑州机场巴士”微信公众号查询购票。

火车站

郑州站（见224页地图）陇海铁路与京广铁路在此交会，停靠高速与城际铁车，动车组和普通列车。位于二七广场西侧，地铁1号线、10号线“郑州火车站”可达。

郑州东站（见226页地图）“米”字形高铁网络中枢位置，集高铁、城际铁路、地铁、公交、机场巴士、出租车等多种交通方式于一体的交通枢纽。位于郑州东三环，地铁1号线、5号线“郑州东站”可达。

郑州航空港站（见197页地图）距离新郑机场3站地铁。截至2024年暑期，该站仍处于试运营阶段，没有任何餐饮商超。

客运站

整个河南省内都可以使用小程序“豫州行”查询、购买长途汽车票。

郑州长途汽车中心站（见224页地图）郑州最大的长途客运站，位于郑州站东侧，二七广场南面，地铁1号线可达，有发往华北、西北、中原主要城市的客车。

郑州客运南站 位于二七区南三环与京广南路交叉口，主要运营前往豫东南各市县以及广东的客车。

郑州客运北站 地铁2号线刘庄站出站即是，主要运营前往豫北各市县的客车。

郑州高铁枢纽站（见226页地图）位于郑州东站东广场北侧，有发往省内各市县以及山东主要城市的客车。

市区往返周边

往返登封

在郑州长途汽车中心站乘坐前往少林寺的客车，车程约2小时，票价30元起。

或在郑州客运南站乘坐前往登封汽车总站的客车，车程2小时。到达登封后打车前往嵩山景区。

开车1.3小时起。

往返巩义

郑州站到巩义站，车程57分钟，每天下午和晚上共6趟车。返程班次多一倍。

郑州东站到巩义南站，车程27分钟，流水班次。

开车需1小时以上。

往返中牟

郑州市区乘坐市体育中心驶出的S606乐游巴士可到达只有河南、电影小镇和方特。

新郑机场始发的城际列车途经郑州东站、绿博园站，终到开封的宋城路站，班次密集。郑州东站到绿博园站仅需12分钟，从绿博园站可打车前往中牟各景点。

往返新郑

郑州客运南站乘坐前往新郑的客车，车程1小时，票价9元，每小时一班。

往返新密

郑州客运南站乘坐前往新密的客车，车程1小时，票价10元，流水发车。

自驾和包车

总体来说，在郑州旅行自驾或包车不是必需，利用公共交通加打车的方式可到达绝大多数的景点。对于深度游的旅行者而言，巩义和新密的景点分散，自驾更为方便。

当地交通

地铁

截至2024年8月，郑州地铁运营线路共11条，票价2元起。建议提前在支付宝或微信领取“郑州地铁商易行卡”和“郑州公交电子客票”。

公交车

可直接使用导航App查询公交信息，亦可关注微信公众号“郑州公交服务平台”“巩义公交”或下载App“郑州行”“巩义行”获取公交线路和实时信息。

请注意，使用支付宝乘车码时，在不同市县（比如巩义、中牟）需要点击“切换公交卡”才能使用。

出租车和网约车

城区里打车都很方便。至于比较偏远的景点，可能会遇到叫不到车返程的情况，建议去时留下司机电话，约好返程来接。

自行车和电动车

郑州一带地形平坦，适合骑车。各品牌在郑州城区都投放了大量共享单车和共享电动车。前往远离城区的地方时要注意是否超出该品牌的骑行范围。

旅行信息

微信公众号

郑州文旅 有郑州景区和最新活动信息，还有实时的通知提示。

巩义文旅 发布巩义市景区信息和通知。

高铁次卡套票

12306推出了以郑州为大本营，往返开封和洛阳的旅游高铁次卡套票，自首次乘车日起，有效期9天，在此期间可享受郑州往返洛阳龙门、郑州往返开封北站四段行程的二等座票，套票售价155元，适合有三城同游打算的旅行者。可在12306App首页的“计次·定期票”中的“旅游”页面查询详情并购买。

更多火车出行的方式参考“火车游河南”（见168页）专题信息。

郑州地图

景点
餐饮
住宿

郑州市中心
0
750 m
东风路
至大河村遗址博物馆(9km)
枣庄
东风渠
文化路
经三路
东明路
河南博物院
关虎屯
动物园
农业快速路
农业大学
青少年公园
惠丰源烩面
丰产路
经七路
经五路
花园路
红专路
东三街
政六街
政七街
经二路
红旗路
郑州人民医院
黄河路
省人民医院
健康路夜市
纬五路
卫生路
健康路
经四路
优胜北路
纬三路
纬二路
纬一路
大石桥
金水路
铭功路
人民公园
金水河
紫荆山
紫荆山公园
郑州索菲特国际饭店
杜岭街
二七路
顺河路
方中山总店
人民路·河南中医一附院
人民路
合记人民路总店
东里路
西太康路
城管西街
紫荆山路
城北路
城东路
解放路
二七广场
萧记三鲜烩面
东城垣遗址博物馆
商城路
商都国家考古遗址公园
城管街
西大街
福寿街
正兴街
南大街
东大街
郑州文庙
郑州长途汽车中心站
郑州火车站
郑州站
郑汴路
京广快速路
城南路
商代都城遗址博物院
城墙里
熊耳河

郑州西郊
0 880 m
潩河路
嵩山北路
东风路
同乐
南阳路
汾河路
五龙口南路
王屋路
电厂路
化肥东路
西三环
西流湖
郑州雕塑公园
濮河路
淇河路
桐柏北路
京广快速路
三厂烩羊肉
南阳新村
农业快速路
西流湖公园
化肥东路
冉屯东路
董寨街
郑州记忆·油化厂创意园
沙口路
金水西路
嵩山北路
黄河路
月季公园
秦岭路
伏牛路
棉织路
金水西路
瑞光创意工厂
棉纺西路
郑州纺织工业遗址博物馆
四厂烩面
建设西路
秦岭路
国棉三厂家属院
国棉四厂家属院
棉纺东路
五一公园
建设西路
碧沙岗
建设东路
郑大一附院
溢香苑瓦罐
阿康小吃
友爱路
岗坡路
芝麻街
1958·双创园
华山路
秦岭路
桐柏北路
文化宫路
工人路
嵩山北路
碧沙岗公园
大学北路
二砂
市中心医院
医学院
中原中路
中原中路
中原东路
绿城广场
伏牛路
洛河路
嵩山南路
磨街文创园
裕丰源滋补烩面
金
郑州大学（南校区）
二砂文创园
伊河路
伊河路
方秀华胡辣汤
文化宫路
工人路
水
兴华北街
勤劳街
大学北路
至郑州博物馆(7km)
河
陇海快速路
陇海快速路
陇海西路
市骨科医院
华山路
秦岭路
汝河路
汝河路
桐柏南路
汝河路
工人路
嵩山南路
汝河路
民安路
大学中路
伏牛路
李江沟
卧龙岗
淮河西路
桐淮
淮河西路
嵩淮
兴华南街
淮河东路
大学中路
景点
餐饮
住宿

景点
餐饮
住宿

郑东新区和中牟

嵩山及周边

巩义城区
0
1.5 km
至巩义石窟寺(9km)
G30
连霍高速
洛滨路
石河路
河洛路
巩义客运总站
和谐路
伏羲路
康百万庄园
伊
洛
河
孝义路
洛神路
锦义路
滨河路
嵩山路
紫荆路
三彩路
S235
巩义站
石河中央公园
邢记肉合
新兴路
人民路
S312
洛滨路
新华路
建设路
桐本路
和平路
永新路
宋陵公园
中原西路
巩义市博物馆
S49
杜甫路
文博路
官庄路
君道路
望嵩路
老字号西义兴·卤肉
巩城大道
焦桐高速

新郑和新密
0
12 km
G234
西三环
西四环
京广快速路
航海路
东三环
东四环
G3001
嵩山路
南三环
中州大道
南四环
机场高速
郑州绕城高速
S82
伏羲山景区
兴阳线
祥云路
S85
黄帝千古情
几又方多元民宿
S49
郑少高速
郑栾高速
郑新快速通道
焦桐高速
新密长途汽车站
路书奇炝锅绿豆面
郑州新郑国际机场
打虎亭汉墓
银基国际旅游度假区
京港澳高速
银基冰雪酒店
商登高速
G343
新郑汽车站
S60
郑韩故城
新郑博物馆
黄帝故里
郑国车马坑遗址博物馆
G4
G1516
S88
S103

景点
餐饮
住宿

开封和豫东

电话区号：开封 0371（与郑州共用） 商丘 0370 周口 0394

“夷门自古帝王州”，开封是话本中的忠勇传奇，是北宋汴梁的繁华一梦，是八朝古都城摞城，最好的年华一层层深埋地下。大相国寺的钟声穿越千年，琉璃铁塔在夕阳下收敛光芒，循着包龙图、杨令公的足迹去叩问历史，也许晦涩难懂，但没关系，可爱的开封人点开了表演的技能树——都演出来给你看。

移步向商丘和周口这两座豫东城市，刘邦斩蛇当道，大邑商从此发迹，再向上追溯，人祖伏羲女娲在此缔造华夏……曾创下单日82.5万名游客世界纪录的伏羲庙会，会让你在华夏文明的起源地，感受穿越6000年岁月也始终澎湃的魅力和能量。

数说开封和豫东

≈10米
黄河开封段高出地面

3处
开封代表性夜市
鼓楼、西司、河大

32个
开封的博物馆

1050+年
繁塔距今

16.8平方米
《四神云气图》面积

30000+平方米
清明上河园景观建筑面积

800+年
逍遥镇胡辣汤历史

在开封和豫东，你可以这样玩

2天 开封精华游
（见34页）

4天 开封全景游
（见36页）

1天 北宋汴梁城精华打卡
（见136页）

4天 真假武侠游
（见146页）

4—7天 火车串游郑汴洛
（见174页）

何时去

1月至3月

农历二月初二至三月初三举办周口太昊伏羲陵庙会，祭拜人文初祖，日均人流量高达几十万。农历正月初四至初八会举办商丘火神台庙会。

4月至5月

清明节前后，开封清明文化节拉开序幕，游艺队伍全部穿着宋代服饰巡展，清明上河园和龙亭公园的桃李樱杏也在盛开季。

6月至8月

夏季炎热高温，迎来暑期高峰，各大景区都人头攒动，尤其是开封博物馆。

9月至12月

秋季温度适中，每年10月18日开始举办为期一个月的开封菊花文化节，龙亭公园、铁塔公园、万岁山武侠城等多个景区数百品种菊花竞相开放。11月下旬进入冬天，冬季寒冷干燥，偶有降雪积雪，即使市内水域结冰也仅有薄薄一层。

龙亭公园的日落晚霞

开封和豫东亮点

清明上河园

实景复原的宋代园林，每天几百场沉浸式表演，直接铺陈开一场《东京梦华录》，从北宋东京的恢宏皇城到热闹市井，让你瞬间实现穿越。

开封市博物馆

文物、展陈、设计、建筑无一不美，虽然火得一票难求，人山人海，还是值得你特意来看。

北宋佛塔

既是千年繁华的见证者，又是开封黄河段海拔的参考地标，铁塔是全国范围内历史最悠久、保存最完好的琉璃砖塔，繁塔甚至比它更早、更高。

商丘古城

目前硕果仅存的集八卦城、水中城、城摞城于一体的大型古城遗址，外圆内方、碧波环绕，地下还埋藏着从商代至今的厚重历史。

芒砀山

感受大汉民族最初的勃兴，除了斩蛇当道的雄浑气魄、梁王墓室的无边繁华，这里还拥有豫东地区最美的日出。

太昊伏羲陵

农历二月来赶中原第一庙会，见识太昊伏羲氏“一画开天分阴阳，推演万物定乾坤”，感受华夏源头人文初祖的信仰力量。

开封铁塔

古迹与建筑

开封铁塔

铁塔是开封的地标，是存世逾千年的真古迹，也是全国最高、历史最悠久、保存最完整的琉璃砖塔。这座八角十三层的仿木结构佛塔始建于北宋，塔身布满雕花琉璃砖，砖上雕饰着飞天、麒麟、乐舞等花纹，精美绝伦。它在不同时期被称作开宝寺塔、祐国寺塔，但开封人只叫它“铁塔”——褐色琉璃砖在阳光下接近铸铁色，非常有辨识度。黄河千年泥沙一遍遍淹过开封，今天所见的铁塔基座其实是第四层，一至三层都埋在了地下。地上部分这55.88米的塔身，高耸于大平原上，开封人都“望着它长大”。

它最初是宋太宗敕造的八角十三层木塔，后遭雷击引发火灾而毁，宋仁宗重建琉璃塔。自建成后，开封城经历过37次地震，15次洪水，18次大风，无数次黄河改道和战火中的炮轰、飞机扫射，铁塔却奇迹般地完好保存至今，是北宋建筑技术高度发达的佐证。北宋时，以铁塔为核心的开宝寺是东京四大寺院之一，规模极大，除供佛之外还短暂地充当过贡院考试场地，文风名扬海内。

如今铁塔所在的**铁塔公园**是开封人的休闲之地，米芾的墨迹“天下第一塔”碑刻坐落其中，玉佛殿中存有北宋的佛造像原件，塔基一带出土的文物也设了专题展，值得一看。逢节假日有“铁塔光影秀”等节目。铁塔湖东岸是拍摄的最佳取景点。

◆见230页和254页地图◆地址：开封市顺河回族区北门大街210号铁塔公园内◆门票：免费◆营业时间：8:30—18:00◆微信公众号：开封市铁塔公园

开封府

“包龙图打坐在开封府”这句戏词不少人耳熟能详，开封的形象代言人除了包大人不作第二人想，哪怕他祖籍不在开封，哪怕他实掌开封不过一年多，历朝历代的人都乐意将青天美誉、如神断案甚至神鬼传奇堆叠在他身上，这就是官场顶级清流包拯的人格魅力。

北宋开封府作为当时首都行政和司法的办公地，称得上“天下首府”，虽然是现代仿古重建的，也尽可能还原了包公文化和北宋风度。整个建筑群依照北宋李诫的《营造法式》规划，以正厅、议事厅、梅花堂为中线，包拯的办公室里还摆着传说中的三把铡刀，展板详细陈列了包拯生平。碑亭正中立着复制品《开封府题名记碑》（原件藏于开封市博物馆），上列宋太宗至宋徽宗146年间历任183位开封府长官的名录，但你可能仔细看半天也找不到包大人的名讳——在碑石上半居中部位有一个光滑的深坑，这个位置就是包拯名字所在，因为长期以来，每位来缅怀包拯的游客都摸一下，把石头都磨掉了一层。

开封府也贯彻了近年来出圈的“爱演的河南人”精神，把实景表演节目安排得满满当当，力求在有限的空间内打造北宋“搬砖”氛围感。每天上午9点“包大人”准时率衙役《开衙迎宾》，脍炙人口的《铡美案》就是开衙之后的重头戏，下午还有《包公铡赵王》、大宋鼓阵、刀阵、民间杂艺等表演。演出节目单和时间安排可在微信公众号查询。

◆见254页地图◆地址：开封市鼓楼区包公东湖北岸◆门票：65元◆营业时间：7:30—19:00◆微信公众号：开封府

大相国寺

许多人慕名来大相国寺，是惦记着鲁智深倒拔垂杨柳的故事——花和尚的菜园子固然无法考证，不过寺院内贴心地铸了一尊倒拔杨柳铜像。

大相国寺是北宋皇家寺院，前身是北齐“建国寺”，唐睿宗感念自己由相国即皇位，将原寺改名并赐御书“大相国寺”。几经战乱和水灾火患，大相国寺终于在北宋迎来了高光时刻，宋太祖至宋徽宗时期不停扩建，占地30多公顷（是现存面积的十数倍），建筑宏大华丽，使得“云霞失容”。当时的寺门邻近汴河码头黄金水道，除了皇家游赏、巡幸、水旱祭祀、宴请内臣外使等活动，借“每月五次开放万姓交易”的大型庙会，大相国寺成了东京城的顶级商圈。宋代王得臣的《麈史·谐谑》中记录“技巧百工列肆，罔有不集，四方珍异之物，悉萃其间”，中外客商在这里交易珍宝，文人墨客也爱来淘买古玩字画——其中就有乐此不疲的李清照和赵明诚夫妇。通透的宋人将琳琅百工甚至酒色财气都堆在皇家寺院门口，红尘不隔，修行无碍，从形式和内容上都当得起“大相国寺天下雄”。

南宋至明代，大相国寺几经损毁重建，现存建筑多是清代作品和现代修复的。重建的琉璃瓦殿式山门，尽力恢复了昔日气宇非凡的三分旧貌。钟楼所存的乾隆年间铜钟，据说秋冬霜天的钟声最为清越悠扬，可响彻开封城，“相国霜钟”也位列汴京八景之一。建筑群中后部的八角琉璃殿藏着镇寺之宝：乾隆年制的四面千手千眼观世音像，雕工之精，为稀世珍品。

大相国寺内远观资圣阁

◆见254页地图◆地址：开封市鼓楼区自由路西段36号◆门票：40元◆营业时间：3月11日至10月31日 8:00—18:30；11月1日至次年3月10日 8:00—18:00◆微信公众号：开封大相国寺

包公祠

包公祠在包公湖西岸，与开封府隔湖相望，一式的仿宋建筑群用青砖黑瓦配色，比府衙更显古朴低调。这是海内外规模最大、资料最齐全、历史最悠久的包公纪念馆，自宋、金、元至明、清，都在开封府衙内设包公祠，祭祀不断。如今重建的包公祠结合了北方建筑和南方园林风格，气质肃穆清幽，与其公正清廉的形象十分相配。

展陈中有相当扎实丰富的史料，概述包拯刚正不阿、秉公执法的一生。馆藏有包拯手书、家训、后世临摹(或最接近本人)的包拯画像等，通过文史资料建立起一个更趋于真实的包拯，逐渐脱胎出传统戏曲、影视作品中的“包黑炭”。穿梭在殿堂之间，当地人更乐意传说阴阳镜落水成包公湖的故事，传说祠东的廉泉井中水，恶人饮之会上吐下泻，正直之人喝了就毫发无损。或现实或离奇，各种表达，都是对包公的怀念和敬仰。

◆见254页地图◆地址：开封市鼓楼区向阳路1号◆门票：30元◆营业时间：10月1日至次年4月30日 7:30—17:30；5月1日至9月30日 7:00—18:30◆微信公众号：开封包公祠

包公文化

《开封府题名记碑》藏在开封市博物馆库房，博物馆主展厅、开封府、包公祠几处都有复制品，完全仿照原件——上半部有个一指宽的光滑凹坑，从旁边小字“二年三月龙图阁直学士权知”可知这里原本是包拯的名字。老百姓来此感怀，都要在名字上抚摸几下，表达对包拯的敬仰崇拜，年深日久如水滴石穿一般，石头上的字磨去了，包拯的名声却永远响亮。

北宋是一个很重民生的时代，整个士大夫群体有相当高的道德水平。宋太宗做《戒石铭》以警，今在开封府院内，石刻“尔俸尔禄，民脂民膏，下民易虐，上天难欺”。正是有这样“会做官家”的皇帝，才有胸怀天下的名臣。韩琦、范仲淹、蔡襄、欧阳修……许多名字都与包拯同在这块碑上，包拯不只是一个人，而是一群有强烈使命感、以天下为己任的士大夫代表。

北宋初有民谚，“衙门口朝南开，有理无钱莫进来”，意思是不给看门的差役塞银子，再有理的状纸也送不到官员手里。包拯上任后大开衙门，百姓可以拿着状纸直入衙门申冤告状，包拯的办公室在梅花堂院内，专门开了北门亲迎喊冤之人，留下“包公倒坐南衙”的佳话。当地摄影爱好者常常在冬天来此院拍摄梅花，高洁的梅花也是映照在开封人心中的包公形象。

上图：包公祠内的包公像

大梁门、古马道遗址博物馆和开封城墙

大梁门是开封古城的西门，1998年重建，气势非凡的门楼两侧有巨幅朱仙镇年画，上设重檐歇山式建筑。在大梁门下发掘出一段**开封城墙**，其中清理出了完好的马道遗址，令人惊喜的是，在这段马道发掘出上下相叠的三层，分别是明代和清中晚期的马道，印证了开封“城摞城”的奇观。

马道是古代城墙建筑中设在城门楼附近的通道，在斜度合适的坡上凿开一道道浅沟以增加摩擦力，守城士兵可以借此道不下马直接登上城墙。如今在重建大梁门和发掘保护城墙、马道的基础上，设立了**古马道遗址博物馆**，在不同时期上下叠压的马道剖面上投影展示**《古马道》**（15分钟，每半小时一场，末场21:00）。

大梁门内放映**《微梦大梁门》**（15分，每半小时一场，末场21:15）裸眼3D影片，串联了开封从夏代聚落、大梁都邑、北宋天下第一都会到明清毁于水患的历史，兴衰更替，洪水漫卷，视觉冲击力极强。全景区开放到22:00，灯光夜游体验也很特别。

从大梁门登城后，在城墙上一路行走可达万岁山登城口，全程6公里；城墙上可租赁自行车骑行。

◆见254页地图◆地址：开封市龙亭区西门大街192号◆门票：40元（含登城、博物馆、影片和实景表演）◆营业时间：8:30—22:00◆微信公众号：开封城墙景区

州桥及汴河遗址临展馆

开封州桥遗址入选了2022年全国十大考古新发现。目前在遗址上开设了临时展馆，用以科普宣传，博物馆也正在建设中。

州桥设在开封城南北向中轴线与东西向汴河的交叉点，是航运交通的重中之重。遗址探方中清理并标注出清晰的土层关系，明清以下、宋元时期的活动痕迹，展示着开封“城摞城”的千年历史。北宋时期的石刻壁画清晰灵动，海马瑞兽、仙鹤腾云，反映了当时石刻艺术的最高水平。

◆见254页地图◆地址：开封市鼓楼区自由路与中山路交叉口◆门票：98元，含考古现场实地讲解、视频观影、研学互动体验◆营业时间：9:00—17:00◆微信公众号：州桥文化发展

龙亭公园

这里曾是真正的北宋皇城大内，南部连着宋都御街。走长堤穿越潘家湖和杨家湖，北部地势渐高，明代周王在此建府，之后因黄河泛滥而逐渐荒废变成土岗，如今这座建筑是清朝留下来的万寿宫。当时这里供着万岁牌位，因此称“龙亭”。登上大殿，可以俯瞰整个开封。

建在宋金皇宫、明代藩王府遗址上的龙亭公园，有相当亲民的一面，日常以展示造型植物、盆景、梅花为主，每年金秋的菊花文化节也在此设点，上百个品种的菊花和大型花艺造景，弥补了古迹沉没在湖水之下的不足。大片湖水和湖畔丰富的植被，适合日出日落时的闲坐和拍摄。

开封大梁门段古城墙

城摞城

“开封城，城摞城，地下埋有几座城”，稚童传唱的歌谣，道出了八朝古都的重重兴衰。开封因水运兴起，也因水患衰落，老人家总说古城池埋在淤泥底下，但这也止于传说。

从1981年潘家湖清淤开始，考古工作者才探到了“城摞城”的真实物证。潘家湖清淤过程中，发现了淹没在水下的明代周王府，再向下，发现了部分宋代皇宫遗址。2000年在大梁门古城墙勘探中，发掘了清代马道，再向下，淤泥中又发掘出明代马道。2022年发掘了东京城御街和汴河交叉点上的州桥遗址，唐、宋、金、元、明、清各个时期上下叠压的文物遗存面世：保存较好的宋代堤岸石雕壁画，其上是明代州桥青石桥面；明代道路上叠压着清代车辙印。

开封的城摞城，与其他古都不尽相同。洛阳、长安、北京都历经不同时期的重建，虽城名不改，但城址都有不同程度的挪移。开封城却做到了上千年的垂直叠压，城池基本没有位移。在今开封地下3—14米深度内，已探明的有6层城池，各层中间夹着不同时期的淤泥沉积层。在清开封城以下是明代周王府，再向下是金汴京城、北宋东京城、唐汴州城、战国魏都大梁城——除了北宋东京城向外扩展出了更大规模的外城，各时期城墙马道均垂直重叠，城门位置不变，州桥位置不变，连城市中轴线——中山路都是千年不移，堪称奇观。

由于黄河经年累月地泥沙淤积，河床不断抬高，最终形成地上悬河，而黄河开封段正是中国最高的地上悬河。堤坝之外的河水远高于开封城地面。黄河下游频频改道，在河水摆荡形成的三角洲中，开封正位于顶点。历史上黄河河道离开封略远的时期，河水经由汴河滋养开封，灌溉土地，便于航运；一旦黄河改道逼近，决堤的河水淤泥就会吞没开封……等到时移世易，人们还是会执拗地回来，在淤泥之上重建故城。

◆见254页地图◆地址：开封市鼓楼区向阳路1号◆门票：45元；天波杨府—龙亭公园—翰园碑林联票80元◆营业时间：8:00—18:30◆微信公众号：开封市龙亭景区

天波杨府

这座参考诸多北宋典籍重建的园林，原址为北宋抗辽民族英雄杨业的府邸。相比清明上河园的大开大合，杨府称得上清新典雅。

忠勇无双的杨家将是传统戏剧中的热门节目，骁勇善战、刚正不阿却不善巧言的杨业本人得到宋太宗褒奖，太宗赐“清风无佞天波滴水楼”，并亲书匾额，令百官过杨府门前落轿下马以示尊敬。天波楼和孝严祠堂内有杨家将的真实史料陈列，明清历代帝王授杨家将的神位也在其中。

杨家武术也独树一帜，兵器殿内展出各类宋代兵器和《三十六式秘传杨家枪法》石刻。演武场和马场等处每天循环上演小剧场，有传统豫剧名段演出，也有实景表演“杨业点兵”“辕门斩子”“七郎打擂”和杨家功夫秀，群众演员真刀真枪上马实战，相当精彩。演出场次以售票处实时信息为准。

◆见254页地图◆地址：开封市龙亭区龙亭北路14号◆门票：40元；天波杨府—龙亭公园—翰园碑林联票80元◆营业时间：8:00—18:30；夜游活动、上元节等假日开放情况以官方信息为准◆微信公众号：天波杨府

中国翰园碑林内的景观

中国翰园碑林

这是“现代愚公”李公涛先生自筹资金兴建，以书法碑刻为主体的山水园林。集4000余块艺术碑刻、历代名碑名帖之大成，系统地展现了中国书法发展史，书法爱好者可以来此深入探索。山水和园林景观设计非常古风，考虑到国风和汉服旅拍如此火爆，相对小众、游客量适中的园林环境，更适合氛围旅拍。

◆见254页地图◆地址：开封市龙亭区龙亭北路15号◆门票：40元；天波杨府—龙亭公园—翰园碑林联票80元◆营业时间：8:00—18:30◆微信公众号：翰园碑林

禹王台

在开封城东南，禹王台的所在地被辟为公园，古禹王庙、古吹台、三贤祠、水德祠……都集中在这片高岗上——开封“城摞城”的特色也体现在这里，时间轴层层累积，历史和人文故事都堆成了高台。

这片地势略高的土台，最初是为了纪念春秋晋国的音乐家师旷在此吹奏乐曲而建的古吹台。师旷善奏，创《阳春》《白雪》，成为后世高雅音乐的代名词。到唐天宝年间，离开宫廷的李白与杜甫把臂同游，在开封遇上了怀才不遇的高适，真是一场“青天里太阳和月亮走碰了头”的知音相逢，三人同游古吹台，酒酣时诗兴大发挥毫写壁。不久，一位名门闺秀路过，为墙上李白的《梁园吟》深深倾倒，出银一千两买下了那堵墙，留下“千金买壁”的佳话。明代，书墙旧址上又修建了三贤祠。

明以后，开封屡遭水患，为追忆大禹治水的功业，在此高地建禹王庙。三贤祠在庙东院，西

院于清代修成水德祠，自战国以来治水名臣的造像和牌位立于其间，王景、于谦、郭守敬、林则徐……开封的历史有一大半被写在这些治水篇章中。

◆见255页地图◆地址：开封市禹王台区繁塔东一街38号◆门票：免费◆营业时间：7:00—17:30

繁塔

禹王台西侧，静静矗立着一座六角三层佛塔，一点儿也不起眼，很难认出这就是始建于北宋时期、开封最古老的佛塔。

繁塔读作"pó塔"，此地原本聚居着繁姓人家，繁姓是殷商时期的上古族姓，后又改作薄姓，多居于河南。它和铁塔曾同为大宋的皇家寺塔，繁塔的建造历史比铁塔早了75年，高度也超过铁塔。开封民谚说"铁塔高，铁塔高，铁塔只搭繁塔腰"，可见其规模之大。典籍中所载，初建成的繁塔高二百四十尺（约73米），元初因雷击毁了顶，明初又因犯了风水被拦腰铲去几层，如今所见，是在三层宋塔上清代补修的部分，如扣钟于地。所幸塔身上数千块造像雕砖和佛经石刻保存了下来，展示了北宋登峰造极的雕刻和审美水平。

2024年10月起，繁塔开展维修工作，景区暂停开放，在此期间前来的旅行者只能在外侧远观。具体开放信息请关注微信公众号。

◆见255页地图◆地址：开封市禹王台区繁塔西街30号◆门票：30元◆营业时间：9:00—17:30◆微信公众号：开封市延庆观繁塔文物管理所

山陕甘会馆牌楼

山陕甘会馆

在开封城里，能躲过黄河水患和战火侵袭，未被彻底踏平再重建的去处实在寥寥，而山陕甘会馆不但得存，还留下了精美至极的石雕、砖雕和木雕。

明清时期晋商称雄，所到之处建造了大量的商业会馆，会馆既有同乡会相互扶持的性质，也是行商群体的交流中心。商会多拜武财神关公，以关帝庙形式做戏台和殿堂，建筑与装饰上更是请得起各路能人，不遗余力地用工。

开封山陕甘会馆集三省商人之能，精致繁复之处令人咂舌。进门照壁上的砖雕先声夺人，以山水、鸟兽、博古图和象征商业的二龙戏蜘蛛为主题。牌坊和拜殿的石雕大致是清代中期的作品，八仙祝寿的姿态各不相同。拜殿房檐下七层立体木雕层层叠叠，用上了圆雕、浮雕、悬雕、透雕等各种登峰造极的雕刻技法，像是最出色的雕刻师在此同台竞技。各色水鸟在莲花与菊花之间上下翻飞，没有一只姿态雷同；在葡萄藤里戏耍的松鼠，彼此动作都有呼应；两组生动的二龙戏珠，龙舌与衔珠之间只留了2毫米的木头连接，数百年来历风吹雨淋而不损，足见当时工匠的"艺高人胆大"。下层的木雕牡丹，花瓣雕得极薄，一层层似随风舒卷——会馆各处建筑上几乎满布雕饰，许多人物故事雕刻中的人像小不盈寸，大不足尺，表情和形态都清晰可别。可见当年的会馆是何等盛况，来往的又是如何精彩的人物，才配得上这样极致的审美。

◆见254页地图◆地址：开封市龙亭区徐府街85号◆门票：25元◆营业时间：9:00—16:00◆微信公众号：开封山陕甘会馆

太昊伏羲陵

太昊伏羲氏，是中国神话里

太昊伏羲陵

最古老的神仙，位列三皇五帝之首。传说，伏羲与女娲兄妹成婚以繁衍人类，被供奉为“人文初祖”，汉唐时期的墓葬中，多见以伏羲女娲图为主题的壁画，西至新疆，东至吉林，各民族都借鉴或认可了伏羲女娲创造人类的故事。伏羲创造历法、发明乐器、执规矩丈量土地、教民田猎和捕鱼、见龙马神龟浮图而创先天八卦……上古部落时期的人类从原始走向文明，伏羲氏功不可没。

传说中伏羲殁在宛丘，建太昊陵，有可考的历史记录表明，从春秋时期开始就设立了陵园，汉之前已建祠祭祀，孔子就到当时的太昊陵祭拜过伏羲。历代帝王多加修葺，规格和建制都接近帝王陵庙标准。目前周口的这座太昊伏羲陵主体是明清遗存，宋高宗赵构题写的匾额，朱熹、颜真卿的真迹都在园中，千年卧槐、宋代古柏等奇观相映，堪称“天下第一陵”。

太昊陵基于八卦数理设计，宏伟中正，南北向的中轴线上有多组建筑和仪门，从南进第一道门可以直接看到尽头北端的伏羲陵，即“十门相照”，也是我国传统建筑审美观里中轴设计的体现。

太昊陵庙会是中原地区乃至全国历史最悠久、规模最宏大的祭祖庙会之一，每年农历二月初二至三月初三，全球不少华人涌向此地寻根问源，祭拜人祖，民间俗称“二月会”。据统计，庙会期间日均人流量约30万，这个数字在2008年3月23日达到顶峰，以单日82.5万人同赶庙会载入吉尼斯世界纪录。庙会上民间艺人各展所长，能看到闹狮子、耍龙灯、表现伏羲女娲生万代的担花篮……一眼看不到头的摊位琳琅满目，随处可见吉祥手办“泥泥狗”这种被泥捏出来的原始人写照。

太昊陵南面有一片宽阔的水域，就是**龙湖**，湖中小岛保留了**陈楚故城**，可游船也可登岛，湖东是纪念陈胜吴广起义的**点将台**，岛南侧有**弦歌台**，得名于孔子困于陈、蔡，断粮时仍弦歌不辍的典故，淮阳人深感教化，建祠以念。

◆见257页地图◆地址：周口市淮阳区中华太昊伏羲始祖圣地旅游区内◆门票：40元；太昊伏羲陵、龙湖通票60元◆营业时间：8:00—17:00◆微信公众号：太昊伏羲陵

延庆观

延庆观是为纪念王重阳逝世而修建的，自宋以来，道教因受到皇家重视而渐盛于民间，道观原本颇具规模，与开封城一起经历了多次黄河水患及多次重修，现今仅存玉皇阁。

玉皇阁下方上圆，像是汉族阁楼和蒙古族蒙古包的结合体，有明显的元代建筑风格痕迹，屋脊上的装饰雕刻中也有汉蒙文化相融的元素，这样奇特的组合在国内仅此一例。

玉皇阁曾矗立于高台顶端，供来者仰望朝拜，经数百年水患，地基逐渐沉降，深埋于地下3米多的泥土中。1984年，玉皇阁从淤泥中清理挖掘出来，但其建筑主体仍在缓慢倾斜和沉降。2008年启动了玉皇阁升顶工程，在地基部用固定钢柱将整个楼阁拔高了3米多，施工期间在淤泥中发现了各个时期的文物，也证实了开封地下“城摞城”的历史堆积。

◆见254页地图◆地址：开封市鼓楼区观前街53号◆门票：30元◆营业时间：8:30—18:00

朱仙镇岳飞庙

南宋绍兴十年（1140年），岳飞挥师北伐大败金兀术，大捷于朱仙镇。如果历史停在朱仙镇，没有后续的十二道金牌，那么再北推几十公里，收复开封指日可待。朱仙镇大捷是史学界争论不休的谜团，也是一代英雄的遗憾扼腕，“十年之功，毁于一旦”。于是人们在这里建起岳王庙，纪念英雄浩气，天地长存。

朱仙镇岳王庙位列全国四大岳庙，始建于明代。庙内存有岳飞手书的《送紫岩张先生北伐》和《满江红》两座碑刻，笔法苍劲流畅，十分珍贵。

◆见255页地图◆地址：开封市祥符区朱仙镇岳庙大街◆门票：30元◆营业时间：8:00—17:00

关帝庙

明初有周姓人家在沙颍河两岸摆渡，人们以“周家渡口”名之，周口因此得名。清中期黄河水患致贾鲁河淤塞，周口便接替了开封朱仙镇的水运贸易枢纽位置，成为核心漕运码头，自此商贾不绝。清代山西和陕西商人集资在沙颍河北岸兴建行业会馆，这就是今天周口关帝庙的前身。

关帝庙见证了周口的鼎盛，也记录了当年的繁华，三进院落中的殿堂修建繁复，精美绝伦的木雕、石雕、砖雕令人目不暇接。清中后期，商业会馆都不惜钱财，打造繁复华丽的风格，人物造像威严传神，雕饰满嵌，金碧辉煌，堪称“集公输之巧，荟冶炼之精”。

延庆观

◆见257页地图◆地址：周口市川汇区富强街111号◆门票：30元◆营业时间：8:30—17:00

火神台

火神台即阏伯台，是我国现存最早的天文观星台。天文和农业知识算得上是上古时期的核心生产力，距今4500多年前，商部落始祖阏伯在这里垒起高台，观察和祭祀大火星，了解天文和气候变化的规律，指导部落的农业生产。为了纪念阏伯，人们将他安葬在观星高台之下，并视其为“火神”以供奉祭祀。

传说阏伯生于正月初七，人们就把这一天定为祭祀日。阏伯台庙会是商丘最古老、最盛大的庙会，民间称作“朝台”，每年正月初四至初八，人们从各地赶来祭拜，笃信火神会保佑自己一年风调雨顺。夜间还有民间绝技火龙舞的表演。

商祖祠也设在火神台景区内，三重大门做成了商字的形状，上半部分化形为玄鸟。这里专门展示玄鸟生商、王亥经商、成汤都商的三商文化，以纪念商祖。

◆见256页地图◆地址：商丘市睢阳区平原南路火神台礼盛广场◆门票：60元（阏伯台庙会期间20元）◆营业时间：8:00—17:00

自然

芒砀山

芒砀山在商丘永城市，海拔虽不到200米，在一望无际的大平原上却十分醒目。除了丰厚的汉文化遗存，近年来也成为观日出彩霞、赏云海星空的好

逍遥镇胡辣汤

如果给河南人一道早餐吃什么的单选题，胡辣汤必然胜出，它几乎承载着河南人的乡愁。

一碗胡辣汤，无论是捧着碗边直接吸溜，还是用勺舀出肉片木耳等精华，只要搭配水煎包或油馍头等硬核碳水，就能勾勒出一个最美好的清晨。

胡辣汤的精髓是胡椒，所谓"健脾开胃、祛风驱寒"都从胡椒而来。以骨头熬汤，搭配20多种植物草药，加入牛羊肉、木耳、面筋。一碗下去满口甘香，浑身暖洋洋，气血顺畅。河南胡辣汤江湖上两大主流的门派，当属逍遥镇和北舞渡（见340页），滋味各有千秋。

逍遥镇在周口市西华县，这个夹在颍河和沙河之间的小镇，整条大街以高群生、老杨家、老佟家三家传统老字号为主，还分布着各家小店。很难说清谁家最好吃，每家都有自己调配中草药的比例和所谓的独家传承，食量大的游客不妨多试试。吃饱喝足，溜达一下，小镇上因胡辣汤产业催生的各种业态，美食培训、调料专卖、牛羊肉专营、粉条加工等店铺，也别有趣味。主街上有几家一看门面就知其历史悠久的中药房，毕竟中医养生文化也是胡辣汤的基础。

近年来，胡辣汤常常跨界出圈，胡辣汤奶茶、胡辣汤火锅、胡辣汤味的月饼和汤圆都应运而生，即煮即饮的胡辣汤料包也在方便食品市场占据了一席之地，河南人正在向世界输出一碗热辣滚烫的鲜香。

上图：胡辣汤

去处。

芒砀山旅游区占地广大，分为汉梁王陵景区、大汉雄风景区、夫子山景区、芒砀山地质公园、僖山景区等多个部分。

汉梁王陵不是单一墓葬，而是西汉梁国历任诸侯王的陵墓群，墓中随葬品丰富至极，以致多次被盗。最早伸手的盗墓者是曹操，《水经注疏》中记载"操引兵入砀，发梁孝王冢，破棺，收金宝数万斤"，所得足养了军队3年之久。梁孝王刘武是窦太后最宠爱的小儿子，又在平定七王之乱中立下大功，梁国封地"四十余城，居天下膏腴之地……府库金钱且百巨万，珠玉宝器多于京师"，生前富贵远胜其他诸侯王，死后陵墓"斩山作廓，穿石为藏"，同样令人叹为观止。虽历盗掘，但现开放参观的墓室体量依然巨大，可以想见初建时的规模。

在梁孝王陵北侧200米处是梁王后的陵寝，同样凿山为室，规模宏大。王后陵被称为"天下第一石室王陵"，内部有完整的宫室、车马室、储藏室、回廊和排水系统，甚至分隔了浴室和厕间，汉人事死如生的墓葬观念可见一斑。

汉梁王墓群最珍贵的文物当属梁共王刘买陵中的巨型彩绘壁画**《四神云气图》**，绘于墓室顶部，青龙、白虎、朱雀、鱼龙穿行勾连于祥云纹间，表达墓主人乘龙飞升的美好愿景，色彩绮丽，线条欢快，一壁风动。西汉时期的生死观还没有受到佛教等外来宗教的影响，人们用朴素的天上人间观念解释死后的世界，画面活泼灵动。目前梁共王墓内的《四神云气图》是还原度很高

芒砀山僖山景区

的复制品，原件经整体剥离收藏在河南博物院（见198页）。

大汉雄风景区位于芒砀山主峰赤帝峰，天气晴好时站在峰顶可远眺河南、山东、江苏、安徽四省。秦始皇巡游到芒砀山，曾因“东南有天子气”而厌之，颇具宿命论色彩的是，其后不过20余年，刘邦自沛县也来到此地，斩蛇起义，公开反秦，写下大汉浓墨重彩的篇章。从山下的**刘邦斩蛇处**到山顶的巨型刘邦雕像，地势越高，平原一望无际的风景就越显壮阔，一代雄主开创的灿烂文明令人悠然神往。

夫子山景区在西部，孔子携弟子周游列国时途经此地，在这里避雨、晒书、讲学、演礼。相传山南部的天然崖洞就是孔子避雨处。景区依托传说和山景建文庙、观音阁和园林景观，并设《孔子游园》《王府选婿》《宋人伐木》《陈蔡绝粮》等主题演出，还有《寻圣夫子山》的夜游演艺互动。

陈胜园在芒砀山主峰西南，秦末农民起义失败后，陈胜葬于芒砀山，身后只留下千古一问：“王侯将相宁有种乎！”刘邦大约也是被这豪迈一语激发了斗志，接过反秦大任，称帝后又追封陈胜，并为其修墓建冢，设丁守陵。

芒砀山旅游区景点较多且分散在不同山头，区内各处有游览车接驳，建议游览路线：汉梁王陵—刘邦斩蛇处—大汉雄风—夫子山—僖山。餐饮和住宿集中在山脚下的芒山镇，从永城北站出发有高铁旅游专线直达芒砀山旅游区，车程3.5公里，约需10分钟。

◆见231页和256页地图◆地址：商丘市永城市芒山镇汉梁路◆门票：联票132元，汉梁王陵、大汉雄风、芒砀山地质公园等景区可单独售票◆营业时间：春夏8:30—18:00，秋冬8:30—17:00◆微信公众号：芒砀山旅游官方预订

火神燧人氏

商丘是中国火文化之乡，除了将商初祖阏伯视为“火神”在此祭祀，这里还有更古老的火神——燧人氏。

燧人氏是旧石器时代的部落首领，传说中他教会了族人钻木取火，从此让人们吃上了熟食，学会了用火御寒和驱赶野兽，因此人们得以增强体质、延长寿命、增长智慧，族群逐渐进入文明阶段。燧人氏用火化解生食腥臊，被奉为天皇，与发明采集渔猎的人皇伏羲、识百草和发明农业的地皇神农同列三皇。三皇并非特指某人或是某部落，而是上古人类学习生存的不同阶段，而对火的利用无疑是人类生存和文明发展的重要动力。

如今坐落在商丘市睢阳区的**燧皇陵**（20元，8:30—18:30）是一座仪式性的仿古陵园，究竟是从何时开始为燧人氏建燧皇陵的，也因时代过于久远而无可考证，但自有文献记载以来，人们都认定燧人氏陵寝位于此地。2005年全运会在燧皇陵采集火种，2008年北京奥运会圣火也在此传递。古今相照，祭祀燧人氏也成为我国重视传统文化源头的一个缩影。

上图：燧皇陵钻木取火雕像

开封博物馆宋代“大晟夷则”编钟

文化与展演

开封博物馆

2017年开放的开封市博物馆新馆名列国家一级博物馆，建筑外形仿北宋东京三重城，前有池水，古韵十足，大厅内用钢管拼接出巨幅宋徽宗《瑞鹤图》，参考纵横编织的缂丝工艺做出花纹，用现代材料还原经典名画，美不胜收。

主要展现开封古代文化的“八朝古都千载京华”和近现代发展的“开封记忆”展厅，是了解开封通史的好去处，镇馆之宝《开封府题名记碑》和大晟夷则编钟都在其中。《开封府题名记碑》是目前发现较早、规格最高、记载人名最多的地方官员题名记碑，原件在博物馆库房，展出的虽为复制品，但用影像技术补充了高清信息。碑上可以找到包拯（一个光滑的深坑）、范仲淹、欧阳修、苏颂等执掌过开封府的著名人物，集合了北宋最优秀人才。馆藏从精妙绝伦的北朝造像到巧夺天工的宋瓷，浓缩而具象地展示着曾经的东京梦华。

馆藏石刻、宋代科技、馆藏书画、朱仙镇年画、明清佛像、明清皇家用品等6个专题展馆也各有千秋。馆藏石刻展尤其精彩，开封是河南省三大石刻聚集地之一，由北朝至明清的碑刻、墓志、造像都是各个历史时期的精品。宋代科技展详述了高度发达的宋代科技，在火药、指南针、活字印刷术、建筑、医学、水利、天文等方面都有开创性发明，其中1:1还原了北宋苏颂创制的天文钟——水运仪象台，它能计时、报时、观测天文星象，是近代钟表擒纵器的雏形。水运仪象台高达12米，可以登入内部3层，为展示观星功能，天花板也打造出了星空图。

开封博物馆近年来跻身一票难求的大热门，建议提前通过微信公众号或平台预约；一楼大厅可租导览器（20元/台，押金200元），官方免费讲解基本在上午10点。

◆见255页地图◆地址：开封市龙亭区郑开大道与第六大街交叉口◆门票：免费◆营业时间：9:00—17:00，周一闭馆◆微信公众号：开封市博物馆

商丘博物馆

商丘博物馆是我国第一个集中展示商文化的博物馆，基本陈列“商丘古代文明展”和“商业文明展”展出从远古至近现代商丘市的发展历史。最精华的展品来自汉代考古发掘，主要是芒砀山汉墓群的出土文物，包括金缕玉衣、画像石刻、金玉器、鎏金铜器、陶俑等。你还可以在这里看到燧人氏钻木取火的生动展演，以及3D版玄鸟生商的故事。

◆见256页地图◆地址：商丘市睢阳区华商大道西段路北◆门票：免费◆营业时间：9:00—17:00，周一闭馆（法定节假日除外）◆微信公众号：商丘博物馆

周口市博物馆

周口地处黄淮平原腹地，四面环山，伏牛山和嵩山的河流都汇聚到这里，古称宛丘，女娲建城于此（西华县），伏羲葬于此，老子生于此（鹿邑县），西周陈国以此为都，从《道德经》到《千字文》，从陈胜吴广到太康谢家，周口的历史既厚重又深远，周口市博物馆中有相当详细的历史文物陈列。以“宛丘之上——周口历史文物陈列”为主体，豫东地区上古人文的肇始、老子与《道德经》的哲学精髓、三代东夷夏商文化的冲突与交

融、陈楚故城的文化积淀等一一展现，可集中了解周口各个历史时期的辉煌。

◆见257页地图◆地址：周口市川汇区文昌大道东段2号◆门票：免费◆营业时间：9:00—17:00，周一闭馆◆微信公众号：周口市博物馆

主题乐园

清明上河园

英国史学家汤因比曾说："如果让我选择，我希望生活在中国的宋代。"伟大的时代有许多，尤以北宋充满了令人向往的"烟火气"。而人口超过100万的东京城，正是北宋的中心舞台。

走进清明上河园，仿佛一瞬间穿越回北宋东京城，《清明上河图》里的虹桥横空、十里软红，《东京梦华录》中的太平繁阜、万国咸通，都在这片由仿宋山水园林和上千名演员构建的历史文化主题公园成为现实。

园区占地40多公顷，分为南苑和北苑两个大区，以宋代市井风俗文化景观、皇家景观及古代娱乐为主题。除了对东京城建筑、街道、景观的复原，还设各专题博物馆，展出造像、古灯、陶瓷、文房四宝、大宋皮影等宋代文物，还有展示汴绣、版画技艺的手工艺作坊。园内多处提供免费或收费的古代服饰租赁和古装妆造服务，穿上古装融入人群，真有一步入画，一梦千年的感觉。

园方借北宋历史和传说故事撰写了上百个剧本，各处从早到晚不停歇地上演实景演出。每天上午9点，包大人率众在迎宾广场门外主持开园；"枪挑小梁王"是人气最火爆的表演，以近身马战和炮战点燃现场；"东京保卫战"还原真实烽火岁月，看得人手心冒汗；"打铁花之盛世大宋"映红夜色的火树银花，绝对的视觉震撼；北宋登峰造极的偶戏表演——"水傀儡"与70分钟大型夜景演出《大宋·东京梦华》也不容错过。

清明上河园

官方微信公众号上线了实时地图和演出提醒服务，可查询演出时间表和地点，游园时会根据GPS定位自动提醒附近即将开始的演出场次。如果有一整天的时间，能较完整地体验园中的各种观赏游乐和表演，可参考136页的提示路线。

除每日循环演出戏目，逢年俗文化节、清明、端午、七夕、中秋、菊花文化节、十一狂欢节等，园区有应季应时的活动，根据传统民俗设计互动狂欢和演艺节目，详见官方微信公众号。

◆见230页和254页地图◆地址：开封市龙亭西路5号◆门票：日游120元，9:00—17:30；夜游100元，18:00—22:00；《大宋·东京梦华》演出票249—999/人，含门票，8:30—22:00；入住景区内满庭芳客栈免门票，部分住宿套餐含门票和演出票，详询酒店◆营业时间：9:00—22:00◆微信公众号：开封清明上河园景区

万岁山武侠城

随着实景相亲栏目"王婆说媒"的爆火出圈，万岁山武侠城也成了开封最热门的景区之一。不同于清明上河园描绘的盛世繁华，万岁山把整部《水浒传》搬了进来，武侠精神和各路英雄在这里充分具象化。

城中演员发挥河南武术之乡的优势，多出身武行，各怀绝技，真刀真枪，御马如飞。水浒实景剧"三打祝家庄"演出了场

面宏大的攻城战，将影视剧拍摄技术用在实景上，群马奔腾，演员吊威亚攀城，云梯炮战全用实炮实炸，待在观众席上能感觉到迎面而来的热浪滚滚，如同穿越到了古战场。晚间上演的打铁花，规模盛大，视觉效果非同一般。

《水浒传》《七侠五义》《岳飞传》《白眉大侠》以及金庸、古龙的小说……以宋代为核心的武侠素材极其丰富，一整个江湖就沿着山门武侠路展开。“李逵断案”“侠女飞天”“林冲战杨志”“穆桂英挂帅”……上百场看不完的表演使人沉浸于话本传奇和历史故事之间，万岁山武侠城确实称得上属于中国人自己的欢乐迪士尼。

◆见254页地图◆地址：开封市龙亭区东京大道中段◆门票：80元◆营业时间：周一至周五8:00—22:30，周六和周日8:00—21:30◆微信公众号：万岁山武侠城

街区

商丘古城

商丘古城的初建时间可上溯至4000多年前，如今修复的部分是基于明归德府的遗存。古城外圆内方，形如铜钱，核心方城之外环绕着宽阔的护城河。与开封城相似的是，商丘城也叠压了许多层，地表之下依次是元归德府城、北宋应天府南京城、隋唐宋州城、秦汉梁国国都睢阳城、周朝宋国都城以及商汤时期的都城。商族的先祖——契曾辅佐大禹治水有功而享封地，契在封地

夜市千年

开封夜市可不是一时打造的“网红”热点，而是红火了千年的北宋遗风。

北宋打破了唐以来严格的坊市制度，废除了宵禁，对流动人口的限制也空前宽松。有宋40年，开封就发展成人口150余万的超级大都市。自由度较高的个体经济随之蓬勃发展，店铺林立，百业兴盛。吟诗作对的文人骚客，瓦子里热闹的表演，皇宫外不远处的樊楼永远灯火辉煌，连皇帝都会偷偷来私会李师师。“梁园歌舞足风流，美酒如刀解断愁，忆得少年多乐事，夜深灯火上樊楼”，诗中如梦如画的场景其实是北宋城市生活的真实写照，确是一座灯火辉煌的东京不夜城。

今日的开封夜市有十多个片区，最具盛名的鼓楼夜市、最市井的西司夜市、海纳百川的老河大夜市……选择极多，住在哪里都能在附近找到人头攒动的热闹夜市。除了传统美食黄焖鱼、炒凉粉、羊肉炕馍、风干兔肉、桶子鸡，还有花生糕、冰糖梨、杏仁茶领衔的几十种甜品——深夜的开封熨帖脾胃，而夜市刚收摊，以各色汤品面食见长的开封早市就要准备上班了。

上图：鼓楼夜市

建都，就是最早的商丘。

公元前1046年，牧野之战武王伐纣翦商，分封前朝遗民，将商纣王的兄长微子启封在商族旧地商丘，也就是后来位列春秋五霸的宋国。宋国是儒、墨、道、名四大思想流派的发源地，孔子、墨子、庄子和惠子四位圣人皆出自宋国。

到了西汉时期，备受尊宠的梁孝王刘武建都商丘，大兴土木，建成的皇家园林号称三百里梁园，吸引众多名士风流。刘武本人文学素养较高，又颇具爱才之名，枚乘、邹阳、庄忌、司马相如等一大批顶级人才齐聚梁园，以汉赋为主体的梁园文学走向鼎盛，并对后世影响深远。梁园甚至成了历代文人的精神家园，游历梁园旧地是一种文人时尚，李白为之倾倒，写下“一朝去京国，十载客梁园”，苏辙则留下“梁园久芜没，何以奉君游”的追思。

隋唐大运河的开通使商丘成为江淮枢纽，可惜又毁于安史之乱的惨烈战斗，城池废弃，十室九空。直到宋高宗赵构登基，以商丘为南京应天府，才得以恢复几分都城气派。明代屡遭水患，明中期重建归德府，大体与今日商丘古城的结构相同。古城四面环水，仅由四方四座城门与外相通，内城93条街道如棋盘一般整齐。走进北宋四大书院之首的**应天书院**，体会千年文脉传承；探访**八关斋**石刻，欣赏顶级书法颜真卿亲笔《有唐宋州官吏八关斋会报德记》；**穆氏四合院**保留着明清时期的建筑艺术，附近的**归德府文庙**位居河南省文庙之首，东南湖畔是纪念孔子讲学、梁园雅集的**文雅台**；城北**壮悔堂**是明末四大才子之一侯方域的故居，

商丘古城

商人、商品、商业——商从何处来？

在商丘市中心神火大道与南京路交叉口正中的环岛上，一座高20余米的四面“商”字雕塑矗立其中，标记着商族祖地——商丘。雕塑像飞向四方的四只鸟，暗合商通四方、商人以玄鸟为祖的意思。

在商代甲骨文中，“商”字出现数百次，几乎都是表示地名，有“丘商”“大邑商”“天邑商”，等等。有趣的是，甲骨文商字的形状与青铜布币很相似。一般认为，商族人最初的聚居地有一条河流叫商水，于是人们指水为名自称为“商”。

历史典籍中描述商族起源，称“天命玄鸟，降而生商”，五帝中帝喾的女儿简狄吞下玄鸟蛋而怀胎，生下了商族始祖契。契别号阏伯，帝喾将他封在商丘作管理火种的“火正”，上古时期生存环境恶劣，火种是关系民生的珍贵资源，阏伯保护火种有功，被奉为火神。

关于“火正”的另一种解释是观测天文——观察和祭祀大火星，以了解气候规律，指导农业生产。大火星属于二十八宿中的东方心宿，非常明亮，容易观察。当它黎明时在东方天空出现就是春分时节，适合开荒耕种；当它向西方天空偏移下沉时，即《诗经》中的“七月流火”，那就到了秋分时节，天气转凉，要制寒衣。商族人掌握了大火星的规律，并把它当作族星来祭祀，又称它为“商星”。杜甫的诗作“人生不相见，动如参与商”，说的就是商星与西方七宿中的参星的相对运动规律，商星落下参星才升起，两颗星星从不相见。

阏伯的六世孙名叫王亥，传说他非常善于驯养牛马，还发明了用牛拉车。人们乘坐牛车能轻便地去较远的地方。此前各个部落采集和生产的物品仅供自家使用，并没有形成互相交换的习惯，王亥就带着商族人，乘牛车拉载着本族物品去别族部落进行交换，开了商品贸易的先河，商族也借机迅速发展壮大。从此人们就用“商人”指代在部落间从事交易的人，交易的物品就称作“商品”，王亥因此被奉为“华商始祖”。

而到了阏伯的第十四代孙成汤，他任命贤臣伊尹为相，联合各部落一举推翻了夏朝的统治，建立了商朝，终成一代雄主。玄鸟生商（契）、王亥经商、成汤都商，便是三商文化的基础。

花中偏爱菊

20世纪80年代，开封人将菊花定为市花。不过开封人爱菊的历史却远久于此，早在唐代就已有杂交改良的观赏品种，至北宋成为“无处无之”的秋季“爆款”。由于品种太多，便有人专门为菊花著书，我国第一部菊花专著《菊谱》就诞生于宋代的开封。《东京梦华录》中记载，“九月重阳，都下赏菊……无处无之，酒家皆以菊花缚成洞户”，甚至在宫廷内外都会“争插菊花枝、挂菊花灯、开菊花会、饮菊花酒”，菊之盛可见一斑。

“不是花中偏爱菊，此花开尽更无花”，菊花在秋末彰显着旺盛的生命力，在即将冰封雪漫的北方大地上尤其夺目。它清淡的香气，雍容傲霜的气质，使赏菊也成为相当高级的审美趣事。“采菊东篱下，悠然见南山”的意境，“满园花菊郁金黄，中有孤丛色似霜”的画面感，更见菊花非比寻常的深妙韵味。

开封菊花文化节是国家级节会，每年10月18日起花期持续约1个月，龙亭公园、清明上河园、铁塔公园、天波杨府、万岁山武侠城、禹王台等十来个会场铺满上千种、数百万盆菊花，满城如云蒸霞蔚。另有以菊花为题的各色插花比赛、灯会、庙会、特色市集。

“朝饮木兰之坠露兮，夕餐秋菊之落英”，菊花既能入目，也能入口。菊花茶清心明目，菊花酒利气轻身，可食用菊花入馔，消肥解腻，开封第一楼等饭店研发了“大宋菊花宴”，以菊花色、香、味、形入菜，更显汴梁千年风雅。

上图：龙亭公园展出的炫彩菊

侯方域与李香君的爱情故事交织着国家兴亡的悲恸，回荡在精美绝伦的古建之间。

护城河可乘船环湖赏景，古城与水色相得益彰。南城门外游船码头有画舫、脚踏船、快艇等多种选择。登临南城门可俯瞰古城和护城河。

◆见256页地图◆地址：商丘市睢阳区商丘古城◆门票：入城免费，城内景点通票100元◆营业时间：全天◆微信公众号：商丘古城景区

鹿邑老子故里

老子李耳诞生于周口鹿邑，全县从街道到招牌都洋溢着浓厚的道家文化气息。紫气大道由东向西穿过县城，大道两旁的太清宫、老子文化园、老子历史博物馆、明道宫、陈抟公园等多处人文景区共同构成“老子故里旅游区”。

太清宫（60元）是老子的诞生地和祭祀庙，也是道教各派公认的祖庭。此处始建于东汉，唐高祖李渊拜老子为李氏先祖，按皇家祖庭规模将它扩建为太庙，宋真宗时期又一次扩建，可惜毁于战火。目前仅存清代建筑，从唐至清各时期的皇家碑刻皆存于其中。太清宫考古出土的三代及汉唐时期文物多收藏于周口市博物馆（见257页）。

明道宫（60元）是纪念老子讲学传道和飞升的地方。宋代道教文化鼎盛，宋真宗赵恒为老子上封号“太上老君混元上德皇帝”，并亲自到鹿邑祭拜，题字“明道宫”，以彰明天道。民间传说老子在此飞升登仙，故又称之为“老君台”。

老子历史博物馆（20元）收藏各个历史时期的《道德经》、老子雕像、碑刻，以及和道家文化相关的文物，是国内少见的专门展示老子生平和文化的博物馆。

◆见258页地图◆地址：周口市鹿邑县太清宫镇紫气大道◆门票：60元◆营业时间：8:00—18:00◆微信公众号：鹿邑老子故里

明道宫牌楼夜景

朱仙镇启封故园

2700多年前，河南中部一个小国崛起，郑庄公以小国称霸天下，拉开了春秋群雄逐鹿的序幕。郑国拓土扩疆，在今朱仙镇古城村一带屯兵筑城，以启拓封疆之意取名为“启封城”，它位于今开封市南20公里处，西汉时避汉景帝刘启名讳改作“开封”，开封城名由此而来。

开封因水而生，朱仙镇也是如此，占据了淮河支流贾鲁河边的要地，顺水南下可直通扬州。明代黄河水患几淹开封，朱仙镇的战略枢纽位置就更显重要，一跃成为华北地区水陆交通第一重镇。作为明代“南船北车”的唯一水陆转运码头，南来北往的货物和货商在此形成集散中心，明清鼎盛时期朱仙镇往来商户超过4万，百业繁盛，与广东佛山、江西景德镇、湖北汉口并列为中国四大名镇。

走进重建的启封故园，面对明清风格的牌楼和枕水而居的人家，恍如置身江南。从牌楼进入园区，显眼的四面牌坊展示着朱仙镇的历史高光时刻：漕运码头、年画鼻祖、豫剧之源、朱仙大捷。千总署、验粮楼演绎漕运涉及的层层手续，状元街、及第阁再现着文脉辉煌，吉庆街常有传统中式婚礼表演，游客甚至能预约在此举办古典婚礼，下八行街分布着各种“非遗”手艺的展陈，可以亲手参与制作著名的朱仙镇木版年画。园内有各种民俗、绝活、节庆表演和互动设计，也开放夜游项目，提供餐饮住宿，启封故园像一个明清版的清明上河园，能让你沉浸式地体验市井生活。

◆见255页地图◆地址：开封市祥符区运粮河西岸朱仙镇◆门票：60元◆营业时间：夏季9:00—18:00，冬季9:00—17:30◆微信公众号：朱仙镇启封故园

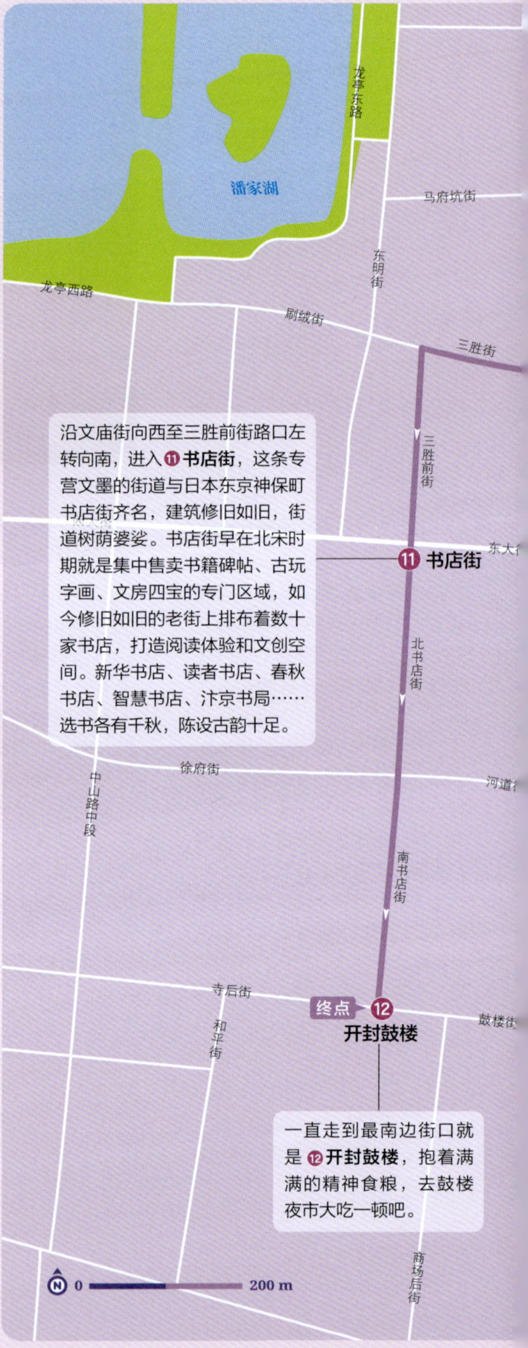

开封老城漫步

漫步开封老城，探索知名景区以外的小街老巷。去书店街感受千年文脉遗存，这里既有古老的历史也有年轻的表达；走进双龙巷清代民居建筑群，扎堆儿的名人故居和文艺小店让人目不暇接；当然不能错过令人回味无穷的开封美食，早市、午市、夜市……足以让你捧腹而归。

- **起点：东大寺**
- **终点：开封鼓楼**
- **距离：约4公里**
- **需时：约5小时**

宋高宗赵构南逃时，大批中原人迁往广东南雄，回顾故土都说自己来自东京⑩珠玑巷——就在文庙东边。
在双龙巷左转，到达⑦开封围棋博物馆，这座建筑同样设在古色古香的清代院落中。
西棚板街
东棚板街
建党早期地下工作者、教育家⑧杜孟模故居在巷西段。老巷上的咖啡馆、文创店都很出片。
之后沿朝阳胡同回到曹门大街，在内环东路向北，这一片都是⑥双龙巷历史文化街区，藏着不少名人故居，相传北宋两位皇帝赵匡胤、赵匡义也在此住过。
珠玑巷 10
解放路
开封文庙 9
文庙街
8 杜孟模故居
双龙巷
7 开封围棋博物馆
6 双龙巷历史文化街区
东三道街
内顺城路
从双龙巷西口出来，对面就是⑨开封文庙，前树3米多高的巨大孔子像。
侯家胡同
5 张钫故居
朝阳胡同
内环东路
古观音寺 4
曹门大街
曹门大街
出来后顺着小路拐进朝阳胡同，来到⑤张钫故居，它是典型的清代北方四合院结构，这位在辛亥革命中扮演重要角色的民国陆军上将曾在开封办学、赈灾、修水利，留下一段佳话。
沿路向北到曹门大街路口，可以参观安静清幽的④古观音寺。此地1公里的范围内，清真寺、天主堂、佛寺的建筑各具特色，各安香火，开封的包容可见一斑。
草市街
解放路
内顺城路
天主堂 3
内环东路
理事厅街
维中前街
到维中前街左拐前行30米后再右拐进入草市街，你依然被各色美食包裹，路西突然出现的③天主堂令人惊艳，哥特式建筑展现原汁原味的欧洲风情。
清平南北街 2
走出东大寺，沿着②清平南北街一路向北，这是一条聚集了开封老店的回民美食街，花生糕、烧饼、双麻火烧、羊肉鲜汤、烧鸭桶子鸡、开封四味菜、胡辣汤……满溢的人间烟火气。
清平南北街
东大寺
起点 1
汴京路
护
汴京路
解放路
城
内顺城路
河
清平南北街街口的①东大寺是中原地区现存最大、保存最完整的伊斯兰教古寺之一，始建于唐，重修于明，中国宫殿式建筑风格和清真寺风格奇妙地糅合在一起，青砖碧瓦，古朴素雅。

热门食宿区域

开封、商丘和周口虽不在京广线上，但交通相当便利，若不追求住宿的独特性，有很多颇具性价比的选择。市内酒店丰富，热门景点周边设施也越来越齐全，无论市内市外，都可根据需要预订。住宿标准见180页。

易牙和伊尹两大厨神都出身豫东，足以见得河南名菜和小吃的分量。开封的传统河南硬菜强调第一口的鲜香醇厚，商丘的烧鸡、糟鱼、垛子羊肉，善于文火烹调直至软烂入味，而到了周口就是逍遥镇胡辣汤的天下，所有馍、饼都要成为配角。

山 东 省
废 黄 河
安徽省
古城内的酒店不如古城以北的多。从商丘火车站到神火大道、市政府一线酒店选择多，但离古城略远。想深度游览芒砀山的旅行者，适合去芒山镇上住。
商丘
古城周边方便游览，芒山镇上人少环境清新。
芒山镇交通较不便。
商丘◎
古城内靠南门的美食街，小吃丰富。早餐特色的小鱼汤也值得打卡。芒砀山的餐厅集中在芒山镇汉兴大道一带，有山野口味私房菜，也有小吃。
不要错过
• 老砂锅
• 商丘烩面
商 丘 市
惠 济 河
河
浍 河
口 市
安 徽 省
市区的金国民胡辣汤是本地人的心头好；深入逍遥镇，主街上的老牌胡辣汤都不错。老城区的蒸菜、砂锅炖、垛子羊肉也是不可错过的传统美食。
不要错过
• 逍遥镇胡辣汤
茨 河
河

探索

旅行者推荐 INSIDERS' LIST

场所

满庭芳精品酒店（清明上河园店）
- 0371-25660750
- 开封市龙亭区龙庭西路5号清明上河园内

泊云尚院酒店
0371-22116333
- 开封市龙亭区建业半亩园东园7号楼

开封鼓楼清明上河园漫心府
- 0371-22660001
- 开封市鼓楼区西门大街建业九桥里西里

赵家名吃四味烩菜（东大寺门食品街店）
- 开封市顺河回族区清平南北街3号

西门郑羊双肠（大梁路店）
- 开封市鼓楼区大梁路1号

宋都禾源·灌汤包子（汉兴路直营店）
- 0371-22659988
- 开封市龙亭区黄河大街东段与汉兴路交叉口东北角

马家烤鸡腿鸡翅
- 开封市顺河回族区铁塔三街32号

鼓楼夜市
- 开封市鼓楼街鼓楼南广场

西司夜市
- 开封市鼓楼区向阳路

老河大夜市
- 开封市顺河回族区铁塔街道

稻香居锅贴（宋都御街店）
- 0371-22884603
- 开封市龙亭区宋都御街73号

邢家锅贴老店（大梁门总店）
- 0371-22886678
- 开封市龙亭区西门大街98号

河南大学老干训餐厅
- 开封市顺河回族区河南大学老校区南门里向东100米

孙记烧饼夹肉（草市街店）
- 13403780058
- 开封市顺河回族区草市街80号

二国拉面
- 18568682401
- 开封市顺河回族区草市街57号

黄家老店（西司店）
- 0371-25662988
- 开封市鼓楼区西司门街16号

商丘古城南湖酒店
- 0370-2358888
- 商丘市睢阳区应天西路与古宋路交叉口

雲朵客栈（商丘古城店）
- 0370-6622666
- 商丘市睢阳区东关街商丘古城东门内

古城第一家马家小鱼汤
- 15236878185
- 商丘市睢阳路华夏明珠10号楼113商铺

秋哥蒸饺月蚕汤（团结路店）
- 17613872777
- 商丘市梁园区团结路与长征路交叉口西北角

周口市迎宾馆
- 0394-8258888
- 周口市川汇区中原路7号

逍遥老杨家胡辣汤金汤总店
- 13781297128
- 周口市西华县交通路与大闸路交叉口

逍遥镇老佟家胡辣汤·金汤
- 18937620395
- 周口市西华县S330河南西华厦农商村镇银行(逍遥信用社)北侧约100米

逍遥镇高群生胡辣汤
- 13103940395
- 周口市西华县交通路与沙颍中路交叉口

金国民金记胡辣汤（川汇区分店）
- 17796886216
- 周口市川汇区汉阳路南段路西公安交警小区65号

书籍

《三侠五义》石玉昆 述 这部中国古典长篇侠义小说经典，堪称第一部具有真正意义上的武侠小说。书中叙述了北宋仁宗时期，开封府尹包拯断案平冤、侠义之士除暴安良的故事。

《开封传：夷门自古帝王州》刘海永 著 史学家眼中的开封历史，考证翔实，通俗易懂。从皇家古风、驼铃古道、八朝古都、历史古人、今日开封等角度阐述开封的历史和人文情怀。

影视

《少年杨家将》2006 演绎杨家将的影视剧不少，这部也算代表之一。全剧集结两岸三地明星，将杨家将传统的悲壮底色通过少年形象，演绎出丰富多样的色彩。相似题材视角独特的还有2001年播出的电视剧《杨门女将》。

《梦华录》2022 还未开播就备受关注的《梦华录》讲述了在钱塘开茶铺的赵盼儿将小小茶坊一步步发展为东京最大的酒楼的故事，还原了宋朝东京的繁华。剧中的东京城就是在开封取景拍摄的。

实用信息

抵离开封和豫东

火车

开封站（见255页地图）省内有动车线路前往郑州、新乡等地。

开封北站（见255页地图）是与郑州市区、郑州机场的城际列车停靠站。

宋城路站（见255页地图）同样是与郑州市区、郑州机场相连的城际列车停靠站。从郑州始发的各个火车站（郑州站、郑州东站、郑州西站、新郑机场站、郑州航空港站）均有动车或城际列车发往宋城路站，20—30分钟即可抵达。

商丘站（见256页地图）省内班次发往郑州、安阳、开封等地，省外可达北京、兰州、广州等地。

商丘南站（见256页地图）班次主要发往北京、深圳、广州、大同、济南等地。

周口站（见257页地图）省内有发往平顶山、漯河的列车，省外有发往北京、广州等地的列车。

周口东站 每日有多班列车发往郑州，省外有发往上海、杭州等地的列车。

长途汽车

开封旅游客运中心（见255页地图；0371-22062371）运营有多条环线巴士，覆盖开封大部分景区。

开封火车站客运中心站（见255页地图；0371-22572222）有省际客运专线发往青岛、济南、菏泽、无锡、常州方向，市际客运专线发往郑州和商丘。

开封宋城旅游客运站（见255页地图）有环线1号线、2号线前往包公祠、大相国寺、山陕甘会馆、龙亭公园、清明上河园、万岁山武侠城等景区。

商丘中心汽车站（见256页地图；0370-2255303）紧邻商丘火车站，有发往郑州、开封及省内各主要城市的班车。

秋日里的郑开城际铁路

周口客运中心站（见257页地图；0394-8223122）有发往河南省内主要城市的班车。

周口汽车东站（见257页地图；0394-8318388）有发往郑州、开封及省内各主要城市的班车，可以通过微信公众号"豫州行"查询和购票。前往伏羲太昊陵可从周口市区乘客车前往淮阳汽车站。周口汽车东站有旅游1号线直达伏羲太昊陵。

自驾

大广、连霍、宁洛等高速途经开封、商丘、周口等地，环开封和商丘有多条省级高速公路，周口公路交通也很发达，整体而言自驾前往很便利。

区域内交通

公交车

城市内公交车便捷。

开封市内开通有10条旅游巴士线路，其中大环线1号线、2号线经过大部分市区景点。在开封打车可通过网约车平台预约。

商丘市公交108路始发站分别为火车站和黄河故道游览区，1路公交车可从火车站行驶至古城北城门。

出租车

在开封、商丘和周口市内乘出租车或网约车都很方便，但在热门景区，可能会在傍晚等高峰期出现阶段性运营车辆供不应求的情况。

共享单车和电动车

开封、商丘和周口市内有多个品牌的共享单车和共享电动车选择，但要格外注意共享电动车的停车区范围，以免超区域无法落锁。

包车或自驾

整个豫东交通便利，山路较少，无论市内还是市外景区，都适合包车或自驾。不过在城市内，需要注意停车场资源，可能会出现难找停车位的情况。

旅行信息

微信公众号

豫州行 可购买河南全省各大长途汽车客运站巴士票，购买成功后可以去当地汽车站的取票机，刷二代身份证取纸质票上车。

开封市文广旅局 定期发布开封文化旅游信息和惠民措施。

高铁次卡套票

除了开封的行程外，若有前往郑州、洛阳的旅行计划，可以考虑12306推出的以郑州为大本营、往返开封和洛阳的旅游高铁次卡套票。自首次乘车日起，有效期9天，在此期间可享受郑州往返洛阳龙门、郑州往返开封北站四段行程的二等座票，套票售价155元。可在12306App首页的"计次·定期票"中的"旅游"页面查询详情并购买。更多火车游出行的方式参考"火车游河南"（见168页）专题。

开封和豫东地图

景点
餐饮
住宿

开封城区
0 2.7 km
连霍高速
G30
开封北站
开封旅游客运中心
金明大道
安远门大道
复兴大道
见254页开封老城
东京大道
金耀路
十二大街
九大街
五大街
三大街
一大街
集英街
黄河大街
西环路
西关北街
龙亭西路
龙亭北路
解放路
东环北路
开封博物馆
郑开大道
大梁路
西门大街
曹门大街
新曹路
晋安路
汉兴路
夷山大街
向阳路
中山路
汴京路
宋城路
宋城路站
开封宋城旅游客运站
迎宾路
公园路
新宋路
魏都路
滨河路
开封火车站客运中心站
繁塔
开封站
禹王台
禹王路
华夏大道
郑汴路
黄
汴
河
马
家
惠
济
五一路

朱仙镇
0 630 m
S219
朱仙镇启封故园
永定线
复兴大街
年画街
朱仙镇岳飞庙
岳庙大街
朱仙镇汽车站

景点
餐饮
住宿

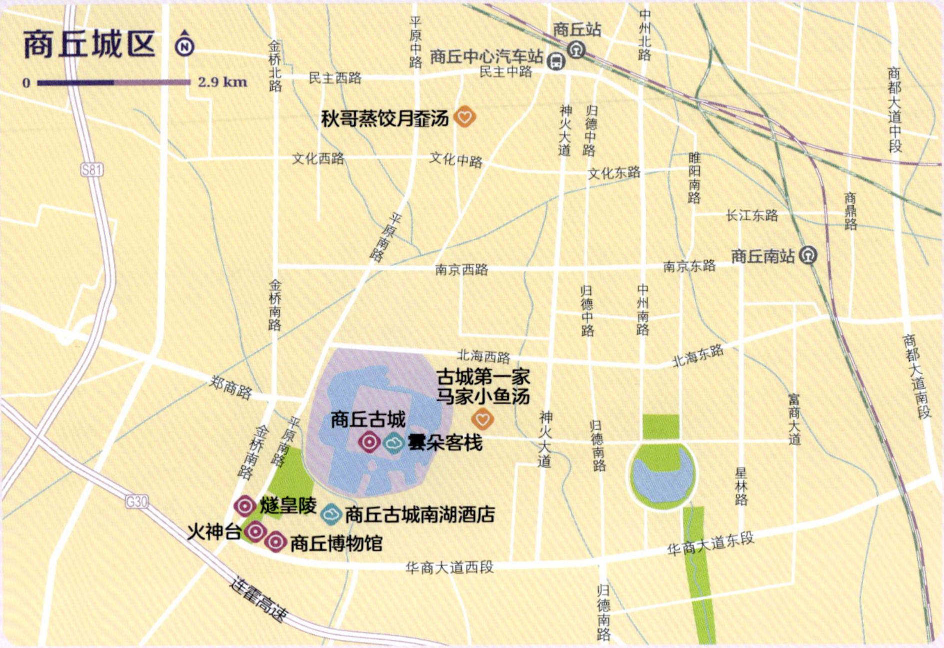
商丘城区
0 2.9 km
商丘站
商丘中心汽车站
民主西路
民主中路
金桥北路
平原中路
中州北路
商都大道中段
秋哥蒸饺月蚕汤
神火大道
归德中路
文化西路
文化中路
文化东路
睢阳南路
S81
商鼎路
长江东路
平原南路
南京西路
南京东路
商丘南站
金桥南路
归德中路
中州南路
北海西路
北海东路
商都大道南段
郑商路
古城第一家
马家小鱼汤
商丘古城
云朵客栈
平原南路
金桥南路
神火大道
归德南路
富商大道
星林路
G30
燧皇陵
商丘古城南湖酒店
火神台
商丘博物馆
华商大道西段
华商大道东段
连霍高速
归德南路

芒砀山
0 810 m
S201
汉兴大道
碱河路
大汉雄风景区
景观路
陈胜园
僖山
芒砀山旅游区
夫子山
楚风路
歌风路
夫子山景区
砀城路
刘邦斩蛇处
雨亭街
汉风街
碱河路
文景路
戏山路
龙兴路
刘街
刘街
S316
汉兴大道
环山路
汉梁路
芒砀山地质公园
汉梁王陵
汉梁王陵景区
汉梁路
柿园路
柿园路
汉兴大道
S201

景点

餐饮

住宿

周口城区
0 3 km
北环路
太清路
八一大道
中州大道
周口大道
北环路
周口东站
平安路
大广高速
周口路
颍河
汉阳北路
建设大道
周口公园
周口市迎宾馆
腾飞路
恒山路
武盛大道
沙河
关帝庙
文昌大道
中原路
周口市博物馆
文昌大道
汉阳中路
大庆路
龙源路
七一路
周口植物园
环湖路
周口客运中心站
周口汽车东站
颍
交通大道
汉阳南路
交通大道
永宁湖湿地公园
环湖路
金国民金记胡辣汤
黄河路
中州大道
五一路
沙颍河湿地公园
七一路
太昊西路
太昊中路
交通大道
河
武盛大道
开元大道
开元大道
八一大道
周口站
宁洛高速
交通大道

淮阳
0 1.5 km
淮宁大道
明礼路
平粮台大道
朝祖大道
太昊伏羲陵
秋月路
龙都大道中路
羲皇大道
龙华路
连心路
清风路
清风路
明信路
明礼路
伏羲文化公园
新华大街
龙湖
淮
陈风路
郑
陈风路
河
陈楚故城
淮阳龙湖国家湿地公园
六艺阁路
育德路
大同街
民生西路
陈胜吴广点将台
教育路
教育路
文鼎路
弦歌台
民生东路
淮周路
龙都大道南路
淮阳中心汽车站
弦歌西路
弦歌路
弦歌路
平粮台大道
淮阳汽车站
羲皇大道
明信路
明礼路
育英东街
兴淮路
大清路
宛丘大道
宛丘大道

景点
餐饮
住宿

鹿邑
0 1.2 km
鹿邑县客运北站
博德路
杨园街
真源大道
栾台路
辅仁大道
鹿邑涡河省级湿地公园
涡
河
问礼大道
卫真路
卫真路
仙台路
明道宫
鹿邑县汽车客运东站
老子历史博物馆
太清宫
紫气大道
紫气大道
紫气大道
陈抟公园
栾台路
真源大道
谷阳路
辅仁大道
问礼大道

逍遥镇
0 150 m
S330
颍
河
逍遥老杨家胡辣汤金汤总店
逍遥镇老佟家胡辣汤·金汤
大闸路
大闸路
交通路
民族路
沙颍中路
沙颍中路
沙颍中路
逍遥镇高群生胡辣汤
民族路
交通路
沙
河

景点

餐饮

住宿

洛阳和三门峡

电话区号：洛阳 0379　三门峡 0398

洛阳河山拱戴，形胜甲于天下，是“祖宗严选”的风水宝地。“若问古今兴废事，请君只看洛阳城”，从夏商周经营“皆在河洛之间”到汉魏辟地和隋唐的繁华如锦，从白马寺的钟声到丝绸之路上的驼铃，从端严的龙门到国色天香的牡丹，运河千帆争渡，北邙荒丘无数……十三朝古都像摊开的长卷，轻而易举就让你沉迷。2400多年前，周王室守藏室史的长者经洛阳至函谷关，一人一牛向西500多公里，留下巨著《道德经》，上善若水的智慧仍能在豫陕晋之交的三门峡一窥究竟。

数说洛阳和三门峡

11+万
龙门石窟造像量

2只
明星大熊猫
灵岩和迈迈

17.14米
“东方蒙娜丽莎”
卢舍那大佛像高

1000+种
洛阳牡丹

3项
洛阳世界文化遗产

100+家
洛阳的博物馆

1个
中国现代考古学诞生地
仰韶村遗址

24道
洛阳水席

在洛阳和三门峡，你可以这样玩：

3天 洛阳精华游 （见28页）

5天 洛阳全景游 （见30页）

4天 纵贯伏牛山 （见62页）

2天 洛阳石窟串览 （见92页）

1天 漫游三门峡黄河 （见112页）

4—7天 火车串游郑汴洛 （见174页）

何时去

3月至5月
花海来袭，4月初开启的中国洛阳牡丹文化节尤其热闹，为期20天。牡丹花从清明节开始到4月15日都是盛花期。“五一”正好能赶上牡丹花季的尾巴，届时洛阳人山人海。

6月至8月
天气渐热，豫西进入旅游旺季。洛阳迎来研学高潮，三门峡的博物馆也人潮涌动。此时，相比于市区的酷暑，山间依旧清凉，适合探访。

9月至11月
金秋时节，日渐凉爽，雨水将歇。9月底，洛阳开启为期一个月的河洛文化节，包括龙门魏碑国际书法节、关林国际朝圣大典、伏牛山红叶节、洛阳美食节、秋季牡丹精品展等。

12月至次年2月
冬季气候寒冷干燥。12月31日晚，白马寺举办新年祈福钟声活动，方丈带领僧众诵经祈福、点长明灯，祈求新年如意。春节后的河洛文化民俗庙会，以洛阳及周边地区的民间艺术家、艺术团体表演为主，有武皇十万宫廷乐舞、偃师狮舞、南无拳、海神乐、南庄木偶戏等非物质文化遗产节目演出。南部的伏牛山雪景很好，不过出行需注意保暖。

牡丹花盛开的洛阳

洛阳和三门峡亮点

灵宝函谷关

西据高原，东临绝涧，南接秦岭，北塞黄河，在无可经营的天险之地，秦国建起千年雄关，从此立于不败之地，横扫天下。站在关楼远望崤函古道，历史就在你的脚下缓缓流淌。

三门峡虢国博物馆

西周级别最高的公侯国墓地藏在这座小城的地下，灿烂的青铜器、精致无匹的玉器、规模宏大的车马坑，藏品精彩纷呈。

伏牛胜景

坐拥秦岭东段支脉八百里伏牛山，洛阳南部嵩县和栾川的山水胜景不亚于豫北太行。夏季绿林掩映的重渡沟、鸡冠洞，冬日仙气飘飘的老君山、白云山，都是豫西毫不张扬的美。

洛阳古墓博物馆
“生在苏杭，葬在北邙”，事死如生的东方哲学，浓缩于这座全国唯一的古墓专题博物馆。在20多座还原墓室中走过一遭，你对生死也会多几分理解。
二里头夏都遗址博物馆
走进全球最大的遗址博物馆，寻访华夏民族的源头。展厅入口的纹饰就是大禹时期治农事的耒与耜，从这里开始寻访民族起源。
洛阳博物馆
洛阳的博物馆多如过江之鲫，但首选还是这里。从40余万件文物中脱颖而出的珍宝馆藏品，写满了上下五千年的河洛繁华。
龙门石窟
世界级石刻艺术宝库，从北魏到盛唐的皇家造像悉数聚集于此，坐拥最好的工匠，臻于化境的审美。白天游完，也不妨碍再来夜游一遍。
王 屋 山
济 源 市
(省直辖)
沁 河
焦作
济源
小浪底水库
G3511
S95
焦 作 市
黄 河
孟津
G55
G30
洛阳北郊机场
洛阳古墓博物馆
渑池
义马
新安
偃师
S57
洛阳博物馆
二里头夏都遗址博物馆
洛阳
S97
洛 河
龙门石窟
宜阳
郑 州 市
伊川
伊 河
陆浑水库
嵩县
汝阳
许 昌 市
北 汝 河
G344
S49
平 顶 山 市
阳 市
S96
G208
S243
重渡沟
方
外
山
S88
大门扇垭
2212
白云山
石人山
2153.1
南
水
北
调
中
线
工
程
平顶山
白龟山水库
牛
G345
G55
S234
白 河
南 阳 市
S328
S240
鸭河口水库
0
25 km

龙门石窟

石窟造像

龙门石窟

在伊洛平原的最南端，伊河穿过如门阙的东西两山，地势险峻至极，风景也美到极致。白居易就曾在《修香山寺记》中写下“洛阳四郊，山水之胜，龙门首焉”——他对龙门的喜爱也到了极致，特意搬来这里长住，出资重建在安史之乱中遭重创的香山寺，后埋骨于此。

北魏太和十八年（494年），孝文帝将都城从大同迁来洛阳，同时也把大同云冈石窟的营造经验带到了龙门。龙门第一个石窟就是孝文帝为祖母冯太后所建的功德窟——**古阳洞**，体量巨大，内容丰富，以一佛二菩萨为主尊，无数小型造像和佛龛填满窟内。古阳洞是孝文帝表达孝道、改革鲜卑风俗、向汉文化靠拢的载体，在后期宾阳中洞的《帝后礼佛图》中，孝文帝和皇后皆身着汉服、行汉礼，可见北魏时期的汉化力度。古阳洞还拥有多方堪称魏碑极品的造像题记，作为篆隶向楷书的过渡书体，魏碑沉稳大气，拙中见巧，极具审美价值。历代文人墨客在龙门石窟2800多方魏碑中精选出20方，称“龙门二十品”，其中19品出自古阳洞，这里自然成了书法爱好者的圣地。

孝文帝之子宣武帝继承父业，为其父开**宾阳中洞**。从大同云冈到古阳洞，再到宾阳中洞，鲜卑汉化的线索清晰可见。从粗犷丰圆、眉眼细长、鼻梁极高的雄健草原民族形象，逐渐演变成温和清秀、面目清癯的褒衣博带，宾阳中洞造像眉眼间都带点儿文人神气，表情亲切，气质飘逸。洞中那幅《帝后礼佛图》艺术价值极高，可惜被盗卖至海外。

时间轴进入盛唐，唐高宗为其父李世民兴建的奉先寺，是唐代雕塑艺术的最高成就，直到武则天时期才完成主尊**卢舍那大佛**的营建。大佛带一丝微微浅笑，女性化的脸庞塑造，丰满强健的造像风格，是一个伟大时代的最好侧写。

随着唐代女性社会地位的提高，一些由女性、女官主导的石窟也应运而生。以1.5万尊小佛像得名的**万佛洞**，窟南侧塑一呈S形曲线站姿的观音，体态慵懒松弛，线条美不胜收，被誉为龙门最美观音。

参观龙门石窟的路线从西北门入，观赏以古阳洞、宾阳三洞、卢舍那大佛、万佛洞等为主的**西山石窟群**，过伊阙桥，来到集中了唐代大中型洞窟的**东山石窟群**，在礼佛台观赏对岸卢舍那大佛，而后经香山寺和白居易墓园，从东北门离开。夜游通常在春、夏、秋三季开放，具体日期建议关注景区公众号，只想来夜游赏灯的需购买夜游票，并于18:00以后进入景区，你也可以下午就进入，先游览西山和东山石窟，再静候亮灯时分。

景区大石门以北修建了1公里长的**龙门古街文旅体验区**，门口是**龙门博物馆**，关于龙门的历史研究、发掘过程、造像修复、窟龛详细信息都陈展其中，适合石窟深度爱好者学习。龙门古街上文创、汉服邮局、餐饮、民宿很多，吃住便利。古街北端**无上龙门沉浸式体验馆**有球幕影院观影，用15分钟影片展示龙门石窟历史、河洛文化发展史和盛唐龙门的辉煌，值得一看。

◆见263页和292页地图◆地址：洛阳市洛龙区龙门中街13号◆门票：日游90元，夜游90元◆营业时间：日游8:00—18:00，夜游18:00—21:00（白园和东山石窟不开放夜游）◆微信公众号：龙门石窟景区

白马寺

万佛山石窟

万佛山石窟位于洛阳北部孟津区的万佛山森林公园北侧，开凿于北魏晚期，现存石窟分为上、下两寺院，共有造像300余尊。不少造像彰显强烈的胡汉糅合风格，反映了北魏鲜卑族在汉化过程中的审美转变，这里原是大同至洛阳的平洛古道的咽喉之地，造像也恰好展现出云冈石窟向龙门石窟转变的过渡风格。

上寺院建在半山腰，主要包括大佛龛、莲花洞和双窟，其中大佛龛中释迦牟尼造像高5米有余，经考证，应与龙门宾阳洞中的主尊造像为同时期作品。下寺院的锣鼓洞中保留着中心塔柱窟，神游洞中有一圈完好的礼佛图行列浮雕，也是不容错过的精品。

景区未进行大规模的商业开发，建议自驾或包车前往。

◆见292页地图◆地址：洛阳市孟津区Y004（柴送路）万佛山森林公园

水泉石窟

大谷关以北，水泉石窟坐落在万安山支脉的峭壁间，据考证，这里始凿于北魏熙平二年（517年），延续至北宋，主要为北魏之作。共有大小佛龛400多个、造像1000余尊，与龙门石窟的皇家气派不同，水泉石窟是民间造像的代表。

石窟主体深11米、宽6.3米、高7米，正中为两尊主佛并立，左（北）侧的高5米，右（南）侧残存的部分为2.9米左右。有专家依据窟外摩崖碑刻上的文字推测，二佛应为孝明帝和胡太后的形象，也有观点认为“二佛并立”其实是依据佛教故事《妙法莲华经·见宝塔品》雕凿的。北壁外侧的一个小龛的龛楣由两只凤鸟羽翼组成，这种“凤翼龛楣”目前只在水泉石窟发现。

水泉石窟崭新的高大牌坊临街而立，很醒目，自驾或包车前往较方便。

◆见293页地图◆地址：洛阳市洛龙区掘丁路五龙学校西南15公里

古迹与建筑

白马寺

汉明帝梦见西方有异神，派使者西行至大月氏（今阿富汗），正遇上讲经说法的印度僧人摄摩腾和竺法兰，最终梦里白马真的驮着佛教经典来到了洛阳。

神都家常：花样面食

作为碳水大省的代表，洛阳也有花样百出的面食。

除了烩面、捞面、包子这些基础款，烫面角、浆面条、疙瘩汤、蒸卤面才是洛阳人私藏的心头好。烫面角是一种蒸饺，但面皮一半用开水烫面，一半用凉水和面，肉馅配笋片面筋等佐料和馅，包出一个个晶莹剔透形如新月的饺子，口感软糯中带着筋道。浆面条的灵魂是浆水，用绿豆打浆发酵做出来的浆水酸鲜开胃，面条上铺满小料，芝麻盐、芹菜碎、辣椒油、韭花酱……鲜香出奇又解腻，夏日里一碗纯素面条完胜大鱼大肉。

关林庙

白马寺是我国第一座佛教寺院，距今已有1900多年历史，佛教从这里远播海内外，影响到日本、韩国、越南乃至欧美地区，各国佛学专家往来，此地开放度和包容度极高。泰国、印度、缅甸相继出资在白马寺修建本国样式的佛塔，因此在这座寺院中同时能欣赏到四个国家的佛教建筑风格，实乃全球首例。

武则天执政时期是白马寺最鼎盛的阶段，寺院扩建到背靠北邙山，南山门直抵洛河边，常驻僧众3000多人，每晚都得派人骑马去关寺门，留下“跑马关山门”的典故。白马寺经过历朝历代战火洗礼，毁后又建，也留下了各个时期的遗迹。山门向东是赵孟頫亲笔碑刻《洛京白马寺祖庭记》，摄摩腾和竺法兰两位大师分别葬于东西山墙下，钟楼里明代大钟依旧清越，而狄仁杰疑家则在寺东头。顺山门中轴线向北进入大雄殿，23尊国宝级夹纻干漆佛像就陈列其中。东院的齐云塔始建于西汉，于金代重修，其间供奉佛祖舍利。

◆见294页地图◆地址：洛阳市瀍河区白马寺镇洛白路6号◆门票：35元◆营业时间：7:40—18:40◆微信公众号：洛阳白马寺

关林庙

忠勇无双的关公早已超出一般传奇的范畴，关庙和孔庙几乎坐镇中国每一座城镇，在偏远县乡都能成为区域中心和地标。至明清两代，山西商人对本乡人关公尤为崇拜，奉为“河东夫子”“武财神”。随着晋商遍布天下，全国大大小小的商业会馆都建成了关庙形制。据统计，海内外可考的关庙近3万座，洛阳关林因埋葬着关公的首级而成为海内之最（又一说埋首地并不在此）。洛阳关帝庙称“关林”，

须弥之境

白马寺起初不是佛寺，龙门也不是石窟。

白马驮经东来，汉明帝将摄摩腾和竺法兰两位印度高僧安顿在洛阳鸿胪寺。“寺”在西汉时专指官署，“九卿所居谓寺”，鸿胪寺是主管外宾接待、朝会礼仪的机构，所以用以接待印度来客。两位高僧在此翻译佛经，为表礼遇，汉明帝专门建起一座僧院，以白马为名，借用寺的建制，称其为“白马寺”。随着佛教传播，“寺”逐渐成为佛教僧院的专用名词。

白马寺门口的马

龙门古称伊阙，相传大禹治水时疏通洛河入黄河，而伊河被龙门山挡住时常泛滥，大禹凿开龙门山，即成今日的东山、西山，像两扇门阙。伊河从两山之间流出，与洛河汇流，从此无水患。伊河之门阙——伊阙处于伊洛平原最南端，离洛阳城中心不过10公里，两山之间地形险峻，为自古兵家必争之地。自北魏孝文帝迁都洛阳，开凿石窟，全国上行下效地敬佛建寺，而至隋一统，汉魏洛阳城毁于战火，

卢舍那大佛

弟子

菩萨

天王

力士

石窟群逐渐凋敝，直到洛阳迎来隋炀帝。

隋炀帝即位后亲至洛阳考察，他登上北邙山南望伊阙，感叹山川之美，风水之妙，便问臣子：“这么好的地方，自古帝王为何都不知道，不在这里建都？”臣子巧妙回答：“不是古人不知道，而是留着专等您这样伟大的人来。”隋炀帝大悦，以天子居龙门为名，为伊阙改名“龙门”，将洛阳新都皇城的中轴线设计成正对龙门，以天然山体为帝城南门，气魄惊人。

至于李唐时期，东西两山开窟层层叠叠，龙门逐渐确立了佛教圣地的地位。武则天执政时期，为巩固皇权，命人伪作《大云经》，将自己塑造成弥勒佛下凡，为天下之主，弥勒信仰一时风靡。武则天捐两万贯脂粉钱完成卢舍那大佛的修凿，相传大佛的面容就是参考了她本人的形象。她还经常带领臣子游幸龙门，让文人赋诗比赛，赐才高者锦袍。而洛阳百姓于清明时节来龙门拜谒、踏青、观景，在盛唐时期已成民俗。

佛教从白马寺走向龙门第一窟古阳洞，前后400余年，从古阳洞到清末，又历1400余年，其间历史总是以战乱为主，穿插着短暂的平静。宗教向上成就文人雅士的思辨，向下抚平黎民百姓的苦痛。时局越动荡，石头里的佛陀菩萨越显安详，得势者更祈千秋万代，底层百姓只求温饱平安，看似脱俗的佛教其实蕴含着浓厚的世俗色彩。奉先寺卢舍那大佛居中，弟子、菩萨、金刚、力士向左右两边燕翅排开，仿佛天子与群臣上朝的实景，菩萨做世俗妆容，穿戴战甲的金刚力士如武官，神像其实是当时人间烟火的造极。从北魏的褒衣博带、秀骨清像，到盛唐的丰满圆润、华贵雍容，每个朝代的审美、文化、气质都清晰留存在石窟之中。

灵宝函谷关历史文化旅游区

是比“帝王陵庙”还要更高一级的规格，只有山东曲阜的“孔林”可以与之比肩。

关公的圣人形象是迭代累加的结果。初唐时传说他升天后成为战神，民间相信祭拜他可以避祸消灾；北宋中后期的几位帝王先后加封关公，皇帝带头祭拜；明清两代更是将关庙与帝王陵规格拉平，规定关庙可用黄色琉璃瓦。关公刚正不阿的一生，忠义仁勇的形象，让各个阶层的人都前来祭拜。

洛阳关林始建于明，清代扩建，保存了完整的庙前戏台、拜殿、三重殿、牌坊、碑林、墓地的建筑格局，另收藏着洛阳出土的石刻和碑刻精品。这里每年9月29日举办关林国际朝圣大典，弘扬关公文化，届时有洋溢着浓郁古风的歌舞表演。

◆见293页地图◆地址：洛阳市洛龙区关林南路2号◆门票：40元◆营业时间：5月至9月8:30—18:00，10月至次年4月8:30—17:30◆微信公众号：洛阳关林

仰韶村国家考古遗址公园

三门峡市渑池县仰韶村是古中国文化的源头，也是现代中国考古学的源头。1921年瑞典学者安特生、中国地质学家袁复礼、考古学家夏鼐和安志敏在这里挥动了中国现代考古发掘的第一铲。

仰韶文化是发源于黄河中游的新石器时代彩陶文化，在距今7000年到5000年，在黄河中游地区分布极广，以首次发现在仰韶村而命名。聚落的规模已经相当大，有稳定的农业种植，辅以采集渔猎。仰韶文化的核心技术是发达的制陶业，各种生活用陶器上生动无比的彩色花纹引人注目，纹饰多受黄河沿岸自然生态的影响，有特色的水纹、鱼纹、鹿纹、蛙纹……成组的纹饰更具故事性，如鹳衔鱼纹、水鸟啄鱼纹、人面纹、鱼蛙纹等。这些花纹是上古的绘画，是先民在探索自然和学习生存中的创作。

公园占地约2平方公里，南部是遗址区域，用仰韶彩陶元素设计了各种隔墙、引导牌，穿过遗址中的村落、窑洞、壕沟，就来到了北部仰韶文化博物馆。馆内展出仰韶村三次发掘的考古活动和成果，为中国现代考古学的先贤们立了纪念雕塑，展出200多件仰韶村及其他仰韶文化遗址出土的典型文物。

◆见295页地图◆地址：三门峡市渑池县仰韶村◆门票：免费◆营业时间：9:00—16:30◆微信公众号：仰韶文化博物馆

灵宝函谷关历史文化旅游区

函谷关是连接中原和西北的咽喉，是崤函古道的锁钥，也是中原地区建置最早的天险雄关。中原无数大战要战，秦楚之战、秦伐六国、汉匈之战、楚汉相争、安史之乱……都在这里展开。

今日登上函谷关景区内的关楼高台，北望黄河，南面秦岭，东临绝涧，狭窄至极的关口正应古籍中所说的“深险如函”“丸泥可塞”，具象化地展现了为何秦人能“一关在手，可挡十万雄兵”。

雄关如此，又处于东西要道上，自古名士名臣都要来见识一番，再留下几许感叹，司马迁、唐玄宗、李白、杜甫、白居易、司马光都纷纷来此题诗作赋。以函谷关为界，古人常说的“关东出相，关西出将”，是对此地民风的高度总结。

函谷关还是道教发源地，相传老子骑青牛出关，守关官员尹喜见紫气东来，便知圣人驾临。尹喜虚心请教，绊住老子在函谷关盘桓许久，使他洋洋洒洒写

下《道德经》。景区中开辟了一片巨大的太极圣湖，高12米、长365米的《道德经》全文石刻立于湖畔，通体高33.3米的老子造像，象征道家“三生万物”的哲学理念。

需要注意的是，灵宝函谷关是自秦以来函谷关的原址，在洛阳市新安县东另有一处**汉函谷关**（微信公众号：新安函谷关）。西汉武帝时，屡立战功的楼船将军杨仆是新安县人，新安县在函谷关之外，他以自己是关外人为耻，祈求汉武帝把灵宝函谷关东迁三百里到新安，将自己纳入关内，汉武帝应允，新安县就成了汉函谷关的所在地。至东汉汉光武帝刘秀定都洛阳，汉函谷关成了洛阳通往长安的西大门，军事地位进一步提升。2100年后，汉函谷关遗址作为丝绸之路上的重要遗产点，被列入《世界遗产名录》。

◆见295页地图◆地址：三门峡市灵宝市函谷关镇王垛村◆门票：75元◆营业时间：9:00—17:30◆微信公众号：函谷关旅游区

隋唐洛阳城国家遗址公园

隋唐洛阳城有多大？包括外郭城、皇城、宫城在内占地约47平方公里，大约是故宫紫禁城的65倍。2005年，洛阳启动了大遗址保护工程，基本覆盖了今日洛阳城的范围，既能保护遗址、展示历史，又不影响城市生活。

遗址公园目前已建成**宫城核心区**（应天门遗址博物馆、明堂、天堂、九洲池遗址、隋唐城天街保护展示段）和**定鼎门遗址片区**（定鼎门及定鼎门遗址博物馆），依托考古成果和古籍资料，在原址上恢复标志性建筑，已复建定鼎门、明堂、天堂、应天门、九州池……白天可以参观建筑和博物馆了解史实，入夜观赏美轮美奂的古建筑和实景演出，仿佛走入盛唐美梦。

隋唐洛阳城国家遗址公园

应天门遗址博物馆（免费）展示唐代建筑地基及出土文物，模型和沙盘还原隋唐洛阳的皇城风光，及武则天时期名人名臣的生平。

应天门（60元）复建了门楼、朵楼、东西阙楼和连接的廊庑，这是国内目前发现的等级最高的城门，两重门观，五座崇楼，三个门道，中门双向三出阙，堪称顶级皇家配置，隋唐两代重大庆典和活动多设于此。楼宇内也极尽盛唐风格的装饰，楼上视野极好，灯光秀每晚19:00开始（南广场19:00，北广场20:00），**《唐宫乐宴》**（268元，每天下午晚间多个场次，含演出及互动、汉服、茶饮服务以及天门门票）主题表演提供换古装服务，穿上唐代服饰从巨大的广场走向巨大高耸的应天门，有几分上朝的错觉。

应天门以北是**明堂**（明堂天堂景区90元），用作皇家祭祀、朝会、庆典，武则天在洛阳登基执政时期，将明堂移至宫城正前方，成为洛阳城的中心。明堂和近旁供皇家礼佛与上天沟通的天堂都可登顶俯瞰全城。

城西北的**九洲池**（日场30元，夜场68元，夜场17:00入园）是皇家池苑林，有蓬莱、方丈、瀛洲仙山，引水入池，营造传说中东海九洲神话境界。晚间实景表演活动很多，巧借水色山形，美不胜收。

出应天门向南5公里，过洛河，顺龙门大道来到**定鼎门广场**和**定鼎门遗址博物馆**（免费）。遗址内留存部分城台、城墙、阙台，发掘的遗址门道和柱础石就留在原址保护展示，博物馆内展出定鼎门的演变历史和部分文物，重建的仿唐城门为一门两阙，气势恢宏。登上城楼北望，天街、洛河、应天门等建筑在中轴线上清晰再现，南望伊阙龙门隐隐可见。天街最宽处有140余米，在定鼎门北恢复了部分路段的**天街公园**（免费）时有市集，仲春时节适合来体验"天街小雨润如酥"的盛唐浪漫。

◆见292页地图◆地址：宫城核心区，洛阳市老城区定鼎南路23号；定鼎门遗址片区，洛阳市洛龙区龙门大道与古城路交叉口以西

山陕会馆（洛阳万里茶道博物馆）

始建于清代的山西、陕西商人会馆，按关帝庙的建制建造，仪门、照壁、山门、舞楼、拜殿、正殿整组建筑都保存完好，是典型的清代中后期建筑和装饰风格。会馆位于洛河北岸不远处，贸易行商和货船运输都非常便利。

山陕会馆的建筑融宫殿、商会、民居风格为一体，雕饰尤其繁复华丽，体现了清中期的审美和建筑技术的鼎盛。石雕、木雕、砖雕中最多见的图案是洛阳的标志——牡丹，但没有一朵花雷同。斗拱等木构的端头都雕绘花纹，拜殿梁上保存了极完整的清早期点金彩画，历经数百年风雨依旧如新，**二龙抢珠照壁**是豫西地区最大、保存最完整的琉璃照壁。

馆内另设**洛阳万里茶道博物馆**展厅，介绍明清时期从我国南方茶区经湖北、河南、张家口转运至蒙古、西伯利亚、莫斯科、圣彼得堡等地的贸易路线——万里茶道，详细展示中俄茶叶贸易、明清时期洛阳茶文化以及洛阳作为贸易重镇在万里茶路中的重要性。

◆见292页地图◆地址：洛阳市老城区九都东路171号◆门票：免费◆营业时间：9:00—17:00，周一闭馆◆微信公众号：隋唐大运河文化博物馆

潞泽会馆（洛阳民俗博物馆）

由山陕会馆向东900多米，瀍河边另有一座晋商会馆——潞泽会馆，民间俗称"东会馆"，由清代山西潞安府（今长治）和泽州府（今晋城）的商人集资营建。一城两会馆，可见清代洛阳商贸活动之繁盛。

潞泽会馆同样以关帝庙格局营建，建筑群保存完整，规模比山陕会馆更大。重檐歇山式的大殿面阔五间，气势雄浑，雕饰彩绘极尽精致，殿外的廊柱下石柱础样式精美，极富特色。一般用来垫柱的柱础不过是扁圆柱样式，潞泽会馆的石柱础每一组都雕刻了不同的花样，将浮雕和透雕技法混用，一层叠一层，一方柱础上集合了梅兰竹菊和瑞兽等多层花纹雕刻，用透雕表现神兽头尾钻进钻出的神态，灵动精致，是罕见的石雕精品。

院内设洛阳民俗博物馆，在文物建筑中展示民俗文物精品，收集以清代为主的民俗物件，囊括刺绣、剪纸、皮影、泥塑、木雕、服饰等，通过民间工艺厅、婚俗厅、寿俗厅、信俗厅等主题还原清代洛阳世俗生活。

隋唐洛阳城：神都应天

历来有大作为的掌权者都热衷于营建极其宏伟的建筑，洛阳遇上隋炀帝和武则天，则必要大鸣大放。

隋炀帝为何迁都洛阳？造宫室、挖运河，只是为了炫耀功绩？事实上，从隋文帝接手长安，经历两汉魏晋征战几百年的长安城，排水排污系统已经濒临崩溃，饮用水也受到污染，长安偏西的地理位置和河流条件不利于运输，近百万人口不靠漕粮很难养活。隋炀帝来洛阳考察地形，看中了这片邙山之南、伊阙之北、瀍水之西、涧河之东的绝佳土地，决定在此建都。

隋洛阳城的设计象天法

上图：明堂内部

下图：应天门遗址

隋唐洛阳城夜色中的烟火

定鼎门

地，设宫城于西北，对应北极星（紫薇星）位，又称紫薇城。以应天门为宫城南门，定鼎门为外城南门，两门向南形成一条垂直中轴线直指龙门伊阙，洛水如银河东西穿城而过，两岸里坊如星辰散落。继而开凿大运河，在城周广设粮仓，避免了隋文帝时天灾饥荒导致全城断粮的危机，连通且促进了国内南北方交流，也利于军事防御。从唐对隋的建筑、运河和制度的沿用来看，隋炀帝的工程是必要且成功的。然而建城、挖运河这两项大工程在十余年内几乎耗尽了民力，动辄“发百万役丁”的好大喜功，直接将隋朝送走。后人也有“若无水殿龙舟事，共禹论功不较多”的惋惜，算是对隋炀帝“功在千秋，惜利不在当代”的认可。

武则天是空前绝后的女帝，她的野心和格局非常人可比。她将都城从长安迁往洛阳，甚至给洛阳改了一个独一无二的响亮名字“神都”，强烈暗示着要开启一个全新的时代，也部分达到了与盘踞长安的李唐势力——关陇集团权贵做切割的效果。武则天在隋洛阳城的基础上，顺着城市中轴线修建起高耸入云、气势惊人的“七天建筑”——天阙、天街（今定鼎门内大街、天门（今应天门）、天津桥（洛河上的桥）、天枢、天宫（即明堂）、天堂，从南到北高低起伏。其中天宫（明堂）的传统始于三代，是“明政教之堂”，用来祭祀和理政，象征帝王权威。武则天将营造明堂作为自己皇权正统性的象征，拆除了隋洛阳宫城内的正殿乾元殿，建起98米高的明堂，洛阳城外百里都能看到明堂顶端的金凤。建成后又在此赐宴群臣，大赦天下，允许百姓和外国使臣商人入内参观，宣扬国威。

洛阳城在武则天的倾力打造下确实成了煌煌神都，它的结构、建筑、设计、文化意向对后世影响极为深远，日本奈良东大寺、京都南门等多处经典建筑都是仿照洛阳城而建。隋唐洛阳城历隋至北宋9个朝代，做了530多年都城，堪称隋唐时期世界级经济政治中心。

丽景门

◆见292页地图◆地址：洛阳市瀍河区新街433号◆门票：免费◆营业时间：9:00—17:00，周一闭馆◆微信公众号：洛阳民俗博物馆

丽景门

一座洛阳城，两开丽景门。一座隋唐洛阳城皇城紫薇城的西南门，连接皇城和上阳宫，另一座丽景门是金元时期洛阳城的西门，城区大致在隋唐紫薇城以东，沿用了丽景门作为城西门的名字。现在的丽景门景区是在金、元、明、清几朝丽景门遗址上重建的，城楼高耸，门楼内是半圆形瓮城，匾额“洛阳第一楼”气势惊人。

“洛阳牡丹甲天下，丽景城楼世无双”，登上城门视野极佳，可远眺北邙和龙门。丽景门城楼下由西至东三里长街，是老洛阳城“九街十八巷，七十二胡同”中的西大街，已开辟为文旅体验和美食一条街，一路向东就是文峰塔和基于金、元、明、清老城修复的洛邑故城。

◆见292页地图◆地址：洛阳市老城区西门口街与金业路交叉口◆门票：免费，登楼30元◆营业时间：8:00—18:00

洛邑古城

洛邑古城在洛阳老城区东南部，倚金元故城城墙遗址。城中的九层砖塔，是始建于宋、重修于清的洛阳文峰塔。塔北一泓池水，称为“新潭”，是唐代遗存。武则天执政时期疏浚大运河，令“引漕渠，开新潭，以置诸州租船”，广设粮仓、码头。新潭是隋唐大运河在洛阳城内最重要的码头，规模很大，能容纳上万艘船停靠，运来的漕粮、商品、珍玩直达洛阳城内。

重修的洛邑古城以仿古建筑结合展示洛阳各时期的“非遗”技艺，包括皮雕、毛笔、陶瓷、三彩瓷等。古建筑和灯光设计很下功夫，适合夜游，入园者绝大多数是为了拍出穿越感的古风效果而来。注意最好避开节假日。

◆见292页地图◆地址：洛阳市老城区东南隅街道九都路与柳林街交叉口◆门票：免费，凭身份证入园◆营业时间：9:00—22:00◆微信公众号：洛邑古城

渑池古秦赵会盟台

三门峡渑池县的涧河畔有一座高台，台顶是经过修复的古秦赵会盟台。

《史记》中的《廉颇蔺相如列传》是入选中学语文课本的名篇，文中赵惠文王与秦昭襄王的渑池会盟就发生于此地。会盟期间，秦王咄咄逼人的几次威胁都被上大夫蔺相如用智慧挡了回去。赵虽国力弱于秦，但有名士名臣，气场丝毫不输，秦只得与赵修好，两国士兵捧土掩埋兵器以示友好休战，就成了会盟高台。

登临高台访古，2000多年前蔺相如铿锵有力的声音似乎还响彻风中：“五步之内，相如请得以颈血溅大王矣！”令人神往。

◆见295页地图◆地址：三门峡市渑池县涧河北街48号会盟台◆门票：免费◆营业时间：全天

陕州地坑院

在黄土塬上，由窑洞发展而来的地坑院，是我国特有的古民居建筑类型之一。现存的陕州地坑院民居中，历史最久的一处住了六代人，打造出坐井观天而能安居乐业的奇景。

陕州地坑院景区将现存的几十个院落连通，除了餐饮住宿，还集中展示了三门峡地区的传统“非遗”，剪纸、澄泥砚、皮影

戏、锣鼓书……也将各种美食小吃搬进来，冬夏两季最适合来体会古老智慧造就的舒适“地下生活”。逢年过节，这里还会举办各种特色活动，热闹非凡，具体信息请参考微信公众号等官方发布。

◆见295页地图◆地址：三门峡市陕州区张汴乡北营村◆门票：68元◆营业时间：8:30—17:30◆微信公众号：陕州地坑院

上阳宫文化园

“上阳花木不曾秋，洛水穿宫处处流”，唐高宗、武则天时期兴建的这座“西宫”（位于皇城紫微宫以西而得名）在诗词和历史记载中都美得如梦如幻，是唐代造园艺术的典范。

如今在洛河畔修建的上阳宫文化园，以唐风为核心，借洛河水景，合四时植物造景，沿河展开的步道有移步换景之美感。园区内有按唐代建筑风格营造的观风殿、甘露殿、客省院、洞元堂，还设有城市书房，拥有以唐史专区为核心的7000多册藏书，陈设古雅，是读书的好去处。

◆见292页地图◆地址：洛阳市洛浦公园彩虹桥东滨河北路与上阳路交会处◆门票：免费◆营业时间：7:30—19:00

朱樱塔

在隋唐大运河文化博物馆南面，瀍河入洛河口处，朱樱塔、团城阁及周边建筑形成了一组景观，复原了洛阳八小景之一“瀍壑朱樱”，也是沿洛河景观带中最精致唯美的一处。

早春樱花盛开时适合来此赏花，可沿河畔樱花大道一直走到朱樱塔脚下。

◆见292页地图◆地址：洛阳市瀍河回族区瀍滨西路与滨河北路交叉口◆门票：免费◆营业时间：全天

吕祖庙

吕祖庙位于北邙山山麓，相传吕洞宾东游洛阳时曾在此建道修行。现存建筑为始建于清康熙年间的，后代逐渐扩建，才有了现在倚山向上的规模。

吕祖庙坐西朝东，正门向东为迎“紫气东来”，据说老子西去函谷关，人还未到，函谷关守备见东方天空隐隐有紫气，就知道要迎来伟大的圣贤之人。部分道观还保持着开门向东的传统。建筑群古朴典雅，顺山势向上铺开，现存吕祖殿、八仙殿、玉皇阁等建筑。

◆见292页地图◆地址：洛阳市老城区井沟村7组◆门票：免费◆营业时间：全天

陕州地坑院

地坑院：黄土塬上的营造智慧

见树不见村，进村不见房，入户不见门，闻声不见人——在陕州平原上有这样一片神奇的“地下四合院”，是中国民居中上古穴居风格的遗存。

地坑院是在黄土塬上借助生土本身的强度，向地下挖坑6—7米，在坑中向四面凿窑洞，具体如何挖、如何建要按照当地传承千年的八卦和风水算法来计算，并提前规划排水渠道，这一套窑洞营造技艺是国家级非物质文化遗产之一。地坑院依托于土地和环境本身做“减法式”营建，坚固耐用，而且还有一定的防震效果。坑中的房舍天然能挡风，院与院之间隔音效果极好。屋子里冬暖夏凉，在北方的冬天能保证室内10℃以上，夏天20℃以下，简直像个天然空调间。

文化与展演

洛阳博物馆

随着北魏永宁寺泥塑佛面像的爆火出圈，洛阳博物馆也成了一票难求的热门景点。位于洛阳城中轴线上呈方鼎形设计的建筑恢宏大气，门前广场矗立着华表形观光塔，是仿照武则天扩建洛阳城时的“天枢”样式所建，盛唐气势十足。

当然大多数人会直奔专题展览珍宝馆，永宁寺泥塑在展厅正中微笑，战国错金银铜鼎、东汉鎏金铜羽人、曹魏白玉杯、唐金银平脱花鸟铜镜、唐三彩黑釉马……无一不是精品，珍宝馆陈列是从40余万件文物中精选出来的，但也只揭开了洛博的一角。

基本陈列“河洛文明展”内容非常扎实，以文明的延续传承为线索。入口处巨大的浮雕展示了河洛之地的山川形胜和宜人生境，能够很直观地看到“五水绕洛邑”的丰饶，沿着洛河一线展开的“五都贯洛”，各朝代都城位置也一目了然。二里头夏都遗址、偃师商城遗址、周王城遗址、汉魏洛阳城遗址和隋唐洛阳城遗址，集合了翔实史料和海量文物，诠释洛阳五千年辉煌。北邙山上无闲土，无数风流人物葬在这里；地动仪在这里诞生，浑天仪、造纸术在此改进；横贯欧亚的丝绸之路从这里发源，连接中国南北的大运河从这里开挖，洛阳无愧于“神都”的美誉，各家学派、各路文化、各国商旅汇集在这里，碰撞出璀璨火花。

除基本陈列和珍宝馆之外，展示汉以来石刻造像和碑刻的石刻馆、汉唐陶俑馆、唐三彩馆、书画馆等专题陈列也不乏国宝级珍品。细看过洛阳博物馆后再游洛阳城，会对这座十三朝古都有更深刻的理解。

◆见292页地图◆地址：洛阳市洛龙区聂泰路与文博路交叉口◆门票：免费，在微信公众号上预约◆营业时间：9:00—17:00，周一闭馆◆微信公众号：洛阳博物馆

二里头夏都遗址博物馆

从王国维先生提出的考古学“二重证据法”出发，若想寻找最早的中国——夏都，得找到遗址实地，将典籍文献的记载落在实处。凭借《国语》中“伊洛竭而夏亡”一句，考古学家徐旭生率考古小组在广袤的伊洛平原一寸寸推进，1959年终于在偃师二里头村发现了上古时期的陶片和生活痕迹，进一步挖掘出青铜器、陶器、房屋和宫殿遗址、铸铜遗址，并发现比夏更早的仰韶文化和龙山文化遗存。

经过数十年的发掘研究，学界普遍认为二里头是夏朝中后期都城，还有观点表示此处即文献中记载的夏都斟鄩。这片广大台地经过古人铺石、填土、夯筑，台基就有1米多高，如此宏大的工程体量也只有都城才相配。纵横交错的路网、方正的宫城、规划清晰的生活区、墓葬区、功能区……目前完成发掘的只是整个遗址区的一小部分。博物馆建于遗址南部，用多层夯土做建筑立面，古朴浑厚，土色象征着黄河文化。

中国最早的**青铜爵**、精美绝伦的**镶嵌绿松石兽面纹铜牌饰**、有着“华夏第一龙”之称的**绿**

其宁惟永，一笑千年

北魏永宁寺出土的泥塑佛面像被誉为“洛阳的微笑”，展示在洛阳博物馆珍宝馆的正中，半张笑脸气度雍容，透露着悲悯和关怀。这是一张典型的北魏面容，出自“审美在线”的北魏皇家寺院。

上图：永宁寺塔基出土的半张微笑

从十六国早期始有佛教造像，佛的面孔一直随着朝代变迁而变化。最初的佛像都长着西域人的脸，浓眉高鼻卷发，受印度犍陀罗时期造像艺术的影响。北魏皇室早期在大同云冈营建石窟，为了用佛教信仰巩固皇权，宣扬“王即是佛”，造像形象都取材于几代帝王和早期鲜卑部落首领，眉目一笔勾成，凸显硬朗阳刚的男性气质，威严雄健，洋溢着草原民族的野性。至孝文帝时期迁都洛阳，他着力经营的汉化改革也初见成效，表现在造像上，汉族面孔成为主流，表情趋于温和文雅，穿着汉服长袍，广袖重重叠叠，衣带搭在一层层衣角的褶皱上，不再有金戈铁马的杀伐气。面容清秀

上图：永宁寺塔基出土的泥塑

下图：汉魏故城遗址博物馆外观

的菩萨往往偏女相——永宁寺造像就是北魏中后期的典型，温柔、含蓄、内敛，可若从侧面细看，那一刀直下的鼻梁，还能隐隐显现一些北魏早期平直刀法的痕迹。

北魏分裂后战乱又起，北齐再掀造像高潮，石窟雕饰绚丽晃眼，甚至带点癫狂，造像却变得精致细腻，笑容更加开朗，眉目之间多见少女气息，而不是北魏端庄成熟的风情。或许越逢乱世，工匠们越乐意将内心的渴望渗透于造像。

唐代造像是空前绝后的巅峰，一个自信富足、张扬伟大的时代，孕育出以龙门卢舍那大佛为代表的造像，看上去无比亲切。菩萨自然松弛，飞天自由舒展，洞窟和壁画格局松紧有度，怎么看都让人感觉舒服。

永宁寺遗址位于今洛阳城区以东15公里，距白马寺很近。北魏熙平元年（516年），太后胡氏造永宁寺院并塔，在洛阳城南门外，专供皇室成员礼佛。根据《洛阳伽蓝记》记载，永宁寺原为九层木塔，高百余丈（140多米），如果数据属实，应是我国古代最高的建筑之一。北魏永熙三年（534年），木塔遭遇雷击火灾而毁，如今只剩一段方正的塔基，站在塔基向北方眺望,便是汉魏时期的洛阳城。

汉魏洛阳城始建于西周，在著名青铜器何尊中有提及，周公要建邑于天下之中以治理全国，西周时称“成周”；东周平王迁都于此，扩建为方城；东汉光武帝也定都于此，至董卓挟汉献帝迁长安，焚毁洛阳城，曹丕又在废墟上重建。北魏从大同迁来，耗时十余年，发役几万人，大兴土木，建起总面积约80平方公里、300多里坊的巨型都城。北魏洛阳城是一座以太极殿、阊阖门、铜驼街、宣阳门为中轴线，城跨洛河，内外三重城圈的坊市制都城。

目前，汉魏洛阳城遗址还处于发掘研究阶段，原址上建**汉魏洛阳故城考古遗址公园**（见294页地图；310国道白马寺以东800米），其中阊阖门、铜驼街、宫门和太极殿几处遗址已对外开放参观并有导览注释，从城市中轴线和建筑遗址的尺寸可以想象当年都城的宏大规模。园区内新建的**汉魏故城遗址博物馆**于2025年6月曾短暂试开放，正式开放时间请关注官方信息。

二里头夏都遗址博物馆内的绿松石龙形器复制品　李若渔 摄

松石龙形器（复制品，原件在北京中国考古博物馆）都在这里。绿松石龙形器表达了夏朝对龙的崇拜，正合《诗经》中"龙旂阳阳，和铃央央"的祭祀场景。二里头时期，玉石工艺达到巅峰，镶嵌在兽面纹铜牌上的数百颗细小的绿松石，没有一颗掉落。与此同时，青铜技术正在萌芽，随着技术精进，一个环佩叮当、不紧不慢的玉石时代即将过去，迎来金戈铁马、热血厮杀的青铜时代。

展馆资料极尽详细，甚至将《史记·夏本纪》全篇做了满墙，各种典籍文献中对夏的记载都能一一找到实证。数十年来的考古成果、夏商周断代工程和中华文明探源工程的研究成果也得到了全面展示。

◆见294页地图◆地址：洛阳市偃师区斟鄩大道1号◆门票：免费，在微信公众号上预约◆营业时间：9:00—17:00，周一闭馆◆微信公众号：二里头夏都遗址博物馆

隋唐大运河文化博物馆

隋炀帝以洛阳为中心开凿大运河，是一项极富想象力的工程。疏通前朝河道，开永济渠北上通涿郡，通济渠连接淮扬江南，每年有数百万石（1石约百斤）江南漕粮运抵洛阳，再输送到长安和北方。当时的洛阳城"天下之舟船所集，常万余艘，填满河路"，商旅贸易兴旺之极，西域的马匹、骆驼、玉器，南北转运来的茶叶、丝绸……悉聚于此并走向全世界，洛阳因运河而跃居世界级的经济文化贸易枢纽。

2014年中国大运河被列入《世界遗产名录》，隋唐大运河的核心洛阳段至今还保留着通济渠（洛阳段）、含嘉仓、回洛仓、常平仓、子罗仓、新潭、漕渠、天津桥、月陂、南市、南关码头等遗存。在洛河和瀍河交汇处，隋唐大运河文化博物馆新近落成，建筑外形运用典型的唐风曲线，如帆如船。"国运泱泱"基本陈列呈现运河开凿、疏通、保护、重修的历史和演变，解读漕运体系和隋唐时期的贸易转运。运河除了基本的货运、商旅功能，还承担着泄洪、灌溉、军事防御等功能。在洛河北岸滩地上发掘的明清沉船"运河一号古沉船"是镇馆之宝，发掘地正是隋唐大运河的漕运故道，这说明运河和漕运体系至少运作至清代。互动展厅以"一粒米的漕运之旅"为题，展现我国古代粮食从源头、征收、运输到百姓碗里的全过程，以及漕运如何连接一个个城市并促进其发展，织就沟通中国南北的水运网。

可深入探索入选运河"非遗"系统的粮仓遗址：**含嘉仓160号仓窖遗址**（瀍河回族区春都东路60号）和**回洛仓遗址**（瀍河回族区睦邻大道与国道310路口北）。

◆见292页地图◆地址：洛阳市老城区滨河北路与新伊大街交叉口◆门票：免费，在微信公众号上预约◆营业时间：9:00—17:00，周一闭馆◆微信公众号：隋唐大运河文化博物馆

周王城天子驾六博物馆

王城公园（微信公众号：洛阳市王城公园）是洛阳人的休闲中心，建成于1955年的老公园常挤满锻炼和唱戏的人，洛阳牡丹花会也发源于此。公园地表之下则是东周王城遗址，2002年在公园以北扩建王城广场时，发掘出东周墓葬群和陪葬坑，其中5号车马坑以"天子驾六"轰动全国。

周朝礼乐规定了各阶层的生死用度，等级森严，其中有"天子驾六，诸侯驾五，卿驾四，大

洛阳古墓博物馆中的塑像和影子

夫三，士二，庶人一”之说，即只有天子出行才能乘坐六匹马驾驭的马车。天子驾六车马坑的发现为周朝的礼乐制度提供了实证。在车马坑原址上建起的博物馆，展示了东周王城的规模和王陵结构，直观可见的六驾马车，车上有各种鎏金、错金银青铜器、装饰件以及墓葬群中出土的东周文物。东周贵族和皇家的墓葬在解放前多经盗掘，文物大半流失海外，因此虽然暂未知晓出土的车马坑属于哪位天子，但它依然极为珍贵。依此排演的短剧《天子驾六》在郑州的只有河南·戏剧幻城（见211页）上演，剧中考古人的坚守与中华文明的传承会引起每个人的共鸣。

◆见292页地图◆地址：洛阳市西工区中州中路226号◆门票：30元◆营业时间：8:30—18:30◆微信公众号：洛阳周王城天子驾六博物馆

洛阳古墓博物馆（河南古代壁画馆）

1987年，洛阳市搬迁了25座各朝古墓，在北邙山上北魏宣武帝景陵旁边建成洛阳古墓博物馆，由于离市区较远，不太出圈。2008年更名为洛阳古代艺术博物馆，并新设古代壁画展馆。近年来，随着文博研学的火爆，洛阳4家博物馆联办夜游活动，宿在“古墓”的奇妙体验吸引了大批游客，于是馆方在2023年又将极具特色的名称改了回去。

历代典型墓葬、北魏帝王陵、壁画馆三大展区各有千秋。从两汉至明清时期不同的墓葬排列在地下，大多需要躬身进入参观，近距离沉浸式体验墓葬设计和观摩墓葬壁画。其中包括出土了洛阳博物馆镇馆之宝曹魏白玉杯的曹魏正始八年墓、出土唐三彩黑釉马的唐安菩夫妇墓，以及拥有著名的北宋妇人启门图的宋

北邙之上，事死如事生

生在苏杭，葬在北邙。从东周开始，背靠黄河、南望洛阳、地势居高且开阔的北邙山，就成为古人心中的风水宝地，历朝统治者择此地建造陵墓，无数风流人物也埋骨于此。秦相吕不韦、汉光武帝刘秀、北魏孝文帝、司马懿、杜甫、狄仁杰、颜真卿、范仲淹等，都长眠于北邙之上。最早用于盗墓的考古工具“洛阳铲”为何得名，便不难理解了。

邙山地区作为中国最大的古墓集中地，数十万座古代墓葬时间横跨西周至清朝。在考古学界，“邙山古墓群”泛指所有古代墓葬，而“邙山陵墓群”则特指拥有大型封土堆的六代帝陵及其陪葬墓群，也正是这些陵墓构成了邙山古墓的主体。

有资料显示，目前邙山陵墓群包括东周王墓8座、东汉帝陵5座、曹魏帝陵1座、西晋帝陵5座、北魏帝陵4座、五代后唐帝陵1座，这24座帝王陵墓对研究古代陵寝价值非凡。虽然并未进行大规模景区化开发，但也有不少考古爱好者自驾或包车前往邙山头，于陵墓间怀古。若选择前往，还需提前做好详尽规划，建议带好补给品，注意保护环境和文物，减少对当地人的打扰。

代壁画墓。宣武帝景陵由单独墓道进入，曾遭盗掘，墓内系仿北魏贵族清河王和江阳王的墓葬重建，墓室天顶绘有天象图，早于《敦煌星图》400年。在这里，墓葬文化随着朝代更迭而变化的痕迹清晰，可深入了解不同时期古人的生死观。

◆见292页地图◆地址：洛阳市老城区机场路6号◆门票：免费，在微信公众号上预约◆营业时间：9:00—17:00，周一闭馆◆微信公众号：洛阳古墓博物馆

三门峡市博物馆

三门峡市博物馆建于黄河畔陕州故城的**唐代孔庙遗址**上，用“崤函古韵”为题讲述三门峡的古代历史文化。

大禹治水时挥神斧劈开高山，引黄河之水东流而去，劈山而成的三道峡谷分别以人、鬼、神为名，三门峡就此得名。这里是秦岭余脉崤山山麓，西面是千年雄关函谷关，战乱时是四方兵家必争之地，大一统时则是交通要道。

三门峡的史前遗存丰富，这片大河侧畔之地气候温和，水源和动植物资源丰沛，适合人类生存和文明发展，庙底沟发现的庙底沟类型遗存，是仰韶文化中后期向龙山文化的过渡期，彩陶精品很多，以红底黑彩为主，多绘美丽的花瓣纹。

西周成王时，在洛阳营建新城，将全国分为东西两大区，令两位开国重臣“分陕而治”——这就是“陕州”“陕西”的由来。自陕而东者周公主政，自陕而西者召公主之，陕州（三门峡）就是两者的分界点。

由春秋至秦，崤函一带成为各国争相交战、会盟的战略要地。函谷关在灵宝一带山谷之中，长约7公里的东西通路崎岖狭窄，“车不方轨，马不并辔”，异常凶险。秦人据此天险蚕食六国，一统天下。

隋唐以降，崤函古道成为连接两京——东都洛阳和西京长安的重要通道，漕运粮食、民间贸易、丝绸之路的商旅都在这条路上往来，出土了许多西域风格工艺品和典型三彩瓷。

陕州出英才，唐代名将张士贵、三拜宰相的姚崇、初唐诗人上官仪都是三门峡人。明清时期，此地的民间艺术发展极盛，剪纸技艺、灵宝皮影戏、木版年画等，如今都已被列入国家级“非遗”项目。

博物馆南侧是始建于南北朝时期的**宝轮寺塔**，现存塔身是金代重修的四方形十三级砖塔。在塔四周击掌能够听到回声，该塔是我国四大回声建筑中最古老的一座。

◆见294页地图◆地址：三门峡市湖滨区陕州公园内◆门票：免费◆营业时间：9:00—17:00，周一闭馆◆微信公众号：三门峡市博物馆

虢国博物馆

《左传》中晋国向虞国借道攻打了虢国，谋士曾预言虞、虢的关系如唇齿一般密切，果然不久后虞国也被晋国灭了，假途灭虢、唇亡齿寒这两个成语就源于此。1956年在三门峡发现的虢国墓地，以宏大的规模、完好的保存程度入选“中国20世纪100项考古大发现”。在遗址上建起的虢国博物馆全面展示了春秋时

花开时节动京城

对于中国人而言，没有哪一种花能盖过牡丹的气质，碗口大的花朵圆润饱满，色正且艳，当得起“花中之王”的美誉。牡丹的雍容华贵，国色天香，不是单薄的美，而是美出了气场。

古装赏牡丹

周敦颐曰“自李唐来，世人甚爱牡丹”，唐人以丰腴为美，国力强盛，建筑雄伟，城市道路都设计得特别宽敞，健康丰满的体魄佩戴大朵牡丹簪发也能“Hold住”。武则天时期，宫廷民间争相栽种牡丹，官方有花朝会、赏花节，文人名臣发起牡丹会，皆以赏牡丹为风雅之最。每年仲春，“花开花落二十日，一城之人皆若狂”。

不过洛阳牡丹的起源要略早于唐，隋炀帝在洛阳建西苑为皇家园林，引栽了二十箱易州（今河北省易县）牡丹到西苑中，有许多珍稀品种，赤页红、飞来红、醉颜红、云红、天外红、一拂黄、颤凤娇……皇帝的爱好必然影响民间审美，栽培牡丹自此蔚然成风。

牡丹在洛阳人心中是平安、吉祥、富贵的象征。繁复的重瓣经风一吹都有千百种

隋唐洛阳城的牡丹

牡丹花信号灯

隋唐城遗址植物园的
巨型水上牡丹造型

绿色的春柳牡丹

变化，不同品种的牡丹像是各具风情的美人。洛阳人画牡丹独成一个画派——洛阳牡丹画派，盛花期全城各处都有孜孜不倦的写生者。牡丹题材广泛应用于剪纸、刺绣，绘于楼阁梁柱、唐宋瓷枕上，雕于墓葬砖雕中——到另一个世界去也要带上几朵。东晋顾恺之名画《洛神赋图》中就有洛阳牡丹，水席也以牡丹燕菜为招牌……一朵花像是一座城的城徽。

从1983年第一届洛阳牡丹花会开始，每年4月上旬，人们倾城而出只为赏花。当年的王城公园只有100多个品种，近年来升级的中国洛阳牡丹文化节已培育展出1300多个品种的牡丹，包括“冠世墨玉”黑牡丹和绿牡丹等珍品。据考证洛阳一带土壤中含有几十种微量元素，是我国其他地方没有的，特别适合几种珍稀牡丹的生长，正如欧阳修所说，“洛阳地脉花最宜，牡丹尤为天下奇。”

牡丹盛花期几乎全城皆花，专设花展的主题公园不下十处。正常气候情况下，清明节到4月15日都是盛花期，推荐游览以下赏花地，不过要注意，牡丹节期间各展区早花期、盛花期、晚花期票价不同。

国家牡丹园（西工区邙山镇王城大道与310国道交叉口西侧）面积最大、品种最齐全的牡丹园，展出的绿牡丹值得欣赏。

中国国花园（洛龙区龙门大道2号）在洛河南岸河堤上的狭长形公园，借水景和古建赏花。

王城公园（西工区中州中路312号）牡丹花会的发源地。

隋唐城遗址植物园（洛龙区龙门大道281号）栽种面积广，园林设计精妙，配合其他植物景观。

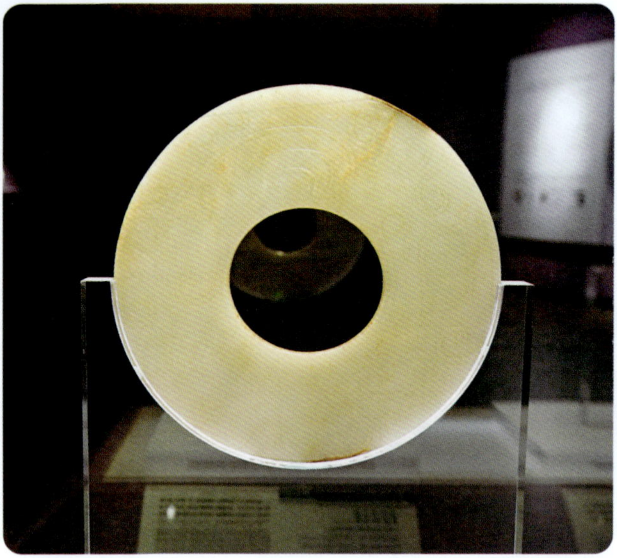

虢国博物馆的白玉璧

期的邦国文化。

西周初分封天下，周武王将文王的两个弟弟虢仲、虢叔分别封于东部荥阳和西部宝鸡一带作为周王室的屏障，称为东虢和西虢，他们的封国是地位较高的公爵国。至东周时期几经分裂、迁徙，虢国迁至河南三门峡和山西平陆一带，后灭于晋。西周初期的虢国人以能征善战而闻名，为周王室立下不少战功，博物馆正门用巨幅浮雕展示虢国车马出征的场景，以手搏虎的“虢”字也印证了虢国人的骁勇。

虢国博物馆馆藏珍品众多，纹饰精美、铭文清晰的成组青铜器反映了西周高度发达的等级宗法制度。作为西周嫡系姬姓诸侯国，虢国国君都在周王室担任要职，很多异姓诸侯都欲与其联姻，在专用于婚嫁的青铜媵器上可见妃姓、嬴姓、姜姓、姞姓等与虢国联姻的证据。“美玉灼灼”展厅中，海量且成套的殓葬用玉是当时技术发达的写照，出土于虢仲墓内棺盖板上的人龙纹玉璋是镇馆之宝，纹饰之美，线条之细腻，为同时期罕见。虢国墓地车马坑是我国目前发现最大的车马坑群，相连的三座车马坑中出土了海量的实用战车和战马。除了大量出土的青铜兵器，还发现了一把玉柄铜芯铁剑，原件现收藏于河南博物院（见198页），它是我国目前发现最早的人工冶铁器，代表了铁器技术的萌芽，被称为“中华第一剑”。

◆见294页地图◆地址：三门峡市湖滨区六峰北路虢国博物馆◆门票：40元◆营业时间：9:00—17:30，周一闭馆◆微信公众号：三门峡市虢国博物馆

庙底沟博物馆

距今6000年前后，仰韶文化迎来最辉煌鼎盛的时代——庙底沟时期，以彩陶文化为核心，手工业和农业经济也飞速发展起来。在今天三门峡市区巨大的**庙底沟考古遗址公园**上，大致可以想象当时大型聚落的规模。

在遗址公园西南角新建了庙底沟博物馆，以彩陶为主的展品是这一时期文明发展的最好证明。各式各样被称为“庙底沟之花”的花瓣纹，用强烈明暗对比的色彩勾勒在陶坯上，黑、红、白、褐几种简单的颜色，辅以丰富的想象力和多姿多彩的线条，组合出华美绚丽的画面，展示了祖先们相当高级的审美水平。据考古学家苏秉琦先生统计，庙底沟出现的诸多花瓣类型，都是以菊科和蔷薇科的花为原型，而庙底沟文化遗址以华山为核心向外扩展，于是他给这种纹饰起名叫“华山玫瑰”。

博物馆馆藏4000余件文物，以庙底沟时期各种生活器具为主，构建起祖先的生活场景。同时把庙底沟文化类型辐射影响的范围作详细分析和地图展示，研究认为它至少影响到大半个中国，庙底沟风格彩陶的发现区域之广，北至燕辽，东到江浙，南及荆楚，西越甘青，形成了我国历史上最早的文化融合和文化认同，是文化意义上“最初的中国”。

◆见294页地图◆地址：三门峡市湖滨区召公路与迎宾大道交叉口◆门票：免费◆营业时间：9:00—17:00，周一闭馆◆微信公众号：三门峡庙底沟博物馆

洛阳匾额博物馆

这是我国第一个以收藏、展示、保护匾额为主题的博物馆，位于潞泽会馆（见270页）西

侧，其中陈列的500余块匾额，是从洛阳地区收集保存的1700余块匾额中精选出的。博物馆细分为功德声望厅、贞节贤孝厅、官府门第厅、婚喜寿庆厅、医德教泽厅、寺庙宗祠厅、书斋堂号厅、精品匾额厅8个主题展区，时间跨度由明初至民国，匾额融书法、文学、民俗纪实、雕刻技法、装饰艺术为一体，是研究各历史时期民俗特点及民俗演变的切入点。

馆藏精品有贺中举才子的文魁匾、清代连中三元的陈继昌的“状元及第”匾、民间馈赠名医的“杏林春茂”匾、为乡里德高望重者所作“质直好义”匾额……其间不乏和珅、刘墉、左宗棠等人的手书。每块匾额旁都做了详细注释，包括匾上文字的简体标注和该匾内容的解释，对一般观众很友好，几乎没有阅读障碍。

◆见292页地图◆地址：洛阳市瀍河区新街433号洛阳民俗博物馆西侧◆门票：免费◆营业时间：9:00—17:00，周一闭馆

洛阳考古博物馆

在定鼎门以西、隋唐城遗址西南城墙处，新建成了洛阳考古博物馆，主要展示洛阳历年考古成果，同时为公众深入展示考古学知识和考古文化。

馆内设“考古遗址”“四大发明与洛阳”“探举千年”“考古之丘”“考古秘境”等十多个主题展区，对遗址保护、出土文物、考古工具等进行集中展示。博物馆展出了数百件从史前至明清时期的精品文物，包括唐三彩、墓葬陶俑阵、石刻、碑刻，多处展板介绍了与文物发现和研

汤汤水水吃洛阳

“清晨一碗洛阳汤，给个神仙都不当”，洛阳人的一天必须从汤开启，也经常精彩地以水（水席）收尾。谁都数不清洛阳街头有多少家汤馆，也很难评出一个最佳。作为融入了日常生活并成为刚需的美食，每个街区、每家楼下都能找出几家令人满意的汤，“汤都”称号确实名不虚传。

不管是羊肉汤、牛肉汤还是驴肉汤，店家都得凌晨两三点起来熬。大到离谱的汤锅里翻滚着大半只羊骨架，肉汤要熬到浓白色，配上切好的金黄色饼丝、翠绿色葱花，再舀上一勺店家自制的羊油辣椒，同时熨帖到心灵和胃的深处。牛肉汤和驴肉汤更是各有各的鲜香，口味更重的可以选择杂肝汤，处理好的牛内脏与各种香料配合得宜，特别适合北方的冬天。

如果不爱大荤，可以选择丸子汤或不翻汤。洛阳炸丸子品种很多，荤的素的，焦炸水炸，一勺热汤一滚，丸子在焦脆和绵软的边界上，口感极好。“不翻”是一种用绿豆糊烙的薄饼，在鏊子上一烙成型，不用翻面，泡在汤里绵软还带点儿清香。

洛阳水席是始于唐代的传统名宴，多用适合冬日洛阳干冷气候储存的菜品，重汤水，尚鲜香，不向酸甜苦辣咸任何一个方向过度倾斜，是豫菜一贯的五味调和且温和的风格。

洛阳水席按传统共有24道菜，分为八冷盘、四大件、八中件、四压桌，上菜顺序有严格规定，道道有礼仪有说法，选材可丰可俭，既有专做名贵食材的山珍海味主题宴席，也有素菜荤做清爽利口的做法。先上八冷盘下酒垫桌，凉菜讲究荤素搭配，花样百出，等酒过三巡，上四大件和八中件热菜，以著名的牡丹燕菜为开席首菜，紧接着是海米炖白菜、五柳鱼、爆鸡丁……酸甜鲜辣满足各种口味，汤菜较多利于消化。最后上四道压桌菜，以蛋衣汤结尾。

洛阳真不同、洛阳水席园、司马水席楼是较高档的老牌水席饭店。管记水席、九府水席、杏花楼水席是相对经济实惠的平价店。每家都有各自拿手的特色菜，人均30—80元就可以吃到满意。

上图：真不同的牡丹燕菜

白云山云雾缭绕

究相关的考古故事。其中唐代白釉鹰首壶的设计结合了唐代和波斯萨珊王朝的器物风格，线条流畅优美，传世品极少，而这件保存完好，堪称镇馆之宝。

遗址展示区设在下沉式城墙遗址上，展示朝代更迭与城墙变化的关系、城墙考古的技术和过程，还有洛阳铲等考古工具。

考古秘境和考古研学区用光影互动来展现上古生态、天文考古、洛阳文化等内容，并设计了趣味考古的互动学习项目。文创书店内有洛阳各区域考古成果书籍和报告、洛阳各县县志，选书非常全面，像一个开放式的专题图书馆，可在馆内阅读。

◆见292页地图◆地址：洛阳市洛龙区隋唐洛阳城遗址南城墙西段◆门票：免费◆营业时间：9:00—17:00，周一闭馆◆微信公众号：考古洛阳

偃师博物馆

与10公里外的二里头相比，偃师博物馆显得十分安静而小众，但这里是商代早期洛阳城的所在地，博物馆西不远处便是偃师商城宫城遗址的考古区域。

主要展览包括“夏商王都文明展”和“石刻艺术长廊”，前者详细介绍夏代都城斟鄩（今偃师二里头遗址）和商代都城之一西亳（今偃师商城遗址）的考古研究成果和出土文物。石刻展堪称精品荟萃，收藏了几百件偃师地区出土的历代碑刻、石刻、墓志铭。颜真卿的真迹、“草圣”张旭的楷书不可错过，东汉张禹碑、蔡邕手书的《熹平石经》残片、西晋和北魏的书法珍品、造像碑等也十分震撼。

◆见294页地图◆地址：洛阳市偃师区商都东路52号◆门票：免费◆营业时间：9:00—17:00，周一闭馆

自然

隋唐城遗址植物园

植物园占地约13平方公里，在隋唐洛阳城外城部分遗址上建设，以洛阳和豫西地区植物为主，也是每年洛阳牡丹节的重要场馆。

园内设千姿牡丹园、野趣水景园、木兰琼花园、万柳园、岩石园、百草园等17个专类园区，植物种类细分，栽种错落美观，亭台廊架等建筑都采用隋唐时期风格，与城墙、定鼎门风格一致，满足访古、观景、植物研学等多种需求。

◆见292页地图◆地址：洛阳市洛龙区王城大桥南◆门票：10元，牡丹文化节期间30元◆营业时间：7:00—19:00◆微信公众号：洛阳市隋唐城遗址植物园

白云山

白云山位于洛阳市以南嵩县的伏牛山腹地，与西面老君山隔空相望。从洛阳驱车上山，进山门之前有18公里盘山公路，数百个弯道被称为“白云天路”“河南版318”，一路从海拔几百米上升到1900多米，风光之美不言而喻，已成为自驾和骑行的热门路线。

主峰白云峰常年云雾缭绕，仙气缈缈。九龙峡谷中有18条瀑布，落差上百米，雨季可见彩虹。白云山盛产高山牡丹，河洛平原上“四月芳菲尽”，高山上的牡丹到5月才盛开，山间野生和人工栽种数百种牡丹，占地11公顷，春夏之交，牡丹盛

开，映照浮云山色，美不胜收。秋天山麓遍布红叶，又是另一种风情。

◆见293页地图◆地址：洛阳市嵩县南部白云山国家森林公园◆门票：70元（不含索道），洛阳市区班车直达/往返白云山60元/90元◆营业时间：7:30—18:00◆微信公众号：洛阳白云山

栾川竹海野生动物园

竹海野生动物园的“明星”非2020年入住的两只熊猫莫属，其中灵岩爱洗澡、爱唱歌，迈迈则性格温顺沉稳，在网络上坐拥“粉丝”无数。除了亲眼看看圆滚滚的“国宝”，来动物园还可坐观虎车参观并投喂老虎，在萌宠乐园与羊驼、鸸鹋、小浣熊等动物近距离互动拍照，在百鸟园体验“百鸟朝凤”。这里的风景也不错，乘坐索道可俯瞰郁郁葱葱的原始森林，惊雷洞和寻梦洞则有利用灯光等特效打造的沉浸式体验，夏季前来更是异常凉爽。

栾川距离洛阳有130多公里，乘坐长途汽车比较费时，可考虑包车或自驾。如果想早起看熊猫，更建议住在栾川本地的民宿。熊猫在8:00、11:00、14:00、16:00比较活跃，遇到节日或者熊猫的生日，动物园还会设置盖章活动，集章爱好者不要错过。

◆见293页地图◆地址：洛阳市栾川县仓房村◆门票：260元（含索道、观光车）◆营业时间：8:00—17:30◆微信公众号：栾川竹海野生动物园

栾川竹海野生动物园“明星”灵岩

老君山

老子出函谷关而化胡，骑青牛而去不知所终，民间传说他最终归隐于八百里伏牛山脉的主峰——景室山，从此景室山改名为老君山。作为道教名山和祖庭，老君山从风景到人文建筑都浸润了道家文化的精髓。

被列入吉尼斯世界纪录的老子铜像看上去比山还高。金顶道观建筑群常年云山雾罩，仿佛在此修炼很容易得道成仙。老君山云海是中原山脉一绝，春秋季若赶上日出时分的云海，山峰沉浸在云朵织就的瀑布里，蔚为壮观。

十里画屏是山中风景最好的一段，全程徒步约需2小时，山路起伏平缓，刚好一路观赏峰耸如林的景观。山间植被茂盛，四季景观各有千秋，但冬季雪景尤其特别，积雪的金顶上水汽一边蒸发一边凝结，像是道家描述的蓬莱仙山。不过需要注意一点，遇到雨雪天气时，出于安全考虑，景区可能会临时停止开放，建议出行前根据天气情况关注官方信息。

◆见293页地图◆地址：洛阳市栾川县老君山景区◆门票：100元（不含索道费用）◆营业时间：全天◆微信公众号：老君山风景名胜区

重渡沟

重渡沟位于秦岭东段熊耳山，因东汉光武帝二渡伊水至此而得名。此地有北国水乡之称，景区分为南沟金鸡河和西沟滴翠河两部分，南沟看水，西沟赏竹，水帘仙宫、飞瀑流泉、竹海等100余个景点将这里打造成河南人夏日消暑的桃花源。其中瀑布群包括仙人瀑布、龙门瀑布、泄愤崖等，水势汹涌澎湃，十分震撼。冬季来此，则能看到皑皑白雪与天鹅湖交相辉映，纯白耀眼，恍若仙境。

这里适合休闲放松游，景区内拥有美食街和大量民宿，选择

三门之峡

在河南西部与山西交界处的中条山中，藏着一段黄河峡谷，相传上古时期，这一带是一座名叫“马沟”的大湖，湖中藏着一条兴风作浪的黄龙，时常搅得湖水漫涨，淹没沿岸庄家农户，大禹因此前来治水，在此将阻碍河水的大山劈出“人门”“神门”“鬼门”三道口，使洪水得以东流入海，此地因而得名“三门峡”。

抛开传说，黄河从三门峡蜿蜒淌过，就注定了这座城市发展史也势必与治水息息相关。1957年，为防洪、发电、灌溉及改善航运，新中国成立后首个黄河干流上的大型水利工程在此动工，这就是三门峡大坝。而与此同时，因大坝的建设，三门峡市设立，成为下辖陕县、灵宝等地的新兴工业城市。三门峡大坝建成后因对泥沙淤积问题预估不足，导致库区淤积，危及关中平原，前前后后经过多次改建，直接影响了后续的小浪底水利工程建设。如今的三门峡大坝以防洪防凌为主要功能，并联合调度小浪底，共同为黄河调水调沙。

众多，大可住一晚慢慢玩，不过旺季房源依旧紧张，记得预订。这里每天还有多场“非遗”展演，具体的节目单可关注微信公众号获取。

◆见293页地图◆地址：洛阳市栾川县潭头镇重渡村◆门票：120元◆营业时间：全天◆微信公众号：重渡沟风景区

鸡冠洞

老君山中的这个天然石灰岩溶洞号称“北国第一洞”，洞深可达5600米，上下分为5层，常年维持在18℃。洞内有钟乳石、石笋、石柱等典型喀斯特地貌景观，参观时尽可发挥想象力。叠帏宫是标志性景点，洞顶是密集悬挂的石旗、石幔，地面是星罗棋布的石笋。玉柱潭集中了大量石笋、石柱，其中“众仙迎客”由数根石笋组成，好似小仙人含笑列队，前来迎接。溢彩殿则有色彩斑斓的方解石晶花，这种碳酸盐结晶体附着在月奶石上，在非重力水的作用下向四周扩散，经年累月形成花朵，瑰丽异常。

参观溶洞时须由免费讲解员带领，不能自行进洞。洞内台阶较多，地面湿滑，老人和孩子要多加注意。除了溶洞景观，景区内还有高空玻璃漂流、飞龙滑道、高空飞碟等活动项目，都是单独收费。如雨雪天遇到老君山景区不开放，可以转投此处游览。

◆见293页地图◆地址：洛阳市栾川县栾川乡双堂村七组35号◆门票：80元◆营业时间：8:30—17:30◆微信公众号：鸡冠洞风景名胜区

天鹅湖国家城市湿地公园

每年10月至次年3月，成千上万只从西伯利亚迁徙而来的白天鹅在此越冬，青龙湖畔天鹅蹁跹起舞，与碧波、芦苇相映成趣，也让三门峡拥有了“天鹅之城”的美誉。

这座湿地公园坐落于三门峡市区西部，以黄河、青龙湖、苍龙湖为主体，除了是白天鹅重要的栖息地，这里如今也是市民日常休闲的去处，沿着木栈道近距离观鸟，可以捕捉到这群优雅的湖面舞者展翅的瞬间。

◆见294页地图◆地址：三门峡市陕州区迎宾大道和仰韶大道交会处以西◆门票：免费◆营业时间：8:30—18:00◆微信公众号：三门峡市天鹅湖城市湿地公园

黄河文化

三门峡黄河公园

三门峡有一个不出市区就能欣赏黄河美景的地方——黄河公园。狭长的公园东西长5公里，沿黄河南岸台地而建，顺地势高低起伏设多个景观区，有茅津古渡、桃源幽谷、芦荡烟雨、云台彩练等。芦荡烟雨在园东，利用黄河流域典型的湿地景观设计水岸芦花景观，成群的白天鹅在其间嬉戏。

茅津古渡是黄河三大古渡口之一，自秦至唐一直是黄河漕运的重要码头，历史上许多著名战役的制胜关键就在于占据这个渡口，晋国假虞灭虢之战就发生在

三门峡黄河公园

这里，解放战争时期军队挺进中原也是从这里渡河。渡口的黄河落日，是难得一见的雄浑美景。

◆见294页地图◆地址：三门峡市湖滨区黄河公园，东南门在虢博路与北环路交叉口◆门票：免费◆营业时间：全天

三门峡大坝风景区

新中国成立后，在黄河干流上建起的第一座大型水利枢纽工程正是三门峡大坝，它也因此获得了“万里黄河第一坝”的称号。

景区内的“中流砥柱”是黄河上的奇观，相传也是大禹治水时留下的镇河石柱，千百年来屹立不倒，黄河展览馆中有关于人们治黄的历史。春秋两季，水面碧波荡漾，宛如江南水乡；而泄洪期，不尽“黄河”滚滚来的桀骜气势扑面而至。

若自驾前来，需先购置门票和停车票方可进入。

◆见295页地图◆地址：三门峡市湖滨区王大路高庙乡◆门票：30元，停车票(7座以下) 5元◆营业时间：8:30—17:30◆微信公众号：黄河三门峡大坝风景区

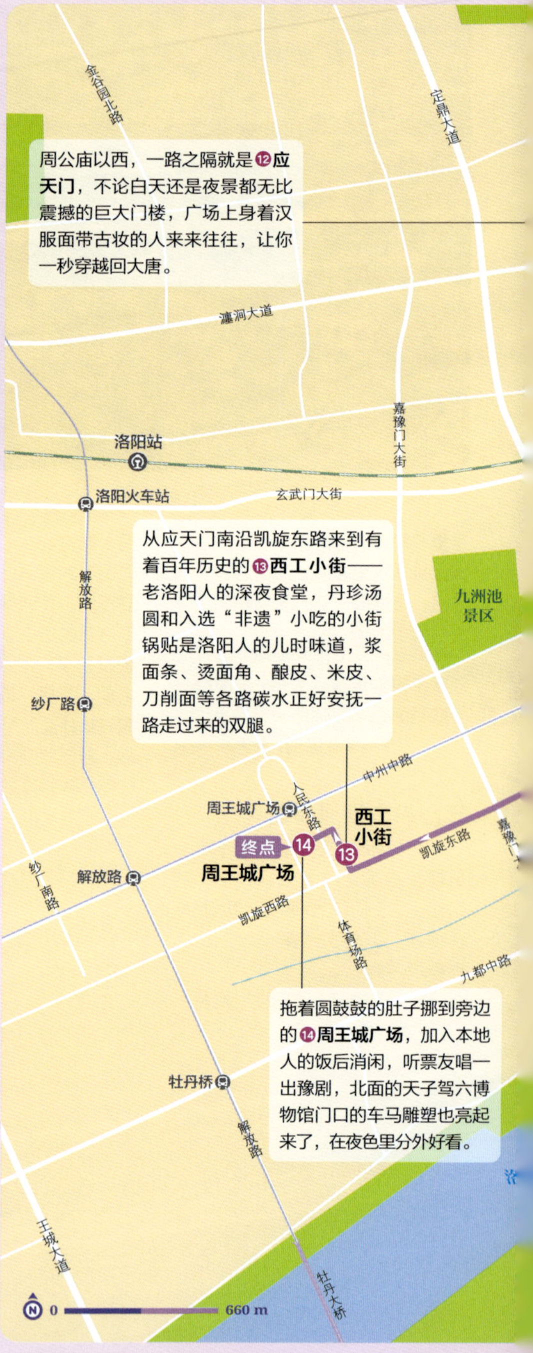

走进洛阳老日子

从洛阳老城区溜达到城心老市民公园，这是一条让眼睛和味蕾都忙不过来的沉浸式徒步线路。琳琅满目的“非遗”艺术和一街一古迹的老城，每一条巷子都各有绝活，牡丹画、三彩瓷、胡辣汤、不翻汤、牡丹酥、花雕鸡……记得适可而止，给水席和西工小街留点儿空间。

- **起点：孔子入周问礼碑**
- **终点：周王城广场**
- **距离：约6公里**
- **需时：约5小时**

从西大街到⑩**丽景门**一路都是亮眼的“非遗”艺术品，能看到牡丹瓷、牡丹画、三彩马，做糖画、捏糖人的老师傅也能唤起儿时的快乐。

先不穿过鼓楼，向楼东边走50米再向北拐，⑥**民主街**上集中了老牌小吃，可以拿玉米糁汤、牛肉汤、油茶、汤包等先垫垫肚子。

华林路和东关大街路口，在烩面、烧烤、酱牛肉的香气中寻找❶**孔子入周问礼碑**，清中期重修孔庙时在此立碑，纪念史上最伟大的相遇之一：孔子到洛阳向老子请教周朝礼乐制度，对儒家文化产生了深远的影响。

穿过鼓楼，从御路街拐到三复街，一栋青砖黑瓦的四合院是⑦**阮籍故居**——当然不是魏晋时期的，是经阮籍后人考证和保护下来的明清老院子，对阮籍生平和阮氏家族文化做了整理和展示。

过桥进入❹**东大街**，标志性的❺**鼓楼**就在前方，街两侧有最古老的膏药铺、铜锅涮，也有“网红”冰激凌、汉服旅拍的招牌。

吃饱喝足拐回⑨**西大街**，路口是洛阳文创邮局，给自己邮寄一张洛阳花，再盖几个纪念章吧。

继续向西来到瀍河边重修的❸**铜驼暮雨**街区，古色古香的街上还原出了驼队西行的场景。

穿过丽景门，沿着万安街、周公路到定鼎大道上的⑪**周公庙**，周公姬旦制礼作乐建洛阳城，称得上洛阳城市的开拓者。

三复街向西走到底就是❽**仙市果街**，短短几百米有好几家洛阳老牌水席店，不妨在此大快朵颐。

向西走几十米，就到了❷**东关清真寺**，门口立的石碑上书“丝绸之路东起点”，阿拉伯人和波斯人的驼队从西亚走到这里，清真寺也是当时的交流中心。

热门食宿区域

洛阳全城各处都有不同档次的酒店可选，龙门石窟、应天门、丽景门各景区内也有不少根据景区风格专门设计的民宿和酒店，旅行者可以根据行程安排选择不同城市落脚。三门峡市区酒店以经济型住宿为主。住宿标准见180页。

洛阳美食众多，以汤馆、面食、水席著称，老字号连锁店遍布全城，且价格相当亲民。

三门峡　¥

😄性价比高，受淡旺季影响较小。

😟有特色的住宿选择不多。

三门峡市区不大，酒店分布均匀。前往陕州地坑院的话，可以住在景区南面南营村附近的民宿，选择较多。

♡市区的小吃和面馆多集中在和平路步行街附近，品牌餐厅和咖啡馆主要集中在崤山路美食街，九孔桥夜市是本地人爱去的美食集散地。

♡著名的灵宝大刀面制作过程像是一场表演，一米多长的大铡刀在师傅手中精准压下，面条薄得仿佛透明，口感绝佳。千年名吃函谷关肉夹馍，与陕西潼关肉夹馍可以一争高下。甜而不腻的佛手糖糕、甑糕是夜市的热门。

不要错过

- 灵宝大刀面
- 函谷关肉夹馍

王城公园、应天门、洛邑老城一线有诸多酒店和个性化民宿。重心在龙门石窟或想要夜游的游客可入住龙门火车站附近的酒店。预算充足的话，住在龙门石窟、应天门、丽景门等景区内体验更好。

洛阳 ¥-¥¥¥

😄交通便捷，住宿选择丰富。

☹景区内住宿价格较高，房源紧张。

♡老城区的民主街以各种传统风味小吃著称，胃口大的人可以从民主街一路吃到十字街夜市。义勇街集合了本地、外地各路美食，仙果市街上老水席店铺林立，西工小街以省级“非遗”美食小街锅贴领衔。

♡如果乐意走得更远些，河南科技大学附近的龙翔街、涧西区的长春路集合了各路“网红”和宝藏老店，值得深入发掘。

不要错过

- 小街锅贴
- 水席店铺

旅行者推荐 INSIDERS' LIST

场所

洛阳东山宾馆
- 0379-64686002
- 洛阳市洛龙区龙门石窟景区东山大道1号

洛阳上阳宫唐文化主题酒店
- 0379-60655777
- 洛阳市西工区滨河北路与上阳路交叉口

洛阳伊水大酒店
- 0379-63908888
- 洛阳市洛龙区伊水东路与顾龙路交叉口

洛阳唐门里酒店（洛阳十字街洛邑古城店）
- 0379-60356888
- 洛阳市瀍河回族区环城北路8号

九间房酒店（洛阳应天门明堂景区店）
- 0379-69996969
- 洛阳市老城区中州中路72号天心文化产业园北门

老雒阳面馆（老城十字街店）
- 0379-63986118
- 洛阳市北大街82号

管记水席老店（仙果市街店）
- 13937951844
- 洛阳市仙果市街12号

清真马杰山牛肉汤馆
- 18338896703
- 洛阳市启明东路235号

老字号铁谢刘家全羊鲜汤
- 15290532015
- 洛阳市军民路农科院门面房10号

小街天府（西工小街店）
- 洛阳市西工区西工小街与人民东路交叉口向东

真不同饭店（老城店）
- 0379-63995080
- 洛阳市中州东路393号

南关小碗牛肉汤（总店）
- 洛阳市老城区九都东路与教场街交叉口路南
- 0379-66708681

邓记驴肉汤
- 洛阳市偃师区310国道首阳壹号楼下
- 15036953338

三门峡天鹅韵国际酒店
- 0398-2855555
- 三门峡市湖滨区金谷东路与召公路交叉口

星河地坑院民宿
- 19839833055
- 三门峡市陕州区张汴乡南营村9号

二印哨子面（黄河西路店）
- 18839888166
- 三门峡市湖滨区黄河西路三门峡市第二实验小学东侧

小水绿豆面（经二路店）
- 15039825991
- 三门峡市陕源路文化宫夜市

开元酒店（崤山中路店）
- 0398-2826111
- 三门峡市崤山路45号

灵宝肉夹馍
- 18614911802
- 三门峡市向阳路甘棠路农贸市场西侧

青春羊肉汤
- 0398-2831999
- 三门峡市青龙路三门峡市滨河小学东北约230米

书籍

《洛阳伽蓝记》杨衒之 著 中国古代佛教史籍，由北魏抚军司马杨衒之著，详细记载了寺院变迁、庙宇建制规模及与之有关的名人逸事、奇谈趣闻，是有趣的历史和人物故事类笔记。

影视

《狄仁杰之神都龙王》2013 影片由徐克执导，讲述了年少时期的狄仁杰初到洛阳便卷入“花魁”银睿姬被掳一案，而后与尉迟真金、沙陀忠一同查办“龙王案”的故事。电影着重强调了洛阳城的运河文化和盛唐时期的异域风情。

《风起洛阳》2021 改编自马伯庸小说《洛阳》的大热电视剧，背景设置在盛唐时期的神都洛阳，不良副帅、尚书之子和出身名门的内卫因为共同的目标而结盟，调查洛阳的各种悬案。

实用信息

抵离洛阳和三门峡

飞机

洛阳北郊机场（见292页地图；0379-62328666）执飞至国内主要省会城市的航班。有公交车和班车往返洛阳站、洛阳龙门站、王城广场等。打车到市中心约50分钟/10公里。

火车

洛阳站（见292页地图；0379-62561222）位于城区北部，靠近老城区和市中心，通地铁2号线。洛阳龙门高铁站靠近龙门石窟景区，距离市中心约10公里，通地铁2号线。

洛阳龙门站（见293页地图）从河南省内其他城市到洛阳最快捷的途径就是动车高铁，郑洛城际铁路汇入洛阳龙门高铁站，从郑州到洛阳40分钟可达。

三门峡站（见294页地图；0398-2583262）位于市区东部的老火车站，有发往郑州、兰州、北京等地的班次。

三门峡南站（见294页地图）有发往国内多地的高铁班次，从郑州到三门峡南站的高铁1小时可达。

三门峡西站（见295页地图；0398-2571422）有发往国内多地的快车和特快车次，去往陕州区的火车停靠此站。

长途汽车

洛阳汽车站（见292页地图；0379-63239453）在洛阳火车站旁，有发往安阳、许昌、三门峡、巩义、驻马店等省内多地的班车。

龙门客运中心（见293页地图；0379-60235849）在洛阳龙门高铁站旁，有开往汝阳、汝州、洛宁、嵩县、白云山、平顶山、济源、郑州港区等多条客运班线，可以通过微信公众号"豫州行"查询和购票。

郑栾高速洛阳嵩县段风景

三门峡客运总站（见294页地图；0398-2886061）在三门峡火车站旁，有去往陕州区、灵宝、渑池等地的车次，可以通过微信公众号"豫州行"查询和购票。

自驾

二广高速、连霍高速等主要国家高速都经过洛阳，河南省内高速公路几乎也都穿过洛阳，连霍及多条省内高速公路都经过三门峡市区，自驾游非常便利。

区域内交通

地铁

洛阳已开通两条地铁线，分别为南北走向的1号线和东西走向的2号线，连通市区内主要景点和公交、客运、火车站，可用支付宝、洛易行App支付。

公交车

洛阳市区公交车可使用支付宝、洛易行App支付。目前洛阳市已推出3条公交"假日线路"，实现龙门石窟、古墓博物馆、丽景门、应天门等景区"一站直达"。每年的牡丹花期也有牡丹节公交赏花专线。

三门峡市内有两条旅游公交线路：观光巴士一号线和二号线。一号线始发站和终点站均为高铁南站，经过黄河公园和虢国博物馆等景区；二号线始发站为虢国博物馆，终点站为陕州地坑院。市区公交车可使用支付宝支付。

自行车和电动车

洛阳市区内有多个品牌的共享单车和共享电动车选择，地铁+共享电动车出行是最便捷、环保的方式。

包车和自驾

去老君山、白云山等市区外景区适合包车或自驾前往，相比客运交通更省时间，也更方便灵活安排。

旅行信息

微信公众号

豫州行 可购买河南全省各大长途汽车客运站巴士票，购买成功后可以去当地汽车站取票机刷二代身份证取纸质票上车。

洛阳旅游 提供洛阳景点门票优惠、市内主要交通线路、景点营业时间等最新信息。

三门峡旅游 有三门峡地区热门景点、食宿的有趣推荐，以及最新"网红"打卡地的推荐。

天气提示

豫西多山，山间气候多变，尤其是在雨季和雪季，区域内的自然景区如老君山、白云山等，或因天气情况临时关闭，建议做好出行规划，随时关注官方信息并灵活调整行程安排，安全出行。

洛阳和三门峡地图

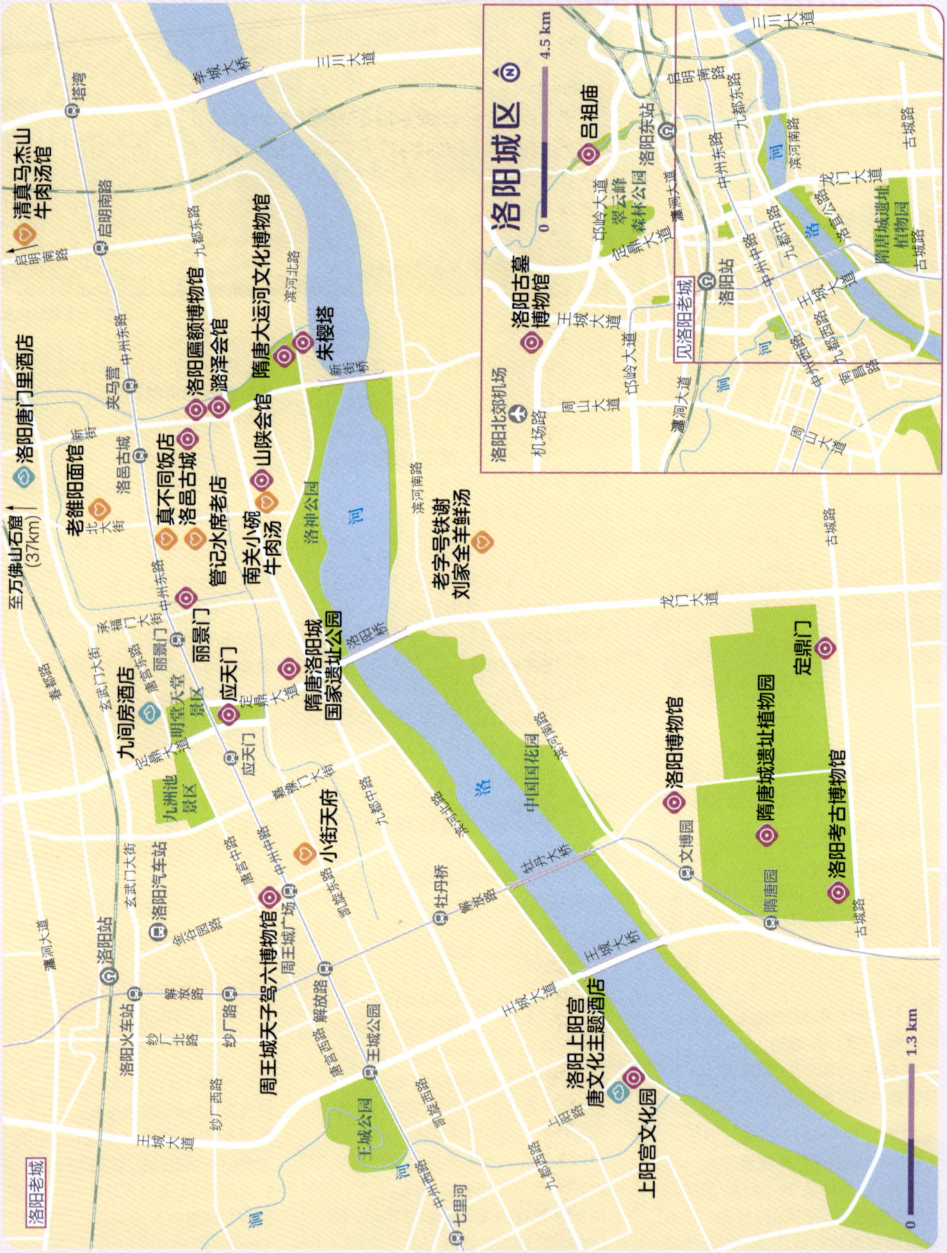
景点
饮食
住宿
洛阳城区
0
4.5 km
吕祖庙
洛阳古墓博物馆
洛阳北郊机场
机场路
洛阳东站
洛阳站
翠云峰森林公园
见洛阳老城
隋唐城遗址植物园
三川大道
启明南路
九都东路
中州东路
滨河南路
龙门大道
洛宜公路
古城路
王城大道
邙岭大道
瀍涧大道
周山大道
定鼎大道
九都中路
中州中路
九都西路
南昌路
洛阳老城
清真马杰山牛肉汤馆
洛阳唐门里酒店
至万佛山石窟(37km)
老雒阳面馆
洛阳匾额博物馆
潞泽会馆
隋唐大运河文化博物馆
朱樱塔
真不同饭店
洛邑古城
管记水席老店
山陕会馆
南关小碗牛肉汤
洛浦公园
老字号铁谢刘家全羊鲜汤
丽景门
应天门
九间房酒店
明堂天堂景区
九洲池景区
隋唐洛阳城国家遗址公园
小街天府
洛阳汽车站
周王城天子驾六博物馆
洛阳火车站
洛阳博物馆
隋唐城遗址植物园
定鼎门
洛阳考古博物馆
洛阳上阳宫唐文化主题酒店
上阳宫文化园
王城公园
中国国花园
洛河
涧河
瀍河
李城大桥
新街桥
洛阳桥
牡丹大桥
王城大桥
塔湾
夹马营
洛邑古城
承福门
丽景门
应天门
文博园
隋唐园
牡丹桥
王城广场
纱厂路
王城公园
七里河
0
1.3 km

洛阳龙门
0 2.5 km
市民之家
开元大道
开元湖
牡丹大道
关林庙
王城大道
永泰街
兴洛湖
伊洛路
八里堂
龙门大道
龙门客运中心
龙门高铁站
洛阳龙门站
南山大道
伊洛路
南山大道
厚载门街
洛伊快速路
丝路大道
洛阳伊水大酒店
龙门北桥
顾龙路
洛阳东山宾馆
龙门石窟
龙门国家级湿地公园
伊河湿地公园
希望桥
二广高速
伊滨路
科技大道
顾龙路
南山大道
伊洛东路
孝文大道
学府街
周山大道
关林路
至水泉石窟(15km)
G55
S96
G36

栾川
0 10 km
冷水
重渡沟
栾川竹海野生动物园
赤土店
陶湾
洛 阳 市
合峪
栾川
鸡冠洞
老君山
老君山风景名胜区
老君山 2192
龙峪湾国家森林公园
白云山
白河
南 阳 市
南阳市
S244
G241
S248
S96
G311
G208
S88
S57

景点
餐饮
住宿

探索

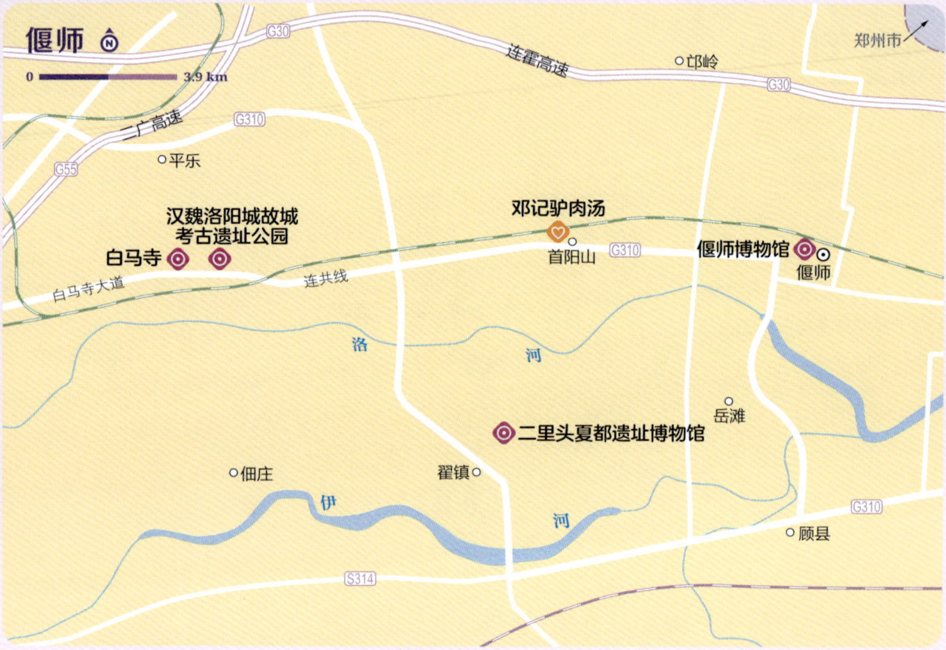
偃师
0
3.9 km
G30
连霍高速
邙岭
G30
郑州市
二广高速
G310
G55
平乐
汉魏洛阳城故城
考古遗址公园
白马寺
邓记驴肉汤
首阳山
G310
偃师博物馆
偃师
白马寺大道
连共线
洛
河
岳滩
二里头夏都遗址博物馆
佃庄
翟镇
伊
河
G310
顾县
S314

景点

餐饮

住宿

三门峡城区
0
1.7 km
G209
黄
山　西　省
山
西
省
黄
河
迎宾大道
三门峡市博物馆
灵宝肉夹馍
黄河公园
大岭北路
三门峡黄河公园
河
甘棠南路
黄河西路
崤山西路
二印哨子面
虢国博物馆
小水绿豆面
天鹅湖国家
城市湿地公园
六峰北路
开元
酒店
上阳北路
黄河东路
经一路
甘棠南路
仰韶大道
庙底沟博物馆
崤山东路
六峰南路
迎宾大道
三门峡天鹅韵
国际酒店
大岭南路
上阳南路
青春羊肉汤
侯平高速
仰韶大道
S312
三门峡客运总站
三门峡站
G310
S75
仰韶大道
连霍高速
甘棠南路
G30
G30
轩辕路
陕州大道
连霍高速
三门峡南站

三门峡周边
0
18 km
山 西 省
黄 河
三门峡大坝
风景区
仰韶村国家
考古遗址公园
三门峡
渑池古秦赵会盟台
渑池
义马
陕州
陕州地坑院
三门峡西站
硖石
英豪
市
峡
门
三
灵宝函谷关历史
文化旅游区
函谷关
西阎
阳店
灵宝
西张村
宫前
西李村
河底
高村
店子
中河
青岗
1903
五亩
寺河
洛
阳
市
王村
韩城
张坞
南村
段村
坡头
洛阳市
G59
S5902
S75
G30
G310
S57
S92

景点
餐饮
住宿

安阳和豫北

电话区号：安阳0372　鹤壁0392　濮阳0393　新乡0373　焦作/济源0391

黄河之北，太行之南，以安阳为代表的豫北地区本就是山水交汇之地。太行山把最美的一段留给了豫北，丹崖绝壁好似万丈红绫，碧水幽潭点缀飞瀑如练。鹤壁、濮阳、新乡、焦作、济源——在这串名字的背后，黄河、济水、卫河、淇河卷起历史的浪花，记录下文王演易、比干剖心、牧野之战、澶渊之盟的故事。从殷墟到彰德府城，从天路红旗渠到太行大峡谷，七朝古都安阳，以其深厚的历史文化遗产，当之无愧地成为豫北之行的明珠。当你踏上大河之北，一路随行的将是一首文明与自然谱写的波澜壮阔的交响曲。

数说安阳和豫北

16万+
殷墟出土刻辞甲骨

4处
沿南太行5A级景区

≈4500个
殷墟发现甲骨文单字

1座
李白《上阳台帖》创作处王屋山阳台宫

19座
安阳博物馆

300+年
“万里黄河第一观”嘉应观历史

39首
《诗经》诗歌描写淇河

在安阳和豫北，你可以这样玩

3天 安阳精华游
（见40页）

2天 畅游云台山
（见72页）

2天 山水南太行
（见74页）

2天 浚县石窟撷珍
（见100页）

1天 漫游小浪底大坝
（见116页）

4—7天 豫北京广线之旅
（见176页）

何时去

12月至次年2月
冬季是太行山最安静的季节，雪后的南太行山舞银蛇，美如仙境。正月初一至二月初二，浚县庙会社火热闹非凡。

3月至5月
3月，新乡辉县秋沟桃花盛开，花海无垠，堪称全国第一。

6月至8月
骄阳似火，可前来南太行的山水间避暑。8月焦作的国际太极拳交流大赛虽然游客不多但会吸引各地爱好者，展现太极风采。

9月至11月
9—10月，安阳会举办殷商文化旅游节。10月中旬至11月底，来王屋山、青天河、万仙山赏万山红遍，看层林尽染。

巍巍太行

安阳和豫北亮点

万仙山

万仙山有二奇——丹崖绝壁的奇观和挂壁公路的奇迹，前者是自然鬼斧天工的手笔，后者显示了人定胜天的决心。

八里沟

八里沟是“太行水之魂”，拥有壮丽的瀑布、蜿蜒的峡谷、清澈的红石河，春季桃花烂漫，秋季红叶满山。

云台山

拥有典型的云台地貌，山峰高耸入云，峡谷深邃幽静，山水之间气韵流动，无愧为豫北最富盛名的自然景观和票价最高的景区。

黄河小浪底

既是伟大的水利工程，也是壮观的黄河景象，赶在一年一度的调水调沙来感受“黄河之水天上来”的气势，或去黄河三峡观赏高峡出平湖。

修定寺塔

以砖砌之身屹立千年，塔身光滑，造型古朴，浮雕精美，为海内珍品。因其沧桑低调，鲜为人知，或许会成为旅程中的惊喜。

殷墟

世界遗产殷墟证实了商代晚期的真实存在，出土的甲骨文更是将中国信史向上推进了千年。

安阳老城

在老彰德府城里，寻访那些沿袭下来的路名和胡同里的古宅，探索九府十八巷隐藏的秘密。

浚县庙会

正月初一到二月初二，大伾山脚下的“华北第一古庙会”高潮迭起，快来融入热闹丰富的社火表演中，不做局外人。

古迹与建筑

殷墟

自第19代商王盘庚迁都至殷，即今日安阳小屯村起，至帝辛亡国，商朝在殷建都达273年。商人称自己的都城为大邑商，商亡后，殷都逐渐废弃，被后人称为殷墟。1928年，考古学家董作宾在小屯村挥出的那一铲，将这座商都的面纱缓缓揭开，也使殷墟成为我国历史上第一个有文献可考、为考古发掘所证实的商代晚期都城遗址。殷墟的发现不但提供了宝贵的商代历史实物资料，也为我们探寻到了中原文明的根脉。

对于旅行者来说，殷墟分为两部分，一个是殷墟博物馆新馆，一个是殷墟遗址景区（包含宫殿宗庙遗址和王陵遗址）。殷墟沿洹河分布，河南为宫殿，河北为王陵，南北相距5公里，宫殿宗庙遗址和博物馆隔河相望，相距1.5公里，三者之间有景区巴士或电瓶车，车费包含在联票内，但是班次不频繁，亦可打车。

2024年2月26日，万众瞩目的**殷墟博物馆**新馆开放，随即掀起了殷商文化和安阳旅游的新浪潮，开馆半年，游客量就达到了近百万人次。新馆建筑平面为洹水的“洹”字，立面呈现鼎形，青铜大门上方写着“大邑商”（也有“天邑商”一说）的甲骨文。地上3层共设8个展厅，包括3个基本陈列——“探索商文明”“伟大的商文明”“世界的商文明”，以及4个专题展览和1个特色沉浸式数字展。展出的文物有近4000件（套）青铜器、陶器、玉器、甲骨等，超过四分之三的展品为首次亮相。

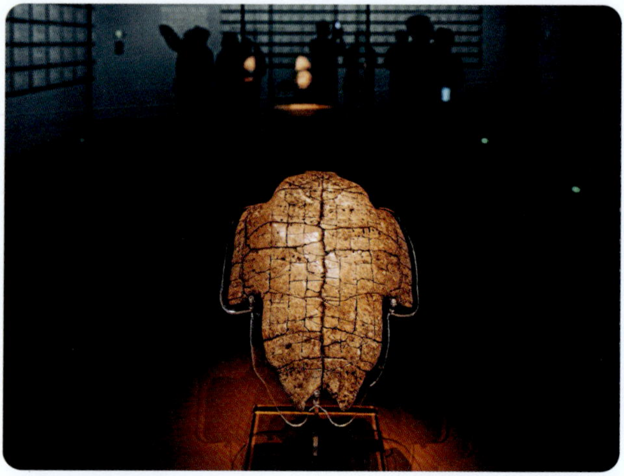

殷墟博物馆中的龟甲 李若渔 摄

殷墟宫殿宗庙遗址区面积很大，建筑大多数只剩下地基，能够看出符合宫殿“前朝后寝，左祖右社”的建筑布局。这一遗址区有甲骨碑林、甲骨碑廊、车马坑等看点，以及殷墟发现的第一座保存完整的商代王室墓葬**妇好墓**。妇好是商王武丁的妻子，但妇好墓没有设置在王陵，而是建在了宫殿区。单此墓中就发现了468件青铜器，比当时殷墟其他区域加起来还要多。墓中出土的随葬品中有四件铜钺，上面铸有“妇好”二字铭文，证明她是位戎马一生的巾帼英雄。

殷墟王陵遗址区是殷商王室陵墓与祭祀场所，自1933年起，在这里相继发现了13座大墓、2000多座陪葬墓和祭祀坑，陵墓的规模和陪葬坑的数量，说明了商人事死如事生的信仰，也揭露了人祭、人殉制度的残酷。出于保护原因，现在大多数大墓采取了地下封存、地表植被的方法进行标识。出土了后母戊鼎的**M260墓坑**位于遗址区东部，该墓为一座甲字形大墓，南部有一条斜坡墓道，墓室为长方形竖穴坑，现建有M260大墓揭示展示和保护房工程，可进入参观。

博物馆内纪念品区附近的**子飨餐厅**推出了印着甲骨文的牛肉面，还有做出牛尊、大鼎等形状的米饭套餐，味道不错，价格比景区外稍高，但物有所值，非常适合饱餐一顿歇歇脚。

◆见299页和328页地图◆地址：安阳市殷都区纺织路与纱厂路交叉口（博物馆），殷都区殷墟路1号（宫殿宗庙遗址），殷都区武官村北地（王陵遗址）◆门票：遗址和博物馆联票120元；遗址白天50元，殷墟宫殿宗庙遗址夜场20元；博物馆白天80元，夜场每日前2000名免费◆营业时间：博物馆8:30—17:30（夜场延长至20:00），宫殿宗庙遗址8:00—18:00，王陵遗址8:30—18:00◆微信公众号：殷墟博物馆、殷墟遗址

文峰塔

全国各地有不少文峰塔，安阳的这一座位于天宁寺内，原名天宁寺塔，康熙年间重修时，为振兴当地文风而改名为文峰塔。安阳文峰塔有两大独特之处，一是上大下小，塔上部五层出檐，从下往上逐层增大，形成了伞状的形式，最上层比底层塔檐外径多出1米。刘敦桢评其“密檐塔中，奇特之例”，梁思成亦称其“为他塔所不见”。另一独特之处是塔上有塔，文峰塔顶上立着喇嘛塔为塔刹，大约因为喇嘛塔是元代的特色，因此梁公在《中国建筑史》中将文峰塔归到元代砖石建筑中。而实际上，天宁寺是隋朝建的，文峰塔则是五代后周广顺二年（952年）所建，历经千年时光岿然不动，就连19世纪的两次大地震也未对其造成损伤，难怪当地人将文峰塔视为安阳的象征。

◆见328页地图◆地址：安阳市文峰区文峰南路1号◆门票：20元◆营业时间：夏季8:30—18:00，冬季8:30—17:00

灵泉寺石窟

安阳在魏晋南北朝时期属于邺城范围，在东魏和北齐时，邺城作为国都，是国教佛教传播活动的中心，城内城外伽蓝林立。位于安阳市西部的灵泉寺石窟最早开凿于东魏时期，以雕刻精美的石窟和摩崖浮雕塔林闻名，又称万佛沟。石窟在北齐、隋、唐、北宋年间陆续扩大规模，主要的石窟有大住和大留两座圣窟，均开凿于隋唐时期。**大住圣窟**窟门两侧龛内雕有迦毗罗神王和那罗延神王，神态自然，造型生动。窟内北、东、西三壁各有

国之重器后母戊鼎

后母戊鼎原名司母戊鼎，于1939年在安阳的武官村出土，重达832.84千克，高133厘米，口长110厘米，口宽79厘米，以云雷纹为底，腹周饰饕餮纹，器腹部内壁铸铭“司母戊”，因此得名。司母戊鼎形制巨大，据测算使用的金属原料超过1吨，根据铸痕观察，鼎身与四足为整体铸造，商人的青铜铸造工艺实在令人惊叹。

作为最为大众熟知的青铜器型，鼎本身是一种用来煮肉的炊具，也是在祭祀场合用来盛放及蒸煮祭品的重要礼器。此外，鼎还象征着权力和地位，自从“禹收九牧之金，铸九鼎”，九鼎便成为国之重器，夏商周三朝皆视之为国家象征，鼎尊贵盛大的形象逐渐深入人心，诞生了“问鼎”“定鼎”“鼎盛”等词汇。

司母戊鼎自1959年起一直被珍藏于中国国家博物馆中。20世纪70年代，学界对它的名字提出了新的考释，认为“司”应系“后”之反书，早期古文字中反书现象很常见；或云“后”字是对商王母亲的尊称，应将“司母戊鼎”更名为“后母戊鼎”。更名之争持续了30多年，2011年3月6日，中央电视台在《新闻30分》节目中正式发布公告，将“司母戊鼎”改为“后母戊鼎”，5天后国家博物馆的司母戊鼎的铭牌也随之更换。

上图：藏于中国国家博物馆的后母戊鼎

大邑商·夜安阳

安阳自2024年3月起，连续开展了几期“大邑商·夜安阳”的活动，殷墟博物馆、中国文字博物馆、殷墟景区、曹操高陵遗址博物馆、安阳博物馆、洹河夜游6个场馆和项目延长开放时间，使安阳成为少数能够夜游博物馆的城市。

在开放夜游期间，殷墟博物馆开放至20:30，殷墟景区每周五、六、日及国家法定节假日开放至22:00。中国文字博物馆主馆宣文馆开放至20:00。曹操高陵遗址博物馆于劳动节、端午节、国庆节等节日期间开放时长延至20:00。安阳博物馆每周六、日开放至21:00，法定节假日延长至22:00。具体开放时间请以景区官方通知为准。

另外，**洹河夜游**（见328页地图）也是夜安阳活动的一大亮点，这是一场以洹河为背景、以殷商时期的故事为主线的实景演出，游客在感受殷商历史的同时，还能赏游洹河夜景。若想获得独特体验，可以选择乘坐游船观赏。可在微信公众号“殷墟演艺”了解详情及购票。

上图：殷墟洹河

修定寺塔砖雕

一龛一佛，佛像身形健壮，衣纹流畅，为典型隋代造像风格。灵泉寺摩崖**塔林**共有塔龛156座，大多雕刻于隋唐时期，在山壁上开凿，普遍高度在1米左右，依山就势，高低起伏。塔林中保存着40多处塔铭和题记，灵泉寺旧址之上还有两座九级密檐式方形石塔，均为唐塔。2024年“十一”前夕，灵泉寺石窟完成新一轮整修，对外开放。

灵泉寺正东不远处，还有一座**小南海石窟**（免费），若时间允许，也可顺道游览。这里风格古雅，但损毁较多，现存三窟均为北齐时期作品。窟内外保存着部分刻经石碑，包括《华严经》《大般涅槃经》，书法介于汉隶向唐楷的过渡，笔画极美，尽显魏碑韵味。这里尚未景区化，仅适合自驾或包车出行，若遇午休等不开放的情况，可联系文保员碰碰运气。

◆见329页地图◆地址：安阳市龙安区善应镇南坪村南◆门票：20元◆营业时间：9:00—17:00◆微信公众号：灵泉石窟景区

修定寺塔

看上去四平八稳的修定寺塔，持续建造了几个世纪才完工。塔基始建于北齐，平面呈八边形，为束腰须弥座，塔身、塔顶到唐代才补齐，因此它也被算作唐塔。塔身平面为正方形，高9.3米，宽8.3米，只有一层，四面满饰雕砖，砖与砖之间采用榫卯方式砌筑，使得塔身表面光滑无缝，古代工匠技艺之精湛可见一斑。塔身的13层3000多块浮雕花砖内容生动，雕刻手法娴熟，以奇幻的想象力和优雅的线条刻画了飞天伎乐、童子侍女、真人力士、龙虎狮兽等各种图案，展现了极高的雕刻水准，其华丽精美就古塔而言，无出其右者，所以才有“修定寺塔一块砖，抵得北京一套房”的玩笑话，也成为大热游戏《黑神话：悟空》的取景地之一。打车至此最好请司机等候或留下司机电话，以防返程打不到车。

◆见329页地图◆地址：安阳市西北35公里清凉山东南麓修定寺旧址上◆门票：免费◆营业时间：8:00—17:00

济渎庙

古时济水与长江、黄河、淮河这四条独流入海的大河并称“四渎”，与五岳一样备受尊崇。济水发源于河南济源，后流入山东，孕育了济宁、济南、临济这些济水河畔的文明。隋文帝时为祭祀济渎神，就在济水源头修建了一座济渎庙。济水在四渎中最为清澈涓细，济水神曾被封为清源王，历朝历代均受君王百姓的膜拜。但随着黄河的屡屡改道，济水最终被黄河所夺。如今济水不再，济渎庙犹存。济渎庙是四渎庙中规模最大的一座，也是河南省现存最大的一处古建筑群落，包括宋以降古建筑20余座，寝宫、清源洞府门等都是具有极高文物价值的木构建筑。庙内的石勾栏是目前全国唯一幸存且保存完整的宋代单勾栏实物，与宋代《营造法式》中记载的石勾栏形制基本一致，被称为“宋代石勾栏样板”。

◆见331页地图◆地址：济源市济渎大街1396号◆门票：30元◆营业时间：8:00—18:00◆微信公众号：济水之源文化旅游区

马氏庄园

有“中原第一官宅”之称的马氏庄园建于清光绪至民国初期，是清代马丕瑶的府第。这位安阳老乡，曾在山西做过20多年官，65岁为广东巡抚时逝于任上，生前曾数次受到慈禧和光绪的召见。光绪二十七年（1901年），慈禧和光绪结束“庚子西狩”（八国联军入侵北京后，慈禧和光绪出逃），从西安返京的途中曾下榻于马氏庄园，庄园现在还保留着慈禧和光绪的下榻处。庄园建筑全部为砖木结构，灰瓦灰墙，硬山式顶，风格上融合了北京四合院、中原民居以及山西建筑特色。整体分为三区六路，九道大门，俗称“九门相照”，高屋深院，游廊环绕。中区为家庙和读书楼，最为庄严宏伟。西区为住宅区，“进士第”“太史第”“百官楷模”等御赐匾额彰显马氏的重文崇礼、家风淳朴。马氏庄园曾做过刘邓大军指挥部，现亦为红色教育基地。

马氏庄园

安阳站始发的106路公交车可到马氏庄园。

◆见329页地图◆地址：安阳市安阳县蒋村镇西蒋村庄园大道1号◆门票：35元◆营业时间：夏季8:30—17:30，冬季8:30—17:00◆微信公众号：安阳马氏庄园景区

羑里城

羑里城位于汤阴县城北，羑（yǒu）是地名，指的就是汤阴这个地方。这里是中国历史上有记录的第一座国家监狱，据《史记》载，曾关押过周文王姬昌长达7年之久。姬昌因私下表示不赞同纣王的残暴而被囚，其间，他钻研伏羲八卦，演绎出六十四卦、三百八十四爻，完成了《周易》这部千古不朽的巨作。羑里城成为后世祭拜文王的一处圣地，景区内的文王庙、演易台等历史遗迹均为历代建造及重修。

浚县古城夜景

感兴趣的还可以去挑战一下八卦阵，看看古老神秘的阵法能不能难住你。

◆见329页地图◆地址：安阳市汤阴县文王路北段◆门票：38元◆营业时间：8:00—17:30◆微信公众号：羑里城

岳飞庙

汤阴是岳飞桑梓，汤阴岳飞庙的规模仅次于杭州岳庙，共六进院落，殿宇120余间。庙门精忠坊为明制式木结构牌楼，正中题额“宋岳忠武王庙”，两侧雕刻“忠”“孝”二字。正殿岳王殿面阔五间，进深三间，殿内正中岳飞彩塑坐像高2.3米，英伟正气，殿内悬有“还我河山”贴金巨匾。山门右侧的施全祠前跪着秦桧、王氏、万俟卨、张俊、王俊五奸党的铁像，身后施全举剑待劈，表达了百姓对于岳飞之死的惋惜和对奸佞权臣的痛恨。岳飞庙东部为岳飞纪念馆。

岳飞庙和羑里城相距几公里，可一同游览。

◆见329页地图◆地址：安阳市汤阴县岳庙街86号◆门票：50元◆营业时间：夏季8:00—18:00，冬季8:00—17:30◆微信公众号：汤阴县岳飞纪念馆

浚县古城

浚（xùn）县古称黎阳，是春秋末年孔子门生子贡的家乡，如今当地政府复原了这座背靠大伾山的古城，城内的黎阳仓遗址是最大的看点。“黎阳收，顾九州”，一句俗语道出此地在农耕时代的地位，黎阳仓的历史可以追溯至隋朝，当时人们利用大运河运送粮储，其后几百年，这座规模庞大的粮仓在中原地区也首屈一指，更是同大运河一道被列入世界遗产。如今古城老街上的后世粮仓已被改建为小巧的博物馆，其中可以看到浚县的风土人情，以及与大运河相关的历史。此外还有文庙、县衙等小景点，可以走走逛逛。

古城内民俗气息浓郁，随处可见的手工染花鸟形泥塑，是国家级“非遗”泥咕咕，是个能吹响的小哨子。每年正月，这里也是“华北第一古庙会”（见306页）的举办地。特色小吃子馍在别处难得一见，值得尝试。

◆见329页地图◆地址：鹤壁市浚县西大街与菜园街交叉口◆门票：40元◆营业时间：8:00—17:30

大伾山风景名胜区

鹤壁浚县境内有两座山，东南的大伾山（东山）和西南的浮丘山（西山）。古时黄河从大伾山脚下流过，时常泛滥成灾，《尚书·禹贡》记载：“东过洛汭，至于大伾。”大伾山因大禹治水经过此地而得名“禹贡名山”，历代名人登临大伾山，多赋诗刻碑，小小一座山上竟然有460余处摩崖石刻。据传北魏时期，为了镇住频频决口的黄河，在这里立起一尊**石佛**，谁想后来黄河果真改道，水患自此平息。此后大伾山上道观佛寺林立，现存7处。后世为那尊高22.7米的大佛修建了高楼，佛像端坐在楼内，却因基座低于楼外地面，反而比楼还高出一截，故而有“八丈佛爷七丈楼”一说。

◆见329页地图◆地址：鹤壁市浚县城关镇伾浮路东段97号◆门票：50元◆营业时间：7:00—17:30◆微信公众号：浚县景区服务中心

浮丘山

浮丘山海拔只有103米，比大伾山还矮上几十米，却能和大伾山齐名，全因山上有唐代开凿的千佛洞和明代建起的碧霞宫。山上的千佛寺在明嘉靖年间曾改作浮丘书院，清中期毁于战火，现存建筑基本为清道光年间重修的，只有**千佛寺石窟**（千佛洞）为唐代遗迹。石窟开凿于一块长方形的山岩上，外部造像已漫漶不清，南北两个窟室内的造像保存较好，能看到衣褶裙摆的细节，可惜面容基本在“文革”时期被破坏了。

碧霞宫为一座三进院落的道观，供奉碧霞元君，当地人又称其为奶奶庙。浚县人对碧霞元君的崇拜可追溯至明代，对其的朝拜活动逐渐演变成了远近闻名的浚县正月庙会。现在观内依旧终日香火弥漫。

◆见329页地图◆地址：鹤壁市浚县城隍庙向西100米◆门票：30元◆营业时间：8:00—17:30

潞简王墓

潞王朱翊镠，是万历皇帝朱翊钧同母胞弟，4岁封王，21岁来到封地（今新乡卫辉）就藩。仗着母亲和哥哥的宠爱，他为人颇有些骄奢荒唐。潞王死后谥号“简”，因此称其潞简王。潞简王墓（又称潞王陵）占地26公顷之多，建筑风格仿照北京明十三陵中的定陵，其建筑形制之盛远超亲王墓等级。整座陵园由神道、东墓区（潞简王墓）和西墓区（次妃赵氏墓）三部分组成。

从“潞藩佳城”石坊进入，神道两侧排列着精美的石兽、石文吏、控马官等，共16对。这些石刻作品用整块青石雕刻而成，

朝歌风云

朝歌曾为殷商四代帝都，从武丁迁都到纣王自焚，见证了商代末期由盛转衰的历史。关于朝歌遗址的位置存在许多说法，较为公认的是位于今天鹤壁市境内，随着近年来鹿台遗址、记纣石碑的发现，这一推测已经得到了越来越多的史料支持。这里西枕云梦山，东临淇水，拥有得天独厚的地理和交通优势，也酝酿出中国史诗故事《封神演义》。

朝歌是封神故事的主要发生地，在乌尔善执导的电影《封神第一部：朝歌风云》中，电影人结合史料，运用华丽的想象和视效，为观众呈现了朝歌的万千气象，并对经典故事“比干剖心”“姜子牙下山”“纣王烹杀伯邑考”等进行了艺术再创作。电影中太子殷郊为追杀狐妖两度闯进鹿台，登上摘星阁，惹怒了纣王。这两个地名都取自商代遗址，在今天鹤壁淇滨区的**朝歌文化园**（见329页地图）中，**鹿台**遗址尚存。这座宫台建筑建于纣王时期，不仅是座华丽的宫殿，亦是帝辛囤积财物的宝库，传说牧野之战后，纣王自焚于此。

鹿台西南12公里处，是淇县的**朝歌遗址公园**（见329页地图）。公园以商代末期历史和都城朝歌为主题，主要建筑包括三仁祠（纪念“殷末三仁”比干、箕子和微子）和摘星台。**摘星台**又名摘心台，和电影里轻盈浪漫的楼阁建筑不同，园内修建的高台建筑庄严稳重，相传比干直言进谏后便是在此将心剖出的。

鹤壁市与封神相关的景点还有同位于淇县的**古灵山**（见329页地图），这里是女娲修真处，因纣王来此降香对女娲不敬，才有了封神故事。山顶有一组号称“天下第一铜顶”的道教建筑群。

上图：朝歌文化园

华北第一古庙会

如果在正月来鹤壁，你肯定不想错过号称“华北第一古庙会”的**浚县庙会**。庙会从正月初一持续到二月初二，最热闹的是初九拜东山（大伾山）、十六拜西山（浮丘山）。庙会上的最大看点是社火。社火最早由祭灶演变而来，人们以歌舞表演等方式来酬谢神灵，逐渐形成丰富的民俗娱乐活动。社火各地都有，以浚县最盛，传统形式包括舞狮、踩高跷、扭秧歌、跑旱船、大头舞、散河灯等。正月十六凌晨开始，上百支社火队聚集到大伾山、浮丘山以及两山之间的伾浮路上，为博得最高声的喝彩纷纷拿出看家本领，锣鼓喧天，热闹非凡。

庙会上随处可见一种泥塑玩具**泥咕咕**，造型各异，色彩艳丽，尾部有两小孔，吹时能发出“咕咕”的声音。据《资治通鉴》记载，瓦岗军与隋军争夺黎阳仓（当时的浚县）失败后，一位名为杨圯（yí）的将领在此屯兵休养，因此这个村子得名“杨圯屯”，即今天的西杨玘屯村。手巧的将士制作人形泥塑来悼念阵亡的战友，后来这种技艺演变为地方特色，西杨玘屯村有一半的人以制作泥咕咕为业。

浚县庙会、社火和泥咕咕承载着浚县历史的记忆和文化的传承，均被评为国家级非物质文化遗产。

望京楼

栩栩如生，从前被当地百姓称为“石头城”。

潞简王墓是中国占地面积最大、保存最佳的明代藩王陵园。尽管曾多次被盗，但新中国成立后得到了修缮，现已跻身国家4A级景区。

◆见331页地图◆地址：新乡市凤泉区潞王坟乡坟上村◆门票：40元◆营业时间：8:30—17:30◆微信公众号：新乡潞王陵景区

望京楼

一眼望去，这座高大方正的石楼很容易让人误以为是军事堡垒，其实这是潞王朱翊镠留在卫辉的面子工程。传说他因思念母亲而修建高楼以北望京城，楼高33米，东西宽32米，南北宽19米，形体方正，为砖石结构。内部有两层，一层为无梁十字拱券，东、西、北三面共开四窗；二层原有五间歇山式大殿，名曰“崇本书楼”，是潞王父子藏书和习书画的宫室，清初被毁，仅存大殿柱础。望京楼的独特之处，在于其巧妙科学的拱券结构，它是已知全国最大的石构无梁殿古建筑。

◆见331页地图◆地址：新乡市卫辉市一中街◆门票：免费◆营业时间：6:00—17:00

比干庙

比干庙是以比干墓为基础建立的庙墓合一的建筑群，庙宇恢宏，古木交柯，据说于北魏太和十八年（494年）由魏孝文帝下令建造。现在的布局大致成型于明弘治年间，建筑沿中轴线缜密排列，大殿之后便是圆丘形的比干墓，这也是中国历史上第一座有明确记载的坟丘式墓葬。墓前古亭残碑上书“殷比干莫（应为‘墓’）”，据考证为孔子存世的唯一真迹。

东西配殿内供奉着比干的后代，有趣的是西配殿里还有妈祖的雕像。原来因为当时周武王赐比干后人“林”姓，比干庙也就成了林氏家庙，东配殿中的林禄

比干庙

公被认为是福建莆田林氏祖先，而妈祖（林默）就是他的22世孙女。

可在卫辉的市民中心站（此站有往返新乡的车）乘坐卫辉16路公交车，终点站即为比干庙。

◆见331页地图◆地址：新乡市卫辉市比干村比干大道北端◆门票：40元◆营业时间：8:00—18:00◆微信公众号：卫辉比干庙景区

陀罗尼经幢

经幢指的是刻有佛经咒文的石柱，通常矗立在寺院或佛堂的庭院中以宣扬佛法。位于卫辉的这尊经幢为五代后晋创建宁境院时镌造，整座经幢高逾6米，重达6吨，全部用青石雕造，由幢座、幢身和幢顶三部分组成，由下向上层层收束。幢座雕有精美的造像和图案，幢身上部刻有“尊胜陀罗尼幢颂并序”字样，幢顶装饰有葫芦形宝珠。宁境院早已归于尘土，现陀罗尼经幢被安置于旧址之上后建的卫辉宾馆大厅内，虽然宾馆已停业，但与门口的保安沟通有机会入内近距离参观。乘坐卫辉16路公交车在时代广场站下车后步行1公里即可到达。

◆见331页地图◆地址：新乡市卫辉市县前街103号

戚城文物景区

卫国是周朝的一个姬姓诸侯国，由武王姬发的弟弟康叔封建国，疆土包括今天的鹤壁、安阳、濮阳、新乡等地，先后定都于朝歌、楚丘、帝丘。戚城曾为卫灵公外孙孔悝（kuī）的采邑，也称孔悝城，因位于古黄河的东岸，东、南与各国接壤，成为军事上的重要屏障和战略要地。各国频繁在戚城会盟，《左传》中记载的在卫国举行的14次多国会盟中，就有7次发生在戚城。城东80米的位置仍有一处高4.6米、长20米、宽16米的夯土台，就是**会盟台**基址。戚城古城垣周长1520米，残高最高处达8.3米，最厚处为16.5米，

牧野之战今何在？

牧野之战称得上是古代以少胜多的一次经典战役，它是武王克殷的重要一役，终结了商朝600多年的统治。然而关于牧野之战的战场究竟在哪里，史学家们则有不同猜测。

《尔雅·释地》曰：“邑外谓之郊，郊外谓之牧，牧外谓之野。”可见，“牧野”原本是指城邑之外的广大郊野地区。但经“牧野之战”后，“牧野”逐渐成为一个特指的地名。

其中一派认为，牧野就在今淇县以南、卫河以北；另一派认为应当在新乡辉县常村镇，因为这里有许多得名于牧野之战的村庄，比如北陈马、南陈马、斩将屯、分将池等；还有少数认为或位于新乡卫辉市。尽管关于具体地点仍存在一定的争议和探讨空间，但是较为公认的是牧野就在今日的新乡。

新乡除了是牧野之战的发生地，也是陈桥兵变——赵匡胤黄袍加身之地，故地**陈桥驿**位于今封丘县陈桥镇。

上图：新乡市博物馆牧野之战复原场景

戚城文物景区会盟台

留存北、东、西三面墙体，绿荫环绕，与会盟台一同处于戚城文物景区。景区内有“颛顼乘龙至四海”雕像、中华第一龙（见本页）展厅等景点。

景区外东北方100米处有一座**子路墓祠**（见330页地图），孔子曾居卫10年，他的学生子路曾任孔悝城的邑宰，在蒯聩之乱爆发时，子路为救孔悝孤身犯险，临终不忘士大夫的尊严，正声说“君子死，冠不免”，从容赴死。

◆见330页地图◆地址：濮阳市华龙区京开大道南段134号◆门票：免费，中华第一龙展馆10元◆营业时间：夏季5:30—22:30，冬季6:00—22:00◆微信公众号：濮阳市文保中心

唐兀公碑

这块碑全称“大元赠敦武校尉军民万府百夫长唐兀公碑”，立于元顺帝至正十六年（1356年）。这位百夫长名为唐兀崇喜，该碑是他为始祖父唐兀台所立。唐兀是元代对西夏遗民的称呼，蒙古灭西夏之后，西夏遗民四散，存者多成为元属民。唐兀台这一支随蒙古大军收金破宋，其子唐兀闾马屯田濮阳，家族在此生根。四世崇喜改家族姓为“杨”，现在濮阳柳屯镇杨什八郎等十几个村子，一共4000多名杨姓族人，均是唐兀公的后代。

这段历史均来自唐兀公碑所载，得益于杨家后人的世代守护，这块碑几经掩埋隐藏，得以保存至今。20世纪80年代，杨家子孙将“文革”时深埋的石碑重新立起，并修建了碑亭，让这段西夏后人南迁的重要史料重见天日。

◆见330页地图◆地址：濮阳市濮阳县柳屯镇杨什八郎村南◆门票：免费◆营业时间：全天

回銮碑

回銮碑碑身为青黑色石质，无碑首。现仅存上部一段，碑文为《契丹出境》诗，相传为宋真宗所赋，由宰相寇准书丹。碑立于北宋，毁于明代，现在看到的石碑和碑文都是1978年濮阳政府复制的。

北宋景德元年（1004年），辽圣宗和萧太后亲率大军南下，深入宋境六百里。宋廷震动，宋真宗在寇准等主战派大臣力谏之下，御驾亲征，至澶州（今濮阳）督战。真宗素来主和，在宋军胜利在望之际与辽议和，每年向辽支付十万两银和二十万匹绢，这便是史上备受争议的澶渊之盟。宋真宗御驾回銮之时，赋诗《契丹出境》。从史实来看，

中华第一龙

1987年，在修建引黄供水调节池的过程中，考古工作者在濮阳西南的西水坡发现了一座6000多年前的古墓，并在该遗址的一具男性骸骨旁发现了四组用蚌壳摆砌的龙虎形图案，其中的龙身长1.78米，昂首弓身呈腾飞状，与中国古代龙的形象十分接近。因其为迄今发现最早的龙，被称为“中华第一龙”。濮阳自此被冠上“龙都“称号。龙自古就是中国帝王的象征，仅《大戴礼·五帝德》一篇中就有“颛顼乘龙而至四海”“帝喾春夏乘龙”等关于五帝御龙的词句。因为时间和空间接近，人们猜想这条蚌塑龙也许和颛顼或帝喾有关。**西水坡遗址**（见330页地图）内现有中华第一龙牌坊、中华龙碑和五代古城墙。

澶渊之盟后两国不加兵者120年，确如碑文上诗云“继好安边境，和同乐小康”。

观赏碑文后，可至其背后的**澶渊之盟纪念馆**深入了解这段历史。

◆见330页地图◆地址：濮阳市濮阳县御井街城关镇西完小西侧约200米◆门票：免费◆营业时间：全天

四牌楼

濮阳老城中心一带被称为十字街，东西南北四条街交会处矗立着一座建于明嘉靖年间的牌楼，名为四牌楼，也称中心阁。四牌楼为木石结构，绿色琉璃瓦顶，四角翘起，各有一只口衔铜铃的文兽。楼四面各挂一块牌匾，东面题写“颛顼遗都”，指五帝中的颛顼曾在此建都；西面“澶渊旧郡”，指的是濮阳的旧称；南书“河朔保障”、北曰“北门锁钥”，指濮阳在军事地理上的重要地位。这四块匾概括了濮阳的几件大事，不失为濮阳老城的一处纪念地。

◆见330页地图◆地址：濮阳市濮阳县十字街◆门票：免费◆营业时间：全天

沁阳北大寺

中国寺院绝大多数坐北朝南，但是沁阳北大寺的正殿却是坐西朝东，因为这是一座伊斯兰寺院，坐西朝东才能保证信众在礼拜时朝向位于西方的圣城麦加。寺内以明清木构建筑为主，于细节处融合了伊斯兰风格。屋檐主体色采用孔雀蓝，而非中国古建常用的绿色，厦殿（山门）正脊鸱吻部没有用神兽，而是采用了日月造型。窑殿（主殿）内部分为三室，以青砖砌成三个穹窿券顶。外部看来，窑殿顶部高耸挺立，三十六脊纵横交错，色彩繁复明艳，挺立如高阁，象征着伊斯兰教的宣礼塔。北大寺建筑特色鲜明，工艺精湛，堪称中国伊斯兰建筑的杰作。这里全天开放，但有时也会有大门紧锁的情况。

◆见330页地图◆地址：焦作市沁阳市汪街7号◆门票：免费◆营业时间：全天

圆融寺

圆融寺

圆融寺全名为圆融无碍禅寺，关于这座寺庙有两件“出格”的事：一是它的释迦牟尼佛没有被安奉在大雄宝殿中，而是矗立在大雄广场上任凭风吹雨打；二是它的朝向为坐西朝东，但与北大寺不同，圆融寺只是为了顺应山势，主打随意。寺院在抗战时期损毁严重，于2002年

中国杂技之乡

中国杂技协会命名过两个“中国杂技之乡”，一个是河北吴桥，一个就是河南濮阳东北庄。东北庄的杂技传统据说可追溯至三国时期，至清朝达到鼎盛，以乔、刘、李三家班最为著名。东北庄杂技脱胎于乡土，取材于生活和劳作，“杈耙锄头当道具，田间地头练杂技，屋内床前做游戏”，几乎人人都能耍上三招两式，将近一半人能登台表演，许多老人更是身怀绝技。游人可至**东北庄杂技文化园区**（见330页地图）现场观看杂技表演，民俗杂技大剧场共有1400个座位，运用现代声光电高科技手段，将杂技表演与魔术、音乐、戏剧等形式融合；也可至中原杂技博物馆领略杂技的魅力。

袁林内身着北洋军服的石像生

得到重建。这里环境清幽，香火鼎盛，与寺名不无关联。当焦虑和烦恼已渐成当代人的日常，圆融寺开始吸引年轻的善男信女敬献香烛，以求心无挂碍，圆融自在。

圆融寺位于当阳峪村，山门外200米还有另外一处景点——**当阳峪瓷窑遗址**（见330页地图）。当阳峪窑是宋代著名民间瓷窑，又称修武窑，其出品以风格多变、造型丰富著称。参观者可以在遗址博物馆里了解绞胎、剔花等特殊工艺。

◆见330页地图◆地址：焦作市修武县西村乡当阳峪村◆门票：免费◆营业时间：8:00—17:00

慈胜寺

温县慈胜寺始建于五代，重修于元。如今只保留下三座建筑——山门、天王殿、大雄殿，虽少但精。天王殿是座无梁殿，只利用斗拱相叠将整座屋顶的重量分散到柱上。殿内原本绘满壁画，但基本都被盗了，现只存一幅天王像。大雄殿前门额上方的风字形牌匾上书“大雄之殿”，银钩铁画，笔体遒劲，为元代至元年间（1335—1340年）所题。殿前有一尊陀罗尼经幢，有5米多高，采用十几块石块堆垒而成，顶部雕有宝珠，中部刻有经文，下部的须弥座雕刻精美，其上的佛像面容可辨。

◆见330页地图◆地址：焦作市温县大吴村◆门票：免费◆营业时间：全天

轵国故城

轵国故城始建于春秋，战国时期先为韩都，后属魏，秦置轵县，历秦汉至唐，逐渐荒废。轵国故城遗存包括城墙遗址、大明寺、聂政墓等。现存城址东西长2100米。外郭城的东、南两面城墙保存较好，共计3600米，残高1—8米。**大明寺**（见331页地图）为西汉时轵侯刘昭为祭祖而建的焚修香院，宋代改建为寺院，元代重建。现保留元、明、清历代古建筑13座，其中中佛殿是河南省仅存的四座元代单体建筑之一。**聂政冢祠**（见331页地图）是轵人为纪念战国四大刺客之一的聂政设立，聂政英烈刚强，为报恩刺杀韩相，后怕连累亲族毁伤面容，切腹而亡。故城遗迹散布在轵城镇，建议驾车探访。

◆见331页地图◆地址：济源市东轵城村与泗涧村之间◆门票：免费◆营业时间：全天

袁林

安阳袁林又称袁世凯墓，这里算得上中国近代陵寝建筑的特例，中西合璧，风格独特。这座1916年始建、历时两年完工的袁世凯墓园，占地约9.3万平方米，耗资70多万银圆，在继承了明清帝陵中轴对称格局的同时，又融入西方建筑元素。1952年毛泽东视察时，曾提出保留墓园作为“反面教材”，因此使它得以躲过特殊时期的破坏。如今，袁林内长66米砖雕照壁堪称国内最大，园区前半段还保存着神道、碑亭、石像生，武将石雕身着北洋军服，后半段墓冢采用美国格兰特总统墓形制，钢筋水泥穹顶与十二章纹铁门形成强烈反差。

◆见328页地图◆地址：安阳市北关区胜利路◆门票：35元◆营业时间：8:30—17:00

文化与展演

中国文字博物馆

这是中国首座以文字为主题的博物馆，从展厅内未成年人

曹操高陵遗址博物馆

的"浓度"来看，应该算得上安阳最受欢迎的亲子游场所。主体建筑由宣文、徽文、博文三馆组成，若从空中看去，三座建筑恰好组成了一个汉字"合"。三座建筑在现代风格中融入了殷商元素，宣文馆的浮雕金顶采用了殷商"四阿重屋"样式，墙柱、围栏等细节处均可见青铜纹样。

大型展览"中国文字发展史"的第一至第五展厅位于主馆**宣文馆**，布展虽稍显老旧，但详细讲解了中国文字的构形特征，以及从甲骨文到现代汉字的演化历程。专题陈列"一片甲骨惊天下"位于宣文馆一楼北厅，展示大量甲骨文实物和复制品，介绍了安阳殷墟甲骨文的发现、发掘与研究历程。**徽文馆**展示了汉字与民俗的紧密联系。**博文馆**的"字里乾坤"让观众通过触摸屏互动、虚拟现实体验等高科技展示方式，直观地看到汉字从甲骨文、金文、小篆到隶书、楷书的演变过程。

博物馆整体坐落于**汉字公园**中，参观完馆内展览，可以到东西两侧的公园里欣赏诸多以汉字为主题的园林景观。

◆见328页地图◆地址：安阳市北关区人民大道东段656号◆门票：宣文馆和徽文馆免费，博文馆45元◆营业时间：9:00—17:00，周一闭馆◆微信公众号：中国文字博物馆

曹操高陵遗址博物馆

提及曹操墓，坊间似乎总是对其真假争论不休，但这座博物馆依然于2023年正式开放，向公众呈现十几年间高陵遗址的考古研究成果。广场上矗立着"魏武挥鞭"的雕像，简洁大气的主建筑外观致敬汉代宫殿风格，以三国流行的黑红为主色调。一层为墓葬地面建筑遗址展示，包括神道、宫殿、壕沟等。接下来你可以来到地下二层的模拟墓室，沉浸式观察一比一复原的墓室结构，甚至连盗洞和水迹都能看得一清二楚。随即进入"高陵重现"展厅，该展厅介绍了高陵的

一片甲骨惊天下

清光绪二十五年（1899年），时任国子监祭酒（相当于今天的教育部长）的王懿荣偶然发现了一味叫"龙骨"的药材上刻画了一些线条，这位金石学家凭借广博的国学知识，拼凑出几个象形文字，于是他陆续从京城和外地收集来1058块龙骨，后初步判断这些龙骨和其上的文字来自商朝。此言一出立时震惊世界，可惜翌年八国联军进攻北京，王懿荣为民族大义自尽家中，这些早期的甲骨碎片便转手到了王的好友、《老残游记》的作者刘鹗处。光绪二十九年（1903年）刘鹗编著《铁云藏龟》，这也是世界上第一部关于甲骨文的著作。但是"甲骨文"这个名称直到1923年，才由史学家陆懋德提出，他在清华的学报上发表的《甲骨文之历史及其价值》使这一概念得到学界认可。

另外，推动甲骨学界建立的还有被誉为一代宗师的"甲骨四堂"：罗振玉（号雪堂）、王国维（号观堂）、董作宾（字彦堂）、郭沫若（字鼎堂），四人对甲骨文的破译和殷墟遗址的挖掘做出了卓越贡献。

时至今日，甲骨发掘存世的总数约为15.4万片，已破译的文字数量约为1500字，使关于"商"的推断成为一段信史，将有记载的中华文明史推进了近千年。

高陵之疑

1998年4月的一天，西高穴村村民徐玉超在挖土时意外发现了一块刻石，随后县文物部门证实这是后赵时期的墓志铭“鲁潜墓志”，上面明确提到了“故魏武帝陵”的位置。曹操逝世时的谥号为“武王”，曹丕改汉为魏后追尊其父为“太祖武皇帝”。鲁潜比曹操晚卒百余年，因此这段墓志为寻找曹操墓提供了重要线索。

2006年，西高穴村发现了一座东汉时期大墓，随后两年间，这座墓穴多次被盗，所以河南省文物考古研究所于2008年底开始对该墓进行抢救性发掘，通过对墓葬的形制、规模、出土文物、墓主人骨骼的鉴定，结合鲁潜墓志与史料记载的魏武帝陵位置，认定此墓就是曹操的高陵。“曹操高陵”被列为“2009年度全国十大考古新发现”之首。

曹操陵墓曾有“七十二疑冢”的传说，但确切位置一直成谜，因此对于高陵的考古发现，社会上出现了不少质疑声。从墓室规模、形制上来看，这座陵墓的确符合曹操的地位。但墓中大多数陪葬品都被盗走，仅余少量器物残片以及一男两女三具骸骨。经考古工作者鉴定，男子去世时60多岁，与曹操相符，而后陆续在墓中发现了“魏武王常所用挌虎大戟”“魏武王常所用慰项石”等铭刻石牌，加上之前文物部门征集到的类似有“常所用”字样的铭牌，都成为此墓为魏武王曹操墓论断的依据。

高陵考古没有止步于对曹操墓的发掘。通过2010年至2017年的大面积考古勘探，河南省文物考古研究院在曹操墓周围发现了陵园、陪葬墓、疑似晚期守陵户建筑等重要遗迹，这些墓葬究竟属于谁仍疑云未散，高陵考古任重而道远。

上图：曹操高陵遗址博物馆内的石枕

发现过程和考古研究，集中展示了出土文物。“超世之杰”展厅则利用多媒体手段回顾了曹操生平与功绩，力图还原历史上真正的曹操。

这里距离安阳市区有一段距离，可在安阳东站乘坐58路旅游专线至曹操高陵站下车，单程80分钟，也可以考虑搭网约车往返。

◆见329页地图◆地址：安阳市殷都区西高穴村◆门票：50元◆营业时间：8:30—18:00◆微信公众号：曹操高陵遗址博物馆

安阳博物馆

也许是安阳拥有太多耀眼的藏宝库，以至于这座国家一级博物馆显得小众了不少。在这座2008年落成的四方覆斗状建筑中，收藏着化石、青铜器、甲骨、玉器等10万余件文物，诉说着豫北重镇的历史。尤其值得一看的是“丝路遗韵相州风——麴庆墓出土文物展”，麴庆夫妇的**石棺床**被完整展出，其上雕刻精致繁复，令人移不开眼。这位祖籍陇西，生于北魏洛阳、长眠于隋朝相州的麴庆，与其妻子的墓志铭上那两句“星河不旦，岁月徒春”“晨鸡不旦，陇树恒秋”道出了中国人骨子里的浪漫。需要注意一点，麴庆墓为特展，但馆方暂未公布撤展时间，如有兴趣前往，可关注微信公众号了解最新信息。

◆见328页地图◆地址：安阳市文明大道436号◆门票：免费◆营业时间：周一至周四9:00—17:00，周五至周日9:00—18:00◆微信公众号：安阳博物馆

平原博物院

平原博物院这座半环形建筑已经成为新乡市的地标之一，如今是**新乡市博物馆**的所在地。你可能会疑惑“平原”二字从何而来，其实在新中国成立初期，黄河以北设立平原省，以新乡为省会，而这个省级行政区只存在了短短几年的时间就被纳为如今的河南省一部分，新乡也从省会的位置回到了普普通通的地级市。

新乡市博物馆收藏着华北平原南部50多个县市出土的陶瓷、青铜、书画、碑帖拓片等文物，2011年建成的新馆正面，也依然挂着“平原博物院”几个大字，你可以到此拾取那段属于平原省的短暂历史。

◆见331页地图◆地址：新乡市人民东路687号◆门票：免费◆营业时间：9:00—17:00，周一闭馆◆微信公众号：新乡市博物馆

陈家沟太极文化旅游区

关于太极拳的起源，目前最为广泛接受的观点是由温县陈王廷所创，发源于陈家沟。温县县城东5公里处的陈家沟太极文化旅游区，是一处集中展示、体验太极拳文化的观光地。主要景点包括太极拳祖祠、太极拳博物馆、太极拳文化园、武学社、东沟创拳处等。你也有机会得到拳师的现场指导，亲身体验太极拳的魅力。

◆见330页地图◆地址：焦作市温县陈沟线（陈家沟小学东侧约260米）◆门票：40元◆营业时间：8:00—17:30◆微信公众号：陈家沟太极拳文化旅游区

云台山红石峡风光

自然

云台山

太行山纵贯豫北大地，进入焦作境内，南太行开始由南北走向逐渐转为东西走向，由嶂石岩地貌变成云台地貌，比起新乡、安阳的山峦，多了分灵秀，少了些刚劲。焦作的三处风景区在2007年联合起来被评为5A级景区，分别是修武县的云台山、博爱县的青天河，以及沁阳市的神农山，三个景点虽然都是南太行的山水风光，但各有特点。

云台山景区开发成熟，设施便利，景观要素最为丰富，常年占据焦作景点的榜首。景区分为三部分：红石峡、小寨沟和茱萸峰。**红石峡**，光看名字就知道是典型的碧水丹崖，也是云台山风景的精华所在。游览这个“下沉式”景区，先要下至极深的峡谷底部沿河水步行游览，终点有自动扶梯返回。附近的子房湖因张良（字子房）在湖边山上练兵而得名，湖面开阔，幽静清澈，夏天还有水上飞人之类的游玩项目。

小寨沟景区游览项目较多，又分为猕猴谷、泉瀑峡、潭瀑峡。猕猴谷内以游玩项目为主，可观猕猴，体验90°绝壁的云台山攀岩、丛林过山车、嬉水等。泉瀑峡又名老潭沟，单级落差314米的云台天瀑位于其尽头，有冰碎雪崩之势。往返天瀑需6公里，全程徒步，走势较为平缓。

茱萸峰便是王维吟咏“遍插茱萸少一人”之地，也是云台山的最高峰，海拔1297.6米，山顶有一座始建于唐朝的玄帝宫。茱萸峰东南还有一峰名为**凤凰岭**，可由茱萸峰徒步前往，凤凰岭附近的玻璃栈道等着胆壮之士前来挑战。随后可从凤凰岭下山，亦可乘坐茱萸峰索道（往返120元）及凤凰岭索道（往返120元）。

景区门票3天有效，景区外有4个服务区，食宿选择众多。

竹林七贤

竹林七贤即阮籍、嵇康、山涛、向秀、刘伶、王戎及阮咸，相传这七位魏晋名士在同一时期隐居山阳（今焦作山阳区），常聚会的竹林据推测就在今云台山南侧百家岩一带。虽然实际上竹林未必有，人数也不一定是七个，但不妨碍竹林七贤以魏晋“男子天团”的形象流芳千年。

其实无论以古人还是今人的眼光来看，七贤的行为都称得上癫狂，比如阮籍十分擅长翻白眼，并因爱哭而载入史册。而七贤中好酒者如刘伶，十足的“酒蒙子”一枚，当下还有一款以他为名的“刘伶醉”白酒；再加上与猪同饮的阮咸和“饮酒八斗方醉”的山涛，这三个人“无日不兴”，夜夜酩酊。如此看来，七贤又“贤”在何处？这群人隐逸山林，饮酒佯狂，独醒于世，看似放浪形骸，实则以极端方式捍卫个人尊严和独立思考的权利，成就了古代隐逸文化的样本。尽管从个人结局来看，七贤中有人狂欢至死，有人含恨而终，有人官场得意，有人消极摸鱼，然而这般魏晋风骨，至今仍发人深省，引人共鸣。

神农山的猕猴

从郑州出发可乘坐至云台山的景区直通车，通过小程序“豫州行”购票。

◆见330页地图◆地址：焦作市修武县七贤镇沙墙村北2公里◆门票：180元（含观光车）◆营业时间：7:00—17:00◆微信公众号：云台山风景名胜区

青天河

不同于云台山“造化钟神秀”的雄奇大气，青天河更有种“绿水丰涟漪，青山多绣绮”的含蓄婉约。核心景区**大泉河**有“北方三峡”之称，无论坐船（单程45元，双程90元）还是沿河徒步，都令人心旷神怡。以赏山色为主的**靳家岭**景区有数万亩密林，大片的红枫和黄栌覆盖，是焦作乃至中原的红叶胜地。另外，青天河也不乏人文看点，拥有乾隆三顾的月山寺，以及北魏古官道遗迹、太行八陉之一的古丹道（亦称太行陉，见69页）。

◆见330页地图◆地址：焦作市博爱县寨豁乡青南路◆门票：60元◆营业时间：全天◆微信公众号：青天河风景区

神农山

相传上古首领炎帝，牛首人身，发明刀耕火种，号神农氏。而焦作神农山就是炎帝尝百草、辨五谷的地方，因此景区内有一系列和神农氏有关的景点。山脚的神农文化广场上矗立着头生牛角、手捧五谷的炎帝神农氏巨型雕像，由此攀登数百级台阶，过三天门后，来到位于主峰紫金顶之上的神农坛，传说太上老君在峰顶炼金丹致使紫气萦绕，故而得名紫金顶。走过神农坛定要去走一遭**龙脊长城**，狭长的山脊一线酷似巨龙游弋于天地之间，又如长城般险峻挺拔，走在

"城"上放眼望去，巍巍太行八百里，置身云路觉天低。龙脊长城又名白松岭，沿途能够观赏到壮观的天然龙鳞松林，以及诸多千年名松，如"阴阳松""夫妻松""帝王松"等。树龄3900年的帝王松乃神农山松王，其粗壮高大，非广角镜头根本装不下。

神农山还是宗教圣地，山上有云阳寺、静应庙、临川寺等多处佛教和道教建筑，其中佛道共存的清静宫，为少见的清代无梁建筑群。与云台山一样，这里也可以观赏猕猴，走玻璃栈道，或体验滑索。

◆见330页地图◆地址：焦作市沁阳市紫陵镇赵寨村◆门票：65元◆营业时间：8:00—18:00◆微信公众号：神农山风景区

太行大峡谷

林州太行大峡谷以山体垂向多层景观地貌著称，土黄、赤红的砂页岩壁陡然峭立，山势雄伟苍劲，酝酿出豫北地区的绚丽奇景。先到桃花谷游览深潭飞瀑，然后乘坐观光车沿太行天路游览，俯瞰峡谷胜景，体验玻璃桥、滑索和天空悬廊的惊险刺激。王相岩（见65页）的绝壁幽谷引得历代隐士至此蛰居，近年修建的悬空栈道和摩天筒梯主打一个心跳加速，走在其上，看巍巍太行更加气势雄浑，险峻万分。

◆见329页地图◆地址：安阳市林州市石板岩镇林石线◆门票：140元（含观光车费）◆营业时间：8:00—17:30◆微信公众号：太行大峡谷

云梦山风景区

云梦山位于鹤壁淇县与新乡

南太行的丹崖长城

太行山延袤万里，千峰竞秀，从河北起势，进入河南境内后，从豫北斜切向下，划过新乡、安阳、焦作、济源，形成与山西的天然界山，亦称南太行。都说太行山把最美的风景留给了南太行一段，这里山势陡峻，集雄、险、秀、幽、奇为一体，这一切都得益于南太行独有的地貌特征。

南太行山最主要的地貌特征是嶂石岩和云台地貌。嶂石岩地貌是中国三大砂岩地貌（另外两个是丹霞地貌、张家界地貌）之一，主要由易于风化的薄层砂岩和页岩组成。其主要特征为丹崖长墙和"Ω"形嶂谷，代表景观为万仙山（见316页）、八里沟（见317页）等。云台地貌上部岩石以碳酸盐岩为主，中下部以元古宙紫红色石英砂岩为主，因此和嶂石岩一样，山体都显露出赭红色，也会形成长崖和沟谷，代表景观为云台山（见313页）。

这段丹崖长城中亦有"关口"，多为人们利用峡谷、河道开凿修筑的关隘，古称太行八陉（意为山脉中间断开的地方）。掌握着八条要道，便是扼住了晋冀豫三省交通往来的咽喉。八陉中有三陉在河南，分别为济源轵城镇的轵关陉、焦作沁阳市西北的太行陉，以及新乡辉县宝泉的白陉。

上图：丹崖长城

《诗经》之河

除了商都，朝歌在春秋时期也做过卫国的都城。淇水（今卫河的支流淇河）从朝歌流过，留下无数浪漫诗句。据考证，与淇河流域有关的《诗经》篇目共39首，其中直接提到淇水的有6首，分别是《淇奥》《竹竿》《有狐》《泉水》《氓》《桑中》。淇水是男女相会谈情的去处，因此《诗经》中与淇水相关的诗句常与爱情有关。如《桑中》的"期我乎桑中，要我乎上宫，送我乎淇之上矣"，对于情爱热烈的描写令今人闻之面热，又如《卫风·氓》以女子的口吻回忆了和丈夫从恋爱的甜蜜逐渐走向婚后的失望，"淇水汤汤，渐车帷裳。女也不爽，士贰其行。士也罔极，二三其德。"提醒年轻姑娘们不要"恋爱脑"，"于嗟女兮，无与士耽"——这般清醒的发言仿佛越过3000年的时空和现代女性完成了一次击掌。

时至今日，诗河两岸的人们依然热爱诗咏，位于淇滨区的**淇水诗苑**（见329页地图），收录了1500首诗歌，游人可漫步其间，吟风咏月。

云梦山南天门

卫辉的交界处，虽有着柔软的名字，实则和其他南太行的山峦一样硬朗刚毅。这里云环雾绕，幽然深沉，主峰海拔仅577米，然而山不在高，有"鬼"则名。这里相传是战国时期鬼谷子的隐居地，苏秦、张仪、孙膑、庞涓、毛遂等人曾拜其门下，在此领悟纵横之术，因此云梦山被誉为"中华第一古军校"。历代文人墨客都对云梦山魂牵梦萦，现存有元、明、清至民国时期各代的摩崖题记共计220处，碑刻33块。

水帘洞为鬼谷先生隐居和讲学之地，可见元代石刻《重修道院记》摩崖碑。相传鬼谷子为锻炼学生们的胆量，让他们从舍身台跳下。舍身台的摩崖题记高6.9米，宽3.77米，是河南省已知最大的一处。景区内还有鬼谷洞、孙膑洞、庞涓洞、孙膑墓等看点，以及一条"费脑"的**三十六计步道**。过去几年长假期间，到访云梦山的游客但凡背得出三十六计，即可免去门票。

从淇县出发，633路公交车可至云梦山脚下。

◆见329页地图◆地址：鹤壁市淇县北阳镇卧羊湾村西◆门票：60元◆营业时间：8:00—17:00◆微信公众号：河南淇县云梦山景区

万仙山

万仙山位于太行山南麓，以奇峰、怪石、飞泉、峡谷著称，但最具标志性的当数在百米悬崖上人工开凿出的**绝壁长廊**，又称郭亮挂壁公路、郭亮洞。郭亮村地势险峻，自古以来只有一条极窄的小路镶嵌在峭壁之上，人们称其为"天梯"。1972年至1977年，郭亮村的13名青壮年，全凭一锤一钎开凿，打烂了上千个铁锤，终于挖出了这条1250米长、6米宽、4米高的郭

挂壁公路直通郭亮村

亮洞。当初为了清理石碴在公路外侧开的35个洞口，不想现在成了最佳观景台。

如今须得步行穿越郭亮洞，自驾者只有在非节假日时预订山上的民宿，方可申请进入。

穿过绝壁长廊不久便是位于山顶的**郭亮村**，村里的房屋基本由石头建造的，就像村里的顺口溜“石磨、石碾、石头墙，石桌、石凳、石头炕”。继续游览，会先后经过炮楼（郭达主演的《举起手来！》取景地）和天梯，曾经的生命线现已成为拍照留念地，出于安全考虑，天梯已暂停开放。20世纪末有40余部影视剧在此取景，打开知名度的郭亮村此后成了省内知名的写生、拓展、攀岩基地。要看挂壁公路的全貌，可至对面山顶的观景台。

万仙山景区由郭亮和南坪两部分组成，郭亮的精华在山顶，**南坪**的美景在山脚，前者观峭壁奇石，后者赏飞瀑流泉。黑龙潭瀑布如银河泻地，磨剑峰瀑布如丝如缕，在赤色峭壁的峡谷和栈道徒步，谁都会感叹，大自然竟将雄奇险峻和清幽秀丽皆赋予了南坪。

郭亮村和南坪村几乎家家可住宿，并由景区统一管理。景区门票包含观光车，可由景区大门抵达郭亮和南坪。

◆见331页地图◆地址：新乡市辉县市沙窑乡◆门票：107元◆营业时间：旺季8:00—18:00，淡季8:00—17:00（如住当地民宿，全天皆可进入）◆微信公众号：新乡万仙山景区

八里沟

八里沟地处河南、山西两省交界之地，号称“河南小九寨”。景区由三部分组成，从游客中心出发，有三条不同线路分别通往八里沟、九莲山和天

四大怀药

焦作沁阳古时曾用名包括怀州、怀庆府、覃怀、河内。根据传说，炎帝神农氏来到神农山登坛祭天，尝遍百草，发掘了四种药材（食材），一直流传至今，并称为四大怀药。怀药不仅具有极高的药用价值，也衍生出具有养生功效的怀府药膳。

怀山药 补脾养胃、滋补益肾，是食疗、中药常用品种。在膳食领域，由于山药可塑性高，“组CP”能力强，最受百姓的青睐。而温县独有的铁棍山药，更是山药中的极品，成就了太极山药泥、文房四宝山药、怀山药烧甲鱼等风味绝佳的菜肴。

怀菊花 疏风散热、清热解毒，可入药，可泡茶。

怀地黄 生地黄清热凉血，熟地黄补血滋阴，《本草纲目》记载“今人惟以怀庆地黄为上”，民间大菜亦有怀地黄焖羊肉。

怀牛膝 李时珍认为它“滋补之功，如牛力”，牛膝入药，可治疗寒湿和腰膝骨疼。经典怀府药膳中就有一道怀牛膝炖土鸡。

宝泉游龙湾

界山。

西部的八里沟风景区有“北方水世界，太行水之魂”的美誉，游览时可沿河谷栈道向上徒步4公里（这就是“八里”的由来），一路游览抱犊桥（尤其适合亲子嬉水）、猕猴保护区、羊州地；或乘坐观光车至天河瀑布，看飞瀑银练一般从百余米高处倾泻而下，蔚为壮观。游人还可以从瀑布下的水帘洞穿过。瀑布之上就是河水奔流于红石间的景象，从瀑布脚下登顶红石河有三种方式：沿一线天盘旋攀缘最惊险，走绝壁上修建的Z字形天梯最特别，乘坐168米高的观光电梯一步登天最快捷。

东部的**天界山**拥有一条挂壁公路和两条挂壁栈道（一条木质的和一条玻璃的），想要领略峭壁与云海风光，或者体验心悬胆寒的刺激感，都可以来走一走。步行登至老爷顶，需要约1小时。北部的**九莲山**拥有九莲潭、九莲天梯、天湖瀑布等景点，还修建了一部观光电梯。

八里沟旁就是**关山**景区，景点同质化程度较高，择一游览即可。

郑州至八里沟有景区直通车，单程3.3小时，可通过微信小程序“豫州行”购买车票。

◆见331页地图◆地址：新乡市辉县市上八里镇◆门票：160元◆营业时间：8:00—17:30◆微信公众号：新乡八里沟景区

宝泉

这个新晋的5A级太行山景区，位于辉县薄壁镇，背靠焦作云台山，是史上“太行八陉”中白陉的所在地，雄奇险峻，得天独厚。而今开发成综合性游乐休闲景区，又添加了许多人工景观。

景区分为崖天下和大峡谷两部分。**崖天下**是一组以“崖”为题眼，修建在绝壁悬崖上的人工建筑物，包括3公里长的悬崖栈道“丹崖天路”、800米长的飞拉达体验“云崖漫步”，以及悬崖过山车、悬崖蹦极、悬崖秋千等让人魂飞胆破的游乐项目。不想体验肾上腺素急速分泌的话，可以在祥云观景台俯瞰游龙湾的碧水丹石，这可是登上过《中国国家地理》封面的美景。旁边还有个儿童无动力乐园。随后搭乘目前世界最高的L形山体洞穴电梯从云中落地，游览开发较早的**大峡谷**景区，来到潺潺湖畔，换个视角仰望峰峦叠翠。

宝泉直通车每天9:30从新乡高铁站出发，17:30返程；辉县的12路公交车亦可到达；另有郑州至宝泉的直通车，可通过微信小程序“豫州行”购买车票。

◆见331页地图◆地址：新乡市辉县市薄壁镇西沈庄村北宝下路◆门票：108元◆营业时间：7:00—19:00◆微信公众号：宝泉景区

百泉

百泉景区由苏门山和百泉湖组成。**苏门山**高不足200米，山顶有一啸台，相传为晋人孙登隐居长啸之处。孙登洞察世事，隐居山林，史书上称他“长啸一声，山鸣谷应”，竹林七贤的阮籍受其啸声启发，写下《大人先生传》。**百泉湖**起初并无湖，只有若干泉眼汩汩流出，直至乾隆年间人们才在这里堆石围湖。今天的百泉山水相依，景色怡人，亭台楼阁掩映其中，为中原古典园林的典范。

◆见331页地图◆地址：新乡市辉县市百泉镇百泉村◆门票：27元◆营业时间：6:00—19:00

王屋山

《列子·汤问》里讲述了一位愚公因被“太行、王屋二山，方七百里，高万仞”阻挡了生活动线，于是和子孙日日铲土，立志要把两座山填进渤海里去。故事难辨真假，但王屋确有其山。王屋山本就属于太行山脉西南段，主峰天坛顶海拔1711米，因相传为皇帝祈天场所得名。它是我国的道教名山，列十大洞天之首，唐朝上清派茅山宗成为道教的正宗，第十二代宗师司马承祯受三代皇帝崇敬，玄宗允其在王屋山“自选形胜，置观以居之”，于是司马承祯建**阳台宫**（见331页地图），王屋山遂迎来鼎盛时期。李白年轻时与司马承祯相识，在后者羽化于王屋山后，李白曾拜访阳台宫，并留下了其唯一存世墨宝《上阳台帖》，现存于北京故宫博物院。阳台宫历经战乱和多次修葺，主殿大罗三境殿又名三清殿，是中国现存明代单体木结构建筑中规模最大的一座。

王屋山受到道家青睐，盖因其山水格局独具灵气：东依太行，西接中条，北连太岳，南邻黄河，天坛峰独柱升空，问鼎苍穹，四面群山仰止。不仅自然风光秀丽，地质景观也极具特色，数百种岩石和数十种矿产构成了一座天然地质陈列馆。需要注意的是，山上猴子多，游览时记得看管好背包。

从济源市区乘坐“黄河三峡线”公交，在张对楼庄站下车。

◆见331页地图◆地址：济源市王屋镇愚公村◆门票：80元◆营业时间：全天◆微信公众号：王屋山

王屋山雪景

五龙口

五龙口以猕猴、温泉为两大特色。这里的猕猴被称为“太行猕猴”，为国家二级保护动物，景区现有猕猴九大群，约3000只。五龙口地热资源丰富，最高水温101℃，是我国内陆水温最高、水质最好的医用地热矿泉之一，含有30多种矿物质和微量元素。景区环境优越，景色如画，有山鹰、锦鸡、野山羊等丰富的野生动物资源和原始次生林。景区内有观光车和观光电梯，适合“懒人”游览。这里的猴子相对温顺，但若与其互动，也要看管好手机和零食。山脚下有几家温泉度假村，可以投宿。

◆见331页地图◆地址：济源市207国道与二广高速交会处◆门票：40元◆营业时间：8:30—17:00◆微信公众号：五龙口景区

黄河文化

嘉应观

嘉应观本是一座龙王庙。清康熙、雍正年间，黄河在武陟境内连续决口，三年五次侵漫中原，朝廷终于平息水患之后，在黄河岸边兴建嘉应观以祭祀河神。这座嘉应观规格甚高，布局效仿北京故宫，主体建筑沿中轴线排列。前院正中御碑亭内立着一块雍正御驾制的铁胎铜面碑，当世罕见，堪称镇观之宝。正殿大王殿的天花板选材檀香木，不粘蛛网，不生灰尘，所以称为“无尘殿”，藻井绘有六十五幅满族风格龙凤图，华丽辉煌，图案独特。嘉应观为宫、庙、衙一体的建筑，东跨院为河道衙署，是清代治理黄河的指挥中心；西跨院为道台衙署，是地方管理河务的机构。嘉应观现存古建筑

黄河小浪底调水调沙场景

249间，部分开辟为黄河文化博物馆。

◆见330页地图◆地址：焦作市武陟县嘉应观乡杨庄村南◆门票：40元◆营业时间：8:30—17:30，周一闭馆◆微信公众号：武陟县嘉应观黄河文化博物馆

黄河小浪底

小浪底水利枢纽工程是治理开发黄河的关键性工程，位于济源西南30公里的黄河中下游交界处，上距三门峡水库130公里，下距郑州花园口115公里。该工程以防洪、防凌、减淤为主要目标，兼顾供水、灌溉和发电等功能。工程的核心部分为全长175公里的小浪底大坝，采用壤土斜心墙堆石坝技术，总库容达126.5亿立方米，是中国水利工程的杰出代表，也是世界水利工程史上最具挑战性的杰作之一。每年夏季进行的调水调沙活动，可媲美钱塘潮，水击长空，震耳欲聋，尽显黄河之水天上来的雄浑气势。

小浪底坝址及南岸所在地为洛阳市孟津区小浪底镇，北岸为济源市蓼坞村，两岸皆可观赏小浪底的壮观景象。济源一侧的亮点在于**黄河三峡**（见331页地图），奇峰林立，港湾交错，游客可登船出入高峡平湖，饱览三峡秀美风光，也可乘索道探秘玄天大溶洞。此外还有大坝湿地公园、西霞湖和张岭半岛三个景区。

从市区乘坐“黄河三峡线”公交，终点站即黄河三峡景区。

◆见331页地图◆地址：济源市大峪镇桐树岭村◆门票：40元◆营业时间：8:00—17:00◆微信公众号：黄河小浪底水利枢纽风景区

纪念地

红旗渠

红旗渠最初叫引漳入林工程。林州坐落在豫、晋、冀三省交界处，历来严重干旱缺水，新中国成立后，当时的林县县委做了一个惊人的决定，要将山西境内的浊漳河水引到林州来。于是从1960年开始分渠修建，到1969年大部分工程完成通水，整个水利工程耗时10年，超过30万人参与其中，建成干渠长70.6公里的红旗渠，如果加上分干渠、支渠和斗渠等各级渠道，其总长可达1500多公里。红旗渠意为“举着红旗前进”，正是靠着这种人定胜天的精神，林州人完成了这一人类建筑史上的奇迹，挖砌土石达2225万立方米，如果把这些土石垒筑成高2米、宽3米的墙，恨不得从广州筑到哈尔滨。

如今的红旗渠已经成为水利建筑工程和山岳风景结合的旅游区，并于2016年与太行大峡谷联合起来被评为5A级景区。**青年洞**景区是红旗渠最为险要也最为壮观之处，这里山峦巍峨，壁立万仞，一湾碧绿渠水蜿蜒于太行山腰，你可沿着渠边栈道步行，感受一侧万丈悬崖、一侧人工天河的神奇与壮观，也可以在此乘船（30元），在洞内穿梭一遭，近距离体验引渠工程的震撼。

可在林州南站外乘坐旅游1号线（整点发车），途经太行大峡谷游客中心，终点为红旗渠。

◆见329页地图◆地址：安阳市林州市234国道旁◆门票：80元◆营业时间：8:00—18:00◆微信公众号：红旗渠旅游

安阳老城漫步

传闻齐桓公在今日安阳一带初建邺城，魏晋南北朝时期，邺曾为六朝古都，隋唐起改为相州，金时改为彰德府，直至民国。现在的安阳老城大致于明代洪武年间筑城，即彰德府城，范围在今天的文明大道以北、解放大道以南、东风路以西、彰德路以东。安阳老城素有九府十八巷七十二胡同，这些旧日的街巷大部分保留至今，虽然面貌已改，但是其中藏着不少文物和古建筑，可在此体验寻宝之乐。

- **起点：魁星阁**
- **终点：北大街小吃街**
- **全程：约7公里**
- **用时：约4小时**

从老城的东南角❶**魁星阁**开始游览。安阳老城只保留了东南隅的这座角楼和百余米长的城墙，并采用明代规制对其进行了复建，内部设有两个颇有趣味的展馆，展示了古城的风貌和历史变迁，可登上城墙远眺古城内外。

沿文明大道右拐上十八巷之一的乔家巷，走100多米就能看到❷**韩魏公祠**，这是北宋三朝元老韩琦的祠堂，韩公直言敢谏，为相十载，相州人为其修建了这座祠堂，至今大殿仍保留着河南省罕见的元代建筑梁架。

经东南营街、御路街，来到位于小颜巷的❸**崔铣祠**。崔铣为明代大儒，因品行刚正被人称为“小颜回”。崔铣祠大门常开，可惜正殿破旧失修，不复往日。

回到文峰南街向东走，约500米后右手边就是❻**彰德府城隍庙**，同时也是民俗博物馆所在地。

❽**高阁寺**乃是明成祖朱棣家的老三、赵王朱高燧王府中的一座殿宇，因建造于高台上而得名，又名大士阁。高阁寺现不对外开放，但可隔墙看到优美的重檐歇山式琉璃瓦顶。

继续向东200米左右，在彰德游园的西北角，有一座❾**袁氏小宅**，袁世凯在1909—1911年隐居于洹水之滨时购置了这座宅子，并赠予他宠爱的九姨太。庭院为传统的四合院落，正房菱形方砖铺地，饰雕花木窗扇。

安阳著名的历史文化街区❿**仓巷街**因北面粮仓得名，明清时代商贾云集，和甜水井街并称为“龙凤街”。现全长500多米，有几十个院落，分布着许多明、清、民国建筑，特色小店林立。

街角的⓫**甲乙丁书店**是安阳大名鼎鼎的独立书店和咖啡馆，绿植繁茂，书香有品，是歇脚和打发时间的好地方。

仓巷街北面有一处水面，当地人称为⓬**后坑**，像是迷你版的北京后海，是安阳日咖夜酒集大成者。安阳老城内有不少叫作“坑”的水体，据说是因为修筑城池形成的。

热门食宿区域

整个豫北都有丰富的平价酒店选择，150元以内就可以住得相对舒适了，太行山沿线各景区都有不少民宿，设施令人满意。但特色民宿相对匮乏，豪华酒店凤毛麟角，对于追求住宿体验的人来说，略显无聊。住宿标准见180页。

在豫北，小小一粒麦子能被创造出花样繁多的主食——烩面、饸饹、烧饼以及千变万化的馍，不如趁此机会彻底摆脱碳水罪恶感。吃肉方面也毫不吝啬，牛肉丸、道口烧鸡、淇河鲫鱼、闹汤驴肉，无肉不欢。各市县都有自己引以为傲的美食佳肴，尤以早餐和小吃最具特色。

住在安阳市区最方便，依赖公共交通的旅行者首选万达广场、安阳博物馆一带，文字博物馆一带也可考虑，没必要住在殷墟附近。林州太行大峡谷有新建的民宿，条件不错。

安阳 ¥-¥¥

在京广线上，交通便利。

旺季和节假日价格涨幅大，住宿较为紧张。

淇河鲫鱼味道鲜美，为淇县三珍之首，另外二珍是缠丝鸭蛋和无核枣。浚县子馍也叫石子馍，是把猪肉馅饼放到加热的石子上烘烤，大伾山脚下有老字号王氏洪忠子馍。

壮馍内馅丰富，外皮酥脆，四牌楼旁的老传统大肉壮馍店是十字街的老字号。濮阳裹凉皮又叫卷凉皮，用一整张凉皮把黄瓜丝、面筋等层层裹住，装袋后用手握着吃，最正宗的“一机厂凉皮”在一机厂家属院12号楼2楼。

万仙山郭亮村和八里沟都有成熟的民宿。住在市区吃住行都很方便，但离景点较远。

不要错过

- 缠丝鸭蛋
- 浚县子馍

新乡 ¥-¥¥¥

位于豫北中心，到周边各城市都很方便。

旺季主要景点和住宿区域可能会较为拥挤。

不要错过

- 红焖羊肉

新乡的碳水炸弹不少，原阳烩面、牛忠喜烧饼、延津火烧都是当地的骄傲。肉类菜肴里的当门红是红焖羊肉，美味滋补。

旅行者推荐 INSIDERS' LIST

场所

字都酒店
- 0372-5060000
- 安阳市永明路与文博街交叉口西南角临街A101号

二帅饼卷面筋（北大街店）
- 18317709781
- 安阳市北大街与西钟楼巷交叉口向西100米路北

领导者黑龙扁粉菜油饼（灯塔路店）
- 13653725755
- 安阳市灯塔路22号（机床厂家属院楼下）

高门台酒店
- 0392-2655546
- 鹤壁市山城区红旗街与春雷路交叉口东140米

谢晋居民宿
- 13849398056
- 新乡市辉县市沙窑乡郭亮村13号

老城红焖羊肉（人民路店）
- 0373-3063998
- 新乡市人民路与公园北街交叉口西50米路北（近公园北门）

濮阳迎宾馆
- 0393-4602876
- 濮阳市华龙区濮上中路100号5号楼大堂

云台山云上的院子客栈
- 0391-7801999
- 焦作市修武县西村乡金岭坡村北200米

蒋氏豆沫居（站前路店）
- 13782616216
- 焦作市站前路电务医院东侧约80米

王屋山知晓山居民宿
- 13137169930
- 济源市王屋山道境广场老街20号院

怀庆老董家
- 0391-2629111
- 焦作市民主南路与人民路交叉口往西100米路北

焦作迎宾馆
- 0391-8861999
- 焦作市山阳区民主南路1899号

书籍

《一句顶一万句》刘震云 著 新乡延津县人刘震云有一半的故事是关于家乡的，尤其是这一本，干脆把副标题取作“出延津记”和“回延津记”，分别讲述了人生的“出走”和“回归”两大主题。小说在2016年被搬上银幕，镜头带着人们回到了20世纪80年代的延津，姐姐打火烧的片段令人记忆犹新。

影视

《红旗渠》1971 央视跟拍10年、感动无数观众的纪录片。影片用不到1小时的时长记录了红旗渠人开渠的艰辛和执着的精神。陈旧的画质和抑扬顿挫的旁白充满了年代感，但是影片中的故事相隔半个世纪依旧拥有让人激动而泣的力量。

《孔雀》2005 顾长卫导演、张静初主演的电影，讲述了改革开放之初，一个普通家庭的兄妹三人面临社会巨大转型时各自走过的人生之路。编剧李樯就是安阳人，故事写的是安阳，取景拍摄地也是安阳。

《封神第一部：朝歌风云》2023 电影讲述了殷寿（纣王）借助妲己之力，暴虐无道，引发天谴，姜子牙携“封神榜”下山以救苍生，西伯侯之子姬发反抗殷寿、逃离朝歌的故事。鹤壁就是昔日朝歌所在，还保存着3000多年前的鹿台遗址。

实用信息

抵离安阳和豫北

飞机

安阳红旗渠机场 （见329页地图；0372-3296307）位于汤阴县，距安阳市区27公里。安阳、鹤壁、濮阳均有往返机场的班车，周一、三、五、日发车，每日一班。票价和班次信息可查询公众号“安阳本地宝”。

火车

安阳站（见328页地图）位于中心城区，为京广铁路上的车站，安阳站至郑州站车程2小时。

安阳东站（见329页地图）位于城东，距市中心10公里，京广高铁经过车站，安阳东站至郑州东站车程最短不到1小时。

鹤壁站（见329页地图）位于淇滨区，是京广线上的百年老站。

鹤壁东站（见329页地图）与鹤壁站相距8公里，为京广高铁通过站。站外客运站有流水班次驶往浚县。

新乡站（见331页地图）老火车站，途经线路为京广铁路、新（新乡）月（焦作月山）铁路、新石（山东日照）铁路。

新乡东站（见331页地图）位于红旗区，距新乡市中心10公里。途经线路为京广高铁和济（济南）郑（郑州）高铁。至郑州东站仅需不到20分钟。

濮阳东站（见330页地图）济郑高铁中间站，位于濮阳市区东侧。

焦作站（见330页地图）郑（郑州）太（太原）高铁从焦作经过，普通列车和高铁均在此停靠。乘坐高铁至北京最短4小时，至广州最短5小时48分钟。

焦作西站（见330页地图）位于博爱县，距离焦作站16公里，主要停靠驶往太原、郑州方向的高铁。

济源站（见331页地图）没有高铁，只有普通列车通过，至洛阳约1小时。

长途汽车

安阳汽车站（见328页地图；0372-3391114）位于安阳站旁，又叫安阳中心站，有发往安阳各市县、省内各城市以及周边省市的长途汽车。

安阳汽车南站（见329页地图；0372-3303114）位于城南6公里，发往省内和山东的班次较多。

鹤壁汽车客运总站（见329页地图；0392-3329482）位于鹤壁站旁，有发往省内市县和山东主要城市的客车。

浚县客运总站（见329页地图；0392-5523815）有发往省内市县和周边省市的客车。

新乡客运总站（见331页地图；0373-2021240）此站客车往返省内市县及山东、山西主要城市。

濮阳市汽车站（见330页地图；0393-4414856）位于京开大道与黄河路交叉口，有发往外省和周边市县的班次。

濮阳飞龙站 濮阳最繁忙的车站，位于濮阳市汽车站南500米，有发往外省和周边市县的班次。

焦作市汽车客运总站（见330页地图；0391-2981144）此站客车往返省内市县及山东、山西主要城市。

焦作旅游汽车站（见330页地图；0391-2629095）此站客车主要发往周边市县。

济源汽车客运总站（见331页地图；0391-6606080）有发往省内及邻省主要城市的客车。

自驾

京港澳高速（G4）、安长高速（G04）在安阳穿境而过，从北京自驾至安阳500多公里。安阳至郑州、洛阳分别约为200公里、300公里。

河南省内的沿太行高速公路（S33）新乡段已经通车，将云台山、八里沟、宝泉几处南太行景区串联起来，该高速向北延伸的安阳段也于2024年底通车。

焦作北部是离郑州和洛阳最近的南太行景观，从郑州驾车到云台山只需1.2小时，从洛阳到此需2小时。

区域内交通

公交车

11路从安阳东站开往殷墟博物馆，Y1路连接安阳站和安阳东站。安汤旅游专线从安阳东站始发，终点为汤阴县老汽车站，沿途经过文字博物馆、安阳汽车南站、羑里城、岳飞庙。

鹤壁站及鹤壁东站均有多辆公交车前往淇县。

濮阳东站外有十几条公交线路，2路开往戚城文物景区，12路、16路等开往濮阳市汽车站。

焦作站南广场有前往神农山、陈家沟的免费旅游公交，以及直达云台山的3路云台专线。沁阳、武陟、修武、博爱等各县市之间有频繁的县际巴士，可在抵达市县汽车站后，打车前往偏远景点。

出租车和网约车

豫北六市的市区面积都不大，出租车和网约车出行较方便。安阳东站至殷墟遗址打车约30元，至文峰塔打车约23元。

自行车和电动车

鹤壁、濮阳、新乡、焦作都有共享单车和共享电动车。

包车

安阳周边的景点较为分散，可选择一日至两日包车，一天往西游览红旗渠、林州太行大峡谷，一天往西北游览高陵、马氏庄园、修定寺塔等。包车一日费用500元起。

从焦作、新乡市区前往沿太行山景区，车程较远，也可以考虑包车前往。

旅行信息

微信小程序

豫州行 提供河南省内各市县长途汽车、景区直通车、包车的查询购票服务。

安阳和豫北地图

景点
餐饮
住宿

安阳郊县
0 14 km
红旗渠
兴阳线
曹操高陵遗址博物馆
修定寺塔
马氏庄园
太行大峡谷
安阳绕城高速
邺城大道
安钢大道
安阳
中华路
安阳东站
文昌大道
安阳汽车南站
南林高速
灵泉寺石窟
洹河峡谷风景区
林州
山西省
羑里城
汤阴
岳飞庙
鹤山
鹤壁市
山城
安阳红旗渠机场
京港澳高速
临邺大道
岳城水库
漳河
北省
南
河
水
南水北调中线
安阳河
中线
工
程
山西省
S324
G234
S22
S303
G4
G341
G107

鹤壁
0 8.6 km
S225
S221
G107
京港澳高速
安阳市
南
水
北
调
中
线
工
程
S222
大海线
通太线
G515
永定线
鹤壁站
鹤壁汽车客运总站
鹤壁
淇水诗苑
G342
日凤线
台辉高速
S26
鹤电大道
鹤壁东站
南海路
古灵山
朝歌文化园
浚县客运总站
浚县
浚县古城
王氏洪忠子馍
浮丘山
大伾山风景名胜区
共产主义渠
卫河
淇县
朝歌遗址公园
云梦山风景区
新乡市
淇河
G107
G4
日凤线

景点

餐饮

住宿

濮阳城区
0 4 km
台辉高速
S26
东北庄杂技文化园区
S209
G342
京广线
龙泽大街
东湖广场
卫都大街
濮瑞路
濮水北路
香山路
华安北路
绿城西路
振兴北路
金堤北路
濮上中路
中原西路
濮阳迎宾馆
黄河西路
一机厂凉皮
马
濮阳市汽车站
绿城路
苏北路
中原东路
黄河东路
胜利中路
建设中路
子路墓祠
戚城文物景区
石化路
濮水南路
濮阳东站
胜利东路
文明路
盘锦路
东环路
黄河东路
颛
长庆路
花园路
濮阳站
大庆路
龙苑路
铁丘路
铁丘路
西水坡遗址
濮上南路
河
富民路
河
唐兀公碑
老传统大肉壮馍店
挥公大道
挥公大道
堤
回銮碑
四牌楼
解放大道
金
S209
帝舜大道
G106
S101

焦作
0 15 km
丹
S237
晋新高速
云台山
S33
S306
G207
S230
云台山云上的院子客栈
S231
新
S333
山
西
省
二广高速
G208
青天河
大练线
当阳峪瓷窑遗址
G207
共
河
G207
圆融寺
乡
G3511
焦作旅游汽车站
马村
产
兴阳线
蒋氏豆沫居
修武
怀庆老董家
焦作站
神农山
焦作
丰收路
焦作西站
主
焦作市汽车客运总站
市
卫柿线
菏宝高速
郑云高速
紫黄线
（省直辖）
济源市
G327
沁
晋新高速
迎宾路
沁阳北大寺
义
武陟
G327
沁阳
G3511
菏宝高速
G55
焦桐高速
兴阳线
嘉应观
G5512
河
渠
获轵线
兴阳线
河
二广高速
温县
黄
慈胜寺
G207
陈家沟太极文化旅游区
S87
郑州市
新乡市

景点

餐饮

住宿

新乡
0 17 km
万仙山
谢晋居民宿
安阳市
鹤壁市
台辉高速
陵侯高速
山西省
八里沟
沿太行高速
兴阳线
大海线
京港澳高速
京广线
宝泉
百泉
辉县
郑辉高速
卫柿线
太行大道
比干庙
望京楼
卫河
渠
义
濮卫高速
乌海线
潞简王墓
陀罗尼经幢
卫辉
凤泉
卫辉南站
老城红焖羊肉
新乡
新乡站
新乡东站
吴通线
新乡客运总站
平原博物院
菏宝高速
焦作市
郑云高速
获嘉
兴阳线
新长大道
沙河
大
共
产
新乡

济源
0 11 km
山西省
王屋山
王屋山知晓山居民宿
阳台宫
阳济高速
五龙口
沁河
邵吉线
温邵线
济源站
济渎庙
东二环
济源汽车客运总站
济源
菏宝高速
焦作市
黄河三峡
大明寺
轵国故城
聂政冢祠
二广高速
小浪底水库
黄河小浪底
济洛高速
黄河
长江大道
孟州
洛阳市

景点
餐饮
住宿

豫 中

电话区号：许昌 0374　平顶山 0375　漯河 0395

胖东来的背后，是许昌流传千古的三国故事。平顶山以工矿立市，同时也继承了古汝州的风韵和文脉。“中国食品名城”漯河拥有双汇火腿肠、卫龙辣条、南街村方便面等驰名品牌，还曾孕育了贾湖遗址的古老文明。在这片“中原之中”的区域里，古今岁月跌宕起伏，暗藏着农业和食品业、手工业和工业、交通和商贸一脉相承的历史逻辑。

数说豫中

≈900年
宋钧官窑遗址历史

10000+名
周末来北舞渡享用胡辣汤的食客数量

≈27%
全国三国遗迹在许昌

27处
许昌全国重点文物保护单位

5件
不可出境展览平顶山陶瓷类文物

31处
平顶山全国重点文物保护单位

2000+亿元
漯河食品产业规模

8处
漯河全国重点文物保护单位

在豫中，你可以这样玩

2天 正月书会游
（见152页）

5天 寻陶访瓷
（见156页）

何时去

3月至5月
天气转暖，人们外出渐多，桃花、梨花渐次开放，铺展开中国北方的经典乡村风光。

6月至9月
夏季炎热，“莲城”许昌荷花飘香，曹丞相府和春秋楼开放夜场，尧山迎来避暑大军。

10月至次年2月
“十一”假期结束后进入淡季，11月尧山有红枫和银杏的秋景，春节各地会举办庙会。

神垕古镇的星轨

豫中亮点

汝瓷和钧瓷

素雅的汝瓷、绚丽的钧瓷，殊途同归地造就了宋瓷的两大巅峰。平顶山的汝州和宝丰是汝瓷的故乡，寻访钧瓷当前往许昌禹州，迷人的神垕古镇总是“窑变”不绝。

尧山

名气比不得嵩山、云台山、老君山等中州名山，但鬼斧神工的怪石奇峰、险要无比的登山栈道、层林尽染的深秋山林，都将不负你的到来。

三苏园

东坡先生和弟弟苏辙长眠于此，父亲苏洵也有衣冠冢。“唐宋八大家”有六位是宋朝人，大宋风华的一半，都可以在这里寻觅到。

平顶山博物馆

作为豫中三市唯一的国家一级博物馆，这里的展陈足够惊艳。光是春秋时期应国古墓出土的玉雕、青铜器等文物，便能让人眼前一亮。

三国故事

许昌当了东汉最后25年的首都，也留下了“挟天子以令诸侯”“煮酒论英雄”“身在曹营心在汉”等英雄故事。

贾湖遗址博物馆

走进贾湖骨笛的出土处，在新近落成的现代化博物馆里，跟随一件件新石器时期的珍贵文物，探访中华文明在9000年前的更多秘密。

许昌文峰塔

文化与展演

许昌市博物馆

走进历史厚重的中原大地，博物馆无疑是最佳的入口。名列国家二级博物馆的许昌博物馆，常设有“曹魏许都”“许昌人”“夏都之源”“许之由来”“许州记忆”等基本展览，陈列的古人类化石、青铜器、汉画像砖石、陶瓷等文物，无一不展示着本地源远流长的历史文化。

“镇馆之宝”**汉代双翼石辟邪**安置于二楼大厅最醒目的地方。这座巨大的立体圆雕由整块青灰石雕琢而成，虽有肢体残缺，但仍然高大威猛、雄壮矫健，身侧雕刻有翅状花纹，似在踏云腾飞。历史学者认为它有可能是东汉王霸墓前的神兽。王霸是许昌市襄城县人，曾为东汉朝廷守边20余年，与匈奴、乌桓作战近百次，因军功显赫而拜侯爵。

其他值得特别关注的文物还有**四神柱础**，“四神”指青龙、白虎、朱雀、玄武四神雕刻。据考证，这件文物是许都宫殿的建筑构件，见证了汉魏之际许昌的繁华。**八棱千佛幢**也是明星文物，且已被列入国家文物局印发的《第一批古代名碑名刻文物名录》。这座经幢天盖上的雕刻最为精彩，分别展示了羯摩会议图、坐像游说传经图、三世佛、十大弟子仁果图、迎佛护法图、十六罗汉图等主题，再现了佛教信仰的鼎盛时刻。

◆见352页地图◆地址：许昌市魏都区许都路近赵湾路◆门票：免费◆营业时间：9:00—17:00，16:30停止入馆，周一闭馆◆微信公众号：许昌市博物馆

许昌塔文化博物馆

这里曾是许昌博物馆的旧址所在，在许昌博物馆搬迁新址后，依托着全国重点文物保护单位——**文峰塔**，改建为中国唯一的塔文化博物馆。文峰塔建于明万历年间，为八角十三层仿木楼阁式砖塔，高近50米，和开封铁塔（见232页）的造型相似。清代，这座古塔曾以“文峰耸秀”之名而被列入“许州十景”。

文峰塔是河南省保存最完好的明塔，塔周边的仿古建筑现在改造成了以中国塔文化为主题的博物馆，梳理了塔在中国的发展史：从最初由印度传来的窣堵坡式覆钵型塔，到和中国传统楼阁式建筑融合后的楼阁式塔，再到进一步收缩塔身而成的密檐式塔，塔这种外来建筑完成了“中国化”的形态变化，同时也在原有的佛教功能外，逐步发展出景观塔、风水塔、军事瞭望塔等更多功能。文峰塔正是一座为了振兴许昌文化而建的风水塔，“于郭外巽方创造斯塔，取巽方为文明之象”，塔下的石碑记载如是。

◆见352页地图◆地址：许昌市魏都区文峰中路555号◆门票：免费◆营业时间：9:00—17:00，16:30停止入馆，周一闭馆◆微信公众号：许昌塔文化博物馆

钧官窑址博物馆

禹州曾称钧州，“宋代五大名窑”之一的钧窑因之得名。钧窑分为钧官窑和钧民窑，顾名思义，所产钧瓷分别供官家（皇帝）和民间所用。这座钧瓷专题博物馆，就是依托全国重点文物保护单位——**宋钧官窑遗址**而建的。

除了从历史、文化、环境、工艺和现状等各个方面梳理了钧瓷和钧窑，这里还是**河南古陶瓷博**

物馆，集中展览着河南各地出土的陶瓷精品。当然，宋钧官窑遗址也在展览馆里原貌呈现，能看到**一号窑双火膛窑炉**和**七号窑倒焰窑炉**。另有工程技术研发中心和陶吧，既具有钧瓷的研发和生产功能，又能让游人动手体验。

◆见353页地图◆地址：禹州市钧官窑路492号◆门票：免费◆营业时间：9:00—17:30，周一闭馆◆微信公众号：禹州市博物馆

平顶山博物馆

和河南众多历史悠久的城市相比，平顶山的建制史很晚，直到新中国成立后才因为现代煤矿的开发而崛起。但中原大地处处都有悠远的人类历史，平顶山下辖的各县又不乏汝州、叶县、郏县这样的历史重镇，平顶山因此成了许多国宝文物的故乡。在中国国家博物馆、河南博物院和台北故宫博物院，便分别珍藏着平顶山籍“镇馆之宝”——鹳鱼石斧图彩陶缸、汝窑天蓝釉刻花鹅颈瓶和汝窑青瓷无纹水仙盆。

如今的平顶山博物馆荣膺国家一级博物馆。2018年，这里又成为河南博物院平顶山分院，开创了河南省文博界分馆制建设的先河。馆内常设“鹰城古韵”基本陈列，“镇馆之宝”**白玉线雕鹰**位于第二展厅“应国印象”。它出土于西周晚期应国贵族墓地，玉料来自新疆和田，工艺上采用了“俏色”的手法，为国家一级文物。平顶山古为应国之地，“应”通“鹰”，这只玉鹰的发现让平顶山拥有了“鹰城”的别称，玉鹰也成了市徽。同样出土于应国墓地的**青铜人面具**，因其神奇诡异的侧面造型而备受关注。**曾国曾仲姬带盖铜尊缶**也

入窑一色，出窑万彩——钧瓷

“华夏民族之文化，历数千载之演进，造极于赵宋之世。”这是国学大师陈寅恪对宋朝文化高度发达的评价。作为中国古代工艺和审美的代表作品，瓷器的发展也在两宋迎来了巅峰。

明清以来，中国文化界和收藏界逐渐形成了**“宋代五大名窑”**的说法，通常包括“汝、官、哥、钧、定”，并用“雨过天青话汝窑，如冰似玉品官窑，金丝铁线论哥窑，夕阳紫翠赏钧窑，洁白无瑕鉴定窑”的优美辞藻，品鉴五大名窑出品瓷器的特色。

“夕阳紫翠”名副其实。钧瓷拥有红紫色的外观，在青白素雅的宋瓷世界如同一朵绚丽多彩的仙葩。这是由于在第二次上釉时，釉料含有氧化铜等成分，从而在高温烧制后呈现出艳丽的红紫系釉色。钧瓷因此有“钧红”之称，是中国陶瓷艺术发展史上的一个重要符号。“窑变”也为钧瓷赋予了更加梦幻的艺术造诣，即在高温烧制时，釉质发生了不确定性化学反应，可呈现出茄皮紫、海棠红、丁香紫、朱砂红、玫瑰紫等一系列迷人的色彩。再加上钧瓷多施厚釉，高温烧制时釉质自由流动，最终可形成“蚯蚓走泥纹”，因此享有“入窑一色，出窑万彩”的独特魅力和不可复制性。从诞生起，钧瓷就备受皇室和收藏家的喜好，甚至流传有“纵有家财万贯，不如钧瓷一片”的说法。

不过，关于钧瓷的断代仍有争议。通过对文献的进一步考据和新的考古发现，主张钧瓷创烧于金代中后期、官钧年代为明朝中早期的观点也有很多支持者。无论年代如何，斑斓耀眼的钧瓷，早已在中国陶瓷史写下了浓墨重彩的一笔。

上图：钧瓷文化园中钧瓷

宝丰汝窑博物馆藏品

雨过天青云破处——汝瓷

“青如天，面如玉，晨星希，蝉翼纹”，如同宋词般清丽脱俗的语句，赞誉着同样素雅精致的汝瓷。在后世对“汝、官、哥、钧、定”宋代五大名窑的评价中，汝窑是毫无争议的第一，“天下宋瓷，汝窑为魁”赢得了公认。

“雨过天青云破处”，这是关于汝瓷最传神的描述，也暗藏着它成为宋瓷翘楚的逻辑。宋朝文人士大夫阶级地位崇高，他们的审美影响并决定了整个国家和社会的倾向。当宋徽宗登上御座，汝瓷走向巅峰。他和士大夫阶级有着相似的审美倾向，且被称为“道君皇帝”，崇尚天帝所居苍穹的青色，遂令天下匠人烧造出理想的青瓷，以供宫廷使用。最终，汝州工匠献上了最令他满意的作品，“汝窑”和“汝瓷”冠绝天下，最终流芳百世。

宋徽宗追求极致享乐，汝官窑因此不计成本地烧制瓷器。釉料中加入了玛瑙粉末，汝瓷便随着光线而色泽变动，营造出“雨过天青云破处”的意境。通常瓷器是堆摞起来烧造，底部因此不施釉，汝瓷则是全身施釉并在底部设置钉状支架，单件烧造，又有了“芝麻支钉釉满足”的特征。再加上釉层中的微小气泡带来的“寥如晨星”、烧制降温后如冰裂般开片的“蝉翼纹”，这一切赋予汝瓷极高的艺术价值。

宋徽宗在位时已值北宋末期，随后北方受战乱影响，汝窑衰落。时至今日，传世的古代汝瓷不及百件，且大多为顶级博物馆收藏。其中，台北故宫博物院有21件，北京故宫博物院和大英博物馆各17件。其实，早在宋廷南渡后，汝瓷便已是珍贵难得。正如“晨星希”描绘的那样，汝瓷之美若隐若现地点缀在天边，让人可望而不可即。

是在应国墓地中发现的文物。西周分封天下，在中原和楚国的交界处建立了一批以姬姓和姻亲为主的诸侯国，史称“汉阳诸姬”，应国和曾国都在其中。

在“山下故园”“楚汉文明”“唐宋遗韵”三个常设展厅中，新石器龙山文化遗址的**小口高领陶瓮**，春秋许国国君墓的**束腰垂鳞纹升鼎**，唐朝鲁山花瓷代表作**黑釉蓝斑花口三足洗**等，都展示着平顶山各县市璀璨的历史文化。

◆见354页地图◆地址：平顶山市新华区长安大道近怀仁路◆门票：免费◆营业时间：9:00—17:00，周一闭馆◆微信公众号：平顶山博物馆

宝丰汝窑博物馆

宝丰县古属汝州所辖，1987年其境内的考古挖掘发现了**清凉寺汝官窑遗址**。这片遗址最终被列入全国重点文物保护单位，并以之为基础，建起了汝窑专题的国家二级博物馆。

博物馆由两部分组成。一部分是**汝官窑遗址展示馆**，通过地层堆积剖面，可以直观地观赏从北宋到近代不同文化层中的历史遗迹；铺展在古遗址上的玻璃栈道，则能让游客了解北宋汝官窑的结构布局。另一部分为**汝窑博物馆**，展示这里出土的各种古瓷器和残片。正是它们的大量发现，尤其是具有决定性意义的**汝窑天青釉瓷盏盏和盏托**，让考古学者确定清凉寺为汝官窑的中心烧作区域。

◆见354页地图◆地址：平顶山市宝丰县大营镇清凉寺村◆门票：免费◆营业时间：9:00—17:00，周一闭馆◆微信公众号：宝丰汝窑博物馆

汝州汝瓷博物馆

汝瓷因汝州而得名。不过，这座位于汝瓷故里的博物馆“借居”于汝州文庙中，规模不大，藏品也不算精。目前，汝州市区以南10公里的汝瓷小镇正在建设新的博物馆，将来旧馆有望搬迁过去。

作为全国重点文物保护单位的**汝州文庙**，也有属于自己的看点。这是一组保留清朝中晚期风格的古建筑群落，中轴对称，以单檐庑殿顶的**大成殿**为核心。殿内陈列着二十通石碑，上刻有“四大名帖”之称的**《汝帖》**（和《淳化阁帖》《泉州帖》《绛州帖》并称）。这是北宋年间集“三代而下迄于五季字书百家”而刻的名家书法作品，具有很高的文物价值和书法价值。

汝州市另有一座**青瓷博物馆**，为汝行集团主持建设的国家二级博物馆，专注于收藏汝窑、钧窑、定窑、越窑、龙泉窑、建窑、景德镇窑、耀州窑等窑口烧制的青瓷。

◆见354页地图◆地址：汝州市望嵩中路65号◆门票：免费◆营业时间：9:00—17:00

贾湖遗址博物馆

也许你在河南博物院已经看过了九大“镇馆之宝”之一的**贾湖骨笛**，并了解到它背后的重要意义。那么走进它的发现地、名列全国重点文物保护单位的贾湖遗址，还有更多的神奇等你一探。在遗址地建立的这座国家一级博物馆于2023年才落成开放，因此采用了更先进的展览理念和数字化展示技术。

贾湖遗址博物馆的骨笛

20世纪60年代发现且至今仍在继续考古挖掘工作的贾湖，是距今7500—9000年前的新石器远古聚落遗址。这里出土了众多足以改写中国历史的珍贵文物。博物馆入口处的墙壁上，骄傲地展示着多项“世界之最”——最早的可吹奏七声音阶管乐器、最早的酿酒起源地、最早的人工栽培大豆起源地、最早的稻作农业起源地、最早的家畜驯养地、最早的原始宗教与卜筮起源地、最早的文字雏形、最早的手工纺织起源地、最早的鱼类人工养殖起源地、最早的鼎形器、最早的绿松石装饰物……这些震惊世界的考古发现，将中华文明的溯源又向前推动了3000年，“五千年文明看良渚，八千年起源看贾湖”的说法不胫而走。

馆内常设“礼乐之源”“贾湖探秘”“骨笛”“龟甲与符号”“墓葬与葬礼”五个专题展。其中，“骨笛”专题展陈列着更多的贾湖出土骨笛，包括器身刻满菱形纹饰的**二孔骨笛**、出土于同一墓葬的**雌雄笛**。“龟甲与符号”专注于介绍契刻符号，这是在龟甲、骨器、石器和陶器上的早期文字，与商代甲骨文有着承上启下的关系。

博物馆同时也是**贾湖国家考古遗址公园**的一部分。馆外的遗址保护展示区，由栈道串起了地层剖面展示区、房址展示区和农业起源展示区等，穿行其中，能够实地感受先民们的聚落生活。

◆见355页地图◆地址：漯河市舞阳县北舞渡镇贾湖村◆门票：免费◆营业时间：夏季8:30—18:00，冬季9:00—17:30，周一闭馆（节假日除外）◆微信公众号：寻源贾湖

小镇北舞渡

贾湖遗址旁就是小镇北舞渡。这个地名也许你有所耳闻，河南胡辣汤的几处发源地（与之齐名的逍遥镇胡辣汤见240页）中就有北舞渡。一碗原产地的**北舞渡胡辣汤**，也成了贾湖探古的烟火慰藉。

和逍遥镇等流派相比，北舞渡胡辣汤的特色是肉汤醇厚、口味相对温和。镇上的胡辣汤店几乎门挨门，闪记的名气最大，不过每一家都有私家的配方和口味，大可不必盯着老字号。

北舞渡也是显赫一时的中原历史名镇。这里在明清时期是沙河上的商贸重地，曾有“小汉口”之称。镇上保存有一座漂亮的**北舞渡山陕会馆彩牌楼**（见355页地图），如遇开放可细赏精致的雕刻。

上图：北舞渡山陕会馆彩牌楼

许昌春秋楼

建筑与古迹

曹丞相府

东汉末年迁都许昌后，“挟天子以令诸侯”的曹操是实际上的朝政统治者。他在许昌的府邸，便可以看作汉廷的权力中枢。不过，在建安九年（204年）攻克了袁绍的老巢河北邺城后，曹操便将大本营迁移过去，继续开展统一中国北方的战争。当然，每逢曹操返回许昌，他的府邸又会再次成为定夺天下的决胜庙堂。

如今这座曹丞相府也是旅游开发的汉代仿古建筑群落。若对中国古代史争议颇大的“枭雄”曹操很感兴趣，可以来此怀古追思。求贤堂、七步阁、议事堂、赋诗楼等建筑，以及《观沧海》大型浮雕、“建安七子”等主题的陈列，会让对三国故事熟悉的人找到共鸣。

◆见352页地图◆地址：许昌市魏都区府前街◆门票：30元◆营业时间：5月1日至10月7日8:00—18:00，10月8日至次年4月30日8:00—17:30，旺季增开夜场◆微信公众号：许昌曹丞相府景区

春秋楼

秉烛达旦、夜读《春秋》，是关羽众多高光时刻中的一个。当时关羽下邳兵败，为保护刘备的甘、糜二夫人，和曹操定下“土山三约”后暂入许都。为了避嫌，他将宅邸分为两院，二夫人居内院，自己住在外院，每晚还会在月下读《春秋》等儒家典籍。

“夜读《春秋》”的典故，为关羽塑造了忠义无双、文武双全的形象。这座春秋楼便位于明清建筑风格的**关帝庙**中，许昌和

三国的渊源又赋予了它更多的人文意义，“两院英风”早已名列“许州十景”。隔壁院落的**许州文庙**也被纳入，从而形成了文、武二圣并祀的独特格局。

◆见352页地图◆地址：许昌市魏都区文庙前街◆门票：25元◆营业时间：夏季8:00—18:00，冬季8:00—17:30，旺季增开夜场

灞陵桥

（曹）操笑曰：“（关）云长天下义士，恨吾福薄，不得相留。锦袍一领，略表寸心。”令一将下马，双手捧袍过来。云长恐有他变，不敢下马，用青龙刀尖挑锦袍披于身上，勒马回头称谢曰：“蒙丞相赐袍，异日更得相会。”遂下（灞陵）桥望北而去。

这是《三国演义》关羽在“千里走单骑”“过五关斩六将”前，和曹操于灞陵桥相别的描述。灞陵桥于是成了忠义等中国传统价值观的象征，《灞桥挑袍》也被编入戏剧广为传唱。现存的三孔青石桥已非古物，倒是一旁的**关帝庙**是始建于清康熙年间的古建筑，已被列入全国重点文物保护单位。

◆见352页地图◆地址：许昌市魏都区许继大道西段2781号◆门票：30元◆营业时间：夏季8:00—18:00，冬季8:00—17:30◆微信公众号：许昌灞陵桥景区

中原大佛

这尊尧山脚下的现代铜佛拥有“世界上最高的佛教造像”的标签，208米的总高度（包括佛身和基座）相当于乐山大佛的三倍。景区另有一项吉尼斯世界纪录，即“世界最大外击青铜铸钟”**天瑞吉祥金钟**。大佛于1997年开始修建，但其脚下的**福泉寺**却有更久远的历史脉络。这座寺庙始建于唐朝，曾为唐密道场，又因坐拥温泉而远近闻名，相传武则天曾来此沐浴。不过，如今的福泉寺也是千禧年后落成的作品，温泉同样打造成了现代化的度假区。

◆见354页地图◆地址：平顶山市鲁山县赵村乡上汤村◆门票：120元◆营业时间：8:00—17:30◆微信公众号：尧山中原大佛

中原大佛

风穴寺

始建于东汉初平元年（190年）的风穴寺是中国最早的一批佛寺。它与少林寺、白马寺和大相国寺并称为“中原四大名刹”，且为天台宗和临济宗的双祖庭。历经时光肃杀，这里仍保存着唐朝的**七祖塔**（为天台七祖贞禅师的舍利塔）、宋朝的**悬钟阁**和金代的**中佛殿**，因此被称为“古建博物馆”，且列入全国重点文物保护单位。

有人认为王维《过香积寺》的创作地（风穴寺曾名香积寺）是在这里，而非陕西长安净土宗祖庭、位于黄土塬地上的那座香积寺。的确，风穴寺坐落在嵩山余脉，群山掩映中的风景更像王维诗中的描述。不妨在参观时，通过“不知香积寺，数里入云峰。古木无人径，深山何处钟？泉声咽危石，日色冷青松。薄暮空潭曲，安禅制毒龙”的诗句做出自己的判断。

◆见354页地图◆地址：汝州市风穴路985号◆门票：30元◆营业时间：夏季8:00—18:00，冬季8:00—17:30◆微信公众号：汝州市风穴寺景区

郏县文庙

三苏园

“一门三父子，都是大文豪。”国人大都知道说的是北宋的苏洵、苏轼和苏辙，也了解他们的故乡是四川眉山。但鲜为人知的是，“三苏”的苏轼和苏辙就葬在平顶山市的郏县。

在苏辙为先逝的苏轼写的《亡兄子瞻端明墓志铭》中，提到“公始病，以书属辙曰：‘即死，葬我嵩山下，子为我铭。’”几年后，苏辙又在《卜居赋》写道：“今子瞻不幸已葬于郏山矣，予年七十有三，异日当追蹈前约。”嵩山南麓的郏山，正是这座三苏园的所在地。

三苏园的最深处坐落着**三苏坟**，即苏轼和苏辙两人的坟茔，以及元代新增的苏洵衣冠冢。父亲苏洵得以归葬眉山，但两个儿子未能落叶归根。“是处青山可埋骨，他年夜雨独伤神”仿佛道出其中遗憾，其实这两句诗出自苏轼因“乌台诗案”入狱，写给苏辙的绝命诗《狱中寄子由》。诗中意境营造出“郏县十景”中的“苏坟夜雨”，两句诗也被雕刻在墓园内的明代红石牌坊上。另一处重要的古迹是元代修筑的**三苏祠**，堂内的三苏塑像为元代古物。这两处古迹合称三苏墓祠，已被列入全国重点文物保护单位。

在新建的**三苏纪念馆**中，有关于他们生平事迹和历史功绩的介绍。这里还独具匠心地收藏有苏轼18处纪念地的土壤，眉山、开封、杭州、黄州、惠州、儋州……东坡先生一生坎坷，行踪几乎遍及整个北宋，称得上是那时候的一位旅行家。

◆见354页地图◆地址：平顶山市郏县茨芭镇苏坟村◆门票：45元◆营业时间：8:00—17:00◆微信公众号：三苏园景区

郏县文庙

名列全国重点文物保护单位、号称“国内县级文庙之冠”的郏县文庙，始建于五代后周年间。当时这里是孔氏家庙，由迁入至此的孔子后人所建。北宋末年毁于战火后，该庙于金代重建，改为官方性质的文庙兼学宫。

这里现存的建筑多为清代风格，虽然年代不久，但**大成殿**“无木不雕”，造型繁复，堪称清代木构建筑中不可多得的佳作。尤其是四根**前檐柱**，其柱身透雕盘龙，柱头虎首，柱础六面浮雕，精美程度甚至可与太原晋祠的宋代木雕龙柱媲美。大成殿月台前的**龙陛石**也很有故事，石上的“双龙戏珠”雕刻，珠为蜘蛛。当地流传唐德宗年间有一对相依为命的姑侄，姑姑抚养侄儿直到他高中进士，皇帝亲题“姑义如娘”表彰。小侄子考中功名时，家中有蜘蛛倒挂报喜。“姑娘”一词据说从此而来，文庙里的双龙戏珠也改变了造型。

郏县城内还有另一处全国重点文物保护单位，即清代建筑群**山陕会馆**。清代山西和陕西两省商人经营着向草原和西域运送茶叶的生意，这座会馆也列入了“万里茶路”的申遗点。只不过目前仍未对外开放，只能从外打量一番。

◆见354页地图◆地址：平顶山市郏县文前街38号◆门票：免费◆营业时间：夏季8:30—12:00、15:00—18:00，冬季8:30—12:00、14:30—17:30

叶县县衙

这里和内乡县衙（见363页）、密县县衙同为河南列入全国重点文物保护单位的古县衙，

叶县县衙

但建筑年代要更早，展示着明朝县级官署衙门的规制和风貌。

仪门东侧的**萧曹庙**，是汉初治国思想在明朝再度受到重视的见证；另一侧的**土地祠**，提醒着父母官对这方水土的重要责任。甬道旁的石碑刻有“尔奉尔禄，民膏民脂；下民易虐，上天难欺”的**《戒石铭》**出自黄庭坚手书。如是种种，都是明朝乃至中国廉政文化的形象代表。随着近年来文旅业快速发展，叶县县衙也提供有剧本杀、大堂审案、编钟乐舞等各种沉浸式体验。

◆见354页地图◆地址：平顶山市叶县东大街9号◆门票：32元◆营业时间：夏季8:00—18:00，冬季8:00—17:30◆微信公众号：叶县明代县衙

许慎文化园

《说文解字》的作者、东汉经学家许慎，按照今天的行政区划就是漯河人。**许慎墓**已被列入全国重点文物保护单位，周边建起了这座主题文化园。

《说文解字》被誉为中国第一部字典，且首创部首，将所有汉字都按部首排列，开启了对汉字形体和含义的关系以及字源的研究，并总结出“象形、指事、会意、形声、转注、假借”的六书理论。依托深厚的文化底蕴，许慎文化园建有六书广场、汉字大道、部首方阵等景观。

◆见355页地图◆地址：漯河市召陵区龙江路与中山路交叉口向东800米◆门票：30元◆营业时间：夏季8:30—18:00，冬季8:30—17:30◆微信公众号：许慎文化园景区

小商桥

“杨再兴血战小商桥”的故事就发生在这里。南宋绍兴十年（1140年），杨再兴跟随岳飞北伐，在此和金兵发生遭遇战。他寡不敌众，中箭无数，奋战而亡，墓园就立在小商桥东。

抛开这段故事，小商桥还有更久远的历史。桥名来源于桥下的小商河（颍河故道），小商河则是因古时商王经此过河而得名。现存的单拱敞肩石拱桥始建于隋，为北宋年间作品，已被列入全国重点文物保护单位。

◆见355页地图◆地址：漯河市临颍县皇帝庙乡商桥村◆门票：40元◆营业时间：8:00—18:00

购物

胖东来

来到许昌，几乎所有人都会奔赴这个“超市界天花板”品牌的总店。说是凑热闹、打卡，但抢购来的食物总会为你的旅程增添滋味，有些还适合作为伴手礼。

凭借对进场商品有着极其严格的要求等原因，胖东来赢得了大众消费者的青睐。尤其是自营的熟食、“德丽可思”烘焙系列和燕麦脆、茶叶、精酿啤酒、果汁等食物，更是吸引顾客赶早排队。如今的胖东来每天都熙熙攘攘，甚至被称为“5A级商超景点”。

◆见352页地图◆地址：许昌市魏都区建安大道近八龙路（天使城店）、许昌市魏都区七一路299号（时代广场店）等◆营业时间：9:30—21:00，周五和周六延长至21:30，周二停业◆微信公众号：胖东来超市

曹魏古城护城河水上公交

古镇与村寨

曹魏古城

曹魏是许昌的历史骄傲，“曹魏文化”也是当地旅游开发的重点。不过，如今被称为“曹魏古城”的街区，基底是明清两朝的许州城池。虽然古代行政区划有所变迁，但是这座位于许昌市中心的老城，所呈现的仿古风貌和历史传承仍可一游。护城河仍在，汉阙造型的几座城门建起，仿古步行街打理得干净漂亮，春秋楼（见340页）和曹丞相府（见340页）更能唤起历史的悠久回忆。

除了步行游览，**水上公交**（微信公众号“许昌水上公交公司”）提供了曹魏古城的另一种玩法。在古城南门外的南顺河街**春秋东码头**乘坐复古画舫，沿护城河逆时针方向航行一圈，全程5.3公里，用时约45分钟，票价仅需3元/人起（夜航船20元/人起）。许昌素有“莲城”之名，护城河的莲花湾和西湖公园都种植有大量荷花。夏日里荷香弥漫，船行其间最为浪漫。

◆见352页地图◆地址：许昌市魏都区曹魏古城◆门票：免费◆营业时间：全天◆微信公众号：曹魏古城景区

河上街古镇

与平顶山类似，漯河也是一座年轻的城市，不过它们的崛起逻辑有些不同。平顶山在20世纪50年代因煤而生，漯河兴起的线索则是光绪三十二年（1906年）通车的京汉铁路。现代交通改变了河南中南部的经济格局，位于淮河重要支流沙河、澧河和京汉铁路交汇处的漯河，一跃成为交通枢纽和商业中心。

当时的漯河只是郾城县的一个小镇，而且常被人们用这里最繁华的街道——河上街来称呼。这座河上街古镇便是近年来旅游开发和历史溯源结合的仿古产物。若在漯河有几个小时的中转时间，来此逛逛也算有所收获。尤其是易地重建的**受降亭**，记录着1945年日本“二战”战败时，漯河作为全国16个受降区之一接受了日军投降的历史。

漯河另有一处仿古建筑街区**漯湾古镇**，同样免费开放，同样希冀着再现漯河近代崛起的历史，漯河之名便来自螺湾河。但综合考虑，位于市中心的河上街更值得一游。

◆见355页地图◆地址：漯河市源汇区泰山路近金江路◆门票：免费◆营业时间：全天◆微信公众号：河上街景区

神垕古镇

与钧瓷同样迎来繁荣的，还有另一处窑址所在地——神垕（hòu）古镇。“垕”字由“后”“土”组成，据说和这里的制瓷传统有关。

“进入神垕山，七里长街观。七十二座窑，烟火遮满天。客商遍地走，日进斗金钱”，这首民谣描绘了古镇昔日的盛况。它坐落在伏牛山余脉中，地处汝州前往禹州的古道旁。学术界有“汝钧不分”的说法，神垕最初的兴起可能就是汝窑部分工匠外迁而带来的。

如今的神垕古镇仍保持着比较完整的面貌。它由东、南、西、北四座古寨组成，皆有高大厚实的寨墙。看点最多的是“望嵩”东寨。寨内的**伯灵翁庙**（伯灵翁传为东晋年间的陶瓷工艺大师）维系着晚清风格，山门**花戏楼**造型优美，**窑神殿**供奉有三尊神像，分别是窑神孙伯灵（传为战国军事家孙膑，师从鬼谷子时曾学习烧窑之法）、司土之神（传为曾“陶河于滨”的舜帝）和司火之神（传为金火圣母）。

今天的神垕仍旧是中国北方陶瓷的主要产地和集散地之一，到处可见从事钧瓷生意的作坊和店铺，其中孔家钧窑、荣昌钧瓷、苗家钧窑、卢钧窑等几家都很有名。街上的原国营瓷厂被改造成艺术园区性质的**钧瓷工业文化园**，镇东北4公里处另建有一座漂亮的**钧瓷文化主题公园**。

每周一下午和周二上午，神垕古镇有规模很大的**古玩交易市场**。

◆见353页地图◆地址：禹州市神垕镇◆门票：免费◆营业时间：全天◆微信公众号：神垕古镇景区官微

临沣寨

“中原第一红石古寨”道出了临沣寨最大的特色。这座建于平原上的古村寨，用紫红色石材筑寨墙，环绕一周，内部仍旧保持着明清时期的古寨风貌。从空中俯瞰，古寨整体如同一条鱼，如此设计是为了抵御护寨河的洪水。

古寨在晚清时将土墙改成了石墙，强化了防御功能。能够斥资进行如此改造，是因为当时这里成了河南省的官盐贩运中心，朱氏家族正是当年叱咤一时的盐商。如今，号称“汝河南岸第一

许昌的三国故事

东汉建安元年（196年），被董卓胁迫到长安近6年的汉献帝刘协返回故都洛阳，但因连年战乱后“洛阳残破”，最终被曹操迎至颍川郡的许县。许县遂称“许都”，东汉的最后25年便定都于此，曹操也开启了“挟天子以令诸侯”的著名时期。220年曹魏代汉，次年魏文帝曹丕以“汉亡于许，魏昌于许”之意，改许县为许昌，同时还将许昌列为魏“五都”之一，和洛阳、谯城、邺城、长安并举。

尽管大权旁落于曹氏，但许都仍旧是名义上的国家首都。这是许昌在五千年中国史上的巅峰，而它能够从遍布名城的中原大地脱颖而出，天时、地利、人和皆备。彼时天下大乱，群雄逐鹿洛阳。许昌与之距离适中，又有嵩山相隔，保持着一种微妙的平衡。位于大平原上的许昌，在曹操兴置屯田等政策的实施下，很快恢复了经济发展和社会稳定。同时，许昌也提供了顶级的谋士智囊团，郭嘉、荀彧、荀攸等皆出自“颍川世家”。

“浪花淘尽英雄”，在东汉末年至三国这个英雄辈出的时代，许多脍炙人口的故事就发生在许都。刘备和曹操“煮酒论英雄”于此，建安七子的峥嵘风骨也少不了许昌的滋养。关羽在中国传统文化中具有崇高的地位，他第二次来到许昌停留的几个月，更是留下了“身在曹营心在汉”“夜读春秋”“灞桥挑袍”等千秋佳话。

“闻听三国事，每欲到许昌。”除了市区的三国文化景点，真正的**汉魏许都故城遗址**（见353页地图；许昌市建安区张潘乡古城村；免费）也值得历史爱好者一探。这座位于市区东南20公里的故城早在南北朝时期便毁于战火，如今被村庄和农田覆盖，只剩一些黄土残垣。历经多年的考古挖掘，内城（皇城）、外城、城门、护城河和干道等格局已被探明，并出土了四神柱础等珍贵文物。这里有望建成考古遗址公园，目前最大的看点是顶部建有乡村小庙的**毓秀台**。这座高约15米的夯土残堆是汉献帝祭天地之坛，底部的石碑刻有青年毛泽东赴京路过许昌时，专门至此感怀曹操所写的《过魏都》一诗（和罗章龙联句）。

曹魏代汉之际，曹丕逼迫刘协禅让的**受禅台**（见355页地图），也距离许昌很近，在今属漯河市临颍县的繁城回族镇上。台前还有当时所立的**《受禅表碑》**和**《魏公卿将军上尊号奏碑》**，前者因文、书、镌均出名家而称“三绝碑”。一台二碑都是国家重点文物保护单位，但两座古碑目前暂不对外开放。

上图：灞陵桥景区内的关公辞曹像

玩转尧山下

伏牛山脉不仅捧出了尧山这样的绝美山岳，也在山下留下了清泉飞流的峡谷。河南炎热的夏季，尧山下的几处漂流景点都会迎来络绎不绝的避暑客。它们大都由尧山大峡谷漂流集团（有同名微信公众号）经营，可选择其一游玩。如果不打算体验刺激的漂流，可去**龙潭峡**（平顶山市尧山镇上坪村；门票50元）漫步赏瀑。注意不要和洛阳的龙潭大峡谷搞混。

11月深秋季节，**文殊寺**（见354页地图；平顶山市鲁山县四棵树乡平沟村）的五株2800年古银杏进入黄叶观赏期，是堪比尧山红枫谷的美景。

上图：金秋的文殊寺银杏

临沣寨皂角树

府”的**朱镇府**（朱紫峰私宅）仍矗立在古寨中心，昔日繁华垂下最后的投影。

◆见354页地图◆地址：平顶山市郏县堂街镇临沣寨村◆门票：30元◆营业时间：9:00—17:00

南街村

在改革开放的浪潮中，南街村因坚持走“集体共同富裕道路”并取得了不菲的成就而备受关注。如今村子审时度势，开展红色旅游观光，辟有高新农业园区、村民住宅游览区、文化教育游览区、珍奇植物园区、革命传统教育区等项目，吸引着对这些史实感兴趣的游客造访。

◆见355页地图◆地址：漯河市临颍县城关镇南街村◆门票：60元◆营业时间：夏季7:30—18:00，冬季7:30—17:30◆微信公众号：南街村旅游

自然

尧山

尽管以中华始祖之一的尧命名的尧山的确有着深厚的人文底蕴，但对游客而言，这里壮美的自然风光，就足以让人流连忘返了。

它位于秦岭余脉的伏牛山脉东支，因为漫长的地质运动和外部作用，形成了遍布花岗岩孤峰、石柱、石林等地貌的奇妙山景。尧山一年四季都可玩，春季山花浪漫，夏天飞瀑清凉，秋季红叶似火，冬天雪后苍茫，颇有华山、张家界等名岳奇山的风韵。

景区设置有三条索道。最省力的玩法是在山门乘坐景区交通车（单程25元，往返35元），在迎凤树下车换乘**尧山索道**（上

行100元，下行80元，往返150元），之后步行走完**飞云栈道**，就可到尧山主峰的**玉皇顶**（海拔2153.3米）。之后有两条路可选：一条通往西观景台，再乘坐吊篮式的**石人索道**（上行50元，下行40元，往返75元）下山；更受欢迎的是另一条路线，先经全长2600米的**花岗岩滑道**（30元，一旁也有步行道），再沿惊险的**青龙背**和**天阶栈道**下山。青龙背颇似华山苍龙岭和黄山天都峰鲫鱼背，天阶栈道更是在峭壁上悬空打孔而建。两条路线在白牛城口交会，想下山的话可在伴仙居乘坐交通车出山，或继续向前到通天门，搭乘电车（10元）看过九曲瀑布后再乘车。**红枫索道**（上行50元，下行40元，往返75元）通常只在秋季红叶期才会开行。

景区步道的布局很完整，对体力有信心又热爱爬山的旅行者，可走**红枫谷**上山，到玉皇顶后先去西观景台，再经**炼丹峡**，从青龙背和天阶栈道方向下山。景区交通车建议乘坐，这样能留下更充分的时间欣赏山上的美景。

◆见354页地图◆地址：平顶山市鲁山县尧山镇西竹园村◆门票：65元◆营业时间：夏季4:00—20:00，其他时间8:00—18:00◆微信公众号：云上尧山

纪念地

知青园

“农村是一个广阔的天地，在那里是可以大有作为的。”这是1955年底毛泽东对《大李庄乡合作化规划的经验》一文批示中的一句话。“广阔天地，大有作为”，成了影响和激励那个时代的知识青年投身农村的口号，大李庄乡的3个大队联合成立了“广阔天地大有作为人民公社”，成了知青运动的发源地。如今在更名后的广阔天地乡，这座知青园维持着当时的面貌，并建起纪念馆，再现那个时代的激情岁月。

◆见354页地图◆地址：平顶山市郏县广阔天地乡◆门票：20元◆营业时间：9:00—17:00

平顶山 ¥

😊性价比高，山野空气清新。

☹部分酒店设施老旧。

市区酒店多，郊县景点都可从市区出发进行一日游。如果喜欢山野，尧山下的客栈和民宿也可以考虑。

♡和邻居许昌类似，羊肉冲汤（即羊肉汤）、酱牛肉、热豆腐等也是受欢迎的日常小吃，鲁山揽锅菜、舞钢沫糊、叶县炒凉粉、张集硬面馍也都极具地方特色。工矿城市夜市发达，体育路、开源路、曲艺美食街都能带来不错的夜宵体验。

不要错过

- 郏县饸饹面
- 豆腐菜

热门食宿区域

豫中的住宿选择丰富，且多数性价比较高。许昌的景点集中在市区，而平顶山、漯河的多数景点很方便从市区一日往返。想要获得更加舒适的入住体验，也可选择在郑州下榻。喜欢山间景色的，尧山脚下的民宿也是不错的选择。住宿标准见180页。

美食也非常出彩，浓郁鲜香的羊肉汤是人手一碗的标配。推荐前往胡辣汤发源地之一的北舞渡，尝尝肉汤醇厚的胡辣汤有多美味。口碑极佳的胖东来自营美食是不错的伴手礼选择。夜幕降临，可感受小摊夜市的热闹烟火气。

郑 州 市
开 封 市
贾
鲁
河
南
水
北
调
中
双
洎
河
周
口
市
许 昌 市
河
景点集中在市区，多数游客都会在这里住一两晚。另一处旅行者可能用得上的住宿地是禹州市的神垕古镇。
许昌 ¥-¥¥
新酒店多，干净，颇具设计感。
胖东来附近人流量较大，或会影响入住体验。
许昌
羊肉汤是许昌人的家乡味道，王洛猪蹄、热豆腐、襄城焖面、长葛水煎包、禹州焖子等是名吃，胖东来自营食品也称得上特色美食。禹州的钧飨牛肉也值得一尝。曹魏古城里的夜市很热闹，不远处的聚奎街则是清真美食一条街。
不要错过
• 羊肉汤
• 钧飨牛肉
不要错过
• 北舞渡胡辣汤
• 漯河烧鸡
食品产业重地漯河的美食也出彩。侯集肘子、繁城牛肉等都是有名的“硬菜”，北舞渡胡辣汤、舞阳杠子馍、郾城豆腐盒、烙馍等小吃虽简单，却也做出了特色。文化路、黄河广场都有热闹的夜市，能吃到漯河本地和其他地方特色美食。
漯河 ¥
交通方便，酒店便宜。
硬件设施一般，选择较少。
漯 河 市
漯河
漯河景点不多，若选择停留，住在市区即能方便地搭车或自驾游玩。
洪
河
驻 马 店 市

旅行者推荐 INSIDERS' LIST

场所

悦梧桐X酒店
- 0374-7010666
- 许昌市魏都区劳动南路近华佗路

歌谱人文轻奢度假酒店
- 0374-8177666
- 许昌市禹州市神垕镇老街7号

老胡家羊肉汤（学府街店）
- 15537446619
- 许昌市魏都区学府街近八龙路

禹州十三碗（建安大道店）
- 0374-4391666
- 许昌市魏都区建安大道近翠林北路

平发开元名庭酒店
- 0375-2357777
- 平顶山市新华区祥云路近和谐路

迎风民宿
- 13603759485
- 平顶山市鲁山县尧山镇尧山景区内

惠香饭店
- 17719062961
- 平顶山市卫东区新华路217-6号

延军揽锅菜
- 13137539687
- 平顶山市卫东区建设路892-5号

亚细亚大酒店
- 0395-2516666
- 漯河市源汇区交通路150号

王忠圈胡辣汤（总店）
- 15303956788
- 漯河市郾城区崂山路近银都花园

书籍

《三国演义》罗贯中 著 中国古典四大名著之一，这部著名的长篇章回体历史小说，讲述了魏、蜀、吴三国之间的政治和军事斗争，以及刘备、曹操、孙权等人物错综复杂的关系和深刻的政治谋略。全书近半章节涉及许昌，游览之余可作为三国文化的补充。

影视剧

《三国演义》1994 这部家喻户晓的电视剧改编自同名四大名著之一，当年成为万人空巷的现象级电视剧，乱世英雄、各路豪杰汇聚的三国时期大幕，就此拉开。30多年过去了，剧集中的主题曲奏响，依然能唤起不少人的共同记忆。

实用信息

抵离豫中

飞机

许昌、平顶山、漯河目前没有机场，但离郑州新郑国际机场很近。从机场到许昌有流水发班的商务车和轨道交通**郑许线**，机场高铁站有去许昌北站的车次，但该站比较偏远，不建议搭乘。前往平顶山，可从机场高铁站乘坐列车直达平顶山西站。机场到漯河有流水发班的商务车。

火车

许昌站（见352页地图）位于中心城区，从此步行即到曹魏古城，是京广铁路车站，停靠大量普速列车。

许昌东站（见352页地图）位于城东的京广高铁车站。

许昌北站 位于城东北的郑阜高铁车站，距市中心约20公里。

禹州站（见353页地图）郑渝高铁车站，位于禹州城区的新区最东侧。如果专程探访钧窑和神垕古镇，可从郑州东站乘高铁到此站，不必绕行许昌。

平顶山站（见354页地图）位于中心城区，为连接京广和焦柳两大干线铁路的孟宝铁路上的车站，停靠普速列车。

平顶山西站（见354页地图）位于城西的郑渝高铁车站，距平顶山市中心和宝丰县城各有约10公里路程。站外有班车前往宝丰、汝州、鲁山等地，可不进平顶山市区直接赶赴汝窑和尧山。

郏县站（见354页地图）郑渝高铁车站，位于郏县县城的新区东南角。郏县景点众多，可由郑州东站搭乘高铁先在这里下车，开始平顶山之旅的第一站。

汝州站、宝丰站、鲁山站 均为焦柳铁路上的车站，都位于各自城区的范围内，乘坐普速列车可到平顶山、郑州、洛阳、南阳等地。

漯河站（见355页地图）位于中心城区，为京广铁路上的大站，停靠普速列车，一些车次可经漯阜铁路抵达周口。

漯河西站（见355页地图）位于城西的高铁车站，距市中心约8公里。

长途汽车

下述车站均可使用微信小程序“豫州行”查询、购票。

许昌中心汽车站（见352页地图；0374-2333025）位于许昌火车站对面，有发往禹州（许昌禹州专线）等所辖各地和郑州、登封、洛阳、开封、平顶山、宝丰、汝州、郏县等省内目的地的班车。从这里发出的201路公交可到汉魏许都遗址；J31路的终点站跨过老颍河桥，即到受禅台所在的繁城回族镇。

禹州第一汽车站（0374-8259089）和**第二汽车站**（0374-8880599）两站离得很近，许昌禹州专线终到第二汽车站，禹州神垕专线从第一汽车站发车。

平顶山客运中心站（0375-7268568）又称平顶山中心站、客运中心，距平顶山火车站700米。有车发往宝丰、汝州、鲁山、郏县、叶县等平顶山各县市，也有去郑州、洛阳、许昌东（高铁站）、登封、漯河、驻马店、南阳等地的车次。其中，发往栾川的班车途经尧山镇和老君山。

平顶山长途汽车站（0375-7665571）位于市区矿工路中段，交通便利，出行方便。和平顶山中心站一样有发往郑州、登封、洛阳等地的班车。如果要去许昌城中心和开封，只有这里有班车。旺季可能安排车次前往尧山景区。

宝丰长途汽车站（0375-6570596）、**汝州长途站**（0375-6862965）、**汝州中心站**（0375-7055273）、**鲁山汽车站**（0375-5057983）和**郏县新汽车站**（0375-7212219）长途班次均可在“豫州行”购票，部分车站有直达登封和洛阳的车次。到达各县后再转乡村公交，即能前往清凉寺汝窑、尧山、三苏园等郊野景点。在郏县新汽车站还可乘车直达或中转前往禹州的神垕古镇。

漯河汽车中心站（0395-2122338）位于漯河火车站广场旁，运营漯河临颍专线（可到小商桥、南街村）以及前往许昌、平顶山、驻马店等周边各市县的班车。

漯河恒通汽车站（0395-2121425）前往贾湖遗址（北舞渡）的13路公交专线由此发车，在漯河西高铁站的广场南侧也可以上车。

自驾

京港澳高速（G4）、许广高速（G0421）、盐洛高速（G1516）等在许昌穿境而过，宁洛高速（G36）、郑栾高速（S88）等在平顶山穿境而过，京港澳高速、宁洛高速等在漯河穿境而过，可方便地前往郑州、登封、洛阳、开封等地。

市内交通

公交车、出租车、网约车和共享自行车在豫中地区都很好用，可在网络地图等软件上查询详情。

旅行信息

微信公众号

许昌文旅官方账号 提供许昌非遗、场馆预约、酒店民宿以及特色线路推荐的信息。

平顶山市文化广电和旅游局 提供平顶山市的文旅信息，有对汝瓷的专题介绍，并提供年卡办理服务。

豫中地图

景点
餐饮
住宿

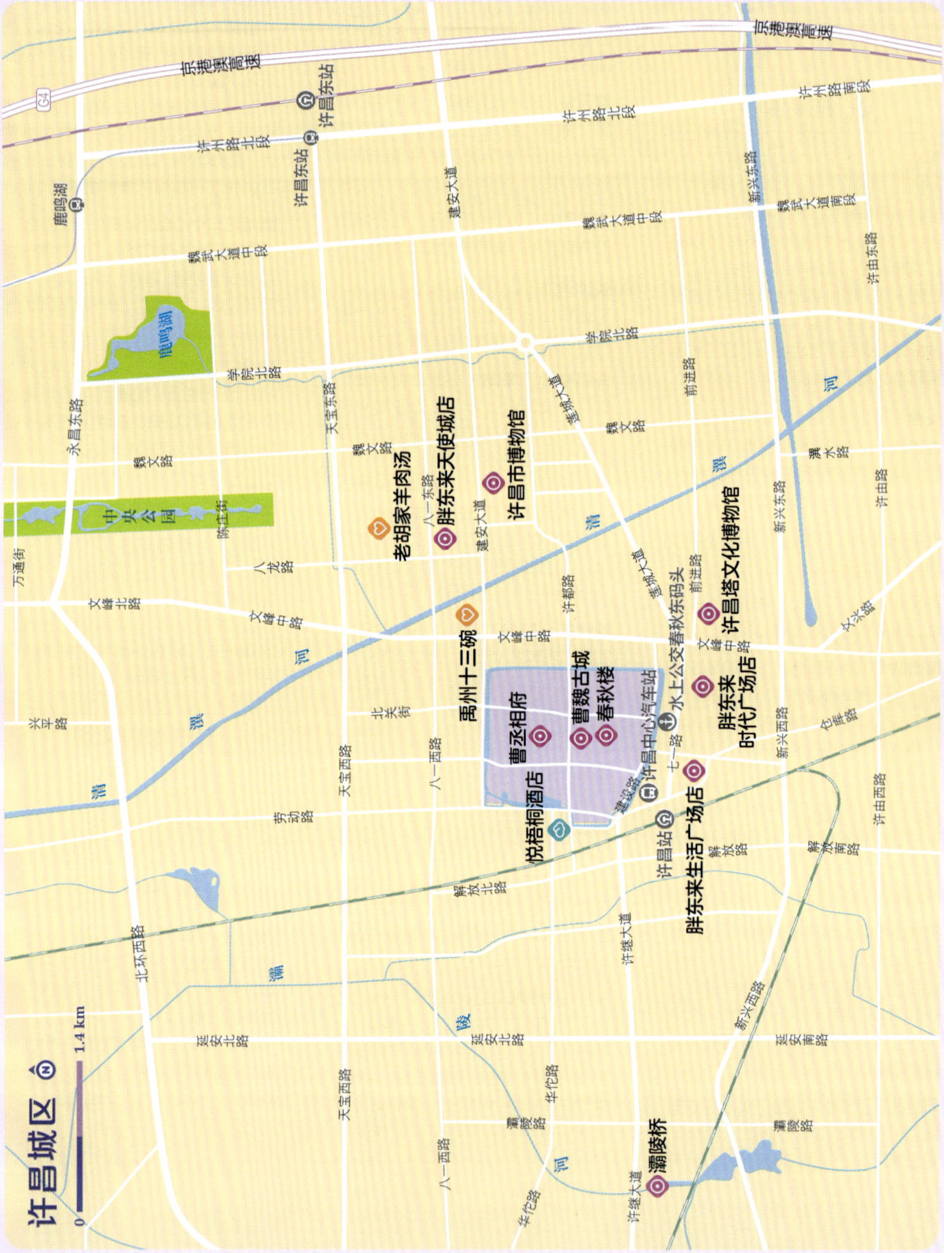

许昌城区
0
1.4 km
京港澳高速
G4
许昌东站
许州路北段
许州路南段
鹿鸣湖
建安大道
魏武大道中段
魏武大道南段
新兴东路
许由东路
学院北路
天宝东路
莲城大道
前进路
魏文路
永昌东路
中央公园
陈庄街
八一东路
老胡家羊肉汤
胖东来天使城店
许昌市博物馆
濮水路
许由路
万通街
八龙路
文峰北路
文峰中路
许都路
禹州十三碗
水上公交春秋东码头
许昌塔文化博物馆
文兴路
清
潩
河
北关街
兴平路
曹丞相府
曹魏古城
春秋楼
许昌中心汽车站
胖东来时代广场店
新兴西路
仓库路
天宝西路
八一西路
七一路
建设路
悦梧桐酒店
劳动路
许昌站
胖东来生活广场店
解放路
解放北路
解放南路
许由西路
北环西路
许继大道
灞
陵
延安北路
延安南路
华佗路
灞陵路
灞陵桥

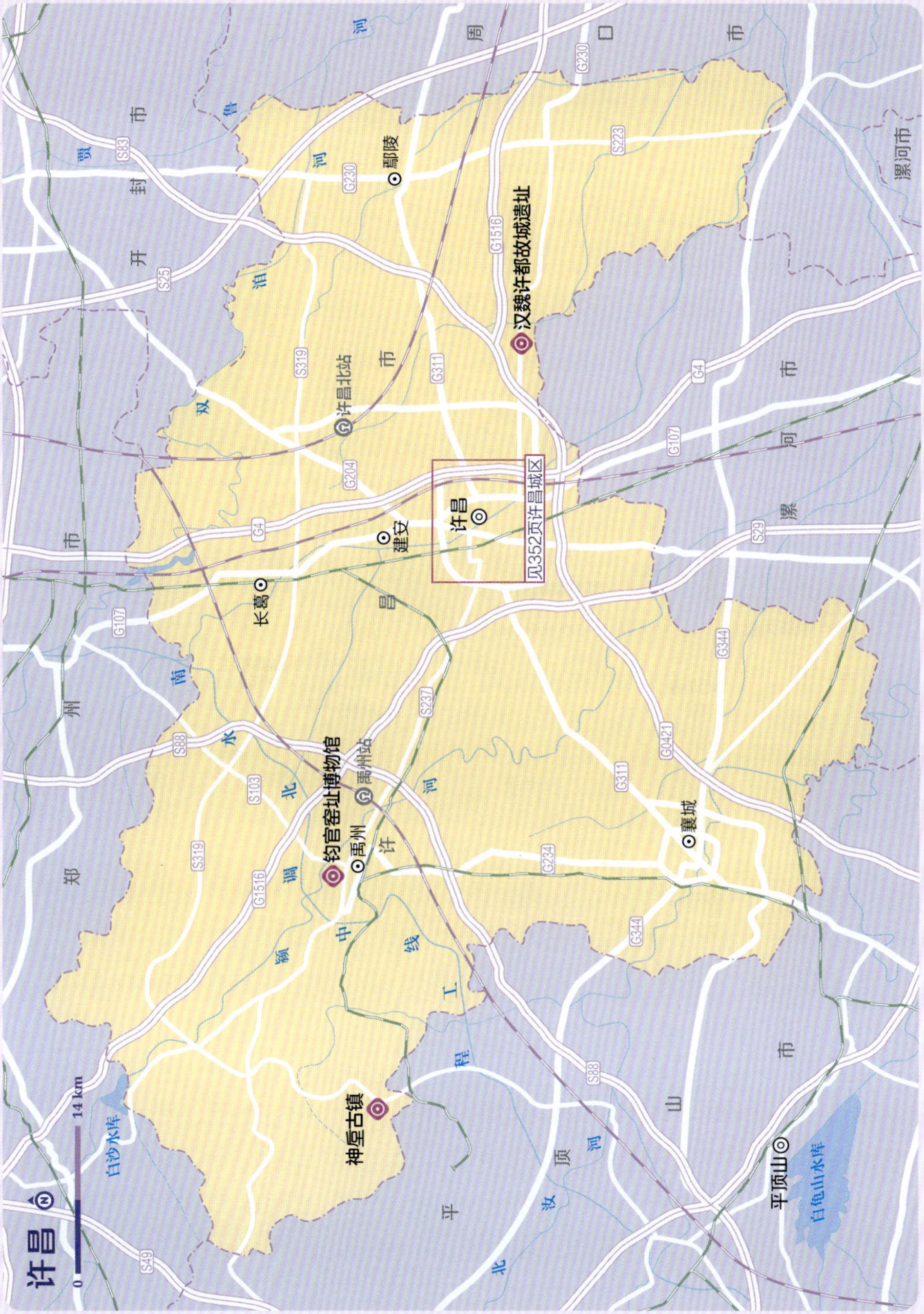
许昌
0
14 km
白沙水库
神垕古镇
钧官窑址博物馆
禹州
禹州站
长葛
建安
许昌
见352页许昌城区
许昌北站
鄢陵
汉魏许都故城遗址
襄城
平顶山
白龟山水库
漯河市
南水北调中线工程
颍河
汝河
北汝河
G4
G107
G311
G230
G234
G344
G1516
G0421
S29
S83
S25
S319
S103
S237
S88
S49
S223

景点
餐饮
住宿

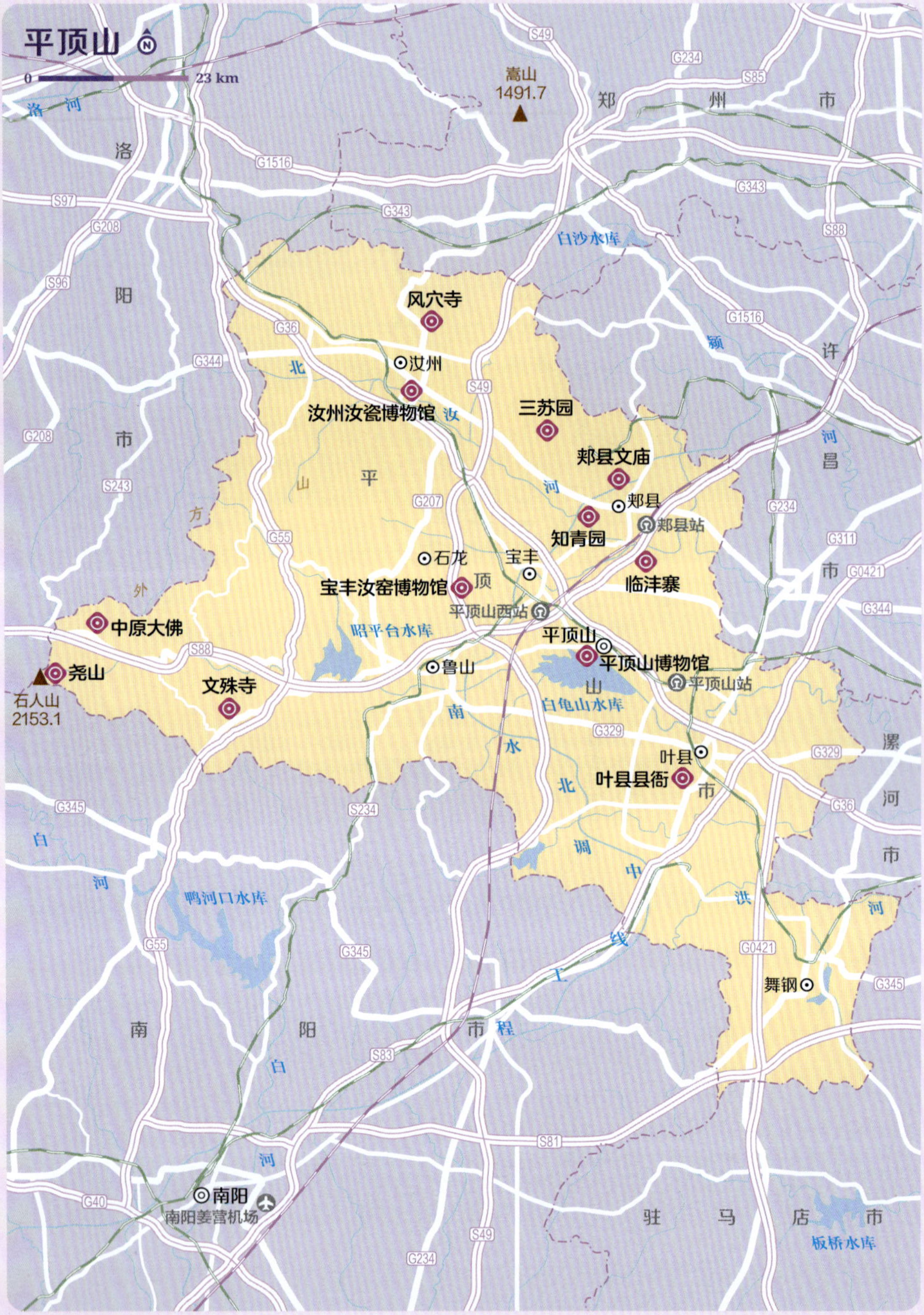
平顶山
0
23 km
嵩山
1491.7
郑州市
洛河
洛阳市
白沙水库
颍河
许昌市
北汝河
风穴寺
汝州
汝州汝瓷博物馆
三苏园
郏县文庙
郏县
郏县站
知青园
临沣寨
平顶山
石龙
宝丰
宝丰汝窑博物馆
平顶山西站
方外
中原大佛
尧山
石人山
2153.1
文殊寺
昭平台水库
鲁山
平顶山
平顶山博物馆
平顶山站
白龟山水库
南水北调中线工程
叶县
叶县县衙
漯河市
白河
鸭河口水库
舞钢
南阳市
南阳
南阳姜营机场
驻马店市
板桥水库
S49
G234
S85
G1516
S97
G343
G208
S88
S96
G36
G344
S49
G207
S243
G55
S88
G311
G0421
G344
G329
G36
G345
S234
G345
G0421
G345
S83
S81
G40
S49
G234

景点

餐饮

住宿

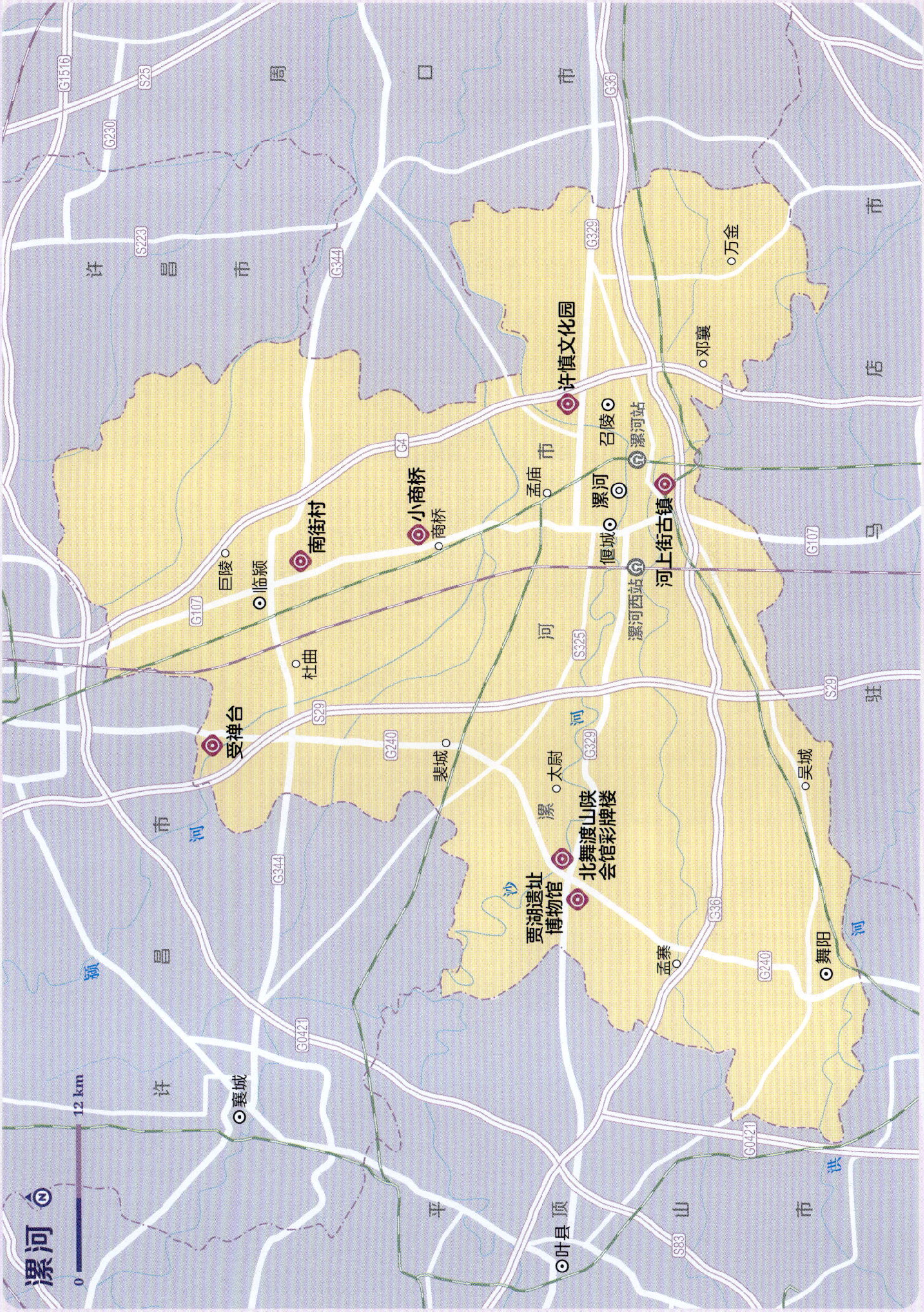
漯河
0
12 km
许慎文化园
小商桥
南街村
河上街古镇
受禅台
北舞渡山陕会馆彩牌楼
贾湖遗址博物馆
漯河
召陵
郾城
临颍
舞阳
叶县
襄城
万金
邓襄
孟庙
商桥
巨陵
杜曲
裴城
太尉
吴城
孟寨
漯河站
漯河西站
周口市
许昌市
驻马店
平顶山市
漯河市
G4
G107
G240
G344
G0421
G36
G329
G1516
G230
S25
S223
S29
S325
S329
S83
沙河
颍河
洪河

景点
餐饮
住宿

豫南

电话区号：南阳0377　驻马店0396　信阳0376

河南之南，山地丘陵和平原盆地分庭抗礼；与陕鄂皖三省交界的地理位置，引来了水陆古道和古楚文化。美妙的山川，馈赠了最好的丹江水和毛尖茶，也孕育出古老的神话传说和近代的避暑胜地。彪炳千秋的英雄、走马行舟的商帮、驿站飞驰的骏马……从这里东去西来、南下北归。在南阳、驻马店和信阳，自然和人文都能让你不虚此行。

数说豫南

650亿立方米
南水北调中线工程输水量（2014—2024年）

80+亿元
信阳毛尖品牌价值

No.1
南阳面积在全省排名

10年
信阳连续入选“中国十佳宜居城市”

100+处
鸡公山近代建筑遗存

5处
南阳三国遗址

在豫南，你可以这样玩

4天 纵贯伏牛山 （见62页）

4天 山间亲子避暑游 （见80页）

1天 漫游南湾湖 （见120页）

1天 丹江自驾穿越 （见124页）

何时去

3月至5月
春花烂漫，尤以4月底至5月初的映山红杜鹃花最美，在金刚台、老界岭、桐柏山都能遇见。

6月至9月
名副其实的旅游旺季，特别是伏牛山、金刚台的漂流景点和鸡公山，避暑游客络绎不绝。

10月至次年2月
“十一”黄金周结束后，游人迅速减少，但也有山岳景点的绚丽秋景和隆冬冰雪可称亮点。

波尔登森林公园

豫南亮点

在南阳逛博物馆

走进两座国家一级博物馆——南阳市博物院和南阳汉画馆，和国宝文物面对面，探索这座豫南名城的悠久历史和璀璨文明。

武侯祠

古文曰“南阳诸葛庐”，相传此处正是诸葛亮出山前躬耕的古隆中。历代文人武将缅怀“智圣”，更将这里营造成一处传统文化的地标。

驿道上的真古镇

河南之南，南船北马完成了交接。在赊店古镇和荆紫关老街，雕梁画栋见证过昔日的商业繁茂和商战博弈，堪称古代交通商贸史的活化石。

桐柏山淮源

从盘古到大禹再到西游记，桐柏山简直就是中国的一座“神话圣山”。行山玩水之际，这里的每一处风景，似乎都仙气飘飘。

嵖岈山

虽然打造成了“西游记主题文化公园”，但嵖岈山盆景般的群山仍然令人流连忘返。避开亲子游的路线，你就能独享这片神奇的山川。

鸡公山

百余年前在“避暑经济”的推动下，鸡公山崛起一座万国建筑云集的西式小镇，并上演着洋人和军阀、战争与和平的故事。

文化与展演

南阳市博物院

“宛洛佳遨游，春色满皇州。”在南齐谢朓的诗中，南阳（宛）和洛阳并称，流转着中州风华。名列国家一级博物馆的南阳市博物院正是回望这座历史名城的最好窗口。

在这里，作为地方通史展的“文明在宛——南阳历史基本陈列”，搭配上“古玉撷英——南阳古代玉器精品展”“致敬青铜——南阳青铜器精品展”等专题陈列，构架起南阳悠久又璀璨的历史文化。早在人类出现之前，**诸葛南阳龙化石**便为这里的历史拉开了帷幕。南阳盆地形成后，气候温和、水土富饶的自然环境，又孕育出纳玛象和南召猿人，并留下化石为证。先秦扑朔迷离，**鄂侯夫人列鼎**等一系列文物，对于研究商周时的鄂国起到了重要作用——鄂国便是《封神榜》南伯侯鄂侯的封地。南阳在两汉走向巅峰，西汉时它位列“五都”，光武帝刘秀由此起兵，东汉以宛为“三都”之南都。“镇馆之宝”**东汉鎏金熊足铜樽**是王公贵族用来温酒和分酒的器具，材质金贵，工艺复杂，雕刻精细，纹饰流畅，尽显豪华高贵。汉亡至今1800余年，地处南北要冲的南阳和中原王朝荣辱与共，三国铜弩机、唐三彩三足炉、明金质冥用通宝……见证过几度兴衰，也传诵着历史的回响。

博物院另有两个有趣的专题陈列。“陶铸汉威——南阳汉代陶狗展”不仅展示了各种造型和功能的陶俑狗，还对狗在中国的演化和传说进行了梳理。南水北调中线渠首位于丹江口水库东岸的南阳淅川县，其工程更是斜穿过整个南阳。开工前考古工作者曾对沿线进行了抢救性发掘，一些文物便集中展示在“渠首遗珍——南水北调中线工程南阳段文物保护成果展”中。

南阳市汉画馆的汉代画像石

◆见376页地图◆地址：南阳市宛城区姜营鼎盛大道369号◆门票：免费◆营业时间：夏季9:00—17:30，冬季9:00—17:00，周一闭馆，旺季可能延迟至19:00闭馆◆微信公众号：南阳市博物院

南阳市汉画馆

画像石在两汉迎来发展巅峰，东汉“南都”南阳有国内建馆最早、藏品最多、规模最大的汉画像石专题博物馆，且已被列入国家一级博物馆。

画像石是汉魏时期墓室、棺椁、墓祠、墓阙等建筑上雕刻有画像的石板构件。古人“事死如事生”，画像石的刻画主题或为死者生前的生活场景，或为表彰功德的故事教化，或为期待魂归的神仙世界，展现了当时生产劳动、建筑艺术、社会生活、神话、宗教、舞乐等方方面面，因此被称为刻在石头上的“汉代百科全书”。

南阳市汉画馆的“镇馆之宝”**许阿瞿墓志铭画像石**，便是东汉建宁三年（170年）一位许姓儿童墓室盖顶石的一块，画像主题为他观赏儿童游戏和百戏表演的场景。石上还雕刻有儿童的名字和家人的哀悼之辞，是目前发现的年代最早的有墓主人姓名与确切纪年的墓志铭画像石。

天文画像石也是南阳汉画的特色。此类题材在国内其他地区并不多见，但南阳出土颇多，据悉可能和南阳是楚文化发祥地之一有着密切的关系。展品中的《嫦

娥奔月》画像石不仅是另一件“镇馆之宝”，其拓片还在2016年跟随神舟九号飞船遨游太空。

◆见376页地图◆地址：南阳市卧龙区汉画街398号◆门票：免费◆营业时间：8:30—17:30，冬季8:30—17:00，周一闭馆，旺季可能延迟至19:00闭馆◆微信公众号：南阳市汉画馆

张衡博物馆

发明了地动仪的东汉天文学家张衡，是南阳郊区石桥镇生人。依托全国重点文物保护单位**张衡墓**，这座博物馆展示着张衡的生平事迹和历史贡献，还在拜殿旁复原了他发明的浑天仪和地动仪。这里和南阳府衙一样，如今同为南阳市博物院的分馆，展厅里因此有一些石器、陶器、瓷器、青铜器等文物的陈列。

◆见377页地图◆地址：南阳市卧龙区石桥镇国宝路◆门票：免费◆营业时间：9:00—17:00，周一闭馆，旺季可能延迟至19:00闭馆◆微信公众号：张衡博物馆

驻马店市博物馆

承接了明清汝宁府衣钵的驻马店市，拥有这一地区最棒的博物馆。这里常设“厚重天中”“古泉天地”“火土之魂”“水墨华章”四个展览，所展文物不乏精品。

唐宝相花透光镜正是其中之一。透光镜为一种特殊工艺制作的青铜镜，不仅能照人，还能反射投影出与镜背相同的纹饰和铭文。这面铜镜的镜背纹饰为寓意“神仪内莹，宝相外宣”的花相，是唐代佛教信仰的见证。**清**

驻马店市博物馆

南阳的三国遗址

《三国演义》里，诸葛亮初出茅庐，就相继取得了“火烧博望坡”和“火烧新野”两场胜利。两处古战场都在今天南阳境内。虽然演义故事和历史真相有所出入，但历经千百年传唱，这些地方早已成为凭吊三国英雄的去处。

博望坡遗址（见377页地图）在南阳市和方城县中间的博望镇。当地有一种叫作博望锅盔的小吃，据传为诸葛亮所创。

火烧新野遗址（见377页地图）的纪念石刻立在新野县城的**汉桑城**内，相传这株汉桑为一株关羽手植的古桑树，至今古劲苍遒。县城里还有议事台、太子阁、刘备挂剑树等“三国遗址”，新野张飞板面、三国臊子也在民间传说中演绎成三国人物的发明。

距新野约13公里处的**沙堰镇**（见377页地图），流传着“徐庶走马荐诸葛”“关羽提闸淹曹军”的故事。北门处的石碑写着“回首荐贤”，对应徐庶向刘备推荐诸葛亮的故事。东门“伏宿扬辉”，指关羽在水淹曹军前屯扎于此，昼夜练兵，刀光剑影在日月星光下扬起阵阵波辉。镇内也有一株千年古桑，唤作**关宿桑**，关羽便是在这棵树下歇息了一晚。

刘备阵营里有许多出身南阳的人才。南阳郊区的新店乡相传为**黄忠故里**（见377页地图），有一座黄忠祠。有种说法是魏延为桐柏县生人，这里的固县镇有棵人称**“魏延将军杏”**（见377页地图）的千年古银杏，相传为少年魏延种植。

武侯祠

宋祖法寿屏为一套三组共36扇屏风，气势磅礴又刻工细腻，上有朝廷重臣为祝宋氏寿诞而撰写的祝文，以及《西园雅集图》《兰亭修禊图》等画作。

◆见378页地图◆地址：驻马店市驿城区通达路近文娱二路天中广场西南侧◆门票：免费◆营业时间：9:00—17:00，16:00停止入馆，周一闭馆◆微信公众号：驻马店市博物馆

信阳博物馆

作为河南最南部的城市，信阳和湖北、安徽共享大别山，大部分地界也位于淮河以南。中原文化和楚文化在这里激荡又融合，留下了不少独具特色的文物。走进信阳博物馆，便能感受“豫风楚韵”的风采。

3500年前的商代**古沉舟**，是由一圆木剖凿而成的独木舟。经测定其树种为热带植物，在现在的江淮地区已然绝迹。出土于商代息国墓地的**夔纹提梁卣**（yǒu），是王公贵族的盛酒器，发现时里面有液体晃动的声音，最终采集到总重量为1公斤的液体，经检验后确定是3000多年前的商代古酒，为中国乃至世界最陈的酒。西周早期的**“父丁”提梁卣**，纹饰少了商代诡异神秘的色彩，腹部为写意的简化兽面，颈部的两头牛采用的更是写实手法，享有“西周第一牛”的称呼。号称“角王”的**父乙角**同样为西周作品，角是由爵演变而来的饮酒器，比爵容量更大。目前国内所见最早的轿子实物——春秋晚期的**肩舆**也陈列于此，肩舆即古代轿子的一种形式。西汉的**博山盖铜樽**因造型优美又富有想象力而享有盛名，盖钮是一只展翅欲飞的朱雀，器底有三只熊形足，博山盖雕饰有祥云中的神兽与羽人，仿佛奇异的仙山世界。

◆见379页地图◆地址：信阳市羊山新区新八街中段◆门票：免费◆营业时间：9:00—17:00，周一闭馆◆微信公众号：信阳博物馆Xinyang Museum

古迹与建筑

武侯祠

这里又叫卧龙岗，是中岗隆起的小山岗，据传为诸葛亮躬耕隐居和刘备“三顾茅庐”的隆中。

武侯诸葛亮备受敬仰，在他生前活动过的许多地方，后世纷纷建立起武侯祠。南阳卧龙岗上的这座武侯祠，明确可考的纪年在元代，并在明朝成为朝廷祭祀诸葛亮的场所。历经战乱破坏和修缮维护，这里如今存有多座明清古建筑，并在一旁新建历史陈列馆、雕塑园等文化景点。

武侯祠的核心是**大拜殿**，内塑武侯诸葛亮坐像及其子诸葛瞻、其孙诸葛尚立像。碑廊镶嵌有数不胜数的历代碑刻，最著名的是传为岳飞书写的**《出师表》碑刻**和**“还我河山”碑刻**。它们和其他楹联、匾额一起，抒发着对诸葛亮的敬仰之情，文辞和书法尽显中国传统文化的精髓。

关于诸葛亮古隆中的所在地，最晚从清代起就有了“南阳说”和“襄阳说”的争论，并且经常引发舆情。两派均持有很多证据，引经据典的同时，还在借助最新的考古发现展开争论。有趣的是，襄阳古隆中遗址和南阳武侯祠也同为第四批全国重点文物保护单位。真假难辨，不妨读一遍南阳武侯祠的著名对联——“心在朝廷，原无论先主后主；名高天下，何必辨南阳襄阳”，将对诸葛亮的崇敬永存心底。

调研期间，背诵《出师表》可免费参观武侯祠。南阳还开设了多家公众图书馆性质的**诸葛书屋**，路过时不妨入内小坐。

◆见376页地图◆地址：南阳市卧龙区卧龙路766号◆门票：50元◆营业时间：8:00—18:00，冬季8:30-18:00，旺季可能延迟至20:30闭门◆微信公众号：卧龙岗文化园景区

南阳知府衙门

“豫南首郡”牌坊矗立门外，道出南阳的重要地位，而这座知府衙门便是清代215个府级行政单位中，唯一保存至今的布局完整的府衙建筑。基于南阳府衙对于研究古代官衙形制和体制的重要作用，它已被列入全国重点文物保护单位，并成了南阳博物院的分馆。

史载南阳府衙始建于元代，现存建筑多为清代作品。中轴对称的基础上，随处可见召父坊、杜母坊、戒石坊等传统文化的投影。民间称之为“小故宫”，体现了古代最高统治者理想社会的构架：大堂前的东、西配房为吏、户、礼、兵、刑、工六曹房，和朝廷六部对应；“前堂后邸”的格局，是皇宫“前朝后寝”的下沉。

府衙所在的民主街是南阳市里所剩不多的一片老街区，能看到老南阳的风貌。

◆见376页地图◆地址：南阳市宛城区民主街100号◆门票：40元◆营业时间：8:00—18:00，旺季可能延迟至18:30闭门◆微信公众号：南阳知府衙门

医圣祠

这里又叫张仲景博物院，因全国重点文物保护单位张仲景墓祠而建。东汉末年的张仲景是今南阳邓州人，他曾广泛收集医方，写出《伤寒杂病论》，并确立了中医临床“辨证论治”的基本原则，因而被尊为“医圣”。除了张仲景墓、东晋墓碑以及清代祠堂，这里还展出东汉针灸穴位女灰陶人、线装古医籍等古物。

医圣祠

◆见376页地图◆地址：南阳市宛城区医圣祠街7号◆门票：25元◆营业时间：8:00—18:00，旺季可能延迟至20:30闭馆◆微信公众号：医圣文化园

内乡县衙

作为国内最早的官署博物馆（1985年成立），以及河南省几座官署中最早入选全国重点文物保护单位（1996年第四批）的那一个，内乡县衙是你在中原大地参观同类型景点的首选。

这里重建于清代初期，“一心二区三带”的县衙布局保存得很完整。“一心”即以知县公开断案的大堂为中心，“二区”指“前堂后邸”的功能区划，“三带”则是中轴线和东、西二辅院的整体格局。大门外的明代**《三院禁约》碑**和“得一官不荣，失一官不辱，勿说一官无用，地方全靠一官；吃百姓之饭，穿百姓之衣，莫道百姓可欺，自己也是百姓”的**三堂楹联**，体现着帝制时期对官僚体系的约束，对于当下也很有意义。

◆见377页地图◆地址：南阳市内乡县县衙路88号◆门票：75元◆营业时间：8:00—17:30◆微信公众号：河南内乡县衙博物馆

花洲书院

范仲淹《岳阳楼记》天下闻名，但鲜为人知的是，文中八百里洞庭“浩浩汤汤”并非现场所写，而是他就任邓州知州时，应好友所邀有感而发才作的。这座花洲书院便是他于北宋庆历年间

（《岳阳楼记》开头正是“庆历四年春”）主持修建的。

如今的花洲书院和岳阳楼都不是宋朝古物，兵燹天灾一遍遍洗涤过它们。改朝换代后，现存书院为清代重修的五进四院园林式院落，有假山、水池和亭台楼榭组成的花园，还有范文正公祠、范公井等后人瞻仰范仲淹的纪念地。正如《岳阳楼记》“隔空”而书，人们也在这里远隔时间，缅怀古人风范。目前，景区推出了背诵《岳阳楼记》可免门票的政策。

明初重建的七层楼阁式**福胜寺塔**是邓州城里另一处古迹。它和花洲书院一样都是全国重点文物保护单位。如今围绕着福胜寺塔建起了免费开放的文化公园，路过可顺道一看。

◆见377页地图◆地址：南阳市邓州市人民东路118号◆门票：30元◆营业时间：8:30—18:30，秋冬季8:30—17:30◆微信公众号：邓州花洲书院

花洲书院一角

自然

西峡恐龙遗迹园

西峡是南阳最偏远的山区县，毗邻陕西商洛的商南县。秦岭在这里过渡为伏牛山，自然风光之美不必赘言。还有更神奇之处：20世纪90年代以来，西峡发现了数以千计的恐龙蛋等古生物化石。作为目前国内发现数量最多、类型最多、分布面积最广的白垩纪恐龙蛋化石群所在地，西峡被中国地质调查局赋予“中国恐龙之乡”的称号，有人还进一步总结为“西峡归来不看龙”。

这座遗址园是西峡展示古生物考古发现成果的窗口。景区核心是**恐龙蛋化石博物馆**，陈列着目前世界上最大的恐龙蛋化石——西峡巨型长形蛋等展品。馆外的**恐龙蛋遗址**能看到考古工作者昔日挖掘出恐龙蛋的地貌。消亡的恐龙总能引发少年儿童的兴趣，这里也相应建起了恐龙馆、仿真恐龙园等亲子项目。

◆见377页地图◆地址：南阳市西峡县丹水镇三里庙村◆门票：75元◆营业时间：夏季8:30—18:00，冬季9:00—17:00◆微信公众号：西峡恐龙遗迹园

老界岭

老界岭和洛阳的两座名山——老君山（见283页）、白云山（见282页）离得很近，同为伏牛山脉的两座高峰，同为花岗岩构造的山体，而且还拥有独特的锯齿状山峰。每逢云开雾散，奇峰怪石若隐若现，胜似仙境。

老界岭山上主要分为伏牛山神游览区和分水岭游览区。**伏牛山神**是山神庙背后的一座高大石柱，民间传说是太上老君的化身。这一带集中了各式各样的漂亮石峰，还能在海拔1910米的最高峰观景台，将老君山和白云山，以及伏牛山脉的主峰**犄角尖**（海拔2222.5米）尽收眼底。**分水岭**隔开了黄河和长江两大水系，同时还是气候分界线，站在“一脚跨南北”的指示线上，晴天时有可能一半刮风一半无风，雨天时则一半雨一半雾。

乘坐景区交通车（单程20元，往返30元）进山，可选择步行（约1.5小时）或者乘索道（单程70元，往返138元）前往山上，之后沿步道去各景点和观景台，2—3小时足够看完。体力有限的旅行者推荐乘坐索道上山、步行下山的组合。索道上站位于两个游览区中间，之后先去

伏牛山神游览区走一遍环线，再到分水岭并徒步下山（步道的山上入口就在这里），能尽量不走回头路。

景区开发了众多游玩项目，山上设有玻璃吊桥（30元），登山步道旁则有滑道（共2程，每程15元）可帮你快速下山。

◆见377页地图◆地址：南阳市西峡县太平镇东坪村◆门票：100元（含门票和小交通）◆营业时间：8:00—18:00，冬季8:00—17:30，周末和旺季可能提前至7:00开门◆微信公众号：河南老界岭

丹江大观苑

丹江由陕西秦岭发源，经南阳淅川县后流进湖北并汇入汉江。1974年**丹江口水库**初期工程完工后，在丹江口市（湖北）和淅川等地形成了碧波千顷的人工湖面。由于水质优良，丹江口水库成了南水北调中线工程的取水源头，渠首就在淅川县九重镇的陶岔村。这座大观苑位于丹江口水库东岸的几座小半岛上，很适合看夕阳日落，有6个伸入丹江湖中的半岛，可参观岛内的南水北调中线工程纪念馆、楚文化历史博物馆、范蠡博物馆等。园内提供各种游乐项目，最受欢迎的是乘坐游船。泛舟于浩渺水天间，吹吹湖风，感觉十分惬意。当然你也可以不进景区，沿**环库公路**自驾观湖（见124页线路）。

◆见377页地图◆地址：南阳市淅川县马蹬镇石桥村鲁家沟◆门票：90元◆营业时间：8:00—18:30，冬季8:00—17:30，夜游项目20:00—23:00开放◆微信公众号：丹江大观苑景区

伏牛山玩水

秦岭东脉的伏牛山巍峨壮阔，为洛阳、南阳、三门峡等地奉献了不少山岳奇景，也在夏天用清凉的山涧溪瀑，吸引了不少避暑客玩水消夏。

前往老界岭的公路沿峡谷修筑，沿线便有**鹳河漂流**（见377页地图；微信公众号：中原第一漂）、**伏牛地下河漂流**（见377页地图）、**龙潭沟**（见377页地图；门票60元；微信公众号：西峡龙潭沟）和**五道幢**（见377页地图；门票60元；微信公众号：西峡县五道幢休闲旅游风景区）等几处漂亮的山水景点。除了玩漂流，龙潭沟和五道幢还可以沿着栈道步行游览。

由于远离交通干道，内乡县的**宝天曼**（见377页地图；门票75元；微信公众号：内乡宝天曼景区）更显清幽。这里可以玩漂流，可以徒步、赏水、爬山，森林中还设有河南省第一条科普廊道。宝天曼是河南野生动植物的集中分布区，因此成了研学游目的地。

方城县的**七十二潭**（见377页地图；门票55元；微信公众号：方城县七十二潭景区）凭借的则是奇特的地质景观。这里有近百个石穴潭池，犹如一条顺山势起伏的银河，在花岗岩石组成的山谷中奔流而下。有山有水的这里也打造有漂流项目。

上图：伏牛山风光

嵖岈山

桐柏山淮源

“山不在高”，有大河从此源出，便可奠定它在地理和文化上的地位。山乃桐柏山，主峰太白顶海拔不过1140米；河乃淮河，古代“四渎”之一，是中国南北的地理分界线，还养育了流域内的2.3亿人民。

景区坐落在桐柏县城西侧，有两个大门。东门进山的主要看点是清幽的山涧溪瀑，以及神话传说赋予的文化意义。这里的**水帘寺**和**水帘洞**正是孙悟空花果山洞府的原型地。《西游记》作者吴承恩在邻县新野做县令时常来桐柏山游览，钟情于这处“幽洞垂瀑”的奇观。吴承恩是淮河下游的淮安人，熟悉淮河水妖无支祁的故事。相传无支祁形似猿猴，出生于桐柏山淮源一带的花果山，最终被吴承恩幻化为孙悟空。

水帘洞西侧的**盘古溪**，流传着更为久远的盘古神话。古书曾记载“盘古开天地，血为淮渎”，桐柏县和隔壁的泌阳县也被文化研究者认定为盘古文化的发源中心。这道溪涧的步道终点正是**盘古祖殿**，每年农历三月三和农历九月九会举办祭祀大典。可乘坐从东门到水帘洞入口处的景区观光车（往返10元），之后步行游览水帘洞、盘古溪和花果山，需2—3小时。

西门进山即到**桃花洞**，风景和盘古溪类似。由于通往桐柏山主峰太白顶的景区内部道路采取单向通行，即只准“西上东下”，因此西门也是自驾游（目前景区不提供太白顶方向的观光车）一次性游完各景点的入口。佛教禅宗白云系祖庭**云台禅寺**占据了太白顶的山头。河南和湖北两省以山脊线为界，云台禅寺也跨越两省而建，大殿和经堂在湖北，斋堂则在河南。寺外有两口古井——**大淮井**和**小淮井**，相传是淮河的源头。

◆见377页地图◆地址：南阳市桐柏县淮源路近北环路（东门），淮源镇（西门）◆门票：60元◆营业时间：8:00—17:30◆微信公众号：桐柏山淮源风景名胜区

嵖岈山

和山东崂山、安徽天柱山、福建太姥山等名山的风景相似，嵖岈山也铺展着大规模裸露在外的巨型岩石，并被经年累月的风吹雨淋塑造得格外雄奇。地质学上称之为花岗岩球状风化地貌，人们则给予它“中原盆景山”的称呼，感叹着天地造化的无穷无尽。

嵖岈山的奇峰怪石中，最负盛名当属由两块巨石组成的**石猴**。如今景区开发也在朝着“西游记文化主题公园”的方向进行。的确，“86版”《西游记》电视剧于此取景，当地也流传有唐僧玄奘早期诵经修行、吴承恩游览并汲取创作灵感等故事。于是便有了唐僧师徒扮相的工作人员助兴的西游文化广场，魔毯、滑道、吊桥、游船等亲子游项目也相继落成。好在这里的山石景致实在奇幻，山体也够大，总能寻得安静一些的地方。

景区设有三个大门。**东门**入内后爬山最方便，上去就到石猴。**南门**进去是西游文化广场，之后可以步行去900米外的东门开始爬山，也可乘观光车至冒险谷从另一个方向上山。北门的爬山路线是沿着峡谷缓缓上升。观光车（单程13元）在山下运营，串起了冒险谷、南门、东门和北门。

北距景区10公里的嵖岈山镇

鸡公山雪后日出

也有一处看点——**嵖岈山卫星人民公社旧址**（见378页地图；免费），是中国建立的第一个人民公社，“卫星”之名借鉴了苏联的“卫星集体农庄”。旧址保存完好，现已改造为博物馆对外免费开放，周一闭馆。

◆见378页地图◆地址：驻马店市遂平县嵖岈山镇嵖岈山村◆门票：65元◆营业时间：8:00—17:00（周中），7:30—17:00（周末）◆微信公众号：嵖岈山风景区

铜山

如果想爬只有简单开发、风景又足够壮观的山，泌（bì）阳县的铜山是很不错的选择。它几乎就是一块拔地而起的花岗岩巨石，傲然耸立于天地之间。峰顶有几座小殿，为清凉禅寺，虽然简陋但占尽了形胜，自有一份威严和仙气。

◆见378页地图◆地址：驻马店市泌阳县铜山乡铜峰村◆门票：16元◆营业时间：8:00—17:00◆微信公众号：河南铜山风景区

鸡公山

鸡公山位于河南最南端，邻近湖北武汉。在中国古代史中，人们通常只是关注其脚下的“义阳三关”古关隘，但这里因地理位置而在近代迎来了逆袭。

武汉是长江中游有名的“火炉”城市，在清末和民国也是外国人在华中的集中地。清光绪二十一年（1895年），英国传教士李德立开始在庐山顶上营造避暑胜地牯岭镇，美国传教士李立生也于8年后，相中了信阳城南同样气候清爽的鸡公山。彼时京汉铁路已经通车并且在鸡公山下设站，每逢酷夏便有络绎不绝的外国人和达官显贵从汉

淮河寻源

按照“河源唯远”的原则，有人认为淮河的源头应为洛阳市嵩县车村镇境内的摞摞沟。但桐柏山作为淮河的“文化源头”已几千年，奠定了深刻的人文意义。

桐柏山西门所在的淮源镇上有一座**淮祠**（免费），为历代帝王钦定的祭祀淮河之地。现存建筑仅为改革开放后新建的水泥殿堂，有些粗陋，但这里正是文化意义上的淮源所在。此处有三口合称**“淮源三井”**的古井（有时会和太白顶上的大小淮井统称为“淮源五井”），并立有清代**《淮源碑》**等石刻。其中，圆形石井的井栏刻有**“天下第七佳水”**，为唐朝“茶圣”陆羽考察沏茶名泉后的评价；方形石井又称**禹王锁蛟井**，当地流传着大禹治淮时抓住一条蛟龙，将其锁在井下的故事。

清乾隆年间至今，随着地理认知水平的提高，人们逐渐突破淮井之源说，深入淮祠背后的桐柏山北坡溪谷中继续觅源，最终将**六盘谷**尽头的**牌坊洞**定为淮河的正源。谷内遍布卵石，河水多在石下流淌，因而有“潜流地下”的说法。目前六盘谷尚未进行旅游开发，徒步其间的溯溪路线具有一定难度，需要量力而行。

信阳毛尖

提起信阳，很多人第一时间会想到信阳毛尖这种声名在外的绿茶。作为"中国十大名茶"产区最靠北的，孕育信阳毛尖的正是当地的青山秀水。确实，位于中原最南端的信阳已呈现出明显的南方风貌，在一座座连绵起伏的青翠茶山上就能感受到。

"五云两潭一寨"为信阳毛尖核心产区的俗称，包括车云山、集云山、云雾山、天云山、连云山、黑龙潭、白龙潭、何家寨。它们散落在市区西南的**南湾湖**（见379页地图）沿线，如今大都跟上了乡村振兴和文旅开发的浪潮，基础设施得以提升。旅行者可沿着栈道和石阶漫步茶园深处，也可以夜宿精品客栈或茶家乐，空气中仿佛都弥漫着茶香。

综合比较，属于白龙潭产区的**文新茶村**（见379页地图；免费）最适合到访。游客中心提供各式茶点，你还能跟着茶农参与采茶、制茶等"非遗"体验。黑龙潭除了有茶山可看，还有一条休闲级别的溯溪徒步路线，终点是滴水岩瀑布。何家寨主推茶山露营。**睡仙桥**出产青瓷毛尖盏，也有茶园可体验采茶制茶，且紧邻南湾湖北岸可水畔露营，还有一家漂亮的湖边咖啡馆**见山咖啡**。

上图：信阳茶山

口乘坐火车，半天时间即可一头扎入鸡公山的清凉世界。后来，鸡公山和北戴河、庐山、莫干山并称为"中国的四大避暑胜地"。

在清凉的夏季气候、迷人的山野风光之外，这段发迹史为鸡公山留下了不同国度、风格的别墅和公共建筑。鸡公山因此有了"万国建筑博物馆"的头衔，**鸡公山建筑群**也被列入全国重点文物保护单位。据统计，鸡公山目前遗存有100余处近代建筑，它们点缀在山林云雾间，恍然间就像一座欧洲小山城。

鸡公山建筑群主要分为四部分：山顶坐落着外国人开发的"商会区"**南岗**、"教会区"**北岗**，以及两岗之间由直系军阀建造的**颐庐**，中国商人兴建的**新店避暑山庄**位于半山腰。开放参观的建筑都位于南岗一带，有**马歇尔楼**（马歇尔国共调停历史纪念馆）、**花旗楼**（武汉会战历史纪念馆）、**美龄舞厅**、**亚细亚别墅**（信阳文学馆）。北岗游人少至，最宜趁着夕阳漫步。日出可去**报晓峰**观赏，朝阳下的别墅群全景十分迷人。喜欢爬山的旅行者，还可以从山门处踏上**登山古道**，或经**长生谷**步行上山，两条路线都长约3公里，耗时2小时左右。秋天长生谷尽头的树木园有**千年古银杏**变黄，盘山公路4公里处也有路过来。

景区提供往返于山顶和山门、游客集散中心的巴士（单程20元），山顶也有观光车（单程10元）运营。自驾车16:30以后可以开上山（旺季周末可能推迟到22:00），但需缴纳20元停车费。

◆见379页地图◆地址：信阳市浉河区李家寨镇南新店村（山门），白家沟村（游客集散中心）◆门票：60元◆营业时间：8:00—22:00，上下山巴士17:30停运，旺季可能延后◆微信公众号：鸡公山

波尔登森林公园

每逢秋季，鸡公山游客集散中心旁那一大片北美落羽杉森林，仿佛是上帝打翻了调色盘。这里是波尔登森林公园，因英国植物学家威廉·波尔登（William Purdom）而得名。他于民国初年将北美落羽杉第一次引种到中国，并挑选了南北方交界处的鸡公山作为实验林。他的纪念碑亭和纪念馆就在落羽杉林深处。

◆见379页地图◆地址：信阳市浉河区李家寨镇李老塆村◆门票：45元◆营业时间：8:00—18:00，17:00停止入园检票

金刚台

横卧在河南南阳的商城县和安徽六安的金寨县交界处的金刚台（老庙台）海拔1584米，是大别山脉在河南境内的最高峰。漫长的地质运动塑造了雄浑广阔的山体，古老的火山运动则孕育出中原少见的火山岩体。悬崖峭壁在一定程度上阻绝了人类的步伐，让金刚台成为野生动植物繁衍的生态宝地，又在战争年代护佑鄂豫皖苏区的红军战士，留下了诸多红色景点。

金刚台目前有六个景区，四个位于河南，两个位于安徽。若想登顶主峰平顶铺（海拔1584米），从安徽境内的铁冲景区和金刚台景区进入最合适。那里有国家级登山步道直通山顶，铁冲在春季还有万亩杜鹃林可看。

金秋的波尔登

河南的四个景区中，**东河景区**尚未正式开发，**里罗城景区**（免费）是群山中桃花源般的村子。**西河景区**最受游客欢迎，尤其是这里的峡谷漂流。它被誉为“豫南第一漂”，全长6公里，总落差200米，沿途险滩遍布，十分刺激。也可乘坐观光车（往返30元）直奔景区最深处的**华佗谷**，那里瀑布叠翠、清潭澄碧，春季杜鹃似火，秋天层林尽染。谷内还有鄂豫皖苏区赤南县政府和红军医院驻地的**红军洞群**，红色歌曲《八月桂花遍地开》就是从这里唱响的。景区也设有玻璃吊桥，位于大门入口处的**桃花谷**。

猫耳峰景区以金刚台高峰处酷似猫耳的巨石而得名，不过主要游览部分仍旧是山下的溪谷。这里也有一处**红军洞群**，流传着女烈士张敏的英雄事迹。从大石门有通往海拔1300余米的猫耳峰的山路，但没有正式开发，山高路远，登顶往返至少需4小时。

◆见379页地图◆地址：信阳市商城县苏仙石乡柯楼村（西河），信阳市金刚台乡刘小坳村（猫耳峰）◆门票：西河华佗谷40元，桃花谷及玻璃吊桥套票50元，猫耳峰35元◆营业时间：8:00—17:30◆微信公众号：金刚台西河旅游

古镇与村寨

荆紫关老街

翻开地图，小镇荆紫关坐落在河南、陕西和湖北三省交界处，本身就有地标的意义。镇子向西3公里处的**白浪村**，形为一村却分别由三省管理，村中心有

大别山中的鄂豫皖苏区

鄂豫皖苏区是20世纪30年代在湖北、河南、安徽交界处的大别山区建立的革命根据地，鼎盛时期规模仅次于中央苏区，红四方面军就是在这里成立的。

新县县城的**鄂豫皖苏区首府革命博物馆**（见379页地图）陈列有千余件革命文物，对这段历史感兴趣的可前去瞻仰。信阳市区也有一座**鄂豫皖革命纪念馆**（见379页地图），没时间去新县也可以在此了解革命风云。两馆都已被列入国家一级博物馆。

上图：鄂豫皖苏区首府革命博物馆

一块置于亭子下方的**三省石**。

与只具备打卡意义的三省石相比，荆紫关镇的老街，即被列入全国重点文物保护单位的**荆紫关古建筑群**，古色古香更有看头。现存长约2.5公里的老街维持着明清风格，青石板铺路，砖木建筑排列两旁。旧宅里的生活和买卖依旧，每逢红白喜事，宴席直接摆上了街道。

流淌在镇子西边的丹江，娓娓道出荆紫关的繁华故事。从长安前往楚地的古官道，历史上称为武关道，路线之一便是沿丹江南下，到荆紫关后再往南阳。如今古街上最漂亮的古建筑当属**平浪宫**。怀着对“风平浪静”的美好期盼，这座祭祀水神杨泗将军的寺庙由船帮集资所建。杨泗是明清时期起源于湖南的民间神祇，对他的信仰沿着长江及其支流传播到了鄂豫陕等地。荆紫关的这座平浪宫，门外建有四角攒尖三檐顶的钟楼和鼓楼，十分气派。除此之外，**禹王宫**、**山陕会馆**、**万寿宫**等也都是保存完好的古建筑。老街南端还有一座重修于1914年的**古关门**，大理石匾额上刻有遒劲有力的“荆紫关”三字。

◆见377页地图◆地址：南阳市淅川县荆紫关镇◆门票：古镇免费，平浪宫10元，山陕会馆20元◆营业时间：古镇全天，平浪宫和山陕会馆8:00—18:00

赊店古镇

赊店即社旗县的县城所在地，地名也是一脉相承。旧时这里叫“赊旗店”，由东汉光武帝刘秀“赊旗访将，起师反莽”而来。新中国成立后，“赊旗”改“社旗”，寓意“社会主义旗帜”。

与大多数城镇的发迹逻辑一样，交通位置赋予了赊店崛起的基础。小镇位于赵河（赭水）和潘河的交汇处，在清代中期便发展成“地濒赭水，北走汴洛，南船北马，总集百货”的“豫南巨镇”。如今这里的古街脉络完整，漫步其间仿佛穿越了几个世纪。

被列入全国重点文物保护单位的**社旗山陕会馆**，是赊店最具价值的古建筑。会馆从清乾隆中期开建，耗时近140年才在光绪年间全部完工。“运巨材于楚北，访名匠于天下”，无论从建筑规模还是精致程度而言，社旗山陕会馆都无愧于“天下第一会馆”的美誉。

顾名思义，山陕会馆是山西和陕西两省客商的“同乡会”，他们是清代“万里茶路”的中坚力量，建筑风格因此带有秦晋两省的特色。**照壁**和殿堂屋顶均采用了琉璃构件，颇有“琉璃之乡”山西介休古建筑的风采；**悬鉴楼**门匾上的“悬鉴”二字为明末山西书法家傅青主所书；中院最后一座大殿为供奉关羽的春秋楼，可惜在清末捻军起义中被焚毁，仅剩月台。

◆见377页地图◆地址：南阳市社旗县赊店古镇◆门票：古镇免费，山陕会馆40元◆营业时间：古镇全天，山陕会馆8:00—17:30◆微信公众号：赊店古镇

郝堂村

这座距信阳市区10余公里的小村落依山傍水，因为淳朴秀美的自然风光和村野生活，近年来赢得了不少美术生和休闲游客的青睐。村里保存有一些清朝和民国修筑的老房子，青砖灰瓦白檐边。石板路穿村而过，通往附近的茶园、竹林、农田和荷塘。这些元素共同构成了典型的豫南山村面貌。

◆见379页地图◆地址：信阳市平桥区五里店街道郝堂村◆门票：免费◆营业时间：全天

天中山和汝宁府

驻马店的城市形象宣传语有“天中山水间”的表达，历史渊源就是这座位于汝南县的小土丘。相传周公旦辅助武王灭商后，为巩固政权而营建东都洛邑，并派人在洛邑周边以土圭测影之法测地中之所在，最终“三临汝水之滨，唯见此处（正午）无景（即“影”），遂筑土垒石以记之，名曰天中山”。

如今汝南县城新建了**天中山文化园**，山下立着一通明代所立的**“天中山”碑**，“天中山”三字是根据唐朝大书法家颜真卿的墨宝绝笔临摹重刻的。不过，真正的天中山遗址在文化园北面的杨塘村，尚未对外开放。

汝南县是明清两朝的汝宁府府治所在，现在还保留着一些古迹。**汝宁石桥**（东关石桥）和**悟颖塔**（又称“无影塔”，即正午无影）都是全国重点文物保护单位，**拱北门**和**北关石桥**仍为当地人进出老城的要道。**南海禅寺**（门票40元）也是有名景点，规模很大，历史可追溯到明朝，但全为新建，非信众不值一游。

◆见378页地图◆地址：驻马店市汝南县◆门票：免费◆营业时间：全天

皇家驿站“范张鸡黍”牌坊

皇家驿站

作为近年来新建的仿古商业街，皇家驿站和国内其他城市的同类街区一样，很受当地人喜欢，设计理念也是依托当地的历史脉络。驻马店曾为确山县下辖的一个小驿站，后因京汉铁路在此设宿站（当时火车夜间需停车修整，客人要下车住宿）而兴起。“皇家”一名来自明朝的历史，明成化帝朱见深之弟朱见泽就藩汝宁府，驻马店相传为这对皇室兄弟在京汉官道上的信息中转站。

◆见378页地图◆地址：驻马店市驿城区玉兰路◆门票：免费◆营业时间：全天◆微信公众号：皇家驿站运营

热门食宿区域

豫南的住宿选择丰富，南阳、驻马店和信阳的市区住宿点密集，一些山野景点周边不乏特色民宿或露营地点。住宿标准见180页。

豫南的小吃和特色美食花样繁多。南阳的牛肉非常出彩，不要错过“中国烩面之乡”的方城烩面。驻马店的特色美食多数源于周边历史更悠久的县城。信阳的山珍和河鲜都很美味。

漯河市
周口市
颍河
汾河
洪河
景点不密集，住在市区即可轻松往返。嵖岈山外也有一些条件不错的客栈。
驻马店
¥
位于京广干道上，交通方便，性价比高。
可选择的住宿相对较少。
驻马店
宿鸭湖水库
板桥水库
安徽省
不要错过
确山凉粉
泌阳五香驴肉
驻马店市
天中老街和西园街是市区有名的美食街，有不少本地特色。历史悠久的县城美食集中，平舆白芝麻叶面条、上蔡塔桥猪蹄、西平咸豆腐脑、遂平桶子鸡等都不错。
宋家场水库
薄山水库
不要错过
土仔鸡焖板栗
固始鹅块火锅
淮河
市区酒店众多。鸡公山有开在近代历史建筑里的特色酒店，毛尖茶山（南湾湖沿线）和郝堂村有不少民宿和露营基地。金刚台一日往返可行，但在山里住下也很舒服。
信阳
¥-¥¥
位于京广干道上，总体设施不错，新酒店多。
市区酒店没什么特色，景区酒店多需自驾。
信阳
食材多了淮河流域的河鲜和大别山区的山珍。板鸭、清炖南湾鱼头、固始鹅块火锅、商城老鸭汤和筒鲜鱼、罗山大肠汤等听着都是下饭菜，早餐就尝尝信阳版本的热干面吧！小南门小吃一条街、新申河路每到晚上都是夜宵胜地。
南湾水库
石山口水库
信阳市
竹竿河
潢河
泼陂河水库
省

旅行者推荐 INSIDERS' LIST

场所

南阳宾馆
- 0377-63322288
- 南阳市卧龙区滨河路中段1420号

老界岭避暑山庄
- 0377-69918078
- 南阳市西峡县太平镇太平大道999号老界岭景区内

宝天曼山水客栈
- 18211838996
- 南阳市内乡县夏馆镇宝天曼景区大门外

淅川丹圆宾馆
- 13849778601
- 南阳市淅川县荆紫关镇中街村

桐柏还是山水酒店
- 18003497049
- 南阳市桐柏县桐柏山龙潭河景区内

王记牛肉汤
- 13707637565
- 南阳市宛城区和平街68号

盛和·方城烩赵胜烩面（宛武店）
- 0377-68681111
- 南阳市宛城区孔明大道近两相东路

驻马店体育中心希尔顿欢朋酒店
- 0396-3692111
- 驻马店市驿城区文新路近盘龙山路

遂平驿山客栈
- 17596072888
- 驻马店市遂平县嵖岈山镇嵖岈山景区东门外

团结凉粉凉皮
- 13938357428
- 驻马店市驿城区春晓街近菜园街

信阳毛尖酒店
- 0376-6127777
- 信阳市平桥区新十四街近新七大道

鸡公山建业星舍酒店
- 0376-8658888
- 信阳市浉河区李家寨镇鸡公山景区内中正广场旁1号楼

文新茶村度假酒店
- 0376-3227555
- 信阳市浉河区浉河港镇龙潭村新湾组

信阳一荷客栈
- 13087012588
- 信阳市平桥区五里店镇郝堂村

商城西河避暑山庄
- 15952442707
- 信阳市商城县苏仙石乡金刚台西河景区内

凯司令酒楼（总统店）
- 0376-6383869
- 信阳市浉河区八一路近新华路西段

石氏老字号固始鹅块火锅
- 13403764482
- 信阳市浉河区工区街近拱桥路

见山咖啡
- 19903767370
- 信阳市浉河区董家河镇睡仙桥村

影视

《有戏了》2024 面向儿童的文化传承电影，以信阳的非物质文化遗产皮影戏为主题，讲述了古老技艺在现代化发展中面临的困境，以及匠人精神的坚守。

学几句河南话

河南方言大多属于中原官话，各个片区口音和日常用语略有差别，但学几句通用的，就算用普通话的声调发音，也能助你迅速拉近与当地人的距离。

- **中：** 最常见的河南话之一，表示“可以，行，没问题”。
- **不腔中：** 表示“不太行”。
- **得劲儿：** 表示“舒服”。
- **扨扨扨：** 用餐术语，表示“夹菜”“吃吃吃”。
- **排场：** 常形容某事干得不错、某人长得漂亮。
- **着不着：** 通常是问句，表示“知不知道”。
- **……给哪儿：** 通常是询问位置，表示“……在哪里”。

实用信息

抵离豫南

飞机

南阳姜营机场（见376页地图；0377-62232053）就在市区边上，十分方便，不过目前南阳启动了机场外迁计划。从郑州新郑国际机场往来南阳也很方便，新郑机场高铁站每日有多班列车发往南阳东站，耗时不超过1.5小时。

信阳明港机场（0376-8693114）距信阳市区约45公里，距驻马店市区约50公里，两市均有机场巴士接驳，可在微信公众号"信阳明港机场投资有限公司"查询班次。此外，郑州新郑机场也有流水发班的商务车前往驻马店。

火车

南阳站（见376页地图）位于城中心的普速列车站，在此乘车可沿焦柳铁路前往平顶山、洛阳、邓州、襄阳等地，沿宁西铁路能到桐柏、信阳、内乡、西峡、西安等地。

南阳东站（见377页地图）郑渝高铁车站，距市中心约15公里。

西峡站、内乡站、桐柏站、邓州站均为宁西或焦柳铁路上的车站，停靠普速列车，位于各自城区范围内。

方城站（见377页地图）郑渝高铁车站，西距县城4公里。

驻马店站（见378页地图）位于城中心，京广铁路上的大站，停靠普速列车。

驻马店西站（见378页地图）位于城西的京广高铁车站。

信阳站（见379页地图）位于城中心，京广、宁西铁路的交会站，停靠大量普速列车。宁西铁路方向的列车可到商城、桐柏、南阳、六安等地。

信阳东站（见379页地图）位于城东的京广高铁车站。

公路、铁路桥跨越南阳南水北调中线干渠

长途汽车

下述车站都可以在微信小程序"豫州行"查询并购票。

南阳汽车站（见376页地图；0377-63328888）位于南阳火车站对面，有前往南阳各县以及郑州、登封、洛阳、老君山、开封、信阳、襄阳、武当山等省内外目的地的班车。

西峡汽车站、淅川汽车站（0377-69211252）、**内乡汽车站**（0377-65365529）、**邓州汽车站、社旗汽车站**（0377-67921684）、**方城汽车站、桐柏汽车站**（0377-68229586）部分车站有直达洛阳的车次。到达各县后再转乡村公交，即能前往老界岭、荆紫关、宝天曼等郊野景点。

驻马店汽车客运中心站（0396-2629206）距驻马店火车站约1.2公里，有发往泌阳、汝南、信阳、漯河等地的班车。这里没有去往嵖岈山的车次，你需要在高铁驻马店西站外搭乘前往西平的专线车，在遂平县的西关大道建设路口站下车，150米外的仁安医院就有前往嵖岈山的中巴。另外，驻马店2路公交的终点重阳大道公交枢纽站也有嵖岈山专线，但发车班次不固定。

遂平、泌阳、汝南各站 有前往周边县市和所辖乡镇的班车。本书出版时"豫州行"尚未收录这些车站的班次，需现场购票。

信阳汽车站（0376-6227575）距信阳火车站南广场约600米，有发往商城、驻马店、桐柏等地的班车。前往鸡公山山门只有一班过路车，更推荐在火车站南广场乘坐L1路公交，到游客集散中心或终点（山门）后购票上山。

信阳弘运汽车站（0376-6383870）位于信阳火车站南广场斜对面，发出的L2、L3路公交终点都在浉河港街，却是从不同方向绕行南湾湖，足够覆盖沿途各茶村。在站外还可以搭乘19路公交去郝堂村。

商城汽车站（0376-7862481）运营信阳、周口、金寨、武汉等方向的班车。在站外乘坐2路公交可到金刚台两处景区。

自驾

沪陕高速（G40）、二广高速（G55）、京港澳高速（G4）、南兰高速（S83）等在豫南穿境而过，可方便地前往郑州、洛阳、平顶山、襄阳、西安等地。

区域内交通

公交车、出租车、网约车和共享单车在豫南地区都很方便。可在网络地图等软件上查询详情。

旅行信息

微信公众号

信阳文旅通 提供信阳的最新旅游信息，可购买信阳文旅年卡。

南阳文广旅 发布关于南阳旅游的优惠信息和线路推荐。

豫南地图

景点

餐饮

住宿

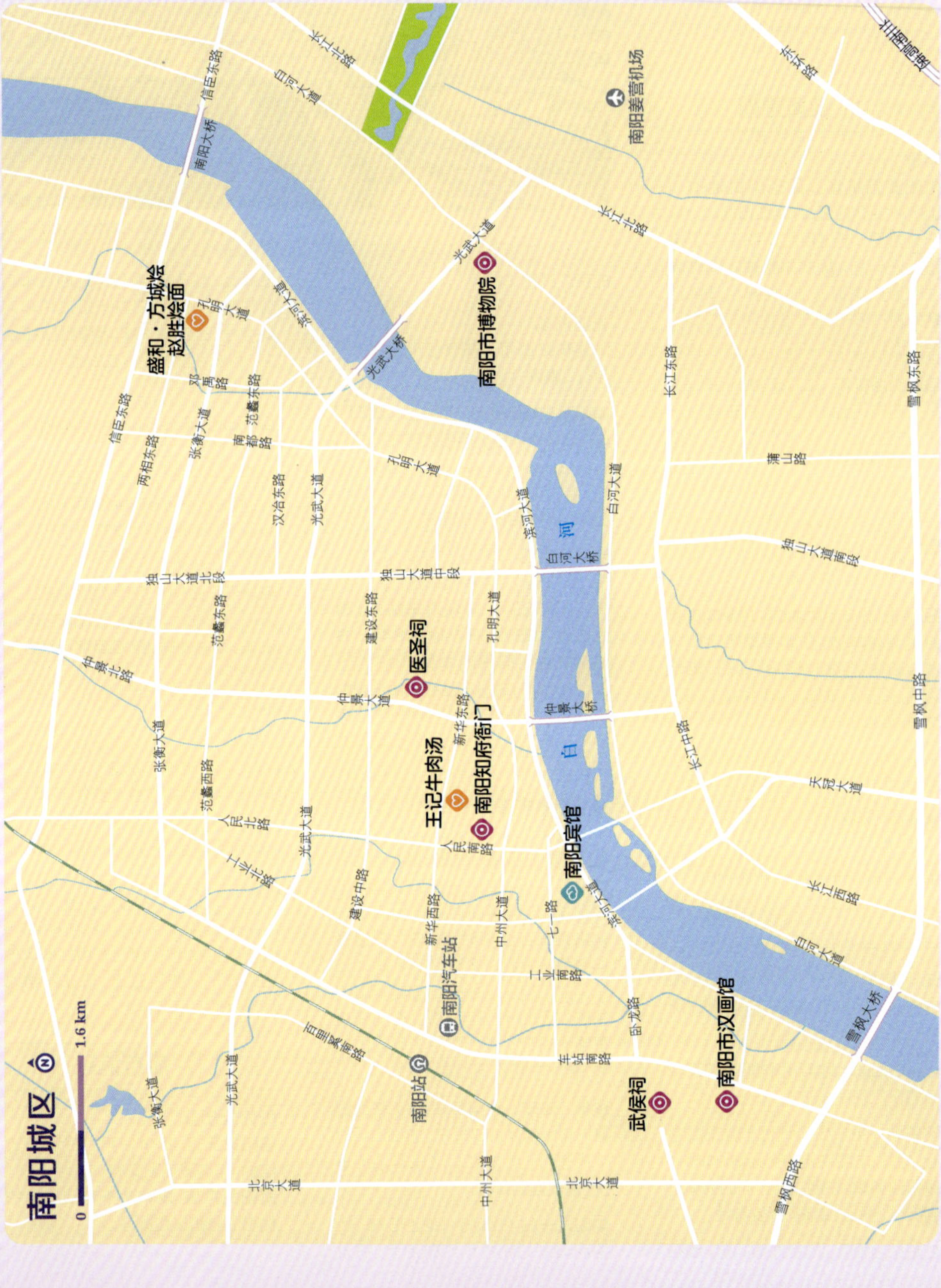
南阳城区
0
1.6 km
南阳市博物院
盛和·方城烩
赵胜烩面
医圣祠
南阳知府衙门
王记牛肉汤
南阳宾馆
南阳汽车站
南阳站
武侯祠
南阳市汉画馆
南阳姜营机场
白河
南阳大桥
光武大桥
白河大桥
仲景大桥
雪枫大桥
长江北路
长江东路
长江中路
长江西路
白河大道
光武大道
孔明大道
独山大道北段
独山大道中段
独山大道南段
信臣东路
张衡大道
仲景北路
仲景大道
建设东路
建设中路
新华东路
新华西路
人民北路
人民南路
工业北路
工业南路
中州大道
七一路
卧龙路
车站南路
百里奚南路
北京大道
雪枫东路
雪枫中路
雪枫西路
天冠大道
蒲山路
范蠡东路
范蠡西路
汉冶东路
两相东路
南都路
滨河大道
邓禹路
东环路
兰南高速

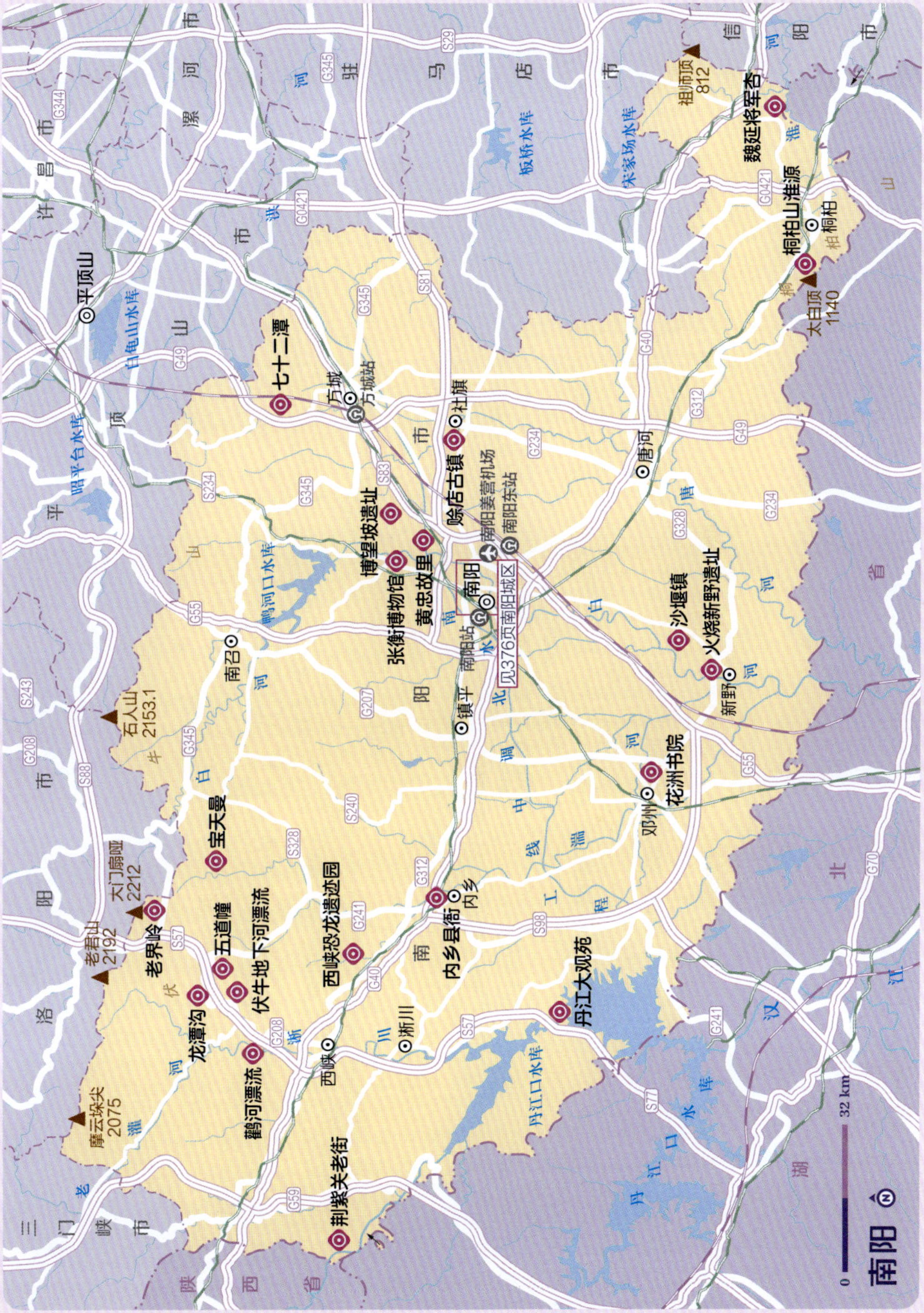
南阳
0
32 km
见376页南阳城区
荆紫关老街
鹳河漂流
龙潭沟
伏牛地下河漂流
五道幢
老界岭
宝天曼
西峡恐龙遗迹园
内乡县衙
内乡
丹江大观苑
丹江口水库
淅川
西峡
邓州
花洲书院
新野
火烧新野遗址
沙堰镇
镇平
南召
南阳站
南阳
张衡博物馆
黄忠故里
博望坡遗址
南阳姜营机场
南阳东站
赊店古镇
社旗
方城
方城站
七十二潭
唐河
桐柏
桐柏山淮源
魏延将军杏
太白顶
1140
祖师顶
812
老君山
2192
石人山
2153.1
平顶山
白龟山水库
昭平台水库
板桥水库
宋家场水库
鸭河口水库

景点
餐饮
住宿

景点

餐饮

住宿

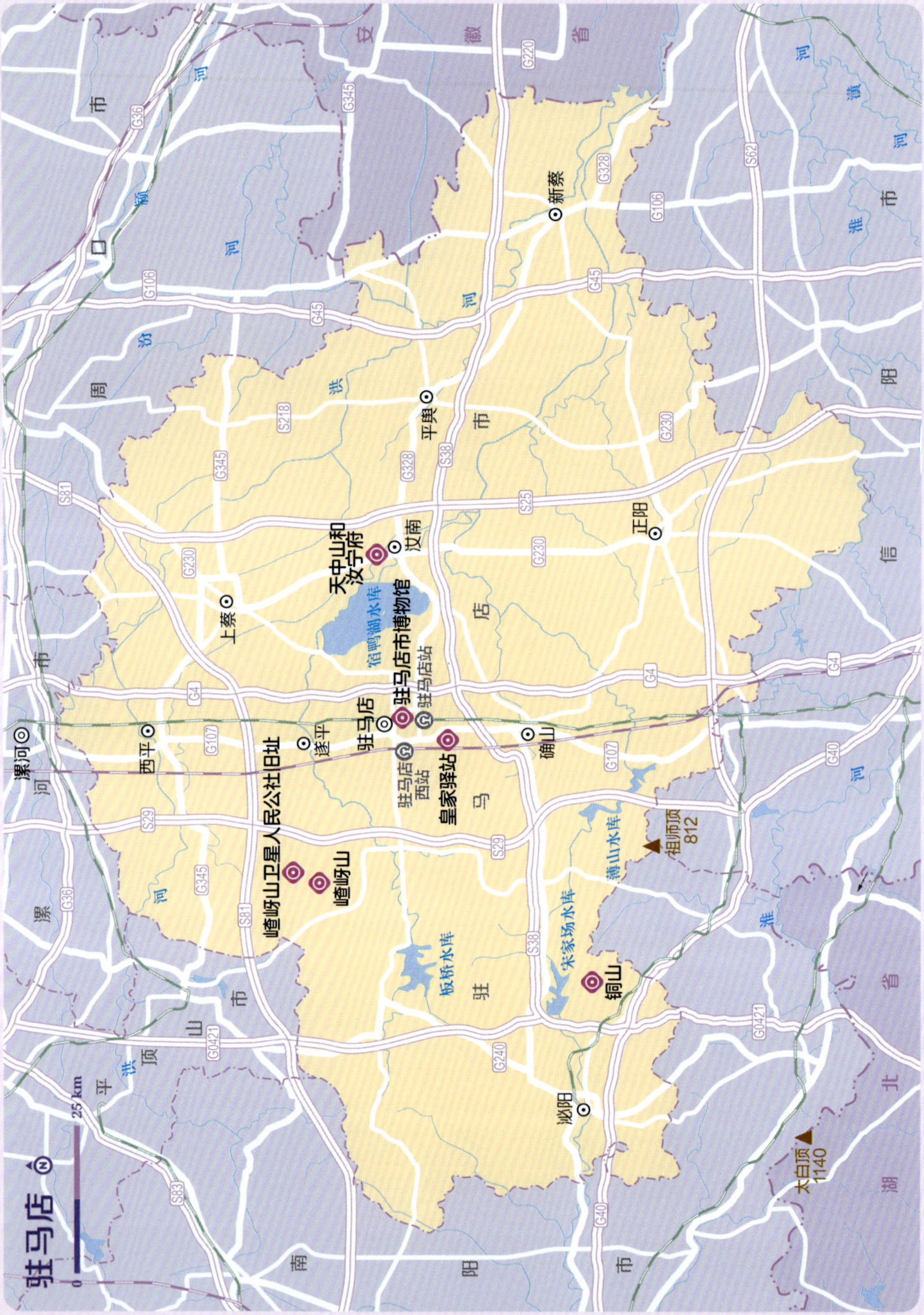
驻马店
0
25 km
天中山和汝宁府
驻马店市博物馆
皇家驿站
嵖岈山卫星人民公社旧址
嵖岈山
铜山
宿鸭湖水库
板桥水库
薄山水库
宋家场水库
驻马店站
驻马店西站
驻马店
新蔡
平舆
汝南
正阳
上蔡
西平
遂平
确山
泌阳
漯河
祖师顶
812
大白顶
1140

探索

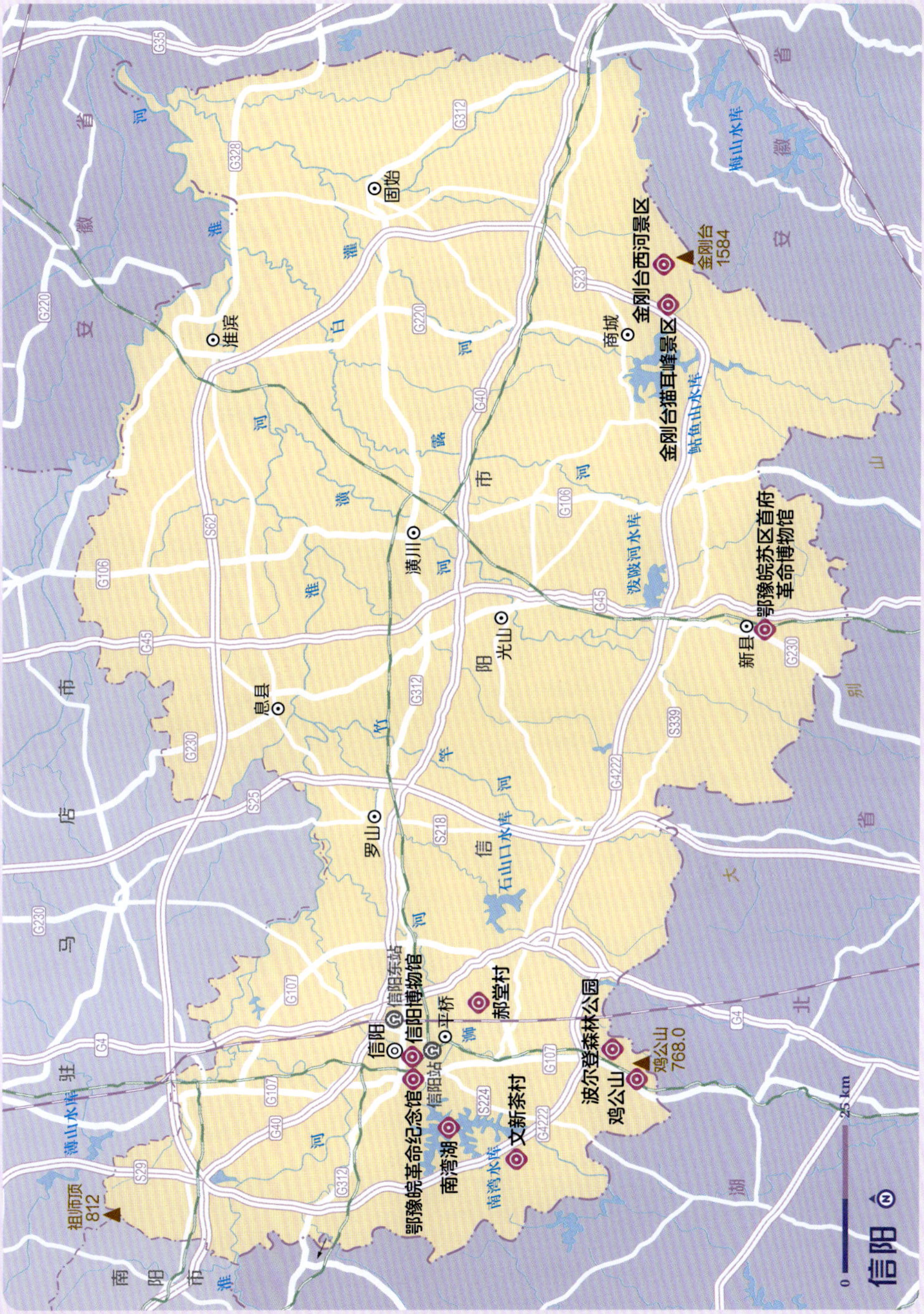
信阳
固始
淮滨
潢川
商城
光山
新县
息县
罗山
平桥
信阳东站
信阳站
信阳博物馆
鄂豫皖革命纪念馆
南湾湖
文新茶村
郝堂村
波尔登森林公园
鸡公山
鄂豫皖苏区首府革命博物馆
金刚台猫耳峰景区
金刚台西河景区
金刚台 1584
鸡公山 768.0
祖师顶 812
南湾水库
石山口水库
泼陂河水库
鲇鱼山水库
梅山水库
薄山水库
淮河
白露河
潢河
竹竿河
浉河
驻马店市
南阳市
信阳市
安徽省
湖北省
大别山
0 25 km

景点
餐饮
住宿

河南索引

郑州市

开封市

洛阳市

三门峡市

平顶山市

安阳市

鹤壁市

新乡市

焦作市

濮阳市

许昌市

漯河市

商丘市

周口市

驻马店市

南阳市

信阳市

济源市

地图图例

旅行体验

- 景点和活动
- 餐饮
- 住宿
- 一般景点

居民点

- 国家首都
- 省级行政中心
- 地级市行政中心
- 自治州行政中心
- 县级行政中心
- 乡镇、村庄

交　通

- 机场
- 火车站
- 汽车站
- 自行车、骑行租赁
- 网约车、出租车、汽车租赁
- 港口、渡轮、坐船处
- 索道缆车
- 地铁站

实用信息

- 旅游信息
- 快递、邮局、物流、快递站
- 公安（局）、检查站、过境处、边防站
- 停车场
- 加油站、服务区、充电桩

水　系

- 运河
- 河流、小溪
- 时令河
- 湖泊、水库

道　路

- G21 高速公路及编号
- G213 国道及编号
- S203 省道及编号
- X013 县乡道及编号
- 高速铁路
- 铁路
- 环线、快速路、高架路
- 一级公路
- 二级公路
- 小路
- 未封闭道路
- 地铁、轻轨
- 徒步和骑行线路
- 隧道
- 桥

境　界

- 国界
- 未定国界
- 省界
- 未定省界
- 地级界
- 县级界
- 自然保护区界

地理和其他

- 关隘、山口
- 观景台
- 嵩山 1491.7 山峰及高程
- 长城、城墙
- 公园、绿地
- 人文景区

本书作者

李昱臻

对这个世界抱有很大的好奇和热情，但也常常抱怨它太快了，最大的愿望就是能够支配自己的时间。参与本书写作期间喝了十碗胡辣汤，吃了七顿烩菜，长了三斤肉，现在也没减掉。但她心里还是向往着南太行，下一次去河南，她决定要慢慢来。

潘兴

独立旅行者、撰稿人，为孤独星球、穷游、私家地理等多个平台撰稿。她从松嫩平原辗转河套河西，现移居横断山区，乐于顺着山走，沿着水走，基于道路纹理去认知一点儿“道理”，有幸常遇上美景、美食、美器和美好的人。

孙澍

在南阳淅川的荆紫关古镇，他由秦入豫，踏上了“老家河南”的土地。回想之前从山西一侧的太行山顶下到河南，以及多次乘坐火车驰骋在中原的经历，让他觉得这个“中国之中”的省份是深入游览华夏大地最无法避过的一环。

你的反馈

如果你对本书有任何批评、指正和评价，欢迎把想法发送至：

· 微信公众号后台：星行客PlanetSeeker

· 小红书后台：星行客PlanetSeeker

· 邮箱：tourist@sinomaps.com

读者的想法将对我们的后续出版带来莫大帮助，我们也会将您的反馈意见传达给相关作者。

星行客
PLANET SEEKER

星行客Planet Seeker是中国地图出版社旗下旅行·生活·文化品牌，拥有雄厚的旅行内容资源和权威的地图编制经验。我们致力于记录当下新鲜、特别的生活方式，推广积极乐观的生活态度，分享花样百出的旅行方式。

过去十年，本团队与Lonely Planet（孤独星球）公司深入合作，出版了内容覆盖全球主要国家和国内各省份的300多种中文指南书和旅行读物，并制作和出版了《孤独星球》杂志中国版，陪伴读者走过一段难忘的旅程，成为旅行者联结世界的桥梁。

未来星行客Planet Seeker全平台将继续聚焦旅行和生活方式，记录有趣的旅途故事，出版高品质旅行图书，打造覆盖全域的优质旅行产品。

中国旅行体验指南系列

以省级行政区划分，挖掘在地精彩风物，策划灵活体验线路，潜心设计独家靠谱实用地图，打造沉浸体验式中国旅行指南。目前已出版《云南》《四川》《河南》《北京》，《山西》《黑龙江》《广东》《贵州》等目的地即将上市。

每本指南主要分为初印象、灵感和探索三部分，其中初印象为读者提供关于目的地的关键信息，包括气候、交通、安全、省钱窍门、最新资讯等内容；灵感部分则从丰富多样的旅行主题出发，策划长短不一的旅行线路和旅行安排，适合国内旅行者的出行需求和习惯；探索部分则将目的地划分为不同区域，介绍本区域自然、建筑、文化展演等类别的重磅景点。

本套丛书作者团队均为有多年经验的LP中文版原创指南作者，策划与制作团队有着将近十年的LP中文版图书与杂志制作经验。

项目负责 马 珊
总　　编 朱 萌
项目统筹 李偲涵
项目策划 李偲涵 叶思婧 戴 舒 周 琳
责任编辑 李偲涵
编　　辑 叶思婧 戴 舒 周 琳 李潇楠
地图编辑 刘红艳 张晓棠
地图制作 王宏亮 张晓娜 杨翊梵
视觉设计 李小棠 庹桢珍
插　　画 王愔嫕 贾滋彬
责任印制 苑志强
排　　版 北京梧桐影电脑科技有限公司
感谢寇家欢、林紫秋对本书提供的帮助。

图书在版编目（CIP）数据
河南 / 星行客编辑部著. -- 北京 : 中国地图出版社, 2025. 7. -- (中国旅行体验指南). -- ISBN 978-7-5204-4970-0
Ⅰ. K928.961
中国国家版本馆CIP数据核字第2025LD0524号

声明

中国旅行体验指南 · 河南
ZHONGGUO LÜXING TIYAN ZHINAN · HENAN

出版发行　中国地图出版社
社　　址　北京市西城区白纸坊西街3号
邮政编码　100054
网　　址　www.sinomaps.com
印　　刷　北京华联印刷有限公司
经　　销　新华书店
成品规格　147mm × 200mm
印　　张　12.25
字　　数　352千字
版　　次　2025年7月第1版
印　　次　2025年7月第1次印刷
定　　价　89.00元
书　　号　978-7-5204-4970-0
审 图 号　GS京（2025）0995号

如果有印装质量问题，请与我社发行公司（010-83543958）联系